KJ 会计学专业系列教材

北京高等学校优质本科教材课件

教育部课程思政示范课程

KUAIJIXUE ZHUANYE XILIE JIAOCAI

审计学（第二版）

SHENJIXUE

顾奋玲 ◎ 主审

袁小勇　王茂林 ◎ 主编

首都经济贸易大学出版社
Capital University of Economics and Business Press
·北 京·

图书在版编目(CIP)数据

审计学／袁小勇，王茂林主编. -- 2 版. -- 北京：首都经济贸易大学出版社，2021.9

ISBN 978-7-5638-3247-7

Ⅰ.①审… Ⅱ.①袁… ②王… Ⅲ.①审计学 Ⅳ.①F239.0

中国版本图书馆 CIP 数据核字(2021)第 143455 号

审计学(第二版)
主审 顾奋玲
主编 袁小勇 王茂林

责任编辑 田玉春
封面设计 砚祥志远·激光照排 TEL：010-65976003
出版发行 首都经济贸易大学出版社
地 址 北京市朝阳区红庙（邮编 100026）
电 话 (010)65976483 65065761 65071505(传真)
网 址 http://www.sjmcb.com
E-mail publish@cueb.edu.cn
经 销 全国新华书店
照 排 北京砚祥志远激光照排技术有限公司
印 刷 唐山玺诚印务有限公司
成品尺寸 185 毫米×235 毫米 1/16
字 数 548 千字
印 张 27.25
版 次 2018 年 3 月第 1 版 **2021 年 9 月第 2 版**
2021 年 9 月总第 4 次印刷
书 号 ISBN 978-7-5638-3247-7
定 价 55.00 元

会计学专业系列教材
编审委员会

总 序

本套书是首都经济贸易大学会计学院会计学专业系列教材的第五次编写发行。首都经济贸易大学会计学专业系列教材1989年首次编写出版,1995年第二次编写,2001年第三次编写,2007年第四次编写。多年来,为了培养更多更好的会计人才,我们编写的会计学专业系列教材紧密结合我国社会主义市场经济和资本市场的特征及运行规律,适应我国会计改革的新形势、新变化,不断地对教材加以修订,力争为学生和社会读者提供满意的学习用书。我们的努力得到了广大读者的充分肯定,在同类教材中,本系列教材保持着较高的发行总量,不仅几十所院校将本系列教材选作教学用书,更有大量在职人员将本套教材作为系统学习会计知识的良好读物。同时,本系列教材还获得了诸多荣誉,例如:1989年版的《企业财务管理》被教育部评为全国优秀教材;1995年版的《现代企业财务管理》被教育部确定为全国高等财经院校推荐用书;2001年版的《审计学》被评为北京市高等教育精品教材;2001年版全套教材获北京市教育教学(高等教育)一等奖;2007年版的《审计学》和《会计学》被评为北京市高等教育精品教材。

在继承前四次编写成就的基础上,新版本的系列教材有了进一步的完善,具备两个突出的特点:

1. 在内容上,本套教材借鉴和吸收了最新的会计、财务管理和审计领域理论与实践成果,充分反映了近年来财政部颁布及修订的企业会计准则、中国注册会计师执业准则、管理会计基本指引的精髓,体现了财政部、审计署等五部委颁布的企业内部控制基本规范的精神,同时着力阐明各种会计、财务管理及审计的基本理论和实务做法,并适当介绍一些经济发达国家和地区财务会计活动与审计工作的规范和做法,以开阔读者的视野,深化对会计、财务管理和审计的认识和理解。

2. 在编写体例上,为与最新的教育教学方法(如慕课、微课、翻转课堂等)相适应,增加了较大篇幅的教学辅导资料,其内容包括教师参考资料(教学目标、教学内容),学生学习资料(专业术语、思考题、练习题)等部分。这样安排,是为了更好地体现本系列教材一贯遵循的“方便教师教学，方便学生自学”的原则。

虽然我们尽了最大的努力，但疏漏在所难免，本套教材还会存在很多不足，恳请专家和广大读者不吝指教，以便我们进一步修订和完善。

会计学专业系列教材编委会

2017 年 7 月

前　言

“首都经济贸易大学会计学专业系列教材”《审计学》自 1995 年出版以来，受到许多院校的师生及审计界人士的推崇和喜爱。目前该教材已经数次修订，总印刷 18 次，总发行量 11 万册。本书 2001 年版和 2006 年版曾被评为北京高等教育精品教材，2018 年版课件被评为 2019 年度“北京高校优质本科教材课件”。首都经济贸易大学《审计学》课程 2020 年、2021 年分别被评为北京高校“优质本科课程”、教育部“课程思政示范课程”。考虑到近年来中国的会计准则、审计准则变化较大，我们决定进行再次修订。与 2018 版教材相比，本书在内容、结构上做了重大修订：

第一，依据截至 2021 年 5 月底中国最新的会计准则、审计准则，对各章内容进行了全面修订，尤其是“第十章　销售与收款循环审计”，考虑到新收入准则的重大变化，此章基本上是重新写作。

第二，突出课程思政元素。习近平总书记指出，“要坚持把立德树人作为中心环节，把思想政治工作贯穿教育教学全过程，实现全程育人、全方位育人，努力开创我国高等教育事业发展新局面”。这是对“课程思政”的科学概括和集中阐述。审计是国家治理体系的重要组成部分，如何深入挖掘、系统梳理和精准厘定审计学中蕴含的思政教育资源及其核心内容，是审计学教材建设的重要内容。为此，本次修订在每章末尾单设“思政小课堂”，介绍与审计有关的思政小故事、经典案例等课程思政元素。

第三，与各章内容修订相适应，对各章“思考与练习题”进行了修订。

第四，在教材的内容与组织安排中，继续保留前版教材所体现的基础性、科学性与前沿性的特征，保证本教材充分反映本学科国内外的最新理论研究与理论应用动态。

本书以注册会计师审计为主线，阐述了审计的基本原理与方法。在写作过程中，对于审计原理的论述，我们尽量做到通俗易懂，对于审计方法与实务的介绍，务求针对性强。因此，本书既可以作为大学本科教材，也可作为审计理论与实务工作者的重要参考书目。

本次修订工作由袁小勇、王茂林负责。各章编写、修订分工如下：第一章由袁小勇编写，第二、三章由王霞编写，第四、八章由王茂林编写，第五、七章由徐展编写，第六、十五章由李盈璇编写，第九、十二章由于鹏编写，第十、十一章由齐云飞编写，第十三、十四章由崔春编写。全书最后由袁小勇、王茂林主编，首都经济贸易大学会计学院院长、博士生导师顾奋玲教授主审定稿。

2021 年 6 月

目 录

目　录

目　　录

目　　录

目 录

目　　录

目　　录

第一章

审计导论

本章导读

本章主要阐述审计的产生与发展、审计的定义与分类、审计监督体系等。通过本章学习，重点应该理解为什么经济越发展审计越重要的基本道理，了解审计与受托责任、审计与信任之间的关系，了解审计发展的原因、运行规律，进而理解审计性质及其在市场经济中的重要作用。

本章属于引导性章节，建议安排 4 学时。

第一节　审计的产生与发展

一、审计产生的条件

（一）审计与受托责任

通常认为，审计是在出现了财产所有者和财产管理者，并在他们之间形成受托经济责任关系之后产生的。因为财产管理者的管理权、经营权是财产所有者授予的，所以，财产管理者的受托管理、受托经营，必然会形成受托经济责任关系。因此，受托经济责任关系的确立是审计产生的前提条件。

当出现财产所有者和财产管理者之后，负有受托经济责任的财产管理者应接受财产所有者的监督、检查。监督、检查有两种形式：一是由财产所有者自身来进行；二是由财产所有者委托或委派第三者来进行。

如果由财产所有者来进行，因财产所有者与财产管理者之间直接存在着经济利害关系，因而财产所有者对财产管理者的监督、检查，就存在着一定的主观性、片面性和局限性。因此，对财产管理者的监督、检查，客观上要求由与财产所有者和财产管理者都无利害关系的第三者来进行。这种由第三者所进行的监督、检查就是审计工作。

在公司内部，当出现财产管理者之后，管理者不可能事无巨细地对所有经济活动进行管理、经营，为了有效地进行管理、经营，必然会将一部分管理权、经营权授予下级，这就形成了多层次管理、经营分权制。在这种情况下，上一级的管理机构把部分管理权、经营权授予下级的管理机构，下一级管理机构对上一级管理机构则负有受托管理或受托经营的经济责任。因此，对受托经济责任的监督、检查，也应由与他们均无利害关系的第三者来完成。这种监督、检查就是内部审计工作。

在资本市场中，许许多多的中小股东不可能具体参与公司的经营管理工作，为了有效地监督大股东（董事会）的经营管理情况，必然要求大股东（董事会）定期报告公司的财务状况和经营成果。在这种情况下，大股东（董事会）所报告的财务状况和经营成果是否真实可信，当然需要由与他们均无利害关系的第三者（会计师事务所）来完成，这种监督、检查就是注册会计师审计工作。

但是，应当指出，受托经济责任的确立并不一定产生审计活动，它只是产生审计的前提条件，因为财产所有者对财产管理者的监督、检查不能称为审计活动。

（二）审计与信任

人们在物质资料生产过程中，必然要发生两个方面的关系：一方面，人们要同自然界发生一定的关系，表现为生产力方面；另一方面，人与人之间要发生一定的关系，表现为生产关系。生产关系是指人们在生产资料所有制基础上形成的，并在社会生产过程中发生的生产和分配、交换、消费等关系的总和。在这一系列关系中，信任是“稳定社会关系的基本要素”“社会中最重要的综合力量之一”。①

---

① 信任问题是一个古老的话题。西方学者对信任问题的系统研究是从 20 世纪初开始的，德国社会学家、哲学家齐美尔是最早对信任问题进行专门系统研究的学者，其 1900 年出版的《货币哲学》（该书的中文版已由贵州出版集团、贵州人民出版社于 2009 年 6 月出版），可以说是信任问题研究的一部重要著作。该书从信任的视角对金钱这种制度化象征物做出了深刻的分析，他指出“信任是社会中最重要的综合力量之一”，可见信任在社会生活中的主导性地位。

然而,“信任从来不是完全充分的,信任从来没有在社会关系中得到完全实现”①。现实生活中人与人之间充满着许许多多的不信任感,人们对各种经济现象、经济行为、经济信息存在疑虑,产生担忧,从而严重影响了社会经济的发展。审计的出现就是为了消除这种不信任感,增强信息的可信性。因此,审计与社会信任存在密切的关系,审计就是相关利益关系人基于对特定经济人②不信任,而委托独立的第三人对该经济人的经济行为或其陈述(报告)按照既定的标准所进行的一种鉴证活动。也就是说,审计从本质上看是一种信任鉴证。

传统观点认为,审计产生的根本原因是两权分离。但内部审计并不是两权分离的产物。事实上,只要存在分工与合作,只要存在授权,就会产生信任问题,就可能产生审计的需要。

美国著名审计大师尚德尔在其传世名著《审计理论》一书中开头就讲了一个母亲与猫的故事。③在这个故事中,不存在着什么两权分离,儿子也告诉母亲房间中没有老鼠,但母亲为什么还要委托“猫”这一独立的审计师来进行鉴证呢?也就是说为什么母亲不相信儿子的陈述呢?显然,母亲不是不相信儿子的品德(儿子不会有意说谎),而是不相信儿子的能力(判断房间有没有老鼠的能力)。

事实上,信任包括两个方面:品德和能力。品德出现问题,就会导致舞弊;能力出现问题,则会导致错误。对责任人(被审计人)经济行为和陈述(报告)中是否存在舞弊与错误进行鉴证是审计的永恒主题。

二、西方审计的产生与发展

(一)西方国家审计的发展

西方一些国家的审计,既具有悠久的历史,又具有具体的内容,更体现了现代商品经济发展的需要。

据考证,早在奴隶制度下的古埃及、古罗马和古希腊时代,就有了宫廷审计机构及政府审计的事实。审计人员以“听证”(Audit)的方式,对掌管国家财物和赋税的官吏进行考核,成为具有审计性质的经济监督工作。

---

① 美国学者巴伯(Barber)在《信任:信任的逻辑与局限》(1989)一书中提出了“合理的不信任”概念,即信任从来不是完全充分的,信任从来没有在社会关系中得到完全实现。“合理的不信任”这一见解的提出,拓宽了我们的研究视野,开阔了思路。

② 这里的“特定经济人”可以是合作者,也可以是潜在的合作者,如意向并购方。

③ 尚德尔把母亲从乡下接来城里,住在一套新居,晚上,母亲对于房间中发出的一种疑似老鼠的声音而感到害怕,于是询问儿子。儿子告诉母亲说是房间中暖气片热胀冷缩发出的声音,房间中没有老鼠,母亲不用担心。但第三天,母亲还是托人从乡下把与她相依为命多年的猫带入房间,母亲通过观察猫的行动,最终证实房间中没有老鼠的判断。

在现代资本主义国家中,大多实行立法、行政、司法三权分立的国家政权组织形式,议会为国家的最高立法机关,并对政府行使包括财政监督在内的监督权。为了监督政府财政收支,执行财政预算法案,维护统治阶级的利益,西方许多国家在议会下设有专门的审计机构,由议会或国会授权,对政府及国营企事业单位的财务收支进行审计监督。

英国的审计具有悠久的历史,是近代审计的发源地。英国的王室财政审计制度早在13世纪就正式建立起来了。在12世纪,英王一直把持国家的财政大权,在威廉一世时代和亨利一世时代封建统治者在财政部内设置了审计监督部门,即上院(收支监督局)和下院(收支局)执行审计监督。1215年英国《大宪章》的颁布,制约了英王的权力,奠定了英国国家审计制度产生和发展的政治基础。1834年,英国颁布了修订审计制度的法案,特别审计院院长负责国库公款的监督,院长系终身职务,1861年,开始在众议院设决算审查委员会,第一次真正建立了统一的、独立的审计机构。1983年1月1日,英国通过了《国家审计法案》,取消英国国库审计部,正式更名为英国审计署,审计署独立于行政部门,代表议会对政府进行监督,向议会报告工作。

美国虽然只有200多年的历史,但由于它重视经济管理,在经济管理理论和方法的研究方面颇有成就,促使了美国经济的迅速发展。1919年,美国参、众两院建议组成预算特别委员会,把对政府账目的审计从财政部的业务中分离出来;1921年美国公布了《预算和会计法》,并根据该法建立了最高审计机关——审计总局,受理政府账目审计,以寻求经济有效方式来管理美国政府的公共款项。除中央情报局和总统办公室不能审查外,凡与公共开支有关的审项,审计总局都有权审查,审计总局最重要的任务就是向国会提供信息和参考意见,以便有助于国会各委员会的工作。

西方国家除了立法型的审计体制以外,还有司法型审计体制、行政型审计体制等。如法国审计法院是独立于立法机构与内阁政府的一个司法机构,审计法院的院长由总统任命,为终身制;审计法院的裁决为终审判决,且有法律效力。

西方的国家审计,不论是哪一种类型,都立足于保证国家审计机关拥有独立性和权威性,以便于不受干扰、客观公正地行使审计监督权。

(二)西方注册会计师审计的发展

西方国家的注册会计师审计,起源于16世纪的意大利。当时地中海沿岸商品贸易已经比较繁荣,由于单个的业主难以满足投入巨额资金的需求,为了筹集所需的大量资金,合伙制企业便应运而生。合伙经营方式不仅提出了会计主体的概念,促进了复式簿记在意大利的产生与发展,也产生了对注册会计师审计的最初需求。由于部分合伙人行使企业的经营管理,出现了财产所有者与经营权的分离,出现了信任问题,从而出现了对经营者进行监督的必要,因而,客观上都希望有一个与任何各方均无利害关系的第三者能对合伙企业进行监督、查检和公证。这样,在16世纪意大利的商业城市中出现了一批具有良好的会计知识、专门从事这种查账和公证工作的专业人员,他们于1581年在威尼斯创立了威尼斯会计协会,这便是注册会计师审计的萌芽。

注册会计师审计虽然起源于意大利,但真正促进注册会计师审计发展的却是英国。英国工业革命以后,产业规模日益扩大,以发行股票筹集资金为特征的股份公司大量涌现。公司所有权与经营权相分离的现象十分普遍,对经营管理者进行监督成为英国社会的普遍需要,因此,现代民间审计制度应运而生。一个特别的事件是1720年英国"南海公司事件",它是注册会计师审计产生的"催产剂"。

背景案例:南海公司事件

事件起因源于英国南海公司(South Sea Company),南海公司在1711年西班牙王位继承战争仍然进行时创立,它表面上是一间专营英国与南美洲等地贸易的特许公司,但实际上是一所协助政府融资的私人机构,分担政府因战争而欠下的债务。南海公司在夸大业务前景及进行舞弊的情况下被外界看好,到1720年,南海公司更透过贿赂政府,向国会推出以南海股票换取1 000万英镑国债的计划,促使南海公司股票大受追捧,股价由原本1720年4月的120英镑/股急升至同年7月的1 020英镑/股,全民疯狂炒股。但是好景不长,后来有几家公司同时控告南海公司,英国人才恍然大悟,一切都是骗局!南海公司股票价格马上一落千丈,从暴跌前的最高1 050英镑/股,至12月跌至124英镑/股。在这种情况下,南海公司宣告破产,从而使数以万计的债权人和股东蒙受损失。南海公司事件使大众对政府诚信破产,多名政府官员因此事件下台或问罪。在强大的舆论压力下,为平息公众的不满,英国议会成立了一个13人组成的特别委员会,调查南海公司破产事件,经过秘密查证,发现南海公司的会计记录严重失实,明显存在蓄意篡改经营数据的舞弊行为。于是特别委员会便聘请了精通会计实务的查尔斯·斯内尔(Charles Snell)先生对南海公司的分公司"索布里奇商社"(Sawbridge Company)的会计账簿进行检查,从而使得查尔斯·斯内尔被认为是世界上第一位注册(特许)会计师。

1844年,英国颁布了《公司法》,规定股份公司必须设监察人,负责公司账目的审查;1953年在苏格兰的爱丁堡创立了世界上第一个注册会计师职业团体——爱丁堡会计师协会。早期的英国注册会计师审计没有系统的理论依据和方法体系,只是根据查错防弊的审计目的,对大量的账簿记录进行逐笔审查,即采用详细审计方法,后来人们称之为英式详细审计。其主要特点是:注册会计师的法律地位得到了法律的确认;审计的主要目的是查错防弊,保护企业资产的安全与完整;审计的方法是对会计账目进行详细审计;审计报告使用人主要为企业股东。

从20世纪初开始,全球经济发展重心逐步由欧洲转向美国,因此,美国的注册会计师审计得到了迅速发展,它对注册会计师职业在全球的全面铺开发挥了重要作用。19世纪后半叶,英国巨额资本开始流入美国,促进了美国经济的发展。为了保护广大投资者和债权人的利益,英国的注册会计师远涉重洋到美国开展审计业务。同时美国本身也很快形成了自己的注册会计师队伍,1887 年,美国公共会计师协会(The American Association of Public Accountants)成立,1916 年该协会改组为美国注册会计师协会,后来成为世界上最大的注册会计师职业团体,美国的注册会计师审计也逐步渗透到社会经济领域的不同层面。更为重要的是,在 20 世纪初期,由于金融资本对产业资本更为广泛的渗透,企业同银行利益关系更加紧密,银行逐渐把企业资产负债表作为了解企业信用的主要依据,于是在美国产生了帮助银行及其他债权人了解企业信用的资产负债表审计,即美国式注册会计师审计,审计方法也逐步从单纯的详细审计过渡到初期的抽样审计。在这一时期,美国注册会计师审计的主要特点是:审计对象由会计账目扩大到资产负债表;审计的主要目的是通过对资产负债表数据的检查,判断企业信用状况;审计方法从详细审计初步转向抽样审计;审计报告使用人除企业股东外,扩大到了债权人。

1929 年到 1933 年,资本主义世界经历了历史上最严重的经济危机,大批企业倒闭,投资者和债权人蒙受了巨大的经济损失。这在客观上促使企业利益相关者从只关心企业财务状况转变到更加关心企业盈利水平,产生了对企业损益表进行审计的客观要求。1933 年,美国《证券法》规定,在证券交易所上市的企业的会计报表必须接受注册会计师审计,向社会公众公布注册会计师出具的审计报告。因此,审计报告使用人也扩大到整个社会公众。在这一时期,注册会计师审计的主要特点是:审计对象转为以资产负债表和损益表为中心的全部会计报表及相关财务资料;审计的主要目的是对会计报表发表审计意见,以确定会计报表的可信性,查错防弊转为次要目的;审计的范围已扩大到测试相关的内部控制,并广泛采用抽样审计;审计报告使用人扩大到股东、债权人、证券交易机构、税务机构、金融机构及潜在投资者;审计准则开始拟订,审计工作向标准化、规范化过渡;注册会计师资格考试制度广泛推行,注册会计师专业素质普遍提高。

第二次世界大战以后,经济发达国家通过各种渠道推动本国的企业向海外拓展,跨国公司得到空前发展。国际资本的流动带动了注册会计师审计的跨国界发展,形成了一大批国际会计师事务所。随着会计师事务所规模的扩大,产生了“八大”国际会计师事务所,20 世纪 80 年代末合并为六家事务所,之后又合并成为五家事务所。2001 年,美国出现了安然公司会计造假丑闻,为安然提供审计服务的安达信会计公司因涉嫌舞弊和销毁证据而轰然倒台,“五大”事务所变成了“四大”事务所,它们是:德勤、普华永道、安永国际、毕马威。

安然事件后,美国公司会计丑闻不断,规模也"屡创新高",特别是2002年6月的世界通信会计丑闻事件,彻底打击了美国投资者对美国资本市场的信心。为了改变这一局面,重新建立公司信用、培养社会公众的信心,美国国会和政府加速通过了《萨班斯法案》(该法案的另一个名称是《公众公司会计改革与投资者保护法案》,以下简称SOX法案)。该法案的第一句话就是"遵守证券法律以提高公司披露的准确性和可靠性,从而保护投资者及其他目的。"《SOX法案》对在美国上市的公司提供了合规性要求,使上市公司不得不考虑控制IT风险在内的各种风险。与此同时,美国的全美反舞弊性财务报告委员会(又称Treadway委员会)从2001年开始委托"四大"之一的普华永道编写《企业风险管理框架》,并于2004年9月正式发布,用以指导企业的全面风险管理活动。所有这些,极大地推动了审计模式由制度基础审计向风险导向审计的转变。

(三)西方内部审计的发展

西方国家的内部审计同样可以追溯到古代和中世纪,由于受托经济责任关系的产生,经济组织中的内部经济监督也就有了必要,庄园审计、宫廷审计、行会审计、寺院审计因此而产生。不过早期的内部审计与外部审计并无原则上的区别。

20世纪40年代第二次世界大战以后,资本主义经济得到了空前的发展,竞争更激烈。企业为了在竞争中求生存、求发展,十分重视加强内部经济监督,实行事前预防性控制,现代内部审计随着内部控制的加强而产生和发展起来。1941年是现代内部审计发展的重要里程碑,这一年发生了两件大事:第一件是维克多·布瑞克(Victor Z. Brink)出版了第一部专著——《内部审计学》,宣告了内部审计学的诞生,内部审计第一次从实践上升为理论。第二件是在约翰·瑟斯顿(John B. Thurston)的领导下,24名有识之士联合倡导成立了"内部审计师协会"(即现在著名的国际内部审计师协会IIA),这标志着内部审计已成为引人注目的职业,走向组织化,形成了自己的群体。

西方国家的审计发展历史,表明了随着受托经济责任关系内涵的丰富和范围的扩大,不仅促进了国家审计、注册会计师审计和内部审计的全面发展,而且加速了审计目的、审计特征、审计体系、审计内容、审计方法和审计规范方面的变化,促进了现代审计体系的形成。

三、中国审计的产生与发展

(一)中国国家审计的产生与发展

中国审计历史源远流长。公元前11世纪至1840年为我国古代审计阶段。我国国家审计产生于西周时代,其主要标志是"宰夫"一职的出现。根据《周礼》记载,早在西周时期,西周在周王之下设天、地、春、夏、秋、冬六官,分掌政令,其中天官(也称大宰或冢宰)居百官之首,掌邦国之治,并总揽财政大权。其职责之一是"岁终则令百官各正其治,受其会,听其致事而诏王废之。三岁,则大计群吏之治,而诛赏之”。即每三年要对各级官吏进行一次全面考核,并根据功过进行奖惩。天官下设小宰,协助大宰掌管政令。小宰的属员即宰夫,是周代宫廷审计的主持者,是主管“治朝之法”的官员,负有“考其出入而定刑赏”之职,每于“岁终,则令群吏正岁会。月终,则令正月要。旬终,则令日成”,负责对各官府的财政收支进行全面审查,就地稽查财物收支情况,审视群吏执行朝法,以维护朝廷的利益,“凡失财用物辟名者,以官刑诏冢实而诛之;其足用长财善物者赏之”,即如发现违法乱纪之事,可越级向天官乃至周王报告,加以惩处,对用财得当者,给予奖励。可见,在西周时期,我国的宫廷审计制度已经初步形成。

秦汉时期是审计与会计由合一而渐次分离、审计走向独立的阶段。秦代实行御史制度,朝廷设御史大夫,负责监察百官,代表皇帝接受百官奏事,管理国家重要图册、典籍,代朝廷起草诏命文书等。西汉时沿置,御史大夫掌副丞相,位极尊,仅次于相,凡军国大计,皇帝常和丞相、御史共同议决。《汉书·宣帝纪》中记载,“御史察计簿,疑非实者,按之,使真伪毋相乱”,直接辅佐皇帝,行使对国家政治和财政的监督工作。汉承秦制,仍由御史大夫兼上计之职,行使监察大权,并制定了有关上计实行办法的“上计律”,从而使我国审计与法相联系,成为我国审计立法的开端。

隋、唐两代,在“刑部”下设“比部”,进行审计。比部是独立的审计组织,独立于财政部门之外,行使司法审计监察权,专管“勾稽天下财赋”。将审计置于“刑部”,从而提高了审计的地位。

宋代时,除在刑部之下设有比部外,北宋初还在太府寺内设审计司,并在宋太宗淳化三年(公元992年),设诸军诸司专勾司,专门审查军政开支。后于南宋因避高宗赵构之讳而改“诸军诸司专勾司”为“审计院”,从此,“审计”一词不仅成为我国审计机构的命名,而且成了我国财政财务监督的专用名词。元朝取消了比部,户部行使审核会计报告权。明、清时,比部职权虚有其名,另设六科,十三道监察御史,构成独立的监察系统,即所谓的科道制度。事实上,元、明、清三代基本上未设专门的审计机构,审计处于中衰时期。

1840年至1949年为我国近代审计阶段。辛亥革命以后,民国初年,北洋军阀控制下的北洋政府,在国务院下设“中央审计处”,各省设“审计分处”,并公布《审计处暂行规定》《暂行审计规则》《执行规则》《收支凭证的证明条例》等法规。1914年改审计处为“审计院”,颁布《审计法》和《审计实施规则》。1928年,国民政府公布《审计院组织法》,仍设“审计院”。1931年改“审计院”为“审计部”,隶属监察院。民国时期审计的一个最重要的特点是:审计法规的完备达到空前的程度。一方面,它突破了历代将审计内容附于其他刑事法规之内的习惯做法,公布了大量的专门审计法规;另一方面,所颁布的审计法规涉及审计的各个方面,形成了审计法规的体系。

1949 年中华人民共和国成立初期,全国学习苏联的经验,以会计检查取代了审计,国家未设立独立的审计机构。一方面赋予会计人员监督财政、财务收支的职权;另一方面实行由主管部门对所属单位进行不定期的会计检查,由财政、税务、银行进行业务监督。但这些检查监督,既不能自行监督,也不能互相监督,更不能适应经济发展的需要。在实行经济体制改革过程中,人们开始认识到建立社会主义的审计制度、完善社会主义的经济监督体系的必要性。这种必要性主要出于健全民主与法制,为宏观调控服务,维护经济秩序,保障所有者权益,促进廉政建设,提高经济效益的需要。1982 年 12 月,第五届全国人民代表大会第五次会议通过了《中华人民共和国宪法》,确定在我国建立审计机构,实行审计监督制度。1983 年 9 月在国务院设立了审计署,县以上的各级人民政府也相继成立了审计局,独立行使审计监督权。2018 年 3 月,党的十九届三中全会决定组建中央审计委员会,作为党中央决策议事协调机构,这是加强党对国家审计工作的领导和强化国家审计监督作用的具体体现。其目的就是构建集中统一、全面覆盖、权威高效的审计监督体系,更好地发挥审计在党和国家监督体系中的重要作用。从此,中国的国家审计进入了一个新的时期,开始走上了发展的轨道。

(二)中国注册会计师审计的产生与发展

中国注册会计师审计的历史比西方国家要短得多。由于中国长期处于封建社会,商品经济很不发达,因而在 20 世纪以前,中国一直是皇家审计(宫廷审计)居于绝对统治地位。辛亥革命之后,随着民族工业的发展,当时一批爱国会计学者鉴于外国注册会计师包揽我国注册会计师业务的现实,为了维护民族利益与尊严,积极倡导创建中国的注册会计师职业。1918 年 9 月由北洋政府农商部颁布了我国第一部注册会计师法规——《会计师暂行章程》,并于同年批准著名会计学家谢霖为中国第一位注册会计师,谢霖在北京创办的第一家会计师事务所——正则会计师事务所——也获批准成立。此后,又逐步批准了一批注册会计师,建立了一批会计师事务所,包括潘序伦先生创办的“潘序伦会计师事务所”(后改称“立信会计师事务所”)等。1930 年国民政府颁布了《会计师条例》,确立了会计师的法律地位,之后,在上海、天津、广州等地也相继成立了许多会计师事务所。1925 年在上海成立了“全国会计师公会”,1933 年,又成立了“全国会计师协会”。至 1947 年,全国已拥有注册会计师 2 619 人,并建立了一批会计师事务所。但是,在半封建、半殖民地的旧中国,注册会计师职业未能得到很大的发展,注册会计师审计也未能充分发挥应有的作用。会计师事务所主要集中在上海、天津、广州等沿海城市,注册会计师的业务主要是为企业设计会计制度、代理申报纳税、培训会计人才和提供其他会计咨询服务。

在新中国成立初期,注册会计师审计在经济恢复工作中发挥了积极作用。当时,由于不法资本家囤积居奇、投机倒把、偷税漏税造成了极为险恶的财政状况,负责财经工作的陈云同志大胆雇用注册会计师,依法对工商企业查账,这对平抑物价、保证国家税收、争取国家财政经济状况好转做出了突出贡献。但后来由于我国推行苏联高度集中的计划经济模式,注册会计师便悄然退出了经济舞台。

1978 年,中国实行改革开放的方针,把工作重点转移到社会主义现代化建设上来,商品经济得到迅速发展,为注册会计师制度的恢复重建创造了客观条件。随着外商来华投资日益增多,1980 年财政部颁布了《中华人民共和国中外合资经营企业所得税法实施细则》,规定外资企业财务报表要由注册会计师进行审计,这为恢复我国注册会计师制度提供了法律依据。1980 年,中国财政部颁布了《关于成立会计顾问处的暂行规定》,标志着我国注册会计师行业开始复苏。1981 年 1 月 1 日,"上海会计师事务所"宣告成立,成为新中国第一家由财政部批准成立的会计师事务所。1984 年财政部印发《关于成立会计咨询机构问题的通知》,明确了注册会计师应当办理的业务。1985 年 1 月实施的《中华人民共和国会计法》第 20 条规定:"经国务院财政部门或者省、自治区、直辖市人民政府的财政部门批准的注册会计师组成的会计师事务所,可以按照国家有关规定承办查账业务"。这是新中国成立以来第一次通过法律形式对注册会计师的地位和任务所做的规定,它有力地推动了社会审计的发展。1986 年,国务院颁布《中华人民共和国注册会计师条例》。1988 年成立了中国注册会计师协会,1993 年全国人大常委会第四次会议审议通过了《中华人民共和国注册会计师法》(以下简称《注册会计师法》),自 1994 年 1 月 1 日起实施。1995 年财政部批准发布了《中国注册会计师独立审计基本准则》、《独立审计具体准则》第 1 号至第 7 号、《独立审计实务公告》第 1 号。2006 年 2 月,财政部发布了新的与国际趋同的中国注册会计师执业准则体系。这些法规与准则的公布,有力地推动了我国注册会计师工作的发展及规范化。

从 1983 年起,审计部门领导下的审计事务所在全国陆续组建,1987 年 1 月审计署颁布了《关于进一步开展社会审计工作若干问题的通知》,具体明确了开展审计工作的一些重要问题,然后在审计条例中又进一步规定了社会审计组织的性质和业务范围。1995 年,根据《中华人民共和国注册会计师法》《中华人民共和国审计法》的有关规定和国务院的有关指示,经财政部、审计署研究决定,中国注册会计师协会与中国注册审计师协会实行统一联合,组成新的中国注册会计师协会。2000 年 4 月,"三师"(注册会计师、注册税务师、资产评估师)合并,组成新的中国注册会计师协会。截至 2020 年 6 月,中国注册会计师协会共拥有个人会员 28 万多人,团体会员(会计师事务所)9 000多家。2020 年前百家会计师事务所中,业务收入超过 10 亿元的有 15 家,超过 20 亿元的有 7 家。

(三)中国内部审计的发展

中国早期的皇室审计、寺院审计均属于内部审计的范畴。现代内部审计在民国时期就已诞生，特别在铁路、银行系统，新中国成立前就有了较为健全的内部稽核制度。1949 年新中国成立后，一大批大型工业、交通等方面的生产单位迅速建立起来，并且在其内部实行了管理责任和权力的纵向与横向的分解，从而为这些单位内部审计的产生创造了主要的内部条件。但由于当时采用苏联管理模式，将内部审计的一部分职能分散到计划、财务等部门，由这些部门结合其本职业务一并实施，只有极少数生产单位和银行系统设有力量不强的内部审计(银行叫财务稽核)机构，开展一部分简单的审计业务。

1978 年改革开放以后，中国的内部审计开始建立。1983 年 7 月国务院 130 号文件规定："我国拥有数十万个国营企业和大量的行政事业单位，审计的对象多，范围广，任务重，建立和健全部门、单位的内部审计是搞好国家审计监督的基础。对下属单位实行集中领导或下属单位较多的主管部门，以及大中型企事业单位，可根据工作需要建立内部审计机构和配备审计人员，实行内部审计监督。"国务院 130 号文件成为我国建立内部审计制度的法律依据，从此我国内部审计拉开了制度化建设的序幕。

1985 年 8 月，国务院发布了《内部审计暂行办法》，对内部审计的性质、任务、职权和程序做出了具体的规定。审计署根据该规定，发布了《关于内部审计工作的若干规定》，为内部审计发展提供了法律上的条件。1987 年 4 月 5 日，在北京正式成立了中国内部审计学会，这是我国专门研究内部审计科学的群众性学术团体。1987 年底，学会作为团体会员加入国际内部审计师协会。1988 年的《审计条例》使内部审计走上规范化的道路。

20 世纪 80 年代是中国企业内部审计的起步阶段，绝大多数的企业没有设立专职的企业内部审计机构，只是将审计机构设在财务科(处)，放在统计部门或在厂长、经理的领导下工作，企业内部审计机构的领导多，受限制多，缺乏独立性。企业内部审计的目标只是传统的企业内部审计目标，主要以保护财产、查错防弊(财务审计)为主。其职能主要是监督为主，通过对审计对象的会计资料及其所反映经济活动的审查，监督其是否真实、正确、合理、合法，督促单位纠错防弊，自觉遵守金融方针政策，促进各项业务健康向前发展。

20 世纪 90 年代初期，是中国企业内部审计"加强、改进、发展、提高"的时期，1994 年的《审计法》确定了内部审计在政府与国有企事业单位中的法律地位。这一时期，内部控制制度纷纷在各大中型企业中建立并得到健全与发展。在实际工作中，内部控制制度保证了企业经营目标的实现，提高了会计记录及其他资料的可靠性，限制了不利于企业自身发展的各种活动，为企业提高生产效益确实做出了成绩。这个时期，我国内部审计涉及的范围同起步阶段相比更加广泛，除了开展传统的财务审计外，还有经营决策审计、投资决策审计、经济效益审计、内部控制评审等现代审计内容。

1998 年中国内部审计学会与国际内部审计师协会签署了在中国开展国际注册内部审计师考试协议。这一重大举措，为提高内部审计人员素质、培养跨世纪的职业带头人起到了极大的推动作用,从此,中国内部审计正式步入职业化发展的道路。在这一时期,发生了两件对内部审计职业化发展影响重大的事件:

第一件是1999年7月新的《会计法》的实施。《会计法》第27条做出了针对内部审计的规定,明确了内部审计是单位内部会计监督制度的重要组成部分,各单位应当建立健全内部审计制度,内部审计机构应当对公司会计资料实行定期审计并且要明确和规范审计的办法和程序。

另外一件具有里程碑意义的重大事件就是中国内部审计师协会的成立。由于这一时期国务院实施了机构改革和落实政企分开的原则,审计署在机构改革中撤销了审计管理司,决定将对内部审计的具体管理职能转移给社会组织。这样,在政府改革与内部审计现实发展的影响下,决定将中国内部审计学会改建为中国内部审计师协会,实行内部审计行业的自律管理。因此,2000年1月,在中国内部审计学会第四次会员代表大会上,决定将中国内部审计学会更名为中国内部审计师协会。并且,在这次会议上,通过了《中国内部审计师协会章程》并选举了理事会。这样,协会的成立揭开了中国内部审计发展的新的里程碑,标志着中国内部审计正式走上职业化发展道路,从此我国内部审计迈上了历史发展的新台阶。截至2020年,中国内部审计从业人数达40万人。

第二节　审计概念体系

一个概念体系是由一组相关的概念构成的,每个概念在体系中都占据一个确切的位置。理想的概念体系应该层次分明,结构合理,正确反映客观事物,便于下定义和规范指称,也便于协调和容纳不同语言的相应术语体系。审计概念体系,是指人们基于对审计实务活动的认识,通过思维运动而形成的关于审计系统化的、合乎逻辑的、合乎审计发展规律的理性认识,是由审计基本概念构成的审计知识体系。审计概念体系是审计理论结构的重要组成部分。1961年,世界著名审计大师莫茨出版了《审计理论结构》,这是世界上第一部将审计理论作为一门独立的学科加以论述的重要著作①。在这部里程碑式的著作中,审计概念体系是审计理论的核心(图1-1)。

① 本书于1961年由美国会计学会首次出版,后由文硕等译成中文,书名为《审计理论结构》(又译作《审计哲理》),由中国商业出版社1990年出版。全书共10章,由审计理论探索、审计方法、审计假设、各种审计理论概念、审计证据、应有的职业关注、适当反映、独立性、道德行为和审计的展望等部分组成。此书是莫茨和夏拉夫运用深透的哲学思想进行理论研究的成果,详尽阐述了作者对建立审计理论学科的独特理解。《审计理论结构》的成功,不仅使莫茨和夏拉夫一跃而居于美国著名审计学家的行列,而且蜚声海外,成为世界审计理论的权威人物。

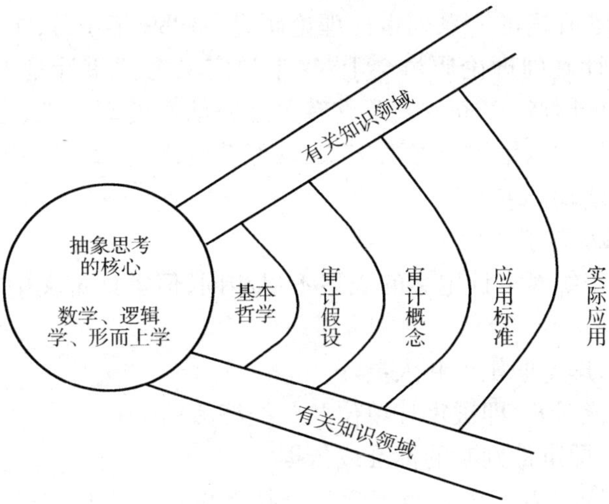

图 1－1　莫茨审计理论结构

莫茨认为，在一个完善的理论结构中，概念占据重要的地位，正是概念形成了一个框架，在理论研究中理论结构才得以系统化、进步和完善。因此作者认为需要在审计学科中探讨普遍性的审计概念，正是这些概念反映了审计的本质特征，形成了审计理论结构的核心。

审计概念体系主要由以下基本概念组成：审计定义、审计对象、审计目的、审计原则、审计标准、审计证据、审计报告。

一、审计定义

审计定义是对审计实践的科学总结，是对审计这一客观事物特有属性的揭示。但审计是社会经济发展的产物，因此在不同的时期人们对其的理解也不相同。早期的审计有"听其会计"之意，审计就是查账。"查账论"在国内外一直都是很流行的通俗说法。自 20 世纪六七十年代以来，审计理论有了很大的发展，审计的定义也发生了很大的变化。目前，公认具有代表性且被广泛引用的是美国会计学会 1972 年在其颁布的《基本审计概念公告》中给出的审计定义，即："审计是为了查明经济活动及经济事项的表现与所制定的标准之间的一致程度，客观地收集和制定与这种表现有关的证据，并将其结果传达给利害关系的使用者的有组织的过程。"①

我国审计界也根据我国审计实践经验进行总结，并借鉴国外现有的研究成果，开展

① 编写组：《世界主要国家审计》，中国大百科全书出版社 1996 年版，第 26 页。

了包括审计定义问题在内的一系列审计理论研究。1989 年 4 月,中国审计学会在贵州省安顺市召开的审计基础理论研讨会上,将审计定义为:"审计是由专职机构和人员,依法对被审计单位的财政、财务收支及其有关经济活动的真实性、合法性、效益性进行审查,评价经济责任,用以维护财经法纪,改善经营管理,提高经济效益,促进宏观调控的独立性经济监督活动。"①

(一)审计的基本要素

尽管中外审计组织对审计定义的表述不尽相同,但审计定义中的基本要素大体上可概括如下:

1. 审计的主体,即专职机构和人员。

2. 审计的客体或对象,即被审计单位及其经济活动。

3. 审计的标准,即审计判断的标准或依据。

4. 审计的目的,即"为了查明经济活动及经济事项的表现与所制定的标准之间的一致程度"。

5. 审计的过程,就是收集审计证据,对其发表意见。

6. 审计的结论必须向有关利害关系人报告。

(二)审计的特征

审计作为一种特殊的经济监督与评价活动,与其他经济活动相比,它具有以下基本特征:

1. 审计的独立性。独立性是审计的本质特征,是审计的灵魂,这已经为世界各国审计界所公认。《国际审计准则》明确指出:"审计人员作用的本质就在于它的独立性。……正是它的独立性,才把审计人员与其他专业人员在信息和意见的交换领域内区别开来。"②

世界著名审计大师莫茨和夏拉夫在其合著的《审计理论结构》一书中更是专设一章研究"独立性"问题,强调审计人员应该在审计计划的制定、审计检查的实施、审计报告的形式三方面保持独立。

2. 审计的客观公正性。审计的客观公正性是指审计人员的行为和所提供的审计报告应具有客观公正性。审计人员在依法独立地行使审计职权时,应站在客观公正的立场上,以客观事实为依据,保持公正的心态,不偏不倚、实事求是地做出审计结论,发表审计意见。审计人员只有保持独立、客观、公正,才能获得审计委托人及社会公众的信任,才有存在的必要。

① 郭振乾:《中国审计学》,中国审计出版社 1997 年版。

② [加]爱德华·斯坦波,[美]莫里斯·穆尼兹:《国际审计准则》,中国财政经济出版社 1983 年版。

3. 审计的权威性。审计的权威性表现在审计组织出具的审计报告具有法律效力。但审计真正的权威性还得依靠审计组织自身的工作业绩,来自审计工作的超然独立与客观公正,离开了独立性与客观公正性,权威性也就失去了存在的基础。

(三)审计关系人

审计关系人是指构成一项审计活动的相互有责任关系的三方面的当事人,即审计人、责任方、预期使用者。审计人对由责任方负责的审计对象信息提出结论,以增强除责任方之外的预期使用者对审计对象信息的信任程度。

1. 审计人。审计人是指取得审计证书并在审计机构执业的人员。按照审计准则的规定对被审计单位履行责任的情况发表审计意见是审计师的责任。为履行这一职责,审计师应当遵守相关职业道德要求,按照审计准则的规定计划和实施审计工作,获取充分、适当的审计证据,并根据获取的审计证据得出合理的审计结论,发表恰当的审计意见。审计师通过签署审计报告确认其责任。

2. 责任方。责任方是指被审计单位管理层。管理层是指对被审计单位经营活动的执行负有经营管理责任的人员。在某些被审计单位,管理层包括部分或全部的治理层成员,如治理层中负有经营管理责任的人员,或参与日常经营管理的业主(以下简称业主兼经理)。治理层是指对被审计单位战略方向以及管理层履行经营管理责任负有监督责任的人员或组织。治理层的责任包括监督财务报告过程。在某些被审计单位,治理层可能包括管理层,如治理层中负有经营管理责任的人员,或业主兼经理。

在经济领域中,任何个人或组织,接受了委托人的资金、资源,具有代管和运用这些资金和资源的权利,就应对委托人负起下列责任:

第一,行为责任,即应以最大的忠诚、最使委托人满意的方式,运用这些受托的资金和资源,完成委托人的托付。

第二,报告责任,即应定期或不定期地向委托人报告,请求解除责任。

3. 预期使用者。预期使用者是指预期使用审计报告的组织或人员,主要包括与被审计单位财务报表有重要和共同利益的主要利益相关者。

预期使用者与责任方可能是同一方,也可能不是同一方。在某些情况下,责任方和预期使用者可能来自同一企业,但并不意味着两者就是同一方。例如,某公司同时设有董事会和监事会,监事会需要对董事会和管理层负责编制的财务报表进行监督。

二、审计对象

审计对象是指审计的客体,包括被审计单位的实体和内容。通常把审计的对象高度概括为被审计单位的经济活动,其中被审计单位即为审计的实体,经济活动即为审计的内容。具体地说,它包括以下两个方面的内容:

(1)被审计单位的财政财务收支及其有关的经济活动。审计主体不同,审计对象的内容也不尽相同。不论是国家审计、注册会计师审计还是内部审计,都要求以被审计单位的财政财务收支及有关经济活动为审计对象,对其真实性、合法性、效益性进行审查和评价。政府审计的对象,根据宪法规定,为国务院各部门和地方各级政府及其各部门的财政收支,国有的金融机构和企业、事业单位的财务收支。内部审计的对象为本部门、本单位的财务收支以及其他有关的经济活动。注册会计师审计的对象为委托人指定的被审计单位的财务收支及其有关经营管理活动。

(2)被审计单位提供的各种财政财务收支状况及其有关经济活动信息的载体。由于财政财务收支状况及有关经济活动总要以一定的载体来反映,一般是通过会计、统计和业务核算记录及预算计划、方案、合同、会计记录、分析等的纸质文本或电子文本来体现,所以各单位的会计资料及其他有关经济资料就成为审计的主要具体对象。

审计对象是否适当,是审计师能否将一项业务作为审计业务予以承接的前提条件。适当的审计对象应当同时具备下列条件:①审计对象可以识别;②不同的组织或人员对审计对象按照既定标准进行评价或计量的结果合理一致;③审计师能够收集与审计对象有关的信息,获取充分、适当的证据,以支持其提出适当的审计结论。

三、审计目的

审计目的,是指审计所要达到的目标和要求。审计目的与审计所能满足的社会需求密切相关。通过对构成审计信息使用群体的不同利益集团的分析,研究每一利益集团利用审计的动机,舍弃表象,总结抽象出其共性。不同利益集团对审计的共性要求,就形成了我们所要研究的审计目的。

(一)资源所有者的审计需求

作为资源所有者,拥有资源剩余索取权,无须参与资源的经营管理,而仅仅是通过签订委托契约方式将经营资源的责任完全委托给有才干的人,即经理人来经营。经理人是资源的经营者,他们受托运用所有者的资源进行生产经营活动,拥有经营决策权,并依据委托受托契约条款取得相应的报酬。对于经理人而言,资源经营权的取得是以承担相应的资源经管责任为代价的,这一资源经管责任即通常所说的受托责任。委托受托关系的正常维系,取决于受托方受托责任的履行情况。

反映受托责任履行情况的一个最有效途径就是会计系统。为使会计系统能够真实地记录受托责任的履行情况,代理双方通常需要就受托责任的会计计量做出事先规定,用于约束资源受托人的会计行为。在委托受托关系中,由于存在利益的非均衡性和信息非对称性,以及记录和反映受托责任履行情况的会计受聘于经理人等原因,使得经理人有着自然的控制权,他可以通过对会计信息系统进行控制与操纵,使会计信息脱离真实的经营成果而偏向其自身利益。这就意味着经理人在向委托人提供反映受托责任履行情况的信息时，在会计核算过程中可能存在违反委托人与经理人事先约定的会计计量规则的行为。委托人在利用经理人提供的会计信息评价经理人受托责任的履行情况时，就要通过一定的方式来降低甚至消除会计信息中所存在的风险，以便正确评价经理人受托责任的履行情况。

由于会计信息质和量的变化，以及资源所有者个人受制于时间、精力、地域、能力等多方面的原因，拥有剩余索取权的所有者在不能亲自揭示经理人违背事先约定的会计计量规则的行为时，转而寻求独立的人员（审计人员）代其行事。因此，审计人员接受资源所有者的授权或委托，对经理人提供的会计信息进行审计，是为了维护所有者的利益，考核会计核算的所有方面是否遵循所有者与经理人之间既定的会计计量规则契约。所有不符合该契约的行为都属于错误或弊端，是审计应予以揭示的对象，亦即揭露会计信息中的错误和弊端，降低或消除信息风险，以便于资源所有者利用经审定后的会计信息正确评价经理人受托责任的履行情况。

（二）债权人的审计需求

在企业的经营过程中，生产经营所需要的资金最初主要是由资源所有者提供的。随着企业规模的扩大，生产经营所需资金逐渐增多，由于资源所有者所拥有资源的局限性，决定了资源所有者不可能无限度地向企业提供资金。为满足企业经营的需要，向银行借贷成为企业主要的资金来源渠道。银行将资金让渡给企业使用，为确保贷款的安全性，需要企业提供反映其偿债能力的会计信息，根据企业的偿债能力进行相应的贷款决策，确定是否发放贷款，贷款的规模、期限与利率等。而企业为了以优惠的条件取得贷款，在向银行提供这些信息时，存在有意粉饰会计信息的动机。银行为了确保贷款决策的准确性，需要通过审计揭露企业会计信息中存在的错误和弊端，以降低或消除信息风险。债权人对审计的需求与资源所有者相比，最大的区别在于债权人不需要就所有的会计核算信息作为审计对象，只需要检查与偿债能力有关的会计信息，主要表现在资产负债表的少数关键账户及其所反映的资产流动性是否可靠。但其需求动机是相同的，都需要通过审计来降低或消除相关信息的信息风险。

（三）经营管理者的审计需求

经营管理者作为委托受托关系中的受托方，多数充当的是被审计的对象。在相当长的时期内，虽然经营管理者在审计关系中处于被动地位，然而，在确定受托责任的履行过程中，为了明确自身的清白，取信于委托方，经营管理者亦存在主动需求审计的愿望，这时其对审计的需求是希望通过审计确信反映受托责任履行情况的会计信息遵守了与委托方之间既定的会计计量规范，不存在错误和弊端，即不含有信息风险。

随着资本市场的发展，为了满足企业扩大经营规模的需要，从证券市场上直接融资成为企业的重要方式。在这一时期，企业的股权结构表现为所有者的人数激增，股权变得高度分散，单一所有者已无能力对企业的经营管理实施监控，所有者只是通过委托契约关系对企业的财产保持最终的控制权，最为关心的是其股票的买卖，因此而成为纯粹的投资者。这样，所有者们失去了形式上乃至实质上对企业经济活动的控制权，经营过程中的实际控制权逐渐落入企业经理人手中。在经理人掌握企业经营管理的控制权以后，经理们所关心的就是如何将社会上闲散的资金更多地吸引到自己所经管的企业中。为了吸引投资者手中的资金，经理人必须表明自身的经营能力和较高的投资回报率，对此，需要向投资者公布企业的会计信息，以便于投资者做出投资决策。为了消除理性投资者的信息风险，降低吸收资金的成本，经理人也就产生了对审计的需求。对于经理人而言，要求审计验证其提供的会计信息，是为了减少与投资者之间的信息不对称，亦即减少信息风险。

（四）投资者的审计需求

随着证券市场的发展，不仅使得社会公众成为投资者的愿望成为现实，而且也使原来拥有企业控制权的所有者逐渐演变成为投资者。对于投资者而言，所关心的是投资的盈利性，而投资的盈利性取决于其投资决策的准确性。投资者无论是购入、持有还是卖出一家企业的股票，均需要根据该企业相关的信息做出相应的投资决策。由于投资者进行决策所依据的信息是由企业提供的，投资者本身无法实施对信息的验证，为减少信息风险，提高决策的准确性，就需依靠审计对信息进行验证。因此，投资者对审计的需求也是为了减少信息风险。

（五）政府的审计需求

政府对审计的需求表现为两个方面，其一，政府以所有者的身份对审计的需求，该方面的分析见所有者的审计需求分析；其二，政府作为社会管理者的身份对审计的需求。经济的繁荣是国家财富最有效和最丰富的来源，而经济繁荣的前提是保持一个良好的经济秩序。为保持经济秩序的有序运行，政府依据其强制力量介入市场经济，通过法律形式强制规定发行有价证券的企业必须向政府的有关部门进行证券发行登记，并报送经注册会计师验证的财务报表。这种强制性财务报表审计，客观上使得注册会计师已不再是对企业的某个具体投资者负责，而是面向了全社会。对于政府而言，无论是作为所有者，还是作为社会管理者，其对审计需求的动机都是为了降低信息风险，所不同的是：作为所有者是为了维护自身的利益，而作为社会管理者是为了整个社会经济秩序的稳定。

根据上述分析可以看出，不同的审计信息使用者对审计需求的动机均是降低信息风险。由于降低信息风险满足的是不同审计信息使用者的直接需求，因此，将其定义为审计的直接目的。

伴随着社会分工的出现,社会经济结构是由不同的委托受托关系组成的经管责任网络。经济秩序的稳定取决于不同经管责任的有序联结,任何某个环节的故障都将导致整个经济秩序的紊乱。审计作为委托受托关系的产物,通过审计,降低信息风险,不仅可以使某一具体的委托受托关系得以正常维系,而且还可以使不同的委托受托关系之间按既定规则有序运行。因此,撇开具体的审计信息使用者,从社会经济权责结构的整体考察,人们希望通过审计来维护整个社会经济秩序的稳定。这一点已从政府作为社会管理者的身份中体现了出来,并且审计已通过自身的努力得到了社会的认可,获得了"经济警察"的美誉。我们把从社会经济权责结构的整体考察而形成的人们对审计需求的动机称为审计的终极目的。

综上所述,审计目的包括直接目的和终极目的两部分。直接目的体现的是不同审计信息使用者直接的需求动机,终极目的则是撇开具体的审计信息使用者,从社会经济权责结构的整体考察而形成的人们对审计需求的动机。审计的直接目的是降低信息风险,终极目的是维护经济秩序。

四、审计原则

审计原则是指审计师对财务收支和其他经济活动进行审计时应遵循的基本要求。根据《中国注册会计师审计准则第 1101 号——财务报表审计的目标和一般原则》的规定,注册会计师在执行财务报表审计业务时,应当严格遵循下列一般原则。

(一)严格遵守职业规范原则

注册会计师职业规范主要包括鉴证准则、服务准则、质量控制准则和职业道德准则等,它们是保证和衡量注册会计师执业质量的权威性标准。

注册会计师行业是诚信行业,整个社会对行业从业人员的职业精神、职业技能、职业纪律和职业作风的期望很高。制定并遵循一套行业职业道德规范,是注册会计师维护行业形象、取信于社会公众的基础。注册会计师应当遵守相关的职业道德规范,恪守独立、客观、公正的原则,保持专业胜任能力和应有的关注,并对执业过程中获知的信息保密。

质量是审计发展的根本。为此,财政部专门发布两个质量控制准则,即《会计师事务所质量控制准则第 5101 号——业务质量控制》《中国注册会计师审计准则第 1121 号——历史财务信息审计的质量控制》,会计师事务所应当根据质量控制准则并结合具体情况,制定合适的质量控制制度,包括质量控制政策和程序。注册会计师应当遵守财政部发布的会计师事务所质量控制准则以及本所的质量控制制度。在执行某项审计业务时,注册会计师还应当同时遵守会计师事务所制定的审计质量控制程序。

审计准则作为注册会计师提供的审计服务质量的技术标准,对注册会计师在某一审计领域的责任、所需要达到的目标和核心要求、为达到这一目标所要实施的必要审计程序做出了明确规范。注册会计师应当按照审计准则的规定执行审计工作，以保证审计工作质量，维护社会公众利益，增进社会公众对注册会计师行业的信心。

（二）审计范围充分原则

财务报表的审计范围是指为实现财务报表审计目标，注册会计师根据审计准则和职业判断实施的恰当的审计程序的总和。恰当的审计程序至少包括以下两点：一是审计程序的种类要齐全，确保财务报表审计的所有内容和涉及的各个领域都安排有相应的审计程序，能够获取相关审计证据，实现相应的审计目标；二是审计程序的规模要充分，确保获取审计证据的充分性。因此，注册会计师在确定拟实施的审计程序时，应当严格遵守与财务报表审计相关的各项审计准则，保证审计范围的充分性。

（三）保持职业怀疑态度原则

职业怀疑态度是指注册会计师以质疑的思维方式评价所获取证据的有效性，并对相互矛盾的证据，以及引起对文件记录或管理层和治理层提供的信息的可靠性产生怀疑的证据保持警觉。

职业怀疑态度并不要求注册会计师假设管理层是不诚信的，但是注册会计师也不能假设管理层的诚信就毫无疑问。职业怀疑态度要求注册会计师凭证据“说话”。

职业怀疑态度意味着，在进行询问和实施其他审计程序时，注册会计师不能因轻信管理层和治理层而满足于说服力不够的审计证据。相应地，为得出审计结论，注册会计师不应使用管理层声明替代应当获取的充分、适当的审计证据。例如，注册会计师不能仅凭管理层声明，而不对重要的应收账款进行函证就得出应收账款余额存在的结论。

职业怀疑态度要求，注册会计师不应将审计中发现的舞弊视为孤立发生的事项。注册会计师还应当考虑，发现的错报是否表明在某一特定领域存在舞弊导致的更高的重大错报风险。

职业怀疑态度要求，如果从不同来源获取的审计证据或获取的不同性质的审计证据不一致，可能表明某项审计证据不可靠，因此注册会计师应当追加必要的审计程序。

职业怀疑态度要求，如果管理层的某项声明与其他审计证据相矛盾，注册会计师应当调查这种情况。必要时，注册会计师应重新考虑管理层做出的其他声明的可靠性。

职业怀疑态度要求，如果在审计过程中识别出异常情况，注册会计师应当做出进一步调查。例如，如果注册会计师在审计过程中识别出的情况使其认为文件记录可能是伪造的或文件记录中的某些条款已发生变动，应当做出进一步调查，包括直接向第三方询证，或考虑利用专家的工作以评价文件记录的真伪。

在整个审计过程中，职业怀疑态度有助于降低注册会计师疏忽异常情况的风险，有助于降低注册会计师在确定审计程序的性质、时间、范围及评价由此得出的结论时采用错误假设的风险,有助于注册会计师避免根据有限的测试范围过度推断总体实际情况。

保持职业怀疑态度是确保审计范围充分的思想基础。因此,注册会计师在计划和实施审计工作时,应当保持职业怀疑态度,充分考虑可能存在导致财务报表发生错报的情形,确保审计程序实施的充分性,从而保证审计质量。

(四)合理保证原则

合理保证与绝对保证是一个相对概念。绝对保证是指注册会计师对财务报表整体不存在重大错报提供百分之百的保证。合理保证是指注册会计师将鉴证业务风险降至该业务环境下可接受的低水平,以此作为积极方式提出结论的基础。合理保证要求注册会计师通过不断修正的、系统的执业过程,获取充分、适当的证据,对财务报表整体发表审计意见,它提供的是一种高水平但非百分之百的保证。

由于审计中存在的固有限制影响了注册会计师发现重大错报的能力,注册会计师不能对财务报表整体不存在重大错报获取绝对保证,审计工作也不能对财务报表整体不存在重大错报提供担保,审计意见也不是对被审计单位未来生存能力或管理层经营效率、效果提供的保证。对审计后的财务报表提供合理保证是注册会计师应尽的责任,注册会计师按照审计准则的规定执行审计工作,就能够对财务报表整体不存在重大错报获取合理保证。

(五)关注和控制审计风险原则

注册会计师要为财务报表提供合理保证,意味着审计风险始终存在,注册会计师应当通过计划和实施审计工作,获取充分与适当的审计证据,将审计风险降至可接受的低水平。审计风险是指财务报表存在重大错报而注册会计师发表不恰当审计意见的可能性。审计风险取决于重大错报风险和检查风险。

重大错报风险是指财务报表在审计前存在重大错报的可能性。被审计单位在实施战略以实现其目标的过程中可能面临各种经营风险,这些经营风险可能影响财务报表的公允真实性。注册会计师应当重点关注影响财务报表公允真实性的经营风险,据以进一步确定财务报表的重大错报风险。

检查风险是指某一认定存在错报,该错报单独或连同其他错报是重大的,但注册会计师未能发现这种错报的可能性。检查风险取决于审计程序设计的合理性和执行的有效性。注册会计师应当合理设计审计程序的性质、时间和范围,并有效地执行审计程序,以控制检查风险。

在设计审计程序确定财务报表整体是否存在重大错报时,注册会计师应当从财务报表层次和各类交易、账户余额、列报认定层次考虑重大错报风险。注册会计师应当评估财务报表层次的重大错报风险,并根据评估结果确定总体应对措施,包括向项目组分派更有经验或具有特殊技能的审计人员、利用专家的工作或提供更多的督导等。注册会计师应当进一步评估认定层次的重大错报风险,并根据既定的审计风险水平和评估的认定层次重大错报风险确定可接受的检查风险水平。在既定的审计风险水平下,可接受的检查风险水平与认定层次的重大错报风险的评估结果呈反向关系。评估的重大错报风险越高,可接受的检查风险越低;评估的重大错报风险越低,可接受的检查风险越高。注册会计师应当获取认定层次充分、适当的审计证据,以便在完成审计工作时,能够以可以接受的低审计风险对财务报表整体发表审计意见。

(六)合理确定重要性原则

财务报表中存在的错报的重要性取决于在具体环境下对错报金额和性质的判断。如果一项错报单独或连同其他错报可能影响财务报表使用者依据财务报表做出的经济决策,则该错报是重大的。注册会计师应当关注财务报表的重大错报,但没有责任发现对财务报表整体不产生重大影响的错报。已识别未更正的错报对财务报表的整体是否有重大影响,不仅要从单个错报进行观察,而且要从累计错报进行观察。在财务报表审计中,注册会计师应当实施审计程序,评估重大错报风险,并根据评估结果设计和实施进一步的审计程序,识别重大错报,控制检查风险。

五、审计标准

审计标准是审计业务中不可或缺的一项要素。运用职业判断对审计对象做出评价或计量,离不开适当的审计标准。如果没有适当的审计标准提供指引,任何个人的解释甚至误解都可能对结论产生影响,这样一来,审计结论必然缺乏可信性。也就是说,审计标准是对所要发表意见的审计对象进行“度量”的一把“尺子”,责任方和审计师可以根据这把“尺子”对审计对象进行“度量”。

审计师在运用职业判断对审计对象做出合理一致的评价或计量时,需要有适当的标准。适当的标准应当具备下列所有特征:

(1)相关性。相关的标准有助于得出结论,便于预期使用者做出决策。

(2)完整性。完整的标准不应忽略业务环境中可能影响得出结论的相关因素,当涉及列报时,还包括列报的基准。

(3)可靠性。可靠的标准能够使能力相近的审计师在相似的业务环境中,对审计对象做出合理一致的评价或计量。

(4)中立性。中立的标准有助于得出无偏向的结论。

(5)可理解性。可理解的标准有助于得出清晰、易于理解、不会产生重大歧义的结论。审计师基于自身的预期、判断和个人经验对审计对象进行的评价和计量,不构成适当的标准。

六、审计证据

审计证据，是指审计师为了得出审计结论和形成审计意见而使用的必要信息。

七、审计报告

审计报告是审计师在完成审计工作后向委托人提交的最终产品。审计师只有在实施审计工作的基础上才能报告。在财务审计中，审计报告是审计师对被审计单位财务报表合法性和公允性发表审计意见的书面文书，因此，审计师应当将已审计的财务报表附于审计报告之后，以便于财务报表使用者正确理解和使用审计报告，并防止被审计单位替换、更改已审计的财务报表。

第三节 审计的分类

对审计进行分类，可以帮助我们从不同的角度加深对审计的认识，以便有效地组织和运用各种类型的审计，更好地发挥审计的职能作用，不断地探索和开拓新的审计领域，建立和完善我国审计监督体系。

我们可以从不同的角度加以考察，对审计做出各种不同的分类（参见图 1－2）。

一、按审计执行主体分类

按审计活动执行主体的性质分类，审计对审计可分为政府审计、独立审计和内部审计三种。

（一）政府审计

政府审计是由政府审计机关依法进行的审计，在我国一般称为国家审计。我国国家审计机关包括国务院设置的审计署及其派出机构和地方各级人民政府设置的审计厅（局）两个层次。国家审计机关依法独立行使审计监督权，对国务院各部门和地方人民政府、国家财政金融机构、国有企事业单位以及其他有国有资产单位的财政、财务收支及其经济效益进行审计监督。各国政府审计都具有法律所赋予的履行审计监督职责的强制性。

（二）注册会计师审计

注册会计师审计，即由注册会计师接受委托进行的审计活动，也称为独立审计或民间审计。我国注册会计师协会（CICPA）在发布的《独立审计基本准则》中指出："独立

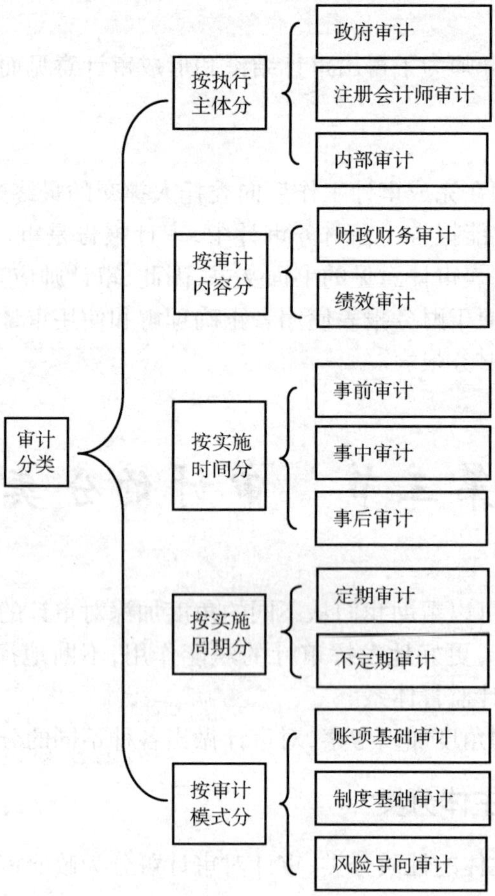

图1－2　审计分类

审计是指注册会计师依法接受委托,对被审计单位的会计报表及其相关资料进行独立审查并发表审计意见。”注册会计师审计的风险高,责任重,因此审计理论的产生、发展及审计方法的变革都基本上是围绕注册会计师审计展开的。

(三)内部审计

内部审计是指由本单位内部专门的审计机构和人员对本单位财务收支和经济活动实施的独立审查和评价,审计结果向本单位主要负责人报告。这种审计具有显著的建设性和内向服务性,其目的在于帮助本单位健全内部控制,改善经营管理,提高经济效益。在西方国家,内部审计人员被普遍认为是企业总经理的耳目、助手和顾问。目前,国际内部审计师协会(IIA)对内部审计的最新定义是:“内部审计是一项独立、客观的保证和咨询顾问服务。它以增加价值和改善营运为目标,通过系统、规范的手段来评估风险、改进风险的控制和组织的治理结构,以达到组织的既定目标。”

二、按审计基本内容分类

按审计内容分类,我国一般将审计分为财政财务审计和绩效审计。

(一)财政财务审计

财政财务审计是指对被审计单位财政财务收支的真实性和合法合规性进行审查,旨在纠正错误、防止舞弊。具体来说,财政审计又包括财政预算执行审计(即由审计机关对本级和下级政府的组织财政收入、分配财政资金的活动进行审计监督)、财政决算审计(即由审计机关对下级政府财政收支决算的真实性、合规性进行审计监督)和其他财政收支审计(即由审计机关对预算外资金的收取和使用进行审计监督)。财务审计则是指对企事业单位的资产、负债和损益的真实性和合法合规性进行审查。由于企业的财务状况、经营成果和现金流量是以会计报表为媒介集中反映的,因而财务审计时常又表现为会计报表审计。

财政财务审计在审计产生以后的很长一段时期都居于主导地位,因此可以说是一种传统的审计;又因为这种审计主要是依照国家法律和各种财经方针政策、管理规程进行的,故又称为依法审计。我国审计机关在开展财政财务审计的过程中,如果发现被审单位和人员存在严重违反国家财经法规、侵占国家资财、损害国家利益的行为,往往会立专案进行深入审查,以查清违法违纪事实,做出相应处罚。这种专案审计一般称为财经法纪审计,它实质上是财政财务审计的深化。

(二)绩效审计

绩效审计是指对被审计单位经济活动的效率(Efficiency)、效果(Effectiveness)和经济状况(Economy)进行审查、评价,目的是促进被审计单位提高人、财、物等各种资源的利用效率,增强盈利能力,实现经营目标。在西方国家,绩效审计也被称为“3E”审计。

三、按审计实施时间分类

按审计实施时间相对于被审单位经济业务发生的前后分类,审计可分为事前审计、事中审计和事后审计。

(一)事前审计

事前审计是指在被审单位经济业务实际发生以前进行的审计。这实质上是对计划、预算、预测和决策进行审计,如国家审计机关对财政预算编制的合理性、重大投资项目的可行性等进行的审查,会计师事务所对企业盈利预测文件的审核,内部审计组织对本企业生产经营决策和计划的科学性与经济性、经济合同的完备性进行的评价等。

开展事前审计,有利于被审单位进行科学决策和管理,保证未来经济活动的有效性,避免因决策失误而遭受重大损失。一般认为,内部审计组织最适合从事事前审计,因为内部审计强调建设性和预防性,能够通过审计活动充当单位领导决策和控制的参谋、助手和顾问。同时,内部审计组织熟悉本单位的活动,掌握的资料比较充分,且易于联系各种专业技术人员,有条件对各种决策、计划等方案进行事前分析比较,做出评价结论,提出改进意见。

(二)事中审计

事中审计是指在被审单位经济业务执行过程中进行的审计。例如,对费用预算、经济合同的执行情况进行审查。通过这种审计,能够及时发现和反馈问题,尽早纠正偏差,从而保证经济活动按预期目标合法合理和有效地进行。

(三)事后审计

事后审计是指在被审单位经济业务完成之后进行的审计。大多数审计活动都属于事后审计。事后审计的目标是监督经济活动的合法合规性,鉴证企业会计报表的真实公允性,评价经济活动的效果和效益状况。

四、按审计实施周期性分类

按实施的周期性分类,审计还可分为定期审计和不定期审计。

(一)定期审计

定期审计是按照预定的间隔周期进行的审计,如注册会计师对上市公司年度会计报表进行的每年一次审计、国家审计机关每隔几年对行政事业单位进行的财务收支审计等。

(二)不定期审计

不定期审计是出于需要而临时安排进行的审计,如国家审计机关对被审单位存在的严重违反财经法规行为突击进行的财经法纪专案审计,会计师事务所接受企业委托对拟收购公司的会计报表进行的审计,内部审计机构接受总经理指派对某分支机构经理人员存在的舞弊行为进行审查等。

五、按审计技术模式分类

按采用的技术模式,审计可以分为账项基础审计、控制基础审计和风险导向审计三种。这三种审计代表着审计技术的不同发展阶段,但即使在审计技术十分先进的国家也往往同时采用。而且,无论采用何种审计技术模式,在会计报表审计中最终都要用到许多共同的方法来检查报表项目金额的真实性、公允性。

(一)账项基础审计

账项基础审计是审计技术发展的第一阶段,它是指顺着或逆着会计报表的生成过程,通过对会计账簿和凭证进行详细审阅,对会计账表之间的勾稽关系逐一核实,来检查是否存在会计舞弊行为或技术性措施。在进行财务报表审计,特别是专门的舞弊审计时,采用这种技术有利于做出可靠的审计结论。

(二)制度基础审计

制度基础审计是审计技术发展的第二阶段,它建立在健全的内部控制系统可以提高会计信息质量的基础上。即首先进行内部控制系统的测试和评价,当评价结果表明被审单位的内部控制系统健全且运行有效、值得信赖时,可以在随后对报表项目的实质性测试工作中仅抽取小部分样本进行审查;相反,则需扩大实质性测试的范围。这样能够提高审计的效率,有利于保证抽样审计的质量。

(三)风险导向审计

风险导向审计是审计技术的最新发展阶段。采用这种审计技术时,审计人员一般从对被审单位委托审计的动机、经营环境、财务状况等方面进行全面的风险评估出发,利用审计风险模型,规划审计工作,积极运用分析性复核,力争将审计风险控制在可以接受的水平上。

除上述分类外,审计还可按执行地点分为报送审计和就地审计:前者是指审计机构对被审单位依法定期报送的计划、预算和会计报表及有关账证等资料进行的审计,主要适用于国家审计机关对规模较小的事业单位进行的财务审计;后者是指审计机构委派审计人员到被审单位进行现场审计,以全面调查和掌握被审单位的情况,做出准确的审计结论。

第四节　审计人员的构成及任职资格

一、国家审计人员的构成及任职资格

国家审计是由国家审计机关代表国家,对各级政府及其部门的财政收支,及公共资金的收支、运用情况依法进行的审计。国家审计机关包括我国宪法规定由国务院设置的审计署,由各省、自治区、直辖市、市、县等地方各级人民政府设置的审计机关,以及政府在地方或中央各部委设置的派出审计机关。它们主要依法对国务院各部门和地方各级人民政府、国家各级财政金融机构、国有企事业单位,以及其他有国有资产单位的财政、财务收支及其经济效益进行审计监督。

审计署的审计长是国务院的组成人员，由国务院总理提名、全国人民代表大会决定人选，由国家主席任免；副审计长由国务院任免。县级以上地方各级审计局局长是本级人民政府的组成人员，由本级人民代表大会常务委员会决定任免；副局长由本级人民政府任免。审计工作人员主要由熟悉审计业务并具备财会、法律和经济管理知识与技能的专业人员组成。

国家审计人员基本属于国家公务员，其专业技能可以职称来体现。在我国，国家审计人员的职称单独设立，一般分三种：高级审计师、审计师、助理审计师。

二、内部审计人员的构成及任职资格

内部审计是指由本部门和本单位内部专职的审计机构或人员对本部门、本单位的财务收支及其经济效益所进行的审计。这种专职的审计机构或人员，独立于财会部门之外，直接受本部门、本单位主要负责人的领导，依法对本部门、本单位及其下属单位的财务收支、经营管理活动以及经济效益进行内部审计监督。其主要目的是纠错防弊，促使改善经营管理，提高经济效益。

内部审计机构应设审计主管（主任、处长、科长、股长），由本部门或单位的主要负责人决定任免。审计人员主要由本部门、本单位内部熟悉会计、审计、财务和经济管理的专业人员组成。

关于内部审计师资格的认定，我国目前尚未开展。目前有一个世界公认的国际内部审计师考试（International Certified Internal Auditor，简称 CIA），由国际内部审计师协会（IIA）组织考试并颁发证书。该协会 1974 年在美国举行了首次内部审计师资格考试。IIA 目前在全球超过 170 个国家和地区共有约 18 万名会员。中国于 1988 年也成为该协会的成员，1998 年开始我国将此项考试引入国内，1999 年在广州中山大学举办第一次考试。截至 2020 年 3 月，CIA 考试在中国取得了巨大的发展，国内持有 CIA 资格的人数已达到 5 万余人。CIA 资格和证书是目前唯一全世界认可的“会计审计领域的最高资格和荣誉”。

三、注册会计师审计人员的构成及任职资格

注册会计师审计又称民间审计或独立审计，是指由经政府有关部门审核批准的注册会计师组成的会计师事务所进行的审计。依据我国目前的规定，注册会计师必须加入会计师事务所，才能接受委托，依法对被审计单位的财务收支及其经济效益承办审计鉴证、经济案件鉴定、注册资本验证和管理咨询等业务。会计师事务所是注册会计师的工作机构，它自收自支、独立核算、自负盈亏、依法纳税，具有法人资格，不附属于任何机构。

从事注册会计师审计的工作人员主要是注册会计师考试全科成绩合格、经国家有

关部门审批并登记注册的注册会计师，以及尚未取得注册会计师资格但熟悉会计、审计及其他财务知识和经济管理知识，具备一定业务水平的业务助理人员。

我国注册会计师资格的取得，一要考试，二要实践。只有同时具备这两个条件，才可以向有关部门申请注册。经审核后，领取统一颁发的注册会计师证书，方能正式成为中国的注册会计师。

（一）报考条件

根据《中华人民共和国注册会计师法》及有关考试办法的规定，具有高等专科及以上学校毕业的学历，或者具有会计、审计、经济、统计中级（含中级）以上专业技术职称的中国公民，可以申请参加全国注册会计师统一考试。对外籍公民，按互惠原则，其所在国允许中华人民共和国公民参加该国注册会计师（或其他相应称谓）考试者，我国政府亦允许其公民参加我国的注册会计师考试。中国港澳台地区居民及按互惠原则确认的外籍公民申请参加我国注册会计师考试必须具备下列条件之一：具有财政部注册会计师全国考试委员会认可的境内、境外高等专科以上学校毕业的学历；已取得境外法律认可的注册会计师资格（或其他相应资格）；已取得中国注册会计师统一考试的单科成绩合格凭证。

（二）考试科目

考试分为专业阶段考试和综合阶段考试。考生在通过专业阶段考试的全部科目后，才能参加综合阶段考试。

专业阶段考试科目：会计、审计、财务成本管理、公司战略与风险管理、经济法、税法6个科目；每科考试均实行百分制，60分为成绩合格分数线。

综合阶段考试科目：职业能力综合测试（试卷一、试卷二）。

考试范围：由财政部考委会在发布的考试大纲中确定。

参加注册会计师全国统一考试的应考人员，专业阶段考试的单科考试合格成绩5年内有效。对在连续5个年度考试中取得专业阶段全部科目考试合格成绩的应考人员，财政部考委会颁发专业阶段考试合格证书。

（三）注册登记

根据《注册会计师法》的规定，通过注册会计师考试全科成绩合格的，均可取得注册会计师资格，申请加入注册会计师协会成为非执业会员，但不能执业。要执业，还必须按照规定，加入一家会计师事务所，具有两年审计工作经验，并符合其他审批条件，经批准注册后，由注册会计师协会发给国务院财政部门统一印制的注册会计师证书，方可执行注册会计师业务。注册由省级注册会计师协会办理，报国务院财政部门备案。国务院财政部门发现注册会计师协会的注册不符合注册会计师法规定的，应当通知有关的注册会计师协会撤销注册。注册会计师协会依照有关法律规定不予注册的，应当自决定之日起15日内书面通知申请人。申请人有异议的,可以自收到通知之日起15日内向国务院财政部门或者省、自治区、直辖市人民政府财政部门申请复议。

本章小结

审计是建立在受托经济责任关系基础上的一种由第三者行使的经济监督、检查工作。经济越发展,分工越细化,合作越重要。信任是合作的前提,但"信任从来不是完全充分的,信任从来没有在社会关系中得到完全实现"。审计的出现就是为了消除这种不信任感,增强信息的可信性。因此,审计从本质上看是一种信任鉴证。

注册会计师审计起源于16世纪的意大利,形成于18世纪的英国,完善于20世纪初的美国,现已成为市场经济中不可或缺的一项职业。

审计概念体系主要由审计定义、审计对象、审计目的、审计原则、审计标准、审计证据、审计报告等基本概念组成。正是这些概念反映了审计的本质特征,形成了审计理论结构的核心。

中国的审计组织机构主要有三种组织形式:国家审计机关、部门单位内部审计机构、会计师事务所。它们共同构成一个有机的审计组织体系。

本章关键词汇

受托经济责任	Fiduciary duty
信任	Trust
审计	Audit
审计独立性	Auditor independence
南海公司事件	the South Sea Scandal
"四大"	the Big Four audit firms
萨班斯法	the Sabanes - Oxley Act
国家审计	the National audit
内部审计	the Internal audit
注册会计师审计	the CPA audit

审计关系人	the Three - party relationship
职业怀疑	Professional skepticism
审计标准	Auditing standards
审计证据	Audit evidence
审计报告	Audit report
账项基础审计	Account - based audit
制度基础审计	System - based audit
风险导向审计	Risk - oriented audit
3E 审计	the 3E (economics, efficiency and effectiveness) audit

思考与练习题

1. 为什么说经济越发展,审计越重要?
2. 如何理解审计本质上是一种信任鉴证?
3. 什么是审计的永恒主题?
4. 审计是如何分类的? 各类审计有什么特点?
5. 你了解中国的注册会计师考试吗?
6. 你了解国际内部审计师考试吗?
7. (小组分析)请你收集上市公司对外发布的年度财务报表,阅读注册会计师的审计意见报告,你认为注册会计师在资本市场上扮演什么角色?
8. (班级分析)西方国家传统上认为,注册会计师、律师和医师是十分受人尊敬的黄金职业。请你设计调查表,向你周围的人了解,他们认为什么样的职业是黄金职业?在我国当前环境下,注册会计师是否属于黄金职业? 请你基于你的调查结果做出自己的判断(建议以班级为单位开展调查分析)。

思政小课堂

民国会计大师——民族品牌奚玉书

奚玉书,我国著名的会计学家、会计实务专家、会计教育家,民国时期四大会计师事务所之一的上海公信会计师事务所创始人，其最突出的特色是勇于挑战洋权威、树立民族会计品牌。

1927 年，华安人寿保险公司拟聘请英籍大美会计师事务所担任会计顾问，并委托其常年查账。奚玉书听说此事后，毛遂自荐，亲自上门，用自己卓越的专业才能和强烈的爱国主义精神，争取到华安人寿聘请他为会计顾问和委托中国会计师事务所进行常年查账。

1936 年，国民政府交通部与美国泛美航空公司合资成立中国航空公司，双方协定特聘英籍克佐时会计师事务所担任常年查账。奚玉书听闻此事后，又毛遂自荐，亲自与交通部进行交涉，主张以国格为重，要求根据合资经营的对等原则，同时聘用中国会计师和中国会计师事务所为该公司常年查账。在其力争之下，这一交涉也取得了胜利。

1937 年，抗日战争爆发后，上海很多工商企业毁于战火，当时已在外国保险公司投保兵险的正泰橡胶厂，因日本侵略者的炮火袭击，受到重大损失。该厂向保险公司索赔，保险公司诬称该厂系“被流氓抢劫后焚毁”，拒绝任何赔偿。奚玉书接手这一棘手案件之后，对此案进行了细致的实地调查，最终查明了事实真相，迫使外国保险公司如数赔款。

第二章

注册会计师职业规范

本章导读

注册会计师职业规范体系包括业务准则、质量管理准则和职业道德准则。其中，业务准则又包括鉴证业务准则和相关服务准则两部分，鉴证业务和相关服务代表了注册会计师可以从事的两类业务活动。质量管理准则是会计师事务所为了确保事务所及其人员遵守审计准则、职业道德规范和法律法规的规定，确保审计质量符合审计准则的要求而建立和实施的控制政策和程序的总称。职业道德准则规定了承担公共责任的注册会计师应该遵循的职业水准。

本章内容较重要，建议安排4学时。

第一节　注册会计师业务准则

注册会计师业务准则包括鉴证业务准则和相关服务准则两个部分。

一、注册会计师鉴证业务准则

鉴证业务是指注册会计师对鉴证对象信息提出结论，以增强除责任方之外的预期使用者对鉴证对象信息信任程度的业务。其中,鉴证对象信息是按照标准对鉴证对象进行评价和计量的结果。如责任方按照会计准则和相关会计制度(标准)对其财务状况、经营成果和现金流量(鉴证对象)进行确认、计量和列报(包括披露,下同)而形成的财务报表(鉴证对象信息)。

鉴证业务包含五个要素,即鉴证业务的三方关系、鉴证对象、标准、证据和鉴证报告。鉴证业务包括历史财务信息审计业务、历史财务信息审阅业务和其他鉴证业务。在鉴证业务准则中,注册会计师是指取得注册会计师证书并在会计师事务所执业的人员,有时也指其所在的会计师事务所。

(一)国际审计和鉴证业务准则体系

国际审计准则(International Standards on Auditing,ISA),是在1991年7月10日由过去的国际审计指南(International Auditing Guidelines,IAG)易名而来,它由国际会计师联合会(IFAC)下设的国际审计实务委员会(International Auditing Practices Committee,IAPC)负责制定,该委员会于2002年4月更名为国际审计与鉴证准则理事会(International Auditing and Assurance Standards Board)。国际审计与鉴证准则理事会(IAASB)是负责制定全球统一的审计鉴证业务准则的专门机构,致力于制定高质量的审计准则,推动各国审计准则与国际准则的趋同,提高全球范围内的执业质量,增强公众信心,维护公众利益。国际证券委员会组织(IOSCO)、巴塞尔银行监管委员会、金融稳定论坛(FSF)、国际保险监管机构联盟、世界银行等国际组织高度重视国际审计与鉴证准则理事会的工作,并将国际审计准则视为维护全球金融稳定、促进资本市场发展、增强投资者信心、保护社会公众利益的重要基石。

IAASB主席Arnold Schilder指出,可理解和相关的披露对财务报表使用者至关重要,其工作重点已转变为在财务报表披露中提供更有质量的信息。提高审计人员对披露的关注是符合公众利益的,IAASB将继续加强与会计准则制定机构的协调合作,以进一步改善财务报表披露质量。IAASB技术总监Kathleen Healy表示,无论财务报表以何种财务报告框架为基础编制,财务报表披露中的信息都是审计中不可或缺的一部分。IAASB坚定地相信国际审计准则的这些变化将提高审计质量,并且适用于各种规模的审计业务,以及任何司法管辖区和行业。

IAASB发布的公告及其相互关系如图2-1所示。

2020年12月17日,IAASB发布了全新的三项质量管理准则,替代原有的质量控制准则。质量管理准则要求建立与以往相比更为强大、有力、可计量且有效的质量管理方法,标志着质量控制方法的重大进步。

“质量管理准则有助于审计职业界建立增强版的质量‘管理’而非‘控制’体系,使质量管理更为持续”,IAASB主席Tom Seidenstein说,“质量管理准则要求事务所领导

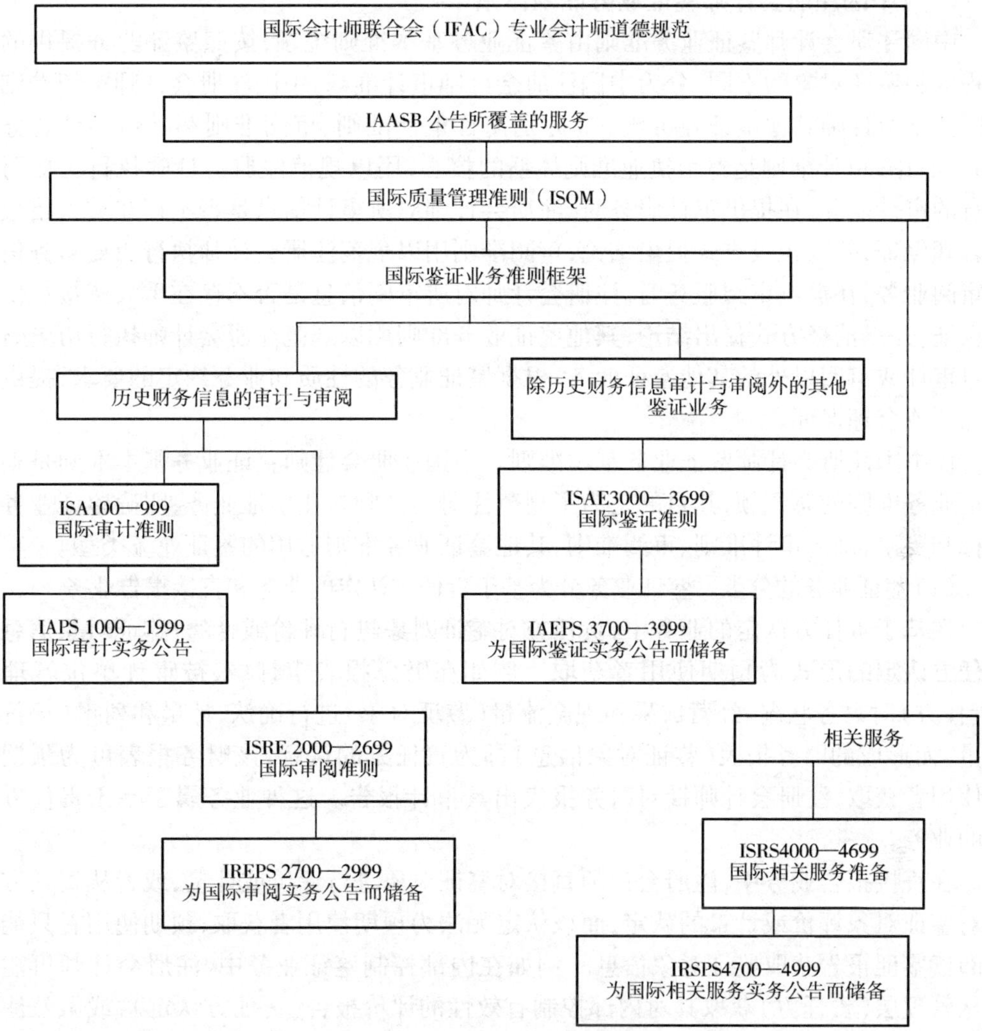

图 2－1　IAASB 发布的公告结构

层承担持续提升业务执行质量和及时修复缺陷的责任。只有有效执行准则，才能确保审计质量成为会计师事务所战略和运营的核心。”

质量管理准则体系包括：①ISQM1，财务报表审计或审阅、其他相关服务的质量管理；②ISQM2，业务质量复核；③国际审计准则 ISA220（修订），财务报表审计的质量管理。该体系将于 2022 年 12 月 15 日生效。

(二)中国注册会计师鉴证业务准则体系

中国注册会计师鉴证业务准则由鉴证业务基本准则统领,按照鉴证业务提供的保证程度和鉴证对象的不同,分为中国注册会计师审计准则、中国注册会计师审阅准则和中国注册会计师其他鉴证业务准则(分别简称审计准则、审阅准则和其他鉴证业务准则)。其中,审计准则是整个执业准则体系的核心,用以规范注册会计师执行历史财务信息的审计业务,在提供审计服务时,注册会计师对所审计信息是否不存在重大错报提供合理保证,并以积极方式提出结论;审阅准则用以规范注册会计师执行历史财务信息的审阅业务,在提供审阅服务时,注册会计师对所审阅信息是否不存在重大错报提供有限保证,并以消极方式提出结论;其他鉴证业务准则用以规范注册会计师执行历史财务信息审计或审阅以外的其他鉴证业务,根据鉴证业务的性质和业务约定的要求,提供有限保证或合理保证。

1. 中国注册会计师鉴证业务基本准则。中国注册会计师鉴证业务基本准则是整个鉴证业务准则的总纲领,其目的是为了规范注册会计师执业鉴证业务,明确鉴证业务的目标和要素,确定审计准则、审阅准则、其他鉴证业务准则适用的鉴证业务类型。

(1)鉴证业务的分类。鉴证业务分为基于责任方认定的业务和直接报告业务。

在基于责任方认定的业务中,责任方对鉴证对象进行评价或计量,鉴证对象信息以责任方认定的形式为预期使用者获取。例如在财务报表审计中,被审计单位管理层(责任方)对财务状况、经营成果和现金流量(鉴证对象)进行确认、计量和列报(评价或计量)而形成的财务报表(鉴证对象信息)即为责任方的认定,该财务报表可为预期报表使用者获取,注册会计师针对财务报表出具审计报告。这种业务属于基于责任方认定的业务。

在直接报告业务中,注册会计师直接对鉴证对象进行评价或计量,或者从责任方获取对鉴证对象评价或计量的认定,而该认定无法为预期使用者获取,预期使用者只能通过阅读鉴证报告获取鉴证对象信息。例如在内部控制鉴证业务中,注册会计师可能无法从管理层(责任方)获取其对内部控制有效性的评价报告(责任方认定),或虽然注册会计师能够获取该报告,但预期使用者无法获取该报告,注册会计师直接对内部控制的有效性(鉴证对象)进行评价并出具鉴证报告,预期使用者只能通过阅读该鉴证报告获得内部控制有效性的信息(鉴证对象信息)。这种业务属于直接报告业务。

(2)鉴证业务的保证程度。鉴证业务的保证程度分为合理保证和有限保证。

合理保证的鉴证业务的目标是注册会计师将鉴证业务风险降至该业务环境下可接受的低水平,以此作为以积极方式提出审计结论的基础。例如在历史财务信息审计中,要求注册会计师将审计风险降至可接受的低水平,对审计后的历史财务信息提供高水平保证(合理保证),在审计报告中对历史财务信息采用积极方式提出结论。这种业务属于合理保证的鉴证业务。

有限保证的鉴证业务的目标是注册会计师将鉴证业务风险降至该业务环境下可接受的水平，以此作为以消极方式提出审计结论的基础。例如在历史财务信息审阅业务中，要求注册会计师将审阅风险降至该业务环境下可接受的水平（高于历史财务信息审计中可接受的低水平），对审阅后的历史财务信息提供低于高水平的保证（有限保证），在审阅报告中对历史财务信息采用消极方式提出结论。这种业务属于有限保证的鉴证业务。

(3)鉴证业务的承接。在接受鉴证业务委托之前，注册会计师应当初步了解业务环境，包括：业务约定事项、鉴证对象特征、使用的标准、预期使用者的需求、责任方及其环境的相关特征，以及可能对鉴证业务产生重大影响的事项、交易、条件和惯例等其他事项。

在初步了解业务环境后，只有认为符合独立性和专业胜任能力等相关职业道德规范的要求，并且拟承接的业务具备下列所有特征，注册会计师才能将其作为鉴证业务予以承接：①鉴证对象适当；②使用的标准适当且预期使用者能够获取该标准；③注册会计师能够获取充分、适当的证据以支持其结论；④注册会计师的结论以书面报告形式表述，且表述形式与所提供的保证程度相适应；⑤该业务具有合理的目的。当拟承接的业务不具备上述鉴证业务的所有特征、不能将其作为鉴证业务予以承接时，注册会计师可以提请委托人将其作为商定程序、代编财务信息、管理咨询、税务服务等非鉴证业务，以满足预期使用者的需要。

如果鉴证业务涉及的特殊知识和技能超出了注册会计师的能力，注册会计师可以利用专家协助执行职业鉴证业务。在这种情况下，注册会计师应当确信包括专家在内的项目组整体已具备执行该项鉴证业务所需的知识和技能，并充分参与该项鉴证业务和了解专家所承接的工作。

(4)鉴证业务要素。鉴证业务要素是指鉴证业务的三方关系、鉴证对象、标准、证据和鉴证报告。

2. 中国注册会计师审计准则。审计准则是审计人员从事审计工作时必须遵循的行为规范，是衡量审计工作质量的尺度或标准。建立和实施审计准则，可以提高审计工作质量，赢得社会公众的广泛信赖，维护会计师事务所和注册会计师的合法权益，促进审计经验的广泛交流。

3. 中国注册会计师审阅和其他鉴证业务准则。2006 年 2 月 15 日，中国注册会计师协会发布了修订后的审阅业务和其他鉴证业务准则，自 2007 年 1 月 1 日起实行。

根据《中国注册会计师审阅准则第 2101 号——财务报表审阅》，财务报表审阅的目标，是注册会计师在实施审阅程序的基础上，说明是否注意到某些事项，使其相信财务报表没有按照适用的会计准则和相关会计制度的规定编制，未能在所有重大方面公允反映被审阅单位的财务状况、经营成果和现金流量。注册会计师应当主要通过询问和分析程序获取充分、适当的证据，作为得出审阅结论的基础。由于实施审阅程序不能提供在财务报表审计中要求的所有证据，审阅业务对所审阅的财务报表不存在重大错报提供有限保证，注册会计师应当以消极方式提出结论。审阅报告应当清楚地表达有限保证的结论。注册会计师应当复核和评价根据审阅证据得出的结论，以此作为表达有限保证的基础。

由此可见，与审计业务相比，审阅业务提供的保证程度较低，仅限于有限的保证水平，提出结论的方式也是消极方式。

为协助相关方理解审阅业务和国际审阅业务准则第2400号，国际会计师联合会中小事务所委员会发布了题为《中小企业审阅业务：有限鉴证和巨额收益》的文章。该文章主要介绍了审阅业务的概念、优点，开展审阅业务的时机及中小事务所客户如何收益等。该文章还介绍了供中小事务所使用的其他相关资源。国际会计师联合会（IFAC）2013年发布了《审阅业务指南》，以帮助在事务所工作的职业会计师，尤其是在中小事务所工作的职业会计师按照国际审阅业务准则第2400号开展审阅业务。

2007年1月1日起实施的还有《中国注册会计师其他鉴证业务准则第3101号——历史财务信息审计或审阅以外的鉴证业务》和《中国注册会计师其他鉴证业务准则第3111号——预测性财务信息的审核》两项与其他鉴证业务相关的准则。

截至2020年12月31日，中国注册会计师执业准则的修订历程及准则体系如表2－1所示。

表2－1　注册会计师专业标准——执业准则修订过程（2006年至今）

类别	2007年1月1日实施（1项基本准则，48项具体准则）	2012年1月1日起施行（新生效38项具体准则，废止35项具体准则）	2017年1月1日实施（新生效12项具体准则，废止11项）	2019年7月1日起施行（18项，替代）	2020年1月征求意见稿，2020年11月发布
基本准则	中国注册会计师鉴证业务基本准则				
审计准则	*中国注册会计师审计准则第1101号——财务报表审计的目标和一般原则*	*CSA1101 注册会计师的总体目标和审计工作的基本要求*		中国注册会计师审计准则第1101号——注册会计师的总体目标和审计工作的基本要求	

续表

类别	2007年1月1日实施（1项基本准则，48项具体准则）	2012年1月1日起施行（新生效38项具体准则，废止35项具体准则）	2017年1月1日实施（新生效12项具体准则，废止11项）	2019年7月1日起施行（18项，替代）	2020年1月征求意见稿，2020年11月发布
审计准则	*中国注册会计师审计准则第1111号——审计业务约定书*	*CSA1111 就审计业务约定条款达成一致意见*	中国注册会计师审计准则第1111号——就审计业务约定条款达成一致意见（仅文字调整）		
	中国注册会计师审计准则第1121号——历史财务信息审计的质量控制	*CSA1121 对财务报表审计实施的质量控制*		*中国注册会计师审计准则第1121号——对财务报表审计实施的质量控制*	《中国注册会计师审计准则第1121号——对财务报表审计实施的质量管理》
	中国注册会计师审计准则第1131号——审计工作底稿	*CSA1131 审计工作底稿*	中国注册会计师审计准则第1131号——审计工作底稿（仅文字调整）		
	中国注册会计师审计准则第1141号——财务报表审计中对舞弊的考虑	*CSA1141 财务报表审计中与舞弊相关的责任*		中国注册会计师审计准则第1141号——财务报表审计中与舞弊相关的责任	
	中国注册会计师审计准则第1142号——财务报表审计中对法律法规的考虑	*CSA1142 财务报表审计中对法律法规的考虑*		中国注册会计师审计准则第1142号——财务报表审计中对法律法规的考虑	

续表

类别	2007年1月1日实施(1项基本准则,48项具体准则)	2012年1月1日起施行(新生效38项具体准则,废止35项具体准则)	2017年1月1日实施(新生效12项具体准则,废止11项)	2019年7月1日起施行(18项,替代)	2020年1月征求意见稿,2020年11月发布
审计准则	*中国注册会计师审计准则第1151号——与治理层的沟通*	*CSA1151 与治理层的沟通*	*中国注册会计师审计准则第1151号——与治理层的沟通(实质性修订,仅上市实体)*	中国注册会计师审计准则第1151号——与治理层的沟通	
		CSA1152 向治理层和管理层通报内部控制缺陷			
	中国注册会计师审计准则第1152号——前后任注册会计师的沟通	CSA1153 前任注册会计师和后任注册会计师的沟通			
	中国注册会计师审计准则第1201号——计划审计工作	CSA1201 计划审计工作			
	中国注册会计师审计准则第1211号——了解被审计单位及其环境并评估重大错报风险	*CSA1211 通过了解被审计单位及其环境识别和评估重大错报风险*		中国注册会计师审计准则第1211号——通过了解被审计单位及其环境识别和评估重大错报风险	
	中国注册会计师审计准则第1212号——对被审计单位使用服务机构的考虑	CSA1241 对被审计单位使用服务机构的考虑			

续表

类别	2007年1月1日实施(1项基本准则,48项具体准则)	2012年1月1日起施行(新生效38项具体准则,废止35项具体准则)	2017年1月1日实施(新生效12项具体准则,废止11项)	2019年7月1日起施行(18项,替代)	2020年1月征求意见稿,2020年11月发布
审计准则	*中国注册会计师审计准则第1221号——重要性*	*CSA1221 计划和执行审计工作时的重要性*		中国注册会计师审计准则第1221号——计划和执行审计工作时的重要性	
	中国注册会计师审计准则第1231号——针对评估的重大错报风险实施的程序	*CSA1231 针对评估的重大错报风险采取的应对措施*		中国注册会计师审计准则第1231号——针对评估的重大错报风险采取的应对措施	
		CSA1251 评价审计过程中识别出的错报		中国注册会计师审计准则第1251号——评价审计过程中识别出的错报	
	中国注册会计师审计准则第1301号——审计证据	*CSA1301 审计证据*	中国注册会计师审计准则第1301号——审计证据(仅文字调整)		
	中国注册会计师审计准则第1311号——存货监盘	*CSA1311 对存货、诉讼和索赔、分部信息等特定项目获取审计证据的具体考虑*		中国注册会计师审计准则第1311号——对存货、诉讼和索赔、分部信息等特定项目获取审计证据的具体考虑	

续表

类别	2007年1月1日实施(1项基本准则,48项具体准则)	2012年1月1日起施行(新生效38项具体准则,废止35项具体准则)	2017年1月1日实施(新生效12项具体准则,废止11项)	2019年7月1日起施行(18项,替代)	2020年1月征求意见稿,2020年11月发布
审计准则	*中国注册会计师审计准则第1312号——函证*	CSA1312 函证			
	中国注册会计师审计准则第1313号——分析程序	CSA1313 分析程序			
	中国注册会计师审计准则第1314号——审计抽样和其他选取测试项目的方法	CSA1314 审计抽样			
	中国注册会计师审计准则第1321号——会计估计的审计	CSA1321 审计会计估计(包括公允价值会计估计)和相关披露			
	中国注册会计师审计准则第1322号——公允价值计量和披露的审计				
	中国注册会计师审计准则第1323号——关联方	CSA1323 关联方			
	中国注册会计师审计准则第1324号——持续经营	*CSA1324 持续经营*	中国注册会计师审计准则第1324号——持续经营(实质性修订)		
	中国注册会计师审计准则第1331号——首次接受委托时对期初余额的审计	*CSA1331 首次审计业务涉及的期初余额*		中国注册会计师审计准则第1331号——首次审计业务涉及的期初余额	

续表

类别	2007年1月1日实施(1项基本准则,48项具体准则)	2012年1月1日起施行(新生效38项具体准则,废止35项具体准则)	2017年1月1日实施(新生效12项具体准则,废止11项)	2019年7月1日起施行(18项,替代)	2020年1月征求意见稿,2020年11月发布
审计准则	*中国注册会计师审计准则第1332号——期后事项*	*CSA1332 期后事项*	中国注册会计师审计准则第1332号——期后事项(仅文字调整)		
	中国注册会计师审计准则第1341号——管理层声明	*CSA1341 书面声明*	中国注册会计师审计准则第1341号——书面声明(仅文字调整)		
	中国注册会计师审计准则第1401号——利用其他注册会计师的工作				
		CSA1401 对集团财务报表审计的特殊考虑		中国注册会计师审计准则第1401号——对集团财务报表审计的特殊考虑	
	中国注册会计师审计准则第1411号——考虑内部审计工作	*CSA1411 利用内部审计人员的工作*		中国注册会计师审计准则第1411号——利用内部审计人员的工作	
	中国注册会计师审计准则第1421号——利用专家的工作	CSA1421 利用专家的工作			

续表

类别	2007年1月1日实施(1项基本准则,48项具体准则)	2012年1月1日起施行(新生效38项具体准则,废止35项具体准则)	2017年1月1日实施(新生效12项具体准则,废止11项)	2019年7月1日起施行(18项,替代)	2020年1月征求意见稿,2020年11月发布
审计准则	*中国注册会计师审计准则第1501号——审计报告*	*CSA1501对财务报表形成审计意见和出具审计报告*	*中国注册会计师审计准则第1501号——对财务报表形成审计意见和出具审计报告(实质性修订,仅上市实体的审计业务)*	中国注册会计师审计准则第1501号——对财务报表形成审计意见和出具审计报告	
	中国注册会计师审计准则第1502号——非标准审计报告	*CSA1502在审计报告中发表非无保留意见*	*中国注册会计师审计准则第1502号——在审计报告中发表非无保留意见(实质性修订)*	中国注册会计师审计准则第1502号——在审计报告中发表非无保留意见	
		CSA1503在审计报告中增加强调事项段和其他事项段	*中国注册会计师审计准则第1503号——在审计报告中增加强调事项段和其他事项段(实质性修订)*	中国注册会计师审计准则第1503号——在审计报告中增加强调事项段和其他事项段	
			中国注册会计师审计准则第1504号——在审计报告中沟通关键审计事项		
	中国注册会计师审计准则第1511号——比较数据	*CSA1511比较信息:对应数据和比较财务报表*		中国注册会计师审计准则第1511号——比较信息:对应数据和比较财务报表	

续表

类别	2007年1月1日实施（1项基本准则，48项具体准则）	2012年1月1日起施行（新生效38项具体准则，废止35项具体准则）	2017年1月1日实施（新生效12项具体准则，废止11项）	2019年7月1日起施行（18项，替代）	2020年1月征求意见稿，2020年11月发布
审计准则	*中国注册会计师审计准则第1521号——含有已审计财务报表的文件中的其他信息*	*CSA1521 注册会计师对含有已审计财务报表的文件中的其他信息的责任*	中国注册会计师审计准则第1521号——注册会计师对其他信息的责任（实质性修订）		
	中国注册会计师审计准则第1601号——对特殊目的审计业务出具审计报告	CSA1601 对按照特殊目的编制基础编制的财务报表审计的特殊考虑			
	中国注册会计师审计准则第1602号——验资				
		CSA1603 对单一财务报表和财务报表特定要素审计的特殊考虑			
		CSA1604 对简要财务报表出具报告的业务			
	中国注册会计师审计准则第1611号——商业银行财务报表审计				
	中国注册会计师审计准则第1612号——银行间函证程序				
	中国注册会计师审计准则第1613号——与银行监管机构的关系				

续表

类别	2007年1月1日实施(1项基本准则,48项具体准则)	2012年1月1日起施行(新生效38项具体准则,废止35项具体准则)	2017年1月1日实施(新生效12项具体准则,废止11项)	2019年7月1日起施行(18项,替代)	2020年1月征求意见稿,2020年11月发布
审计准则	*中国注册会计师审计准则第1621号——对小型被审计单位审计的特殊考虑*				
	中国注册会计师审计准则第1631号——财务报表审计中对环境事项的考虑				
	中国注册会计师审计准则第1632号——衍生金融工具的审计				
	中国注册会计师审计准则第1633号——电子商务对财务报表审计的影响				
	中国注册会计师审阅准则第2101号——财务报表审阅				
其他鉴证业务准则	中国注册会计师其他鉴证业务准则第3101号——历史财务信息审计或审阅以外的鉴证业务				
	中国注册会计师其他鉴证业务准则第3111号——预测性财务信息的审核				

续表

类别	2007年1月1日实施(1项基本准则,48项具体准则)	2012年1月1日起施行(新生效38项具体准则,废止35项具体准则)	2017年1月1日实施(新生效12项具体准则,废止11项)	2019年7月1日起施行(18项,替代)	2020年1月征求意见稿,2020年11月发布
相关服务准则	中国注册会计师相关服务准则第4101号——对财务信息执行商定程序(2006年2月15日修订)				
	中国注册会计师相关服务准则第4111号——代编财务信息				
质量控制准则(业务质量管理)	*会计师事务所质量控制准则第5101号——业务质量控制*	*CSQC5101 对执行财务报表审计和审阅、其他鉴证和相关服务业务实施的质量控制*		*质量控制准则第5101号——会计师事务所对执行财务报表审计和审阅、其他鉴证和相关服务业务实施的质量控制*	会计师事务所质量管理准则第5101号——业务质量管理
					会计师事务所质量管理准则第5102号——项目质量复核

注:斜体字表示已被废止或取代的准则。

4.应用指南和问题解答。中国注册会计师审计准则对注册会计师执行审计业务的目标和核心要求做出规范,应用指南是对审计准则条款的进一步解释和说明。问题解答根据审计准则制定,为注册会计师如何正确理解审计准则及应用指南、解决实务问题提供实务指导和提示。注册会计师在执行审计业务时,应当将审计准则、应用指南与问题解答一并掌握和执行。

(1)应用指南。目前,中国注册会计师审计准则及应用指南已形成完整的体系,涵盖注册会计师执行审计业务的全部过程和关键领域。由于企业组织结构和经营方式日益复杂,会计判断和估计事项日益增多,注册会计师面临的审计风险日益加大,需要更好地理解和运用审计准则。

(2)问题解答。为了向注册会计师提供良好实务指导,中注协通过征询行业意见，结合行业监管实际，就行业存在的普遍问题形成问题解答。问题解答在以下四个方面提供指导：一是对注册会计师难以理解或执行的准则条款做出进一步解释和说明；二是对注册会计师在执业实践中遇到的普遍性的复杂问题予以答复；三是对实务中舞弊风险较高的领域予以提示；四是对实务中存在的准则执行不到位的做法予以提示和纠正。

2013 年 10 月 31 日，中注协发布 6 项审计准则问题解答，自 2014 年 1 月 1 日起施行；2014 年，针对财务报表舞弊风险高发领域以及实务中亟须解决的问题，中注协再次制定 7 项审计准则问题解答，于 2014 年 12 月 31 日发布。此后又进行了陆续发布和修订。问题解答旨在指导注册会计师更好地运用审计准则，解决审计实务问题，防范审计风险。注册会计师审计准则问题解答的内容框架见表 2－2。

表 2－2　　注册会计师专业标准——执业准则（问题解答）修订过程

2014 年 1 月 1 日起施行	2015 年 1 月 1 日起施行	2018 年 4 月发布并开始实施	2020 年对问题解答的修订	2021 年 2 月 7 日发布并实施
中国注册会计师审计准则问题解答第 1 号——职业怀疑			中国注册会计师审计准则问题解答第 1 号——职业怀疑	
中国注册会计师审计准则问题解答第 2 号——函证			中国注册会计师审计准则问题解答第 2 号——函证	
中国注册会计师审计准则问题解答第 3 号——存货监盘				
中国注册会计师审计准则问题解答第 4 号——收入确认			中国注册会计师审计准则问题解答第 4 号——收入确认	
中国注册会计师审计准则问题解答第 5 号——重大非常规交易				
中国注册会计师审计准则问题解答第 6 号——关联方			中国注册会计师审计准则问题解答第 6 号——关联方	

续表

2014 年 1 月 1 日起施行	2015 年 1 月 1 日起施行	2018 年 4 月发布并开始实施	2020 年对问题解答的修订	2021 年 2 月 7 日发布并实施
	中国注册会计师审计准则问题解答第7号——会计分录测试			
	中国注册会计师审计准则问题解答第8号——重要性及评价错报			
	中国注册会计师审计准则问题解答第9号——项目质量控制复核			
	中国注册会计师审计准则问题解答第10号——集团财务报表审计			
	中国注册会计师审计准则问题解答第11号——会计估计			
	中国注册会计师审计准则问题解答第12号——货币资金审计		中国注册会计师审计准则问题解答第12号——货币资金审计	
	中国注册会计师审计准则问题解答第13号——持续经营			
		中国注册会计师审计准则问题解答第 14 号——关键审计事项		
		中国注册会计师审计准则问题解答第 15 号——其他信息		
				中国注册会计师审计准则问题解答第 16 号——审计报告中的非无保留意见

注：斜体字表示已被废止或取代的问题解答。

二、注册会计师相关服务准则

相关服务包括税务代理、代编财务信息、对财务信息执行商定程序、财务及管理咨询业务等。目前,中国注册会计师协会施行的相关服务准则包括《中国注册会计师相关服务准则第 4101 号——对财务信息执行商定程序》和《中国注册会计师相关服务准则第 4111 号——代编财务信息》两部分,均是自 2007 年 1 月 1 日起正式实施的。相关服务业务的开展,是考虑注册会计师具有较高的职业胜任能力和职业权威性,由其根据自身情况开展的一类非鉴证业务,因此,注册会计师对相关服务业务不提供任何程度的保证。这是相关服务业务和鉴证业务最根本的区别。

第二节　会计师事务所业务质量管理准则

一、质量管理体系的意义和内容

执业质量是会计师事务所的生命线,是注册会计师行业维护公众利益的专业基础和诚信义务。加强质量管理体系建设,制定并实施科学、严谨的质量管理政策和程序,积极主动地实施质量管理,是保障会计师事务所执业质量、实现注册会计师行业科学健康发展的重要制度保障和长效机制。

设计、实施和运行一套完善的质量管理体系是一项系统工程,涉及会计师事务所的方方面面。会计师事务所应当按照《会计师事务所质量管理准则第 5101 号——业务质量管理》的要求,结合本事务所及其业务的实际情况,设计、实施和运行适合本所的质量管理体系,并定期对质量管理体系进行评价。作为质量管理体系的一部分,会计师事务所应当制定与项目质量复核有关的政策和程序,并对符合特定条件的业务实施项目质量复核。财务报表审计是会计师事务所的核心业务,财务报表审计质量对会计师事务所的生存发展和市场信誉尤为重要,因此,会计师事务所应当针对财务报表审计业务严格实施质量管理,确保审计的高质量。

二、质量管理体系的目标、总体要求和组成要素

(一)质量管理体系的目标

质量管理体系是会计师事务所为实施质量管理而设计、实施和运行的系统,其目标是在以下两个方面提供合理保证:

第一，会计师事务所及其人员按照适用的法律法规和职业准则的规定履行职责，并根据这些规定执行业务。

第二，会计师事务所和项目合伙人出具适合具体情况的业务报告。

（二）质量管理体系的总体要求

会计师事务所质量管理体系应当满足以下总体要求：

1. 在全所范围内统一设计、实施和运行。会计师事务所应当在全所范围内（包括分所或分部）统一设计、实施和运行质量管理体系，实现人事、财务、业务、技术标准和信息管理五方面的统一管理。如果会计师事务所通过合并、新设等方式成立分所（分部），应当将该分所（分部）纳入质量管理体系中统一实施质量管理。

2. 风险导向的思路。会计师事务所在设计、实施和运行质量管理体系时，应当采用风险导向的思路。按照风险导向的思路，会计师事务所应当采取以下三个步骤：

（1）针对质量管理体系的各个要素设定质量目标。会计师事务所设定的质量目标可以进一步分解为质量管理体系各组成要素所期望达到的目标。

（2）识别和评估质量风险。质量风险是一种具有合理可能性会发生的风险，这种风险一旦发生，将单独或连同其他风险对质量目标的实现产生不利影响。

（3）设计和采取应对措施以应对质量风险。应对措施通常是指会计师事务所为应对质量风险而设计和实施的政策和程序，应对措施的性质、时间安排和范围取决于相关质量风险的评估结果及得出该评估结果的理由。

3. 根据本事务所及其业务的性质和具体情况“量身定制”。会计师事务所应当实事求是，根据本事务所及其业务的性质和具体情况“量身定制”适合本事务所的质量管理体系，而不应当机械执行会计师事务所的质量管理准则，也不应当盲目地“照搬照抄”其他事务所的政策和程序。由于不同会计师事务所的规模、组织结构、业务类型、业务风险不同，质量管理体系在设计上会存在差异，特别是复杂程度和规范程度会存在差异。例如，如果一个会计师事务所规模较大、组织结构较为复杂、业务类型较多并且执行上市实体审计业务，该事务所很可能需要更加复杂和规范的质量管理体系和支持性工作记录。

4. 不断优化和完善。质量管理体系应当是动态的，而不是一成不变的。实务中，会计师事务所应当根据本所及其业务在性质和具体情况方面的变化，对质量管理体系的设计、实施和运行进行动态调整。

（三）质量管理体系的组成要素

会计师事务所质量管理体系应当包括针对下列八个要素制定的政策和程序：①会计师事务所的风险评估程序；②治理和领导层；③相关职业道德要求；④客户关系和具体业务的接受与保持；⑤业务执行；⑥资源；⑦信息与沟通；⑧监控和整改程序。

上述各要素应当有效衔接、互相支撑、协同运行，以保障会计师事务所能够积极有效地实施质量管理。下图展示了会计师事务所质量管理体系的构成要素。

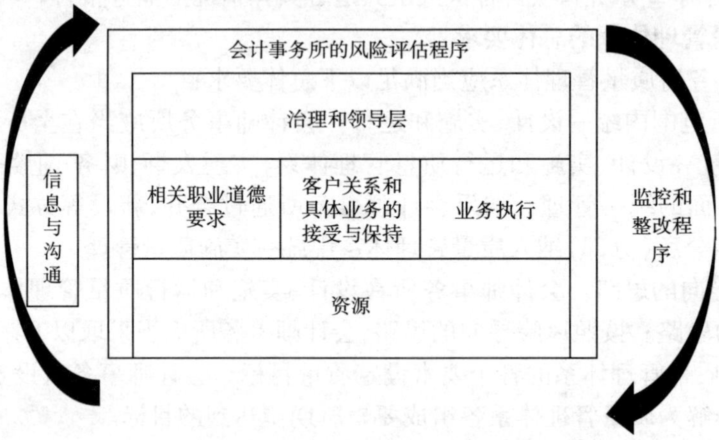

图 2－2　会计师事务所质量管理体系的构成要素

第三节　注册会计师的职业道德与法律责任

一、注册会计师的职业道德

道德属于一种社会意识形态，是调整人与人之间、个人与社会之间关系行为规范的总和。它以真诚与虚伪、善与恶、正义与非正义、公正与偏私等观念来衡量和评价人们的思想行动，通过各种形式的教育和社会舆论力量，使人们逐渐形成一定的信念、习惯、传统而发生作用。注册会计师行业肩负维护公众利益的使命，且其工作的技术复杂性决定了社会公众很难判断其职业质量，因此注册会计师行业需要更高的道德水准，制定并贯彻严格的职业道德规范，以帮助社会公众增强对行业的信心。

（一）国际会计师联合会职业道德规范

国际会计师联合会职业道德规范为各国注册会计师组织制定自己的职业道德准则提供了范例，它提出了客观性、正直和职业胜任能力的概念，强调了所有注册会计师如何为满足对公众的责任而完成高水准的工作，共分为三个部分：第一部分适用于所有职业会计师，除非有特殊说明；第二部分仅适用于公共会计师；第三部分适用于受雇于不同行业的职业会计师,适当时也适用于执行公共业务的会计师。

国际会计师职业道德准则理事会(IESBA)于2010年开始着手修订国际会计师职业道德守则,以期帮助和指导职业会计师应对执业过程中遇到的违反法律法规行为,以最大限度地维护公众利益。2012年8月,IESBA发布了第一次征求意见稿,2015年5月发布了第二次征求意见稿,就国际会计师职业道德守则中与会计师应对违反法律法规行为相关的规定(草案)再次公开征求各方意见。2015年的征求意见稿提出了一种全面和平衡的框架,它着眼于职业会计师出于维护公众利益的目的而需要达到的"效果",强调职业会计师以及管理层和治理层各自应负的责任,更好地平衡了职业会计师维护公众利益的需要和对守则在全球范围内可操作性的考虑。

(二)中国注册会计师的职业道德规范

为了规范中国注册会计师职业行为,提高职业道德水准,维护职业形象,中国注册会计师协会制定了《中国注册会计师职业道德守则》和《中国注册会计师协会非执业会员职业道德守则》。中国注册会计师协会会员职业道德守则规定了职业道德基本原则和职业道德概念框架,会员应当遵守职业道德基本原则,并能够运用职业道德概念框架解决职业道德问题。

1. 职业道德基本原则。注册会计师应当遵守职业道德守则,履行相应的社会责任,维护公众利益。为此,注册会计师应当保持诚信、客观和公正的原则,在执行审计和审阅业务以及其他鉴证业务时保持独立性,应当获取和保持专业胜任能力,保持应有的关注,勤勉尽责,履行保密义务,对职业活动中获知的涉密信息保密,维护职业声誉,树立良好的职业形象。

(1)诚信。诚信原则要求会员应当在所有的职业关系和商业关系中保持正直和诚实,秉公处事,实事求是。

(2)独立性,即不受外来力量控制、支配,按照一定之规行事。在执行鉴证业务时,注册会计师必须保持独立性,否则很难取信于社会公众。注册会计师的独立性包括两方面:实质上的独立和形式上的独立。会计师事务所在承办审计和审阅业务以及其他鉴证业务时,应当从整体层面和具体层面采取措施,以保持会计师事务所和项目组的独立性。

(3)客观和公正。客观和公正原则要求会员应当公正处事,实事求是,不得由于偏见、利益冲突或他人的不当影响而损害自己的职业判断,否则会员不得提供相关专业服务。

(4)专业胜任能力和应有的关注。专业胜任能力要求会员通过教育、培训和职业实践获取和保持这一能力,确保为客户提供具有专业水准的服务。注册会计师在应用专业知识和技能时,应当合理运用职业判断。应有的关注,要求会员遵守职业准则和职业道德规范要求，勤勉尽责，认真、全面、及时地完成工作任务。

(5)保密，即会员与客户的沟通，必须建立在为客户的信息保密的基础上，在没有取得客户同意的情况下，不能泄露任何客户的涉密信息。

注册会计师不得有下列行为：未经客户授权或法律法规允许，向会计师事务所以外的第三方披露其所获知的涉密信息；利用所获知的涉密信息为自己或第三方谋取利益。

但在下列情况下，会员可以披露涉密信息：法律法规允许披露，并且取得客户或工作单位的授权；根据法律法规的要求，为法律诉讼、仲裁准备文件或提供证据，以及向有关监管机构报告发现的违法行为；法律法规允许的情况下，在法律诉讼、仲裁中维护自己的合法权益；接受注册会计师协会或监管机构的执业质量检查，答复其询问和调查；法律法规、职业准则和职业道德规范规定的其他情形。

(6)良好的职业行为，即会员应当遵守相关法律法规，避免发生任何损害职业声誉的行为。会员在向公众传递信息以及推介自己和工作时，应当客观、真实、得体，不得损害职业形象，不得夸大宣传提供的服务、拥有的资质或获得的经验，不得贬低或无根据地比较其他注册会计师的工作。

2. 职业道德概念框架。实务中，会员会遇到对遵循职业道德基本原则产生不利影响的具体情形，在职业道德守则中不可能对各式各样的情形予以逐一界定并给出相应的应对措施。因此，中国注册会计师职业道德守则提出职业道德概念框架，即解决职业道德问题的思路和方法，用以：①识别对职业道德基本原则产生的不利影响；②评价不利影响的严重程度，包括性质和数量两个方法；③必要时采取防范措施消除不利影响或将其降低至可接受的水平，如果无法采取适当的防范措施，应当拒绝或终止所从事的特定专业服务，必要时与客户解除合约关系。在运用职业道德概念框架时，注册会计师应当运用职业判断。

3. 对遵循职业道德基本原则产生不利影响的因素。注册会计师对职业道德基本原则的遵循可能受到多种因素的不利影响，包括自身利益、自我评价、过度推介、密切关系和外在压力，不利影响的性质和严重程度因注册会计师提供服务类型的不同而不同。

(1)自身利益，即经济利益或其他利益对注册会计师的职业判断或行为产生不当影响。

(2)自我评价，即会员对其(或其所在会计师事务所的其他人员)以前的判断或服务结果做出不恰当的评价，并且将据此形成的判断作为当前服务的组成部分。

(3)过度推介，即会员过度推介客户或工作单位的某种立场或意见，使其客观性受到损害。

(4)密切关系，即会员与客户存在长期或亲密的关系而过于倾向他们的利益，或认可他们的工作。

(5)外在压力,即会员受到实际的压力或感受到压力而无法客观行事。

二、注册会计师的法律责任

(一)注册会计师面临法律环境的变化

1. 西方"诉讼爆炸"。20世纪60年代中期以来,西方控告注册会计师的诉讼案剧增,以致造成"诉讼爆炸"的局面,其中注册会计师败诉的案例越来越多,赔偿金额也越来越大。在共同基金管理股份有限公司一案中,安达信事务所就因对自己没有把握的资产升值出具了无保留意见而被法庭判决向共同基金管理公司破产托管人支付赔偿金8 079万美元,创下美国历史上由事务所做出赔偿金最高的审计案例。"诉讼爆炸"形成的原因虽然是多方面的,但归纳起来主要有以下几个方面:

(1)财务报表使用者对注册会计师职业责任和法律责任的理解越来越呈现夸大的趋势。

(2)证券交易管理机构保护投资人的意识呈现逐渐增强的趋势。

(3)越来越多的因素导致了审计业务和会计业务的复杂性,诸如经营规模的扩大、经营的国际化发展、经营业务的复杂性等。

(4)"深口袋"现象(Deep Pocket)的存在导致越来越多遭受经济损失的财务报表使用者将要求赔偿的目标指向了事务所。因为他们十分清楚,从财务报表编制者那里一般很难获得经济赔偿,而事务所一般都投保了高额的职业保险,因此他们为获得实际经济赔偿,而不管造成其经济损失的真正责任人是谁。

(5)在不少控告事务所的大型案例中,法庭都判决注册会计师败诉,这助长了很多律师在或有基础上收取律师费用而为控告注册会计师的一方提供法律服务。当诉讼成功时,他们可以获得高额律师费用,诉讼即使失败,他们也不会损失很多。

(6)许多会计师事务所为不影响其社会声誉,往往愿意与控方在私下里解决问题,这反而助长了控方将其告上法庭的决心。

(7)法庭对于理解和解释具有较高专业性和技术性的会计和审计问题存在一定的困难。

2. 我国经济与法律环境的变化。在我国,随着社会主义市场经济体制的建立,各种法律法规相继出台,注册会计师职业面临的经济和法律环境发生了很大变化,一旦由于失职给财务报表使用者造成经济损失,直接关系人就很可能将注册会计师诉诸法庭。综合分析我国注册会计师诉讼案增加的原因,主要体现在以下几个方面:

(1)注册会计师自身职业道德素质低下,为了片面追求创收而一味迎合被审计单位的不合法要求。

(2)注册会计师自身的业务能力偏低,较低的实务操作水平和不规范的实务操作程序不能适应现代企业经营活动的复杂性和多样性的需要，更难以处理信息管理环境下的会计信息。

(3)被审计单位提供虚假的会计资料，实施审计或验资的注册会计师无法识别这些资料的真伪，导致出具不真实的报告。

(4)事务所的内部控制不健全，管理松散混乱，工作底稿严重缺失，直接影响了审计和验资的质量。

(5)社会公众对审计和验资作用的期望与注册会计师实际工作能力和应承担的责任之间存在巨大差距。

(6)法院对审计和验资案件使用非理性连带无限责任的判例原则。在找不到有关的法律依据来判定被告的过失时，则只要原告的确受到损失，法院从平衡社会稳定机制的原则出发，往往从不同角度来判定每个被告均应平均承担赔偿原告的全部损失，而其唯一的理由是这些被告具有经济赔偿能力。

我国注册会计师职业界所面临的日益变化的经济和法律环境，无不促使注册会计师职业界关注法律责任问题，并寻求必要的措施，以提高审计质量，明确审计责任，逐步建立起一种以法律调节为背景的社会监督机制。

3. 注册会计师法律责任的具体形式。注册会计师如果因工作上的违约、过失或欺诈，造成了有关各方利益的损害或损失时，可能导致承担三种法律责任，即行政责任、民事责任和刑事责任。

(1)行政责任是在违反注册会计师行业的管理规范时应当受到相关政府部门给予的处罚，包括警告、暂停执业、没收违法所得、罚款、撤销等；

(2)民事责任是在侵犯其他主体经济利益后应当进行赔偿的责任，主要是指赔偿受害人损失；

(3)刑事责任是对社会经济造成严重危害后应当受到的刑罚制裁，即按照有关法律程序被判处一定的徒刑。

这三种责任是完全不同的，但三者之间并非相互排斥。例如，在注册会计师违反规定而受到刑事和民事制裁时，也可能同时受到财政部门给予的处罚；注册会计师在触犯刑律遭到刑事起诉时，也可能因侵犯民事主体经济利益而同时遭到附带的民事诉讼。

(二)注册会计师法律责任的成因

如果不是注册会计师方面的原因给委托人或第三者造成损失，注册会计师是不需要承担法律责任的。但是，如果注册会计师存在违约、过失和欺诈等行为，则必须对因此受到经济损失的委托人或第三者承担相应的法律责任。

1. 违约。注册会计师与委托人之间签订了审计业务约定书，业务约定书具有合同的性质。如果注册会计师未能按照约定书规定而给委托人造成经济损失的话，注册会计师就应负违约责任。

2. 过失。注册会计师在审计和其他非审计服务中都必须保持合理的职业谨慎，即严格按照执业规范的要求执业。如果注册会计师缺乏合理的职业谨慎造成过失，当过失给委托人或第三者造成经济损失时，必须承担过失责任。

按照注册会计师过失程度的不同，可以将过失分为普通过失和重大过失。普通过失是指注册会计师没有完全遵循执业规范的要求执行业务，重大过失则是指根本没有遵循执业规范或根本没有按照执业规范的基本要求执行业务。

注册会计师的过失程度不同，对不同群体需要承担的责任也是不同的。因此，区分过失程度对于认定注册会计师的责任十分重要。"重要性"和"内部控制"是区分注册会计师的普通过失和重大过失的两个关键概念。首先，如果财务报表中存在单个重大错报，注册会计师运用常规审计程序通常应当发现，但由于工作疏忽未能将重大错报查出，很有可能在法律诉讼中被解释为重大过失。如果财务报表中存在多处错报事项，每一处都不算重大，但综合起来对财务报表的影响却较大，会使财务报表作为一个整体可能严重失实，注册会计师在法律诉讼中有可能被界定为普通过失，因为常规审计程序发现多处较小错报事项的概率较小。其次，注册会计师对财务报表的实质性测试以对内部控制的研究和评价为基础，如果内部控制不太健全，注册会计师应当扩大实质性测试的范围，这样通常就可以发现由此造成的财务报表中的重大错报。如果未能查出，在法律诉讼中就有可能被解释为重大过失。因为没有查出错报说明注册会计师在明知内部控制不健全的情况下，没有遵循审计规范的要求扩大实质性测试的范围。相反，如果内部控制从表面上看非常健全，但由于其固有的局限性导致设计良好的内部控制实质上是失效的。由于查出这种错报的可能性相对较小，因此注册会计师在法律诉讼中有可能被判定为没有过失或具有普通过失。

3. 欺诈。欺诈又称舞弊，是指注册会计师为达到欺骗、坑害或误导他人的目的，明知委托单位的财务报表存在重大错报，却加以虚假陈述，出具不符合实际情况的审计报告的一种故意行为。因此，是否存在不良动机是区分欺诈和过失的关键特征。

（三）中国注册会计师的法律责任规定

在我国，判断注册会计师法律责任的法律主要有《中华人民共和国会计师法》《中华人民共和国证券法》《中华人民共和国公司法》等。此外，我国民法、刑法中关于公民行为准则普遍适用的条款，也是判断注册会计师法律责任的依据。

本章小结

注册会计师职业规范体系包括业务准则、质量管理准则和职业道德准则三部分。鉴证业务和相关服务代表了注册会计师可以从事的两类业务活动。质量管理准则是会计师事务所为了确保事务所及其人员遵守审计准则、职业道德规范和法律法规的规定，确保审计质量符合审计准则的要求而建立和实施的控制政策和程序的总称。职业道德准则规定了承担公共责任的注册会计师应该遵循的职业水准。

本章关键词汇

鉴证业务	Assurance engagements
审计准则	Auditing standards
相关服务	Related services
质量管理	Quality management
职业道德	Professional ethics
独立性	Independence
法律责任	Legal liabilities
深口袋	Deep pocket
违约	Violation of contract
过失	Ignorance
欺诈	Fraud

思考与练习题

1. 注册会计师的职业规范体系包括哪几部分？
2. 简述鉴证业务和非鉴证业务的区别。

3. 鉴证业务包括哪几个要素?

4. 你认为注册会计师从事非鉴证业务会损害鉴证业务的独立性吗?

5. 简述会计师事务所质量管理体系的八个要素。

6. 注册会计师的哪些行为可能导致其承担法律责任?

7. 注册会计师可能承担的法律责任有哪些?

8. 东方会计师事务所接受长城公司的委托,对该公司管理层编制的下属子公司三江公司 IT 系统运行有效性的评价报告进行鉴证。长城公司拟将评价报告交给其他预期使用者。

要求:

(1) 指出该项鉴证业务属于何种业务类型?

(2) 简要说明长城公司管理层、三江公司管理层和东方会计师事务所各自的责任。

9. 资料:长江公司是一家大型国企。2021 年 12 月,公司总经理针对公司效益下滑、面临亏损的情况,电话请示正在外地出差的董事长。董事长指示把财务会计报告做得漂亮一些,总经理把这项工作交给公司的总会计师,要求按董事长意见办。总会计师按公司领导意图,对当年度的财务会计报告进行了技术处理,虚拟了若干笔无交易的销售收入,从而使公司报表由亏转赢,经东正会计师事务所审计后,公司财务会计报告对外报出。

2022 年 4 月,在《会计法》执行情况检查中,当地财政部门发现该公司存在重大会计做假行为,依据《会计法》及相关法律、法规、制度,拟对该公司董事长、总经理、总会计师等相关人员进行行政处罚,并分别下达了行政处罚告知书。长江公司相关人员接到行政处罚告知书后,均要求举行听证会。

听证会上,有关当事人做了如下陈述:

公司董事长称:"我前一段时间出差在外,对公司情况不太了解,虽然在财务会计报告上签名并盖章,但只是履行会计手续,我不能负任何责任,具体情况可由公司总经理予以说明。"

公司总经理称:"我是搞技术出身的,主要抓公司的生产经营,对会计我是门外汉,我虽然在财务会计报告上签名并盖章,那也只是履行程序而已。以前也是这样做的,我不应承担责任。有关财务会计报告情况应由公司总会计师解释。"

公司总会计师称:"公司对外报出的财务会计报告是经过东正会计师事务所审计的,他们出具了无保留意见的审计报告。东正会计师事务所应对本公司财务会计报告的真实性、完整性负责,承担由此带来的一切责任。"

要求:根据审计准则的规定,分析公司董事长、总经理、总会计师在听证会上的陈述是否正确,并分别说明理由。

10. 资料:长阳股份公司主要从事小型电子消费品的生产和销售,于2××8年上市,所有的经营活动以及财务处理都经过计算机系统处理。现委托东进会计师事务所对其2×12年度财务报表进行审计,注册会计师李民作为该项目负责人,由于考虑到事务所没有相应计算机知识和会计电算化审计经验,特聘请外部专家加入该项目组。

注册会计师李民在审计过程中,发现多项重大错报,提请长阳股份公司调整,但遭到长阳股份公司拒绝,且拒不签署必要的管理层声明,因此注册会计师李民拟出具保留意见的审计报告。获悉此种情况,长阳股份公司以解除业务关系威胁注册会计师李民,要求其出具标准无保留意见的审计报告。注册会计师李民将该情况反映给事务所,事务所与长阳股份公司解除了业务约定。

此后,长阳股份公司又委托众达会计师事务所审计其2×12年度财务报表,东进会计师事务所得知此情况后,主动将审计长阳股份公司时发现的情况提供给众达会计师事务所,众达会计师事务所不顾东进会计师事务所所提供情况对其产生的不利影响,与长阳股份公司管理层协商后,接受了委托。长阳股份公司承诺,如果报告满意,会另外支付审计费用。众达会计师事务所得知注册会计师刘强的妻子是长阳股份公司的财务总监,由于其对长阳股份公司比较熟悉,任命其为项目负责人。随后,注册会计师刘强出具了标准无保留意见的审计报告。

要求:请说明在上述资料中,会计师事务所和注册会计师存在的错误,并说明原因。

思政小课堂

“额外收费”与审计意见购买

2018年7月,一起民间借贷的出资人余某将债务人久顺公司所聘请的会计师事务所——瑞华会计师事务所告上了法庭。久顺公司是湖北省云梦县的一家民营企业,其法人代表是严某刚。2013年12月,该公司因资金周转不灵需借资维持经营。为证明其还款能力,严某刚出具了一份按手印的《情况说明》和瑞华会计师事务所出具的2012年和2013年上半年审计报告。有此文件“担保”,余某前后两次共计借款3 100万元给久顺公司,但在多次追讨过程中才发现久顺公司早已资不抵债,无法按期偿还本息。

2015年3月,在与严某刚商讨还款计划后,严某刚写了一份说明,证实在借款时瑞华会计师事务所出具的审计报告对余某的贷款决策产生了误导。严某刚进一步坦诚道,“事实上,该审计报告的签字会计师在审计时应该知道我公司的真实情况,而且,我公司在支付正常审计费用时额外通过中间人支付了大笔费用，该费用有相关的银行支付凭证证明。”

请结合审计职业道德相关知识回答：额外收费是如何威胁注册会计师遵循职业道德的？

第三章

审计目标与审计流程

本章导读

明确目标是开始任何一项工作前的首要任务，审计工作也是如此。审计目标可以分为总体审计目标和具体审计目标两个层次。注册会计师审计的总体目标明确规定为对被审计单位财务报表的合法性和公允性发表意见。在制定具体审计目标时，需要仔细分析被审计单位对报表做了哪些方面的认定，因为注册会计师的工作就是逐一测试、验证被审计单位的认定是否恰当，所以具体审计目标和被审计单位的认定基本是一一对应的。

审计流程是审计师根据被审计单位的实际情况，结合具体审计目标，利用其实现审计目标的全过程。

本章是全书的重点，建议课时为 4 学时。

第一节　审计总体目标

审计目标是在一定的历史环境下，人们通过审计实践活动所期望达到的境地或最终结果。在审计实务中，审计目标通常被作为审计活动的起点，因为只有确定了审计目标，才能确定合适的审计方法和审计程序，注册会计师所执行的审计测试和所得出的审计结论都应该与既定的审计目标直接相关。审计目标分为总体审计目标和具体审计目标，二者相互依存，联系紧密。审计的总体目标决定着审计的整个过程，审计过程中所进行的所有工作都应该是为实现这一总体目标而设计的；审计的具体目标则是对总体目标的分解，它们可以更好地指导审计过程中的具体审计测试。

一、审计总体目标的历史演变

审计目标不是一成不变的，随着社会对审计需求的不断变化，审计目标必然要发生变化，以使审计工作适应社会的需求。审计总体目标的演变已经经历了详细审计、资产负债表审计和财务报表审计三个阶段。

第一阶段为详细审计阶段，其总体目标为差错防弊。这一阶段的代表国家为英国，因此也被称为英国式审计。本阶段审计服务的对象主要是企业的业主，他们更关心的是管理层有没有差错和舞弊，审计总体目标确定为查错防弊。因此，审计的方法就是针对所有财务资料的详细审计。

第二阶段为资产负债表审计阶段，其总体目标是审查资产负债表各项余额的可靠性和真实性，判断企业的财务状况和偿债能力。这一阶段的代表国家为美国，因此也被称为美国式审计。本阶段审计服务的对象从企业的业主扩展到债权人，债权人更关心的是企业的财务状况和偿债能力。因此，资产负债表审计成为这一阶段的总体审计目标，审计的功能也从防护性发展到公证性。

第三阶段为财务报表审计阶段，其总体目标是判断被审计单位一定时期内的财务报表是否公允地反映其财务状况和经营成果。本阶段审计服务的对象进一步扩展为广大社会公众，他们对企业的关注点从财务状况扩展到财务成果，审计的范围也从资产负债表扩展到财务报表整体。此阶段审计由静态审计发展到动态审计，并增加了管理审计的内容，审计范围也随之向管理领域深入和发展。

二、审计总体目标的定位

（一）国家审计的总体目标定位

根据《中华人民共和国审计法》的规定，我国国家审计的总体目标是监督财政财务收支的真实性、合法性和效益性。真实性着重解决财政财务收支活动是否确实存在，有关资料记录是否客观、全面、准备；合法性着重解决财政财务收支活动是否符合国家法律法规和规章规定，有关资料编报是否符合会计准则及有关制度规定；效益性着重解决财政财务收支活动是否经济合理、富有成效。从长远看，真实性、合法性、效益性都是审计工作应达到的目标。但在现阶段的审计实践中，要同时达到这三类审计总体目标很难实现。因此，审计机关只有先解决真实性和合法性问题，查处各种弄虚作假、违法违规行为，然后向效益性目标迈进。

（二）注册会计师审计的总体目标定位

注册会计师审计的总体目标明确规定为对被审计单位财务报表的合法性和公允性发表意见。之所以将审计的总体目标规定为对财务报表发表意见，是因为注册会计师审计的主要业务就是财务报表审计，发表审计意见的对象就是财务报表。合法性是指被审计单位财务报表的编制是否符合适用的财务报告编制基础的规定；公允性是指被审计单位财务报表在所有重大方面是否公允地反映其财务状况、经营成果和现金流动量情况。在我国，适用的财务报告编制基础主要指企业会计准则。

（三）内部审计的总体目标定位

内部审计的总体目标是审查和评价本部门、本单位的财务收支及其有关经济活动的真实性、合法性和有效性，以帮助本组织实现其经营目标。

三、管理层认定

由于审计总体目标概括性较强，无法指导具体的审计工作，有必要将审计总体目标分解为具体目标。因此，审计具体目标就是对审计总体目标的进一步具体化。审计具体目标的确定有助于注册会计师按照审计准则的要求收集充分、适当的审计证据，并根据对审计证据的要求设计并实施必要的审计流程。

在确定审计具体目标时，注册会计师应当考虑被审计单位管理层对财务报表所做出的认定。管理层认定是被审计单位管理层对财务报表各组成要素的确认、计量、列报和披露所做出的明确或隐含的表达。由于注册会计师审计的总体目标是对财务报表合法性和公允性发表意见，那么，被审计单位管理层在编制财务报表时的认定正是注册会计师需要验证的对象，审计的具体目标就应以这些认定作为确定的依据。

（一）管理层认定的类型

管理层对财务报表的认定有些是明确的，有些则是隐含的。例如，被审计单位财务报表上列示的存货如下：

流动资产：

存货	1 000 000

管理层在资产负债表上这样列示存货项目就意味着他们对于存货项目做出了两项明确的认定：①存货是存在的；②存货的价值是1 000 000元。同时，管理层还做出了三项隐含的认定：①所有应报告的存货均已包括在内；②所有报告的存货都归公司所有；③存货的使用不受任何的限制。这是根据存货被列示为流动资产，并且在财务报表的附注中没有对存货项目做任何说明而得出的结论。如果管理层对存货的上述认定中的

任何一项报告有误,那么就意味着财务报表可能存在错报。

实际上,管理层对财务报表中所有的资产、负债、所有者权益、收入、费用等都做出了诸如对存货项目的类似认定。我们可以将这些认定归纳为以下五类。

1. 存在或发生认定。存在或发生认定是指资产负债表所列的各项资产、负债、权益在资产负债表日是否存在,利润表所列的各项收入和费用在会计期间是否确实发生。该认定所要解决的问题是存不存在虚假记录的情况,即将那些不应包括在财务报表中的项目,如并不存在的项目或者并未发生的交易列入财务报表。存在与发生认定主要与财务报表组成要素的高估有关。

2. 完整性认定。完整性认定是指在财务报表中应该列示的所有交易和项目是否都列入了。该认定所要解决的问题是管理层是否将财务报表应当包括的项目遗漏或省略。完整性认定主要与财务报表组成要素的低估有关。

3. 权利和义务认定。权利和义务认定是指在某一特定日期,各项资产是否确属公司的权利,各项负债是否确属公司的义务。权利与义务认定只与资产负债表项目有关。

4. 估价或分摊认定。估价或分摊认定是指各项资产、负债、所有者权益、收入和费用等要素是否按适当金额列入财务报表中。适当性取决于金额的确定是否遵守《企业会计准则》和是否存在数学或文书处理方面的错误。该认定包括三个方面的内容,即总值估价、净值估价和计算的精确性。

5. 列报与披露认定。列表与披露认定是指财务报表特定组成要素是否被适当地加以分类、说明和披露。

(二)管理层认定的具体运用

由于注册会计师执行实质性测试时,需要对各类交易的处理和各类账户的期末余额分别执行实质性程序,同时还需要关注财务报表在列报与披露方面是否存在问题,因此,注册会计师通常将上述五类管理层认定具体运用于各类交易、账户余额、列报与披露,以作为评估重大错报风险以及设计和实施进一步审计程序的基础。注册会计师对所审计期间的各类交易和事项、账户余额、列报与披露运用的管理层认定通常根据下列方式予以组织并进行关注。

1. 对所审计期间的各类交易、事项及相关披露运用的认定。注册会计师对所审计期间的各类交易、事项及相关披露运用的认定通常包括:

发生认定:记录的交易和事项已发生,且与被审计单位有关。这与管理层的“存在或发生认定”相对应。

完整性认定:所有应当记录的交易和事项均已记录。这与管理层的“完整性认定”相对应。

准确性认定:与交易和事项有关的金额及其他数据已恰当记录。这与管理层的

"估价或分摊认定"相对应。

截止认定:交易和事项已记录于正确的会计期间。这与管理层的"估价或分摊认定"相对应。

分类认定:交易和事项已记录于恰当的账户。这与管理层的"估价或分摊认定"相对应。

2. 对期末账户余额及相关披露运用的认定。注册会计师对期末账户余额运用的认定通常包括:

存在认定:记录的资产、负债和所有者权益是存在的。这与管理层的"存在或发生认定"相对应。

权利和义务认定:记录的资产由被审计单位拥有或控制,记录的负债是被审计单位应当履行的偿还义务。这与管理层的"权利和义务认定"相对应。

完整性认定:所有应当记录的资产、负债和所有者权益均已记录。这与管理层"完整性认定"相对应。

计价和分摊认定:资产、负债和所有者权益以恰当的金额列报在财务报表中,与之相关的计价或分摊调整已恰当记录。这与管理层的"估价或分摊认定"相对应。

3. 对列报与披露运用的认定。注册会计师对列报与披露运用的认定通常包括:

发生及权利和义务认定:披露的交易、事项和其他情况已发生,且与被审计单位有关。这与管理层的"存在或发生""权利和义务""列报与披露"认定相对应。

完整性认定:所有应当包括在财务报表中的披露均已包括。这与管理层的"完整性""列报与披露"认定相对应。

分类和可理解性认定:财务信息已被恰当地列报和描述,且披露内容表述清楚。这与管理层的"估价或分摊""列报与披露"认定相对应。

准确性和计价认定:财务信息和其他信息已公允披露,且金额恰当。这与管理层的"列报与披露""估价或分摊"认定相对应。

第二节 具体审计目标

在明确了审计总体目标和管理层对财务报表的认定之后,注册会计师就可以据此形成具体审计目标,以便作为评估重大错报风险以及设计和实施进一步审计程序的基础。具体审计目标包括一般审计目标和项目审计目标。一般审计目标是进行所有项目审计必须达到的目标;项目审计目标则是注册会计师对每个被审计项目分别确定的目标。只有了解一般审计目标,才能据以确定最为合适的项目审计目标。

一、一般审计目标的确定

(一)总体合理性

总体合理性是指注册会计师须先根据他所掌握的有关被审计单位的全部信息,评价某类交易总额或某账户余额的合理性。总体合理性测试的目的在于帮助注册会计师评价某类交易或账户余额中存在重大错报的可能性。如果注册会计师对总体合理性目标的测试结果不满意,那么他就需要将此类交易或账户余额作为审计重点,予以特别关注。

(二)与各类交易、事项及相关披露相关的审计目标

1. 真实性。真实性旨在确认已记录的交易或事项是真实的,由发生认定推导得出。例如,被审计单位将并未发生的销售记录于会计账簿中,就是注册会计师基于真实性目标需要实施审查的重大错报。真实性目标将直接指向被审计单位管理层将那些不曾发生的交易或事项列入财务报表的错报。

2. 完整性。完整性旨在确认已发生的交易或事项均已记录,由完整性认定推导得出。完整性目标与真实性目标正好相反,例如,被审计单位漏记了已经发生的交易,就是注册会计师基于完整性目标需要实施审查的重大错报。完整性目标将直接指向被审计单位管理层漏记已经发生的交易或事项错报。

3. 准确性。准确性旨在确认已记录的交易或事项是按正确金额反映的,由准确性认定推导得出。例如,被审计单位在处理销售交易时,发出商品的数量与账单上的数量不符,或是开具账单时使用错误的销售价额,或是账单中的乘积或加总有误,或是在销售明细账中记录了错误的金额,就是注册会计师基于准确性目标实施审查的重大错报。准确性目标将直接指向被审计单位管理层在处理交易过程中发生的金额计算上的错报,包括账表资料、数字、计算、加总及勾稽关系的正确性。

4. 截止。截止旨在确认接近于资产负债表日的交易或事项已经记录于恰当的期间,由截止认定推导得出。例如,被审计单位管理层将本期交易推到下期入账,或将下期交易提到本期入账等,人为调节两年交易确认时间,就是注册会计师基于截止目标需要实施审查的重大错报。截止目标将直接指向被审计单位人为调节交易确认期间的错报。

5. 分类。分类旨在确认被审计单位记录的交易经过适当分类,由分类认定推导得出。分类的正确性通常分为两个层次:一是各个账户记录的分类是否正确;二是各项目在财务报表中的分类是否正确。例如,被审计单位管理层将现金销售记录为赊销,将出售经营性固定资产所得的收入记录为营业收入,就是注册会计师基于分类目标需要实施审查的重大错报。分类目标将直接指向被审计单位在交易处理中分类上的错报。账户记录的正确分类由会计科目表进行设定,因此,会计科目表就成为注册会计师确定被审计单位账户分类是否正确的基本依据。

6. 列报。列报即确认被审计单位的交易和事项已被恰当地汇总或分解且表述清楚，相关披露在适用的财务报告编制基础下是相关的、可理解的。

（三）与期末账户余额相关的审计目标

1. 存在。存在旨在确认已记录的资产、负债和所有者权益确实存在，由存在认定推导得出。例如，被审计单位将不存在的存货列报于资产负债表，就是注册会计师基于存在目标需要实施审查的重大错报。存在目标将直接指向被审计单位管理层将那些不存在的资产、负债和所有者权益列入资产负债表的错报。

2. 权利和义务。权利和义务旨在确认已记录的资产由被审计单位拥有或控制，记录的负债是被审计单位应当履行的偿还义务，由权利和义务认定推导得出。例如，被审计单位管理层将他人寄售商品列入存货，或将不属于被审计单位的债务记入负债，就是注册会计师基于权利和义务目标需要实施审查的重大错报。权利和义务目标将直接指向被审计单位管理层将那些不属于被审计单位的资产或并非被审计单位义务的负债列入资产负债表的错报。

3. 完整性。完整性旨在确认所有应当记录的资产、负债和所有者权益均已记录，由完整性认定推导得出。例如，被审计单位管理层漏记一笔负债，就是注册会计师基于完整性目标需要实施审查的重大错报。完整性目标将直接指向被审计单位管理层漏记实际存在的资产、负债和所有者权益的错报。

4. 准确性、计价和分摊。准确性、计价和分摊旨在确认资产、负债和所有者权益以恰当的金额包括在财务报表中，与之相关的计价和分摊调整已恰当记录，由计价和分摊认定推导得出。例如，被审计单位管理层没有在资产负债表中以合理的价值反映资产、负债和所有者权益，或者没有将收入和费用进行恰当的配比，就是注册会计师基于计价和分摊目标需要实施审查的重大错报。

5. 分类。资产、负债和所有者权益已记录于恰当的账户。

6. 列报。资产、负债和所有者权益已被恰当地汇总或分解且表述清楚，相关披露在适用的财务报告编制基础下是相关的、可理解的。

（四）与列报和披露相关的审计目标

列报和披露目标要求注册会计师不仅要对财务报表中各项目的期末余额进行审查，也需要对财务报表附注中的信息披露进行审查，以确定信息披露是否充分、完整和准确。因为某些对于财务报表使用者决策十分重要的信息，通常在期末余额中无法得以体现，如果附注中没有相关的披露，或者披露不充分、不准确，就会影响财务报表使用者的决策。例如，若某些资产已经发生了抵押，那么这项资产对于不同债权人就具有不同的意义，这一信息如果不在附注中进行披露必然会影响其他债权人的决策。

1. 发生及权利和义务。发生及权利和义务旨在确认披露的交易、事项和其他情况已发生，且与被审计单位有关，由发生及权利和义务认定推导得出。例如，被审计单位管理层没有在财务报表附注中披露债券契约中的限制性条款，就是注册会计师基于发生及权利和义务目标需要实施审查的重大错报。

2. 完整性。完整性旨在确认所有应当包括在财务报表中的披露均已包括，由完整性认定推导得出。例如，被审计单位管理层对关联关系和关联交易的披露不完整，就是注册会计师基于完整性目标需要实施审查的重大错报。

3. 分类和可理解性。分类和可理解性旨在确认财务信息已被恰当的列报和描述，且披露内容表述清楚，易于理解，由分类和可理解性认定推导得出。例如，被审计单位管理层没有在财务报表中将流动负债和长期负债进行正确的分类列示，对于一年内到期的长期负债，没有从长期负债的账户余额中剔除出来并列示在流动负债项下"一年内到期的长期负债"之中，就是注册会计师基于分类和可理解性目标需要实施审查的重大错报。

4. 准确性和计价。准确性和计价旨在确认财务信息和其他信息已公允披露，且金额恰当，由准确性和计价认定推导得出。例如，被审计单位管理层在财务报表附注中没有对存货成本的核算方法和计价基础进行恰当的说明，就是注册会计师基于准确性和计价目标需要实施审查的重大错报。

二、项目审计目标的确定

一般审计目标是适合于所有认定的审计目标，但由于具体被审计项目的性质不同，使得注册会计师对一般审计目标的关注存在程度上的差异。对于一个具体的被审计项目，注册会计师对某些具体目标的关注要多于其他目标。例如，如果注册会计师通过总体合理性测试认为被审计单位存在高估资产和收益的倾向，那么对于资产类和收入类的项目，注册会计师将更加关注真实性目标；相反，对于负债类和成本、费用类的项目，注册会计师则更加关注完整性目标。因此，注册会计师需要根据被审计项目的具体情况选择适当的项目审计目标。

确定项目审计目标的基本依据包括：①被审计单位的经营状况；②被审计单位经济活动的性质；③被审计单位所属行业的特殊会计实务等。

在审计过程中，注册会计师应该紧密围绕具体审计目标收集审计证据，再把收集的审计证据汇总起来，就可以对管理层的所有认定是否正确得出审计结论。注册会计师将每个认定的审计结论综合起来就可以对整个财务报表的合法性和公允性发表恰当的审计意见，从而最终实现审计总体目标。

第三节 审计流程

依照风险导向审计模式，注册会计师应当在审计过程中，以重大错报风险的识别、评估和应对作为工作主线。相应地，审计过程大致可以分为以下几个阶段。

一、接受业务委托

会计师事务所应当按照执业准则的规定，谨慎决策是否接受或保持某客户关系和具体审计业务。在接受新客户的业务前，或决定是否保持现有业务或考虑接受现有客户的新业务时，会计师事务所应当执行有关客户接受与保持的程序，以获取如下信息：①考虑客户的诚信，没有信息表明客户缺乏诚信；②具有执行业务必要的素质、专业胜任能力、时间和资源；③能够遵守相关职业道德要求。

一旦决定接受业务委托，注册会计师应当与客户就审计约定条款达成一致意见。对于连续审计业务，注册会计师应当根据具体情况确定是否需要修改业务约定条款，以及是否需要提醒客户注意现有的业务约定书。

二、计划审计工作

计划审计工作十分重要。如果没有恰当的审计计划，不仅无法获取充分、适当的审计证据，影响审计目标的实现，而且还会浪费有限的审计资源，影响审计工作的效率。因此，对于任何一项审计业务，注册会计师在执行具体审计程序之前，都必须根据具体情况制订科学、合理的计划，使审计业务以有效的方式得到执行。一般来说，计划审计工作主要包括：在本期审计业务开始时开展的初步业务活动、制定总体审计策略、制订具体审计计划等。需要指出的是，计划审计工作不是审计业务的一个孤立阶段，而是一个持续的、不断修正的过程，贯穿于整个审计过程的始终。

三、评估重大错报风险

审计准则规定，注册会计师必须实施风险评估程序，以此作为评估财务报表层次和认定层次重大错报风险的基础。风险评估程序是指注册会计师为了解被审计单位及其环境，以识别和评估财务报表层次和认定层次的重大错报风险而实施的审计程序。风险评估程序是必要程序，了解被审计单位及其环境实际上是一个连续和动态地收集、更新与分析信息的过程，贯穿于整个审计过程的始终。一般来说，实施风险评估程序的主要工作包括:了解被审计单位及其环境,识别和评估财务报表层次以及各类交易、账户余额和披露认定层次的重大错报风险(包括确定需要特别考虑的重大错报风险,以及仅通过实质性程序无法应对的重大错报风险等)。

四、应对重大错报风险

注册会计师实施风险评估程序本身并不足以为发表审计意见提供充分、适当的审计证据,还应当实施进一步审计程序,包括实施控制测试(必要时或决定测试时)和实质性程序。因此,注册会计师在评估财务报表重大错报风险后,应当运用职业判断,针对评估的财务报表层次重大错报风险确定总体应对措施,并针对评估的认定层次重大错报风险设计和实施进一步审计程序,将审计风险降至可接受的低水平。

五、编制审计报告

注册会计师在完成进一步审计程序后,还应当按照有关审计准则的规定做好审计完成阶段的工作,并根据所获取的审计证据,合理运用职业判断,形成适当的审计意见。

本章小结

审计目标是在一定的历史环境下,人们通过审计实践活动所期望达到的境地或最终结果。在审计实务中,审计目标通常被作为审计活动的起点。审计总体目标的演变依次经历了详细审计、资产负债表审计和财务报表审计三个阶段。

审计目标分为两个层次:总体审计目标和具体审计目标。注册会计师审计的总体目标明确规定为对被审计单位财务报表的合法性和公允性发表意见。在制定具体审计目标时,需要仔细分析被审计单位对报表做了哪些方面的认定,因为注册会计师的工作就是逐一测试、验证被审计单位的认定是否恰当,所以具体审计目标和被审计单位的认定基本是一一对应的。概括而言,被审计单位认定(具体审计目标)包括五个方面:存在或发生认定、完整性认定、权利和义务认定、估价或分摊认定、列报与披露认定。

审计流程是审计师根据被审计单位的实际情况,结合具体审计目标,利用其实现审计目标的全过程。

本章关键词汇

总体审计目标	Overall audit objective
具体审计目标	Specific audit objectives
存在或发生认定	Existence and occurence
完整性认定	Completeness
权利和义务认定	Rights and obligations
估价或分摊认定	Valuation and allocation
列报与披露认定	Presentation and disclosure
审计流程	Audit process

思考与练习题

1. 什么是注册会计师审计的总体审计目标?

2. 被审计单位管理层对财务报表做了哪些认定? 为什么这些认定成为制定具体审计目标的基础?

3. 请举例解释存在或发生。

4. 请举例解释完整性。

5. 请举例解释权利和义务。

6. 请举例解释估价或分摊。

7. 请举例解释列报与披露。

8. 注册会计师审计目标与国家审计目标、内部审计目标有何异同?

思政小课堂

2017 年中国证监会组织专门执法力量迅速查办了九好集团“忽悠式重组”案。由于九好集团等在重组上市过程中的信息披露违法行为涉案金额巨大、手段极其恶劣、违法情节特别严重，中国证监会对九好集团、鞍重股份及主要责任人员在《证券法》规定的范围内顶格处罚。

九好集团于2010年3月由杜晓芳投资成立，是一家从事"后勤托管"服务的集团化企业。公司首创"后勤托管"平台服务模式，倾力打造极具公信力的采购与销售平台。依据多年的后勤托管经验以及"九好店商"线上平台，九好集团在行业内率先实现了"后勤+互联网"的改革，实现与客户、供应商之间的多方共赢。

九好集团的造假手段包括：①虚设客户、虚构业务、虚签合同；②确认并不符合收入确认要求和条件的贸易；③伪造资金流；④隐匿借款、虚构存款。

请同学们分析：九好集团上述造假手段违背了哪些具体审计目标？在审计流程设计和规划中，应如何确保上述审计目标的实现？

第四章

审计证据与审计工作底稿

本章导读

本章属于审计基本理论与基本方法，主要阐述审计证据和审计工作底稿两部分内容，包括审计证据的种类、审计证据的特性、审计证据的获取、审计证据的整理与分析、审计工作底稿的分类和作用、审计工作底稿的形成与复核、审计档案的管理等。审计工作的核心主要围绕着三件事：收集审计证据—形成工作底稿—出具审计报告，本章就占了其中的两件事。因此，本章的内容不仅是需要掌握的审计基本技术，也是理解审计实务的重要理论基础。通过本章学习，需要重点了解审计证据的内容、获取方式以及工作底稿的相关内容。

本章属于重要章节，建议安排5学时。

第一节　审计证据概述

审计的整个过程，就是收集审计证据，并根据审计证据，依据相关制度、准则，形成审计结论和审计意见的过程。因此，收集、鉴定和综合审计证据是审计工作的核心。审计工作底稿则是审计过程和结果的书面证明，也是审计证据的汇集和编写审计报告的依据。

审计证据是实现审计目标的重要保证，因此，无论在理论还是实务中，都受到特别的关注，各国所发布的审计准则也都十分重视审计证据在形成审计结论中的重要性。目前，世界各国大都制定了关于审计证据的具体准则，国际审计实务委员会发布的《国际审计准则——审计证据》和《国际审计准则——审计证据——特定项目的额外考虑》，对有关审计证据的工作要求做了具体说明。我国于2006年2月15日颁布了《中国注册会计师审计准则第1301号——审计证据》，并于2010年11月修订，为中国注册会计师做好审计证据的获取和整理分析工作，保证审计证据的充分性和适当性提供了有力保证。

一、审计证据的定义和作用

（一）审计证据的定义

审计证据，是指注册会计师为了得出审计结论和形成审计意见而使用的信息。审计证据包括构成财务报表基础的会计记录所含有的信息和其他信息。注册会计师应当获取充分、适当的审计证据，以得出合理的审计结论，作为形成审计意见的基础。依据会计记录编制财务报表是被审计单位管理层的责任，注册会计师应当测试会计记录以获取审计证据。然而，会计记录中含有的信息本身并不足以提供充分的审计证据作为对财务报表发表审计意见的基础，注册会计师还应当获取用作审计证据的其他信息，包括：注册会计师从被审计单位内部或外部获取的会计记录以外的信息；通过询问、观察和检查等审计程序获取的信息；自身编制或获取的可以通过合理推断得出结论的信息（见图4－1）。

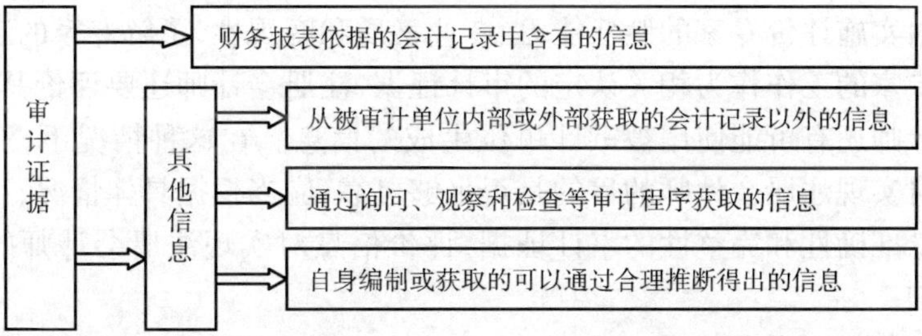

图4－1　审计证据的分类

具体而言，审计证据的内容由以下三个部分组成：

1. 构成财务报表基础的会计记录所含有的信息。构成财务报表基础的会计记录所含有的信息一般包括对初始会计分录的记录和支持性记录。例如，支票、电子资金转账记录、发票、合同、总账、明细账、记账凭证和未在记账凭证中反映的对财务报表的其他调整，以及支持成本分配、计算、调节和披露的手工计算表和电子表数据。

依据会计记录编制财务报表是被审计单位管理层的责任，注册会计师应当测试会计记录以获取审计证据。但是会计记录所含有的信息本身并不足以提供充分的审计证据作为对财务报表发表审计意见的基础，注册会计师还应获取用作审计证据的其他信息。

2. 其他信息。其他信息的内容比较广泛，包括有关被审计单位所在行业的信息、有关被审计单位的内外部环境的信息等。可以用作审计证据的其他信息包括：注册会计师从被审计单位内部或外部获取的会计记录以外的信息，如被审计单位会议记录、内部控制手册、询证函的回函、分析师的报告、与竞争者的比较数据等；注册会计师通过询问、观察和检查等审计程序获取的信息，如通过检查存货获取存货存在性的证据等；注册会计师自身编制或获取的可以通过合理推断得出结论的信息，如注册会计师编制的各种计算表、分析表等。

构成财务报表基础的会计记录所含有的信息和其他信息共同构成了审计证据，两者缺一不可。如果没有前者，审计工作将无法进行；如果没有后者，可能无法识别重大错报风险。只有将两者结合在一起，才能将审计风险降至可接受的低水平，为注册会计师发表审计意见提供合理基础。

3. 利用管理层专家的工作和使用被审计单位生成的信息。注册会计师可能在编制用作审计证据的信息时，利用管理层专家的工作。管理层的专家，是指在会计或审计以外的某一领域具有专长的个人或组织，其工作被管理层利用以协助编制财务报表。在这种情况下，注册会计师应当考虑专家的工作对于实现注册会计师目的的重要性，在必要的范围内实施评价专家的胜任能力、专业素质和客观性，了解专家的工作。如果注册会计师将专家的工作作为相关认定的审计证据，注册会计师还要评价其适当性。

注册会计师还有可能使用被审计单位生成的信息。在这种情况下，注册会计师应当评价信息对实现注册会计师的目的是否足够可靠，应当根据具体情况，在必要时实施获取有关信息准确性和完整性的审计证据，评价信息对实现注册会计师的目的是否足够准确和详细。

（二）审计证据的作用

1. 审计证据是形成审计意见的基础。审计工作的最终成果是发表审计意见、出具审计报告。审计意见的形成应建立在充分适当的审计证据的基础上，不应建立在审计人员主观臆断或猜测想象的基础上，更不能毫无依据地发表审计意见。根据我国独立审计准则的有关要求，“注册会计师应当获取充分、适当的审计证据，以得出合理的审计结论，作为形成审计意见的基础”。这就是说，在审计工作中应先有审计证据、后有审计意见。审计人员发表什么样的审计意见，取决于他获得了什么样的审计证据。在审计实务中，应注意防止根据预知的、片面的甚至是错误的审计信息，形成对某一审计目标的初步意见，然后根据这种意见的需求去寻找相关审计证据的错误做法。这样做，既违背了审计职业道德的要求，也容易导致较高的审计风险。

2. 审计证据是修订审计计划的依据。审计计划并不是一成不变的，在审计实施过程中，审计人员应不断根据当前所获取的审计证据以及对已完成审计工作的评价，对原审计计划进行适时而必要的调整或修改。当前所获取的审计证据是对被审计单位经济活动的客观反映，这种反映可能是审计人员事先未估计到的，或者估计有误、估计程度有变。所以，审计人员应根据这种变化的情况及时修订审计计划，包括对审计范围、审计重点、审计人员工作的分配、审计程序方法等方面的修正。

3. 审计证据有利于避免或降低审计人员的法律责任。审计人员对外提供的是以审计意见为核心的审计报告，当报告的使用者对审计意见产生怀疑并追究审计人员的法律责任时，审计人员可以通过提供充分有效的审计证据来为自己申辩，避免或降低自身的责任。可见，加强对审计过程的质量控制，获取充分可靠的审计证据，对于维护审计人员利益具有十分重要的意义。

二、审计证据的种类

根据审计证据的外在具体形态，审计证据可分为实物证据、书面证据、口头证据和环境证据四大类。根据获取的证据对审计结论的支持程度，可以将审计证据分为直接证据和间接证据。按照证据的来源进行分类，可以划分为来自审计客户内部的证据、来自审计客户外部的证据。根据证据所提供的逻辑证明，可将其划分为正面证据和负面证据。注册会计师决定是否需要对现有的证据进行完善，或者在综合和评价审计证据时，需要考虑证据的证明力的大小，按照证据的证明力可以划分为充分证明力和部分证明力两种类型。

下面就不同外在形态的审计证据进行详细描述。

（一）实物证据

实物证据是指通过实际观察或清点所取得的、用以确认某些实物资产是否确实存在的证据。审计证据通常是证明实物资产是否存在的非常有说服力的证据，但实物资产的存在并不完全能证实被审计单位对其拥有所有权。而且某些实物资产的清点，虽然可以确定其实物数量，但其质量好坏将影响资产的价值，有时难以通过实物清点来加以判断。因此，对于取得实物证据的账面资产，还应就其所有权归属及其价值情况进行确认。

（二）书面证据

书面证据是审计人员所获取的各种以书面文件为存在形式的证据。它包括与审计有关的各种原始凭证、记账凭证、会计账簿和各种明细表，各种会议记录和文件，各种合同、通知书、报告书及函件等。在审计过程中，审计人员往往要大量地获取和利用书面证据。因此，书面证据是审计证据的主要组成部分，可称之为基本证据。

书面证据可按其来源分为外部证据和内部证据两类。

1. 外部证据。它是由被审计单位以外的组织机构或人员所编制的书面证据。一般情况下，外部证据具有比内部证据更强的证明力。

外部证据包括由被审计单位以外的机构或人员编制并由其直接递交审计人员的外部证据，以及由被审计单位以外的机构或人员编制，但为被审计单位持有并提交给审计人员的书面证据两种。前者因直接由独立于被审计单位的外部组织机构或人员提供，未经被审计单位有关职员之手，从而排除了被审计单位伪造、更改凭证或业务记录的可能性，故其证明力最强；后者因已经过被审计单位有关职员之手，因而存在着伪造、更改凭证或业务记录的可能性，故其证明力相对要弱一些。对于已经过被审计单位职员之手的外部证据，审计人员应考虑其被涂改或伪造的难易程度以及被涂改的可能性，以评价其可靠性。当获取的书面证据有被涂改或伪造的痕迹时，审计人员应予以高度警觉。

此外，外部证据还包括审计人员为证明某个事项而自己动手编制的各种计算表、分析表等。

2. 内部证据。它是由被审计单位内部机构或职员编制和提供的书面证据，包括被审计单位的会计记录、管理当局声明书，以及其他各种由被审计单位编制和提供的有关书面文件、记录。一般而言，内部证据不如外部证据可靠，但如果内部证据能在外部流转，并获得其他单位或个人的承认，则可以增强其可靠性。只在被审计单位内部流转的书面证据，其可靠程度主要取决于被审计单位内部控制是否健全有效。若被审计单位的内部控制健全有效，那么内部证据具有较强的可靠性；若被审计单位的内部控制不健全甚至根本不存在，审计人员就不能过分信赖其内部自制的书面证据。

（三）口头证据

口头证据是被审计单位职员或其他有关人员对审计人员的提问做口头答复所形成的一类证据。在审计过程中，审计人员经常会针对被审计单位有关文件、记录的存放地点，采用特殊会计政策和方法的理由，某些管理制度和程序的执行情况，逾期应收账款收回的可能性等问题，向有关人员进行询问，进而形成口头证据。但是，口头证据会带有被询问者个人的观点、情感、倾向性等，因此这类证据的可靠性较差，证明力较弱，审计人员在使用这类证据时必须十分谨慎。一般而言，口头证据本身并不足以证明事实的真相，但审计人员往往可以通过口头证据发掘出一些重要线索，从而有利于对某些需要审核的情况做进一步的调查，以搜集到更为可靠的证据。

在审计过程中，审计人员应对各种重要的口头证据尽快做成书面记录，并注明是何人、何时、在何种情况下所做的口头陈述，必要时还应获得被询问者的签名确认。相对而言，不同人员对同一问题所做的口头陈述相同时，口头证据具有较高的可靠性，但一般情况下，口头证据往往需要得到其他相应证据的支持。

（四）环境证据

环境证据也称状况证据，是指对被审计单位产生影响的各种环境事实。具体而言，它包括以下几种。

1. 有关内部控制情况。被审计单位内部控制的好坏，直接影响其会计资料的可信赖程度。审计人员如果确认被审计单位具有良好的内部控制，其日常管理能够一贯地遵守内部控制中有关的规定，就可以认为被审计单位现行的内部控制为会计报表项目的可靠性提供了强有力的证据。此外，被审计单位内部控制的完善程度还决定着审计人员需要从其他各种渠道收集的审计证据的数量，内部控制越健全、越严密，所需的其他各类审计证据的数量就越少；否则，审计人员就必须获取较多数量的其他审计证据。

2. 被审计单位管理人员的素质。被审计单位管理人员的素质越好，其所提供的证据发生差错的可能性就越小。例如，会计人员的素质对会计资料的可靠性会产生重要影响，会计人员的素质越高，会计记录出现差错的可能就越小，即使发生了差错也能够被及时地发现并予以纠正。

3. 各种管理条件和管理水平。良好的管理条件和较高的管理水平，也是影响其所提供证据可靠程度的一个重要因素。

需要指出的是，环境证据一般不属于基本证据，但它可以帮助审计人员了解被审计单位及其经济活动所处的环境，是审计人员进行专业判断所必须掌握的资料。

上述各种类型的审计证据可以用来实现各种不同的审计目标。在审计实务中，审计人员通常是针对会计报表中的某一项具体账户及其相关认定来获取审计证据，注册会计师应当选择适当的审计证据实现各种不同的审计目标。有关某项认定（如存货的存在）的审计证据，不得用于代替有关另一项认定（如计价）应获取的审计证据。认定不同，实质性程序的性质、时间和范围的确定也会随之不同。对每一具体账户及其相关的认定来说，审计人员应选择能以最低成本实现全部审计目标的证据，力求做到审计证据的收集既有效又经济。

三、审计证据的特征

审计人员在执行审计业务时，为了形成审计意见，并得出合理的审计结论，必须收集充分、适当的审计证据。为此，《国际审计准则500——审计证据》第一条规定：“注册会计师应当获取充分、适当的审计证据，以得出合理的审计结论，作为形成审计意见的基础。"《中国注册会计师审计准则第 1301 号——审计证据》第六条也做出了同样的规定。也就是说，充分性和适当性是审计证据必须具备的两大特性。

（一）审计证据的充分性

审计证据的充分性是关于审计证据的数量特征，它是指审计证据的数量足以使审计人员形成审计意见，主要与审计人员确定的样本量有关。也就是说，要支持审计意见的形成，审计证据的规模必须要达到某一最低数量要求。

客观公正的审计意见必须建立在足够数量的审计证据的基础上，但这并不意味着审计证据的数量可以无限制地增多。因为审计证据的数量越多，实施审计的规模就越大，审计成本也会相应增加。就审计工作本身而言，不考虑审计目标的总体要求，无端增加审计证据，进而增加审计成本是不经济、不可取的。为使审计工作更加科学、合理、有效，审计人员通常把需要足够数量审计证据的范围降到最低限度。因此，每一审计项目对审计证据的需要量，以及取得这些证据的途径和方法，应当根据该项目的具体情况来定。只有审计人员通过不同的渠道和方法取得其认为足够的审计证据时，才能据以发表审计意见。

审计人员判断审计证据是否充分，应当考虑下列主要因素：

1. 审计风险。审计风险由重大错报风险和检查风险两部分组成。这里，审计人员判断审计证据是否充分、适当，应考虑的是重大错报风险。一般来说，重大错报风险越大，所需收集的证据数量越多，注册会计师就应当实施更多的测试工作，以将审计风险控制在可接受的水平；反之，所需证据数量就少。

2. 具体审计项目的重要性。审计项目越重要，对审计证据充分性的要求也就越高，审计人员就需要获取更多数量的审计证据来支持其审计结论或意见。

3. 审计人员的审计经验。审计人员如果具有丰富的审计经验，便可以从较少的审计证据中判断出被审事项是否存在错误或舞弊行为。相对来说，就可以减少对审计证据数量的依赖程度。反之，当审计人员缺乏审计经验时，少量的审计证据就不一定能使其发现被审计事项是否存在错误或舞弊行为。在这种情况下，审计人员应注意提高审计证据的质量，增加审计证据的数量。

4. 审计过程中是否发现错误或舞弊。一旦审计过程中发现被审计事项存在着错误或舞弊的行为，被审计单位整体会计报表存在问题的可能性就增大。因此，审计人员应增加审计证据的数量，以确保能做出合理的审计结论，形成恰当的审计意见。

5. 审计证据的类型与获取途径。如果大多数审计证据都是从独立于被审计单位的第三者获取的，而且这些证据本身不易伪造，审计证据的质量较高，相对而言，审计人员所要获取的审计证据的数量就可减少；否则，审计证据的数量就要增加。尽管审计证据的充分性和适当性相关,但如果审计证据的质量存在缺陷,注册会计师仅靠获取更多的审计证据不能弥补其质量上的缺陷。

此外,审计人员判断证据的充分性还应考虑经济因素和总体规模与特征。由于审计工作受到经济限制,审计人员必须以合理的时间和合理的成本取得充分的证据。因此,审计人员在审计过程中应考虑时间和成本的增加能否给审计证据的数量和质量带来相当的效益。如果受到时间、空间或成本的限制,审计人员不能获得最为理想的审计证据,就应当考虑通过其他的途径或用其他充分、有效的审计证据来替代。再者,在现代审计中,对很多会计报表项目都采用抽样的方法来收集证据,一般来说,抽样总体规模越大,所需证据的数量就越多。同时,审计人员对不同质的总体可能比同质的总体需要较大的样本量和更多的证据信息。

(二)审计证据的适当性

审计证据的适当性,是对审计证据质量的衡量,它是指审计证据在支持各类交易、账户余额、列报(包括披露)的相关认定,或发现其中存在错报方面具有相关性和可靠性。相关性是指审计证据应与审计目标相关联;可靠性是指审计证据应能如实地反映客观事实。

1. 审计证据的相关性。所谓相关性,是指审计证据应当与审计目标相关。即审计证据是否相关必须结合具体审计目标来考虑,审计人员只能利用与审计目标相关联的审计证据来证明或否定被审计单位所认定的事项。如果审计人员所获取的资料信息与审计目标不相关,即使这些证据是真实可靠的也无济于事。例如,存货监盘结果只能证明存货是否存在,是否有毁损或短缺,而不能证明存货的计价和所有权的情况。这就要求在审计实务中,审计人员一方面要根据不同的审计目标收集不同的审计证据,另一方面要根据已收集的审计证据去评价相关的审计目标。

(1)审计人员通过控制测试获取审计证据时,应当考虑的相关事项包括以下几点:①内部控制是否存在。②内部控制是否有效。一方面,审计人员应测试被审计单位已经制定的内部控制是否已切实得到贯彻;另一方面,还要对内部控制本身能否有效地防止各种错弊加以分析与评价。③内部控制在所审计期间是否得到一贯遵守。只有当被审计单位存在健全有效且得到一贯遵守的内部控制时,被审计单位的会计资料才具有较高的可依赖程度。

(2)审计人员通过实质性程序获取审计证据时,应考虑的相关事项主要包括以下几点:①资产或负债在某一特定时日是否存在。②资产或负债在某一特定时日是否归属于被审计单位。在许多情况下,存放于企业的资产并不一定归属于该企业,审计人员在检查记录或文件或被审计单位的资产时,应注意这部分内容。同样,审计人员对记录在会计资料上的债务也要加以审计,以查明其是否确实为被审计单位所应承担的义务。

③经济业务的发生是否与被审计单位有关。④是否有未入账的资产、负债或其他交易事项。⑤会计记录金额是否恰当。⑥资产或负债的计价是否恰当。⑦收入与费用是否归属当期,并相互配比。⑧会计报表项目的分类反映是否适当,并前后一致。

2. 审计证据的可靠性。所谓可靠性,是指审计证据应能如实反映客观事实。审计人员决不能将虚假和不实的资料信息确认为审计证据,作为支持审计意见的基础。这就要求审计人员在获取审计证据时,应实施一定的审计程序对基本资料的真实性予以验证。例如:审计人员对购货成本估价进行审计时,有赖于购货时取得的各种购货发票、运费单等发票账单。在依据各种发票账单评价购货成本估价时,首先应对各种发票账单本身的真实性予以验证。如果这些发票账单本身不真实,那么据此对购货成本估价准确性的判断也必将是错误的。审计证据的可靠性通常受其来源和性质的影响,并取决于获取审计证据的具体环境。

不同来源的审计证据的可靠性可参照如下原则判断:

(1)从外部独立来源获取的审计证据比从其他来源获取的审计证据更可靠。

(2)相关控制有效时内部生成的审计证据比控制薄弱时内部生成的审计证据更可靠。

(3)直接获取的审计证据比间接获取或推论得出的审计证据更可靠。

(4)以文件记录形式(无论是纸质、电子或其他介质)存在的审计证据比口头形式的审计证据更可靠。

(5)从原件获取的审计证据比从复印、传真或通过拍摄、数字化或其他方式转化成电子版形式的文件获取的审计证据更可靠。

(6)注册会计师以函证方式直接从被询证者获取的审计证据,比被审计单位内部生成的审计证据更可靠。

注册会计师在判断审计证据的可靠性时,还需注意:不同来源或不同性质的审计证据能够相互印证时,与该认定相关的审计证据更为可靠;如果从不同来源获取的审计证据或获取的不同性质的审计证据不一致,可能表明某项审计证据不可靠,注册会计师应当追加必要的审计程序。

此外,客观程度越高的证据越可靠,越及时的证据越可靠。

(三)审计证据充分性与适当性之间的关系

充分性和适当性作为审计证据的两大基本特征,既相互联系又相互区别。相关性是对审计证据利用的前提条件,可靠性是审计证据证明力存在的内在要求,充分性则是对审计证据总体证明力程度的保障。审计证据的适当性会影响其充分性。一般而言,审计证据的相关与可靠程度高,所需审计证据的数量就可减少,反之,审计证据的数量就要相应增加。

特别需要指出的是，审计人员获取审计证据时，应考虑成本与所获取信息的有用性之间的关系。审计人员形成任何审计结论都必须以充分、适当的证据为基础，在这个大前提下，实现成本最小化也是增强审计竞争能力和获利能力所必需的。因此，审计人员应恰当地运用成本效益原则，合理地协调好获取充分、适当的审计证据与控制审计成本之间的关系。但是，审计人员不应以获取审计证据的困难和成本为由减少不可替代的审计程序。此时，审计人员如果无法获取充分、适当的审计证据，应视具体情况发表保留意见或无法表示意见的审计报告。

第二节　获取审计证据的审计程序

注册会计师获取审计证据的方法有很多。在审计过程中，审计人员用来获取审计证据的常用方法主要有检查记录或文件、检查有形资产、观察、询问、函证、重新计算、重新执行和分析程序等。在实施风险评估程序、控制测试或实质性程序时，注册会计师可根据需要单独或综合运用上述程序，以获取充分、适当的审计证据。

一、获取审计证据的方法

（一）检查记录或文件

检查记录或文件是指注册会计师对被审计单位内部或外部生成的，以纸质、电子或其他介质形式存在的记录或文件进行审查。

检查记录或文件的目的在于对财务报表所包含的或者应包含的信息进行验证。在审计过程中，审计人员可以通过仔细审查各种会计凭证、账簿、报表以及各种有关文件（如计划、预算、合同等），确定会计资料以及其他有关资料是否真实、正确。

1. 审查原始凭证。主要查看原始凭证上所反映的经济业务是否符合规定，凭证上所记载的抬头、日期、数量、单价、金额等方面的字迹是否清晰，填发原始凭证的单位名称、地址、图章、手续是否完整清楚，字迹、数字有无涂改情况。

2. 审查记账凭证。审查记账凭证的记载是否符合会计制度规定，所记账户名称和会计分录是否正确，有无错用账户或记错方向等情况。

3. 审查会计账簿。主要检查日记账、分类账、备查簿的会计科目、金额。必要时，查对记账凭证及原始凭证，以求查明反映的经济业务是否正常。在审查明细分类账时，要检查明细分类账的记载是否符合会计制度的规定。明细分类账账户较多，可以有选择、有重点地进行审查，例如材料成本差异账户、应收应付款账户、暂收暂付款账户、费用账户和营业外支出账户等容易隐藏错弊的账户。

4. 审查会计报表。主要应注意审查会计报表的编制是否符合国家颁布的《企业会计准则》和相关会计制度的规定,会计报表的附注是否对应予揭示的重大问题做了充分的披露。

必要时,还应对计划资料、经济合同和其他有关经济资料进行审查,审查资料来源是否可靠,数据计算是否正确,业务内容是否符合法规政策,运行上是否符合经营管理原理方法和规章制度,以较全面地掌握情况并发现问题。

在检查记录或文件时,审计人员还可以将反映各个不同方面而又互相关联的凭证、账簿、报表进行交叉对照,以检查它们之间是否一致。一般而言,主要是核对证证之间、证账之间、账账之间、账表之间、表表之间的有关数据是否相符,有无计算错误、书写错误,有无错记、漏记、重记等问题。

第一,原始凭证之间、原始凭证同记账凭证、记账凭证同汇总记账凭证之间的核对。主要核对日期、内容、数量、金额等是否相符。例如,审查材料采购业务,为了查明所购材料是否已经收到,可将购料发票同收料单核对。如收料单上的材料名称、数量同购料发票相符,说明材料照收无误。购料发票和收料单都是原始凭证,但购料发票规定了应收材料的名称和数量,所以,它们之间的核对,应以购料发票为根据。由此可见,原始凭证之间的核对,应视经济业务的具体情况,确定哪两种原始凭证的核对,并以哪种原始凭证为根据。又如审查汇总记账凭证是否正确,可将记账凭证同汇总记账凭证核对,这是由于汇总记账凭证是根据有关记账凭证汇总编制的,应以记账凭证为根据。

至于原始凭证同记账凭证之间的核对,一般是在审阅记账凭证,观察其会计科目及其借贷方向以及金额时,才需翻阅所附原始凭证,并从原始凭证上考察所用会计科目、方向、金额是否正确,因而一般把这种记账凭证同原始凭证的核对归入审阅技术。

第二,记账凭证或原始凭证同所记账簿核对。主要核对凭证的日期、会计科目、明细科目、金额,同记入或过入序时账簿、分类账簿、备查账簿的相应记录是否相符,以及各种账簿转次页、承前页的金额是否相符。

第三,明细分类账同总分类账核对。主要核对期初余额、本期发生额和期末余额。例如,审查固定资产总账账户的期末余额为 12 800 000 元,固定资产各明细账户期末余额合计为 12 600 000 元,明细账余额合计比总账余额少 200 000 元。要查明不符原因,可先审查有关固定资产的记账凭证,看每张记账凭证上会计科目和明细科目的合计是否相符。如相符,是否过账时有遗漏或金额少过。如并无遗漏或少过,则要对总账和明细账分别复算。如复算无误,则要看总账账户和明细账账户期初余额是否有误。通过以上查核和复算,就可发现错误所在,还要进一步了解错误的原因。如果一笔固定资产仅总账账户有而明细账户没有,其原因可能是被审计单位领导为了多计折旧费用,以便多计产品成本，少计产品销售利润，因而指使会计人员在记账凭证上借记固定资产时增记200 000元。这样，可据总账固定资产原价多计折旧。如果过入总账时错误地把借方金额300 000元过为500 000元，则属于技术性错误。

第四，明细分类账同所编报表核对。主要核对账簿的记账时间、明细科目、金额，同有关报表是否相符。例如，固定资产各明细账余额合计仅12 600 000元，比总账账户余额少200 000元。会计人员为了使明细账合计同总账金额相符，在编制明细表时虚增了明细账户余额或虚增了明细表合计。如将明细账和明细表核对和复算，就可发现这类错误。

第五，明细表同有关报表核对。主要核对明细表的时间、总额同有关报表的项目、时间、金额是否相符。例如，上例固定资产明细表同资产负债表的固定资产项目原价不符，少了200 000元，就要按照前述审查方法追查清楚，以求确定是什么问题。

第六，报表之间有关项目的核对。主要核对会计报表上的数字计算是否正确无误，核对相关会计报表之间的相关数字是否相符；核对账卡上所反映的实物余额是否与实际存在的实物数额相符；如果涉及前期的数字，还应核对是否与前期会计报表上的有关数字相符。例如，利润分配表中的利润总额，应同损益表中的利润总额核对。利润分配表中的未分配利润，应同资产负债表中所有者权益中的未分配利润核对。

第七，预测、核算、分析、检查书面资料中的项目和数据，应同计划、业务核算、统计核算、会计核算等书面资料核对。例如，资产负债表上各项目的年初数，应同上年资产负债表的期末数和分类账有关账户的年初数核对。

从上可知，复核技术的应用，首先必须针对所要审查经济活动的具体内容，确定什么书面资料同什么书面资料核对，并以什么书面资料为根据。对于复核中发现的问题，应进一步分析问题的性质，到底是工作过程中的一般过失差错，还是故意弄虚作假的弊端差错或违法乱纪行为。然后，再运用其他方法获得相关证据，按问题的性质进行处理。

检查记录或文件可以提供可靠程度不同的审计证据，审计证据的可靠性取决于记录或文件的来源和性质。外部记录或文件通常被认为比内部记录或文件可靠，因为外部凭证经被审计单位的客户出具，又经被审计单位认可，表明交易双方对凭证上记录的信息和条款达成一致意见。另外，某些外部凭证编制过程非常谨慎，通常由律师或其他有资格的专家进行复核，因而其可靠性更高。

（二）检查有形资产

检查有形资产是指注册会计师对资产实物进行审查。一般来说，实物资产的检查通常由被审计单位进行盘点，审计人员只进行现场监督；对于贵重的物资，可进行抽查复盘。通过检查有形资产，一方面是为了确定资产的数量和规格，以确定被审计单位实物资产是否真实存在并与账面数量相符;另一方面是为了查明各项财产物资有无短缺、损毁、腐坏、变质、等级下降、超储积压、呆滞以及贪污、盗窃等问题,以评价资产的状况和质量。检查有形资产可为其存在性提供可靠的审计证据,但不一定能够为权利和义务或计价认定提供可靠的审计证据。

在运用检查有形资产程序时,如果实际盘点日与需要证实的会计报告数据截止日不在同一个时点上,审计人员还必须进行适当的倒推调整,以验证会计报告截止日的实物结存数量的正确性。其倒推计算公式为:

$$\text{会计报告截止日应存量}=\text{盘点日实存量}+\text{会计报告截止日至盘点日发出量}-\text{会计报告截止日至盘点日收入量}$$

需要注意的是,区分有形资产检查与记录或文件的检查,对具体审计目标来说非常重要。例如,支票在签发以前是文件,签发以后则变为资产,核销以后,又变成了文件。严格来讲,只有在支票是一项资产时,才能对其进行有形资产检查。

(三)观察

观察是指注册会计师查看相关人员正在从事的活动或执行的程序。例如,对客户执行的存货盘点或控制活动进行观察。

观察提供的审计证据仅限于观察发生的时点,并且在相关人员已知被观察时,相关人员从事活动或执行程序可能与日常的做法不同,从而影响审计人员对真实情况的了解。因此,注册会计师在使用观察程序获取审计证据时,要注意其本身固有的局限性,有必要获取其他类型的证据。

(四)询问

询问是指审计人员以书面或口头方式,向被审计单位内部或外部的知情人员获取财务信息和非财务信息,并对答复进行评价的过程。

知情人员对询问的答复可能为审计人员提供尚未获悉的信息或佐证证据,也可能提供与已获悉信息存在重大差异的信息,审计人员应当根据询问结果考虑修改审计程序或实施追加的审计程序。

询问本身通常不足以发现认定层次存在的重大错报,也不足以测试内部控制运行的有效性,审计人员还应当实施其他审计程序获取充分、适当的审计证据。

(五)函证

1. 函证的含义与形式。函证(外部函证),是指注册会计师为了获取影响财务报表或相关披露认定的项目的信息,直接从第三方取得有关信息和现存状况的书面答复,以获取和评价审计证据的过程。书面答复可以采用纸质、电子或其他介质等形式。

询证函有积极式询证函和消极式询证函两种形式。积极式询证函,是指要求被询证者直接向注册会计师回复,表明是否同意询证函所列示的信息,或填列所要求的信息的一种询证函。消极式函证,是指要求被询证者只有在不同意询证函所列示的信息时才直接向注册会计师回复的一种询证函。

2. 函证程序。注册会计师应当确定是否有必要实施函证程序以获取认定层次的相关、可靠的审计证据。在做出决策时,注册会计师应当考虑评估的认定层次重大错报风险,以及通过实施其他审计程序获取的审计证据如何将检查风险降至可接受的水平。

注册会计师应当对银行存款、借款(包括零余额账户和在本期内注销的账户)及与金融机构往来的其他重要信息实施函证程序,除非有证据表明这些项目对财务报表不重要且与之相关的重大错报风险很低。如果不对这些项目函证,注册会计师应当在工作底稿中说明理由。

注册会计师应当对应收账款实施函证程序,除非有充分证据表明应收账款对财务报表不重要,或函证很可能无效。如果认为函证很可能无效,注册会计师应当实施替代审计程序,获取相关、可靠的审计证据。如果不对应收账款函证,注册会计师应当在工作底稿中说明理由。

当实施函证程序时,注册会计师应当对询证函保持控制,包括:①确定需要确认或填列的信息;②选择适当的被询问者;③设计询证函,包括正确填列被询证者的姓名和地址,以及被询证者直接向注册会计师回函的地址;④发出询证函并予以跟进,必要时再次向被询证者寄发询证函。

3. 实施函证程序的结果。如果存在对询证函回函的可靠性产生疑虑的因素,注册会计师应当进一步获取审计证据以消除这些疑虑。如果认为询证函回函不可靠,注册会计师应当评价其对相关重大错报风险以及其他审计程序的性质、时间安排和范围的影响。在未回函的情况下,注册会计师应当实施替代程序以获取相关、可靠的审计证据。如果注册会计师认为取得积极式询证函回函是获取充分、适当的审计证据的必要程序,替代程序不能提供注册会计师所需要的审计证据,在这种情况下,如果未获取回函,注册会计师应当确定其对审计工作和审计意见的影响。如果回函存在不符事项,注册会计师应当调查不符事项,以确定其是否表明存在错报。

进行函证时,应注意下列问题:函证问题必须有记录,如询问什么问题、结果如何,均应记录清楚;函证的问题要简单明了;发函应由注册会计师亲自办理,不得委托被审计单位办理。如果没有回函或对回函结果不满意,审计人员应当实施必要的替代程序,以获取相应的审计证据。

(六)重新计算

重新计算是指审计人员以人工方式或使用计算机辅助审计技术,对记录或文件中的数据计算准确性进行核对。它不仅包括对被审计单位的凭证、账簿和报表中有关数字的验算,而且还包括对会计资料中有关项目的加总或其他运算。在计算过程中,审计人员并非完全按照被审计单位原先的计算形式和顺序来进行,既要注意计算结果的正确性,又要关注某些其他可能的差错,例如计算结果的过账和转账错误等。

(七)重新执行

重新执行是指审计人员以人工方式或使用计算机辅助审计技术,重新独立执行作为被审计单位内部控制组成部分的程序或控制。

(八)分析程序

分析程序是指审计人员通过研究不同财务数据之间以及财务数据与非财务数据之间的内在关系,对财务信息做出评价。分析程序还包括调查识别出的、与其他相关信息不一致或与预期数据严重偏离的波动和关系。例如,审计人员可以对被审计单位的会计报表和其他会计资料中的重要比率及其变动趋势进行分析程序,以发现其异常变动项目。对于异常变动项目,审计人员应重新考虑其所采用的审计方法是否合适,必要时应追加适当的审计程序,以获得相应的审计证据。

常用的分析程序方法有:比较分析法、比率分析法、平衡分析法、趋势分析法、账户分析法、账龄分析法等。

1. 比较分析法。比较分析法是通过对被审计单位某一会计报表项目与其既定标准(如该项目的计划指标、上期实际指标、历史先进指标、同行业其他单位同期指标)进行比较,寻找差异,发现问题,以取得审计证据的一种技术方法。

比较分析法可比较绝对数,也可比较相对数。可将被审计单位某几个时期的产值、产量、质量、品种、成本、利润、税金等进行纵向比较,也可将生产同种产品且条件相当的不同单位的绝对数进行横向比较,如对成本费用利润率、劳动生产率、资金利润率、人均创利率、产品合格率等都可进行纵向和横向比较。例如,审计人员审查某企业成本费用项目时,从某种产品单位成本表中,看到制造费用比上年有明显降低,但按照物价变动情况,应有上涨趋势,显然有些反常,于是将制造费用内容与上年相比,发现折旧费用大幅降低,但该厂固定资产并未减少,同折旧费用减少不称。后经查询,得知此系该单位领导指使会计员所为,意在故意将部分折旧费用不予计入,以求达到降低成本、虚增本年利润的目的。通过比较,取得了书面显示证据,查明了有意在成本计算时将部分折旧费用不予计入的事实。

2. 比率分析法。它是审计人员利用不同指标之间的比率关系,对会计报表的某些项目或某一问题进行测试或评价,以获得审计证据的一种技术方法。例如,利用毛利率可以测试毛利或库存商品的价值。再如,利用资产负债率、流动比率、速动比率可以分析企业负债水平和偿债能力。

3. 平衡分析法。这是审计人员利用会计平衡关系原理,对会计报表的某些项目或生产经营活动中有关业务数值的相互平衡关系进行分析,以获得审计证据的一种技术方法。例如资产负债表中资产、负债和所有者权益之间的平衡关系，现金流量表中的某些项目与资产负债表、利润表中某些项目之间的勾稽关系，投入产出时间、数量与供、产、销的平衡关系等。

4. 趋势分析法。这是通过对会计报表某一项目连续若干期的变动金额及其百分比的计算，来分析该项目不同时期的变动情况和发展趋势，以获得审计证据的一种技术方法。它是比率法的动态应用。

5. 账户分析法。它是指利用账户的对应关系和相互联系，来查证账户记录有无差错，以获得审计证据的一种技术方法。如"固定资产"和"累计折旧"账户之间，"产品销售收入"与"应收账款""银行存款""应交税金——增值税（销项税）"账户之间，都有内在的必然联系，运用账户分析法分析账户之间的联系是否正常，发现异常现象，再进一步审查凭证等资料。例如审计人员在审查某企业会计报表过程中，发现该企业产量、产销比率、销售退回、销售折让、制造成本、销售费用、销售税率等同上期基本持平，但产品销售利润率（即产品销售利润除以产品销售净收入）却比上期降低，这种情况是不正常的。为了查明实情，必须对有关计算产品销售利润率的因素重新核实和计算。注册会计师首先核实产品销售收入，特别是接近期末时的销售发票存根，发现最后一张发票存根已被篡改为下期期初的日期，并在记账凭证上借记"银行存款"、贷记"预收账款"，从而查明了本期有故意漏列销售的情节。至于其企图，有待采用查询法进行追查深究。分析产品销售利润率的数据，可以取得是否全部计入这个审计目标的分析计算证据。

6. 账龄分析法。它是通过编制应收账款账龄分析表，审查、分析应收账款收回可能性的大小，估计发生坏账损失多少，以确定资产存在证据的一种技术方法。一般说，应收账款账龄越长，发生损失的可能性越大。例如审计人员审查某公司年度资产负债表应收账款项目金额，经查该项目与总账及应收账款明细表合计核对相符，审计人员进一步编制了应收账款账龄分析表，按 3 个月以上、6 个月以上、9 个月以上至 12 个月三档分类，发现 9 个月以上至 12 个月以内的应收账款明细账户中，有一笔应收账款正在诉讼过程中。审计人员从律师方面了解，得知收回无望，应做坏账损失处理，但公司并未在应收账款中剔除。审计人员通过应用账龄分析法，查明应收账款这个审计目标反映失实的分析计算证据。

审计程序的性质和时间可能受财务数据和其他相关信息的生成和储存方式的影响，审计人员应当提请被审计单位保存某些信息以供查阅，或在可获得该信息的期间执行审计程序。

某些会计数据和其他信息只能以电子形式存在或只能在某一时点或某一期间得到，注册会计师应当考虑这些特点对审计程序性质和时间的影响。当信息以电子形式存在时，注册会计师可以通过使用计算机辅助审计技术实施某些审计程序。

二、审计程序与审计证据、认定的关系

在审计过程中，为了实现由管理当局会计报表认定推论得出的众多具体审计目标，审计人员必须合理使用各种审计程序以获取充分、适当的审计证据。也就是说，审计程序的采用必须与审计目标的实现及其相关审计证据的获取相联系。具体来说，审计程序与审计证据认定、目标之间的关系如表 4－1 所示。

表 4－1　　审计程序与审计证据、认定的关系

管理当局认定	一般审计目标	审计证据种类			
		实物证据	书面证据	口头证据	环境证据
	总体合理性		√	√	√
存在或发生	真实性	√	√	√	
完整性	完整性	√	√	√	
权利和义务	所有权		√	√	
估价或分摊	估价	√	√	√	
	截止	√	√	√	
	机械准确性		√		
表达与披露	披露		√	√	
	分类		√	√	
获取审计证据的方法程序		检查有形资产、观察	检查记录或文件、询问、函证、重新计算、重新执行、分析程序	询问	观察、分析程序、重新执行

从表 4－1 可以看出，审计程序与审计证据之间并不是简单的一一对应关系，通常实施一种审计程序可产生多种审计证据，例如实施分析程序既是获得书面证据的方法，也是获得环境证据的方法。而要获得某类审计证据也有多种审计程序可以选用，例如要想获得实物证据，既可以实施检查有形资产程序，又可以实施观察程序。因此，审计人员应当从最经济、最有效地实现审计目标的总体需要出发，恰当地选择运用各种审计程序以获取高质量的、足够的审计证据。

三、审计程序的分类

各种具体的审计程序运用于会计报表审计的全过程之中。由于现代会计报表审计要求审计人员先了解被审计单位及其环境并评估重大错报风险，再根据风险评估情况决定控制测试程序和实质性程序，因此，上述审计程序按其运用的目的可分为风险评估程序、控制测试程序和实质性程序三类。关于这些程序我们将在后续章节中详细介绍和学习。

审计人员在会计报表审计中，只有合理地运用控制测试和实质性程序，才能取得充分、适当的审计证据。有时，甚至可以省略控制测试程序，完全依赖实质性程序来获取证据，实现审计目标。

第三节　审计证据的审定

审计人员所收集到的初始证据往往是分散、零乱、无序和孤立的，证据形式也复杂多样。要使其变成系统、有序、彼此联系，具有充分、适当证明力的证据，必须按照一定的程序、目的和方法进行科学的整理、分析和评价，使之条理化、系统化。这样，审计人员才能对各种审计证据合理地进行审计小结，对被审计单位会计报表等有关会计资料形成比较完整的认识，并在此基础上，正确评价其是否恰当地反映了被审计单位的财务状况、经营成果及现金流量。通过对审计证据的分析和整理，审计人员还可以发现证据不足之处，及时进行补充收集，以便获取新的证据材料，把审计工作引向深入。

一、整理、分析与评价审计证据的意义

对审计证据加以科学整理、分析与评价的意义主要体现在：

（1）通过检查记录或文件，观察、检查有形资产，询问、函证等方法所获取的大部分审计证据，在审计人员对其进行分析评价之前，还都是一种原始的、零乱的、彼此孤立的审计证据，只有按照一定程序、目的和方法进行科学的加工整理，才能使其变成有序的、系统化的、彼此相关联的审计证据。

（2）初始状态的审计证据必须与审计目的相联系，并就其性质、重要程度以及与其他证据之间的关系进行分析、计算和比较，并对被审计单位的各个方面做出全面评价，才能形成比较完整的认识；否则，就难以正确地评价和运用审计证据，并形成正确的审计结论和意见。

(3)审计工作中一项很严肃的工作是,必须有充分有力的证据来支持所发表的审计意见。初次收集的审计证据很难是完整的、全面的,通过整理分析,可以发现证据不足的地方,并进行补充收集,以便获取新的证据材料,把审计工作引向深入。

(4)在审计过程中,通过审计人员的分析、研究,还可能产生一些有价值的新的证据,从而有助于对被审计单位做出较为恰当的结论。

需要指出的是,审计证据的收集与审计证据的整理、分析并非互不相关的独立环节,在实践中,它们经常是交叉进行的。

二、整理、分析与评价审计证据的方法

对审计证据的整理、分析与评价工作并没有一个固定的方法模式,审计目的不同、审计证据的种类不同,其整理、分析与评价的方法也就不同。一般而言,整理、分析与评价审计证据主要包括以下基本方法。

(一)分类

审计证据分类的目标是保证审计证据的相关性。这种方法是将各种审计证据按其证明力的强弱,或按其与审计目标的关系等分门别类排列成序。

审计证据按证明力分类,可以划分为充分可靠、部分可靠和不可靠三个等级。充分可靠证据是指无须进一步取证而足以支持审计意见形成的证据,实物盘点证据或审计人员亲自观察所得的结果即属此类。部分可靠证据是指还需进一步取得确证的证据,采用询问所得的口头陈述记录即属此类。不可靠证据是指虽然有助于审计人员开展审计工作,但其本身并不可靠的证据,被审计单位管理当局的声明书,或对有关人员口头询问的答词等,即属此类。有关证据证明力的相对强弱程度如表4-2所示。

表4-2　　审计证据证明力的相对强弱程度

强	弱
实物证据	环境证据
书面证据	口头证据
来自独立第三者的外部证据	内部证据
已获独立第三者确认的内部证据	未获独立第三者确认的内部证据
审计人员自行获取的证据	由被审计单位提供的证据
良好的内部控制下获取的证据	较差的内部控制下取得的证据
不同来源的、能够相互印证的证据	孤立的证据
从及时编制的记录中取得的证据	从非及时编制的记录中取得的证据

（二）计算

这是指按照一定的方法对数据方面的审计证据进行计算，并从计算中得出所需的新的证据。

（三）比较

它具体包括两方面的内容：一是将各种审计证据进行反复比较，从中分析出被审计单位经济业务的变动趋势及其特征；二是将各种审计证据与审计目标进行比较，判断其是否符合要求，如认为其不符合要求，则需补充收集有关的审计证据。

（四）小结

审计人员在对审计证据进行上述分类、计算和比较的基础上，还应对审计证据进行归纳、总结，得出具有说服力的局部的审计结论。

（五）综合

这是指审计人员对各类审计证据及其所形成的局部的审计结论进行综合分析，最终形成整体的审计意见。

三、整理、分析与评价审计证据时应注意的问题

为使审计证据的整理、分析与评价工作更加科学、合理、有效，审计人员在整理和分析审计证据的过程中，应着重注意解决好以下问题。

（一）审计证据的取舍

审计证据取舍的目标是保证审计证据总体的有效性。审计结论是建立在相关审计证据基础上的一种综合判断结果，并不是对各项审计证据反映的简单汇总。然而，在原有相关审计证据体系中，各项审计证据的重要性程度及其对综合结论的影响性质是不同的。因而，在编制审计报告之前，审计人员必须对原有的反映不同内容的审计证据进行适当的取舍，舍弃那些无关紧要的、不支持审计意见的次要证据，只选择那些具有代表性的、典型的、支持审计意见的重要证据在审计报告中加以反映。审计证据的取舍标准应考虑两个方面：

1. 金额的大小。审计人员应当把金额大、足以对被审计单位财务状况或经营成果的反映产生重大影响的证据，作为重要的审计证据予以保留。

2. 问题性质的严重程度。有些审计证据本身所揭露问题的金额也许并不很大，但其性质却较为严重，可能导致其他重要问题的产生或与其他可能存在的重要问题有关，审计人员也应将这类审计证据作为重要的审计证据加以保留。

（二）分清事实的现象与本质

有些审计证据所反映的情况可能只是一种现象，审计人员不能被这些表面现象所迷惑，应该透过现象找出本质之所在。

(三)排除伪证

有的时候,审计证据的提供者出于某种动机而伪造证据,有关方面基于某些主观或客观原因而提供虚假证据。这些伪证或因精心炮制而以假乱真,或与被审事实之间存在某种巧合,如不认真排除,辨明真相,往往会干扰审计人员形成正确、恰当的审计结论和意见。

四、审定审计证据

审计证据是审计人员得出客观公正审计结论的基础,因而审计人员应尽量使审计证据真实可靠、合法充分。由于审计证据具有多样性和相对性的特点,加之收集审计证据的审计人员的个人素质不同,在判断审计证据和运用审计证据做出审计结论上就可能出现主观不符合客观的情况。为了尽可能杜绝这种情况的发生,对审计证据本身进行审定就成为审计过程的重要环节。所谓审计证据的审定,即审计证据的审查判断,是指审计人员对收集的审计证据运用审计方法和技术进行分析、研究、鉴别真伪,审定质量程度,找出与被审事项的客观联系,从而正确认识被审计单位的经济活动。换言之,审计证据的审定,就是审查判断收集到的审计证据本身的客观真实性,能否依据它们做出审计结论,依据它们能做出什么样的审计结论,做出的审计结论是否客观、正确反映被审计事项。

(一)书面证据的审定

对书面证据的审定应重点审查其真实可靠性、正确性、重要性和充分性。

1. 审查判断书面证据的真实、可靠、正确性,确定其证据力。一般而言,对于来自被审计单位内部的资料,应审查产生这些资料的内部控制机制;对于由被审计单位提供的、其他单位填制的资料,应审查有无篡改、伪造,是否符合国家规定;对外部获得的书面证据,应审查提供者的理解能力和可信程度;对专家提供的书面证据,应审查其声誉和资格。另外,还应分析专家所用的分析方法和假设,并测试被审计单位提供的数据;对审计人员自己编制的资料,应审查其数据来源、计算程序、计算结果。

审查书面证据的真实、正确性,除了确定审查要点外,更重要的是审查有无其他证据进行佐证,因为我们在发现书面记载、会计处理有问题后,还需要其他证据证明我们对疑问的分析和结论是否正确。

【案例】审计人员在对某企业进行常规审计时,发现两个进口空调器提前报废的事情,获得这样一张转账凭证:

借:营业外支出——非常损失	6 000
累计折旧	3 500
贷:固定资产	9 500

【疑点】对被审计单位的内部控制进行测评时，审计人员发现该企业内部控制不是很健全，所以对这张内部自制凭证的真实性产生了怀疑：为什么不通过"待处理财产损溢"科目而直接借记"营业外支出 "科目呢？

【取证】审计人员又采用审阅法、询问法取得了如下证据：

①经查询，在此期间，企业并未发生盗窃、火灾等情况；

②固定资产卡片上记载，这两个空调器仅使用两年零三个月，且没有修理记录。

【结论】在铁的事实面前，该企业财务主管人员及空调器的使用负责人说出了真相：两个进口空调器提前报废是假，真实情况是将两个空调器送给了关系单位的两个重要负责人。

【启示】本案中，审计人员对内部证据的审查从内部控制制度入手，确定审查要点，发现疑点，继而调取其他证据予以佐证自己对疑问的分析，最终查明了案情。

2. 审查判断书面证据的充分性。书面证据的充分性是指书面证据的数量必须全面、客观地反映被审事项，并且据其只能做出唯一的审计结论。对书面证据的充分性审查，主要从以下三个方面进行：

(1)审查对会计记录、会计处理的错误或者其他不正常问题是否找到了根本原因，是否收集到足够证据证实该原因。

(2)审查对同一问题做出的审计结论的定性有无相反证据，如有，应进一步深入分析，或推翻原来的审计结论，或合理排除该相反证据的干扰。

(3)审查判断审计人员自己做的推理证据，主要是看有无其他查证属实的证据佐证等。

【案例】审计人员在对被审计单位下属某器材站进行审计时，注意到采购员李某出差的住宿发票，单价 300 元，时间 10 天，总金额为 3 000 元。

【疑点】初步审阅时发现：

①发票金额模糊不清，单价 300 元和总金额 3 000 元中的每一个"3"字都很不规范，比其他数字的笔画颜色深，并且与"2"字字体相似。

②大写金额中的"叁"字字体与其他字有所不同。

根据以上证据，审计人员审查分析认为，该住宿发票有涂改现象，但是要做出"李某涂改发票，贪污现金 1 000 元"的结论，还缺乏充分的证据。

【取证】审计人员在调查中又取得下列证据：

①采用函证法，向发票上所标明的李某所住的宾馆发函询证，回函证明单价为 200 元，金额为 2 000 元，并提供了该发票记账联的复印件。

②询问采购员李某，李某承认自己贪污现金 1 000 元的事实。

【结论】所有证据排除了其他合理的质疑，只能做出"李某贪污现金 1 000 元"的结论。我们可以说本案中证据具有充分性。

(二)实物证据的审定

在审定实物证据时,审计人员应着重审查判断实物证据的真实可靠性、合法性和相关性。

1. 审查判断实物证据的真实可靠性。收集实物证据,通常运用监盘法,主要采取两种方式:①直接清查验证法,即审计人员亲自清查验证;②监督清查验证法,即审计人员到现场监督,由其他人员清查,审计人员只对其中的某一部分亲自清查验证。无论采取哪一种方式,收集实物证据都是比较繁琐耗时的事,有的审计人员怕麻烦,工作不负责任,马虎了事,甚至根本不清点,不认真观察,只是简单听取被审计单位有关人员报数,记下来就算是取得了证据,这样取得的实物证据显然缺乏真实可靠性。在审定时,应主要从两个方面进行审查:

一是审查实物证据的来源。即作为实物证据的财产物资是否属于被审单位所有,不能解决这个问题,就不能做出账实相符或不相符的结论。

二是审查实物证据的内容。作为实物证据的财产物资,在生产经营过程中,因消耗或销售、使用或损耗而使其实物形态和价值形态都发生变化,所以,财产物资的数量、价值的会计确认与核算直接影响资产负债表中有关资产价值的真实性。审查实物证据的内容即是对被审计单位财产物资的实物形态和价值形态进行审查判断,看其会计处理是否合理、合规。

【案例】审计人员对集团公司下属某汽车修理厂的固定资产进行审计时,运用审阅法、核对法和抽查法取得以下证据:

①会计凭证分录:

借:固定资产——4 台客车　　20 万元

　贷:长期应付款——运输公司　　20 万元

并附有一张购车原始单据。

②固定资产登记簿上记载:2022 年 12 月 17 日购某运输公司的 4 台小客车,金额 20 万元。

③实地盘存,一分部和二分部各 2 台小客车。

审计人员初步结论为:账实相符。

【疑点】审计负责人在审定以上证据时,发现审计人员没有审查客车的产权证书。

【取证】审计负责人要求该厂出示 4 台客车的产权证书时,该厂有关负责人员道出了原委:原来这 4 台客车均由某运输公司购买,运输公司经理为增加创收渠道、逃避税务部门的检查,把车交由汽车修理厂进行经营管理。双方协定,运输公司每年收取 4 万元,期限 5 年,计 20 万元,5 年后客车交由运输公司。

【结论】上述购车原始单据是汽车修理厂伪造的。

【启示】本案中,汽车修理厂对4台小客车的产权确定不正确、不合规,本应属于经营性租入的固定资产却列为本单位的固定资产,必然导致账实不符。本案就是从固定资产产权的归属查出了汽车修理厂的舞弊行为。因而,在审定实物证据时,审查财产物资所有权归属是极其重要的方面。

2. 审查判断实物证据的合法性。即审查判断收集的实物证据是否符合国家法律法规的规定,合法性一般从两方面进行审查:

(1)作为实物证据的财产物资,被审计单位在取得、使用、转让或报废等方面是否符合有关规定。

(2)审计人员收集实物证据的方法和程序是否符合有关规定、是否具有完备的法律手续等。审计人员直接清查验证时,必须要有被审计单位的主管人员、具体经管人员等在场并在验证单据上签章,经过适当的法律程序,取得法律证明文件,以分清责任。例如,验证现金的真实性,一般应由审计人员在制定盘点计划后,实行突击性盘点。盘点时间应在全天业务开始之前或终止后,参加盘点的除审计人员外,还应包括被审计单位财务负责人和现金管理人员。在盘点结束前,审计人员对所有的现金加以控制,对未能盘点的现金应予封存。

【案例】审计小组对集团公司下属某子公司经理进行离任经济责任审计。为验证企业固定资产的真实性和完整性,审计小组运用抽查法进行审查。根据固定资产卡片上的内容分别与实物相核对,发现:

①一台2022年购置的捷达轿车未按要求返回厂区待检。相关人员说车已用于出差,并拿出购车发票予以证明,保证一切符合规定。

②120平方米的产成品库房。按卡片上记载的位置,有关人员指着一小平房介绍说就是该产成品库房,但审计人员未进入房屋里面查实。

【疑点】对于以上证据,审计小组负责人在审定时认为,现有的审计证据尚不充分,应进一步实地审查。

【取证】经实地考察,取得了新的证据:

①轿车挂的是私人牌照,由采购办主任驾驶。

②卡片上记载的产成品库房并未在该子公司区域内,实为处于市内繁华地段的销售门市部,现已作为投出资产与外单位某公司联营,但并未在该子公司会计核算中反映。

③公司人员介绍的小平房已停用两年。

【结论】这样,审计人员终于查清了该公司存在的问题:

①公司车辆擅落私人牌照,容易造成资产流出。

②已对外投资的固定资产不转账,掩盖了非正当的经营目的,其目的是为了将来私分联营投资收益。

【启示】本案中,审计人员最初取得的证据是不确实可靠的,会得出错误的结论,原因是在收集实物证据的方法和程序上不符合实物清查的规定。审计小组负责人在审定证据时,遵循了实物证据的收集方法——实地监盘,重新调取实物证据,从而最终查明公司对财产物资的使用不合法。

3. 审查判断实物证据的相关性。审计证据必须和审计结论有关,它们之间应当存在合乎逻辑的内在联系,使审计证据客观密切地反映被审计事项,有力支持审计结论。例如,当审计人员审查库存材料的数量时,一般采用清点实物数量的方法来获取证据,清点数量后所得的总数是审计人员得出库存材料账与实有数量是否一致的重要证据。但因材料核算可采用多种计价方法,如果审计人员不对其计价方法的合理性、正确性和一贯性进行审查,仅凭清点数是无法做出库存材料账与实存价值是否相符的判断。

在审查实物证据是否支持审计结论的同时,审计人员应注意不要被一些表面现象所蒙蔽,应当认真深入考虑本次审计是否达到了纠错揭弊的目的。

【案例】审计人员在12月5日对某企业的原材料进行审计,取得以下证据:

①一种添加剂本年度一次性购入200吨,单价1.3万元,计260万元。

②该添加剂本年度只出库一次10吨,金额13万元。

③经盘点,发现库存数与账面数相符。

表面上我们完全可以做出结论:账实相符。

【疑点】但是,审计人员并没有马上得出结论,而是认真审定以上证据,发现该添加剂已经有九个月无动态,不能不让人疑惑:购入原材料是为生产需要,为什么这么长时间无动态,没有消耗吗?

【取证】带着疑问,审计人员又继续调查,取得下列证据:

①到库房检查,得知该库存添加剂已变质。

②询问保管员和车间领料员,都说进货时是雨季,库房漏雨,使这批原材料被雨水淋湿,车间领用后,无法生产出合格产品,就没有领用。

③查阅相关利润账,该企业每个月一直处于微利状态,截至11月底仅盈利45万元。

【结论】通过对以上证据分析,审计人员认为,该企业如在年底将此添加剂报损,必将造成247万元的亏损,并导致该企业年度总亏损200多万元。年末集团公司考核该企业,该企业领导将受重罚,所以财务一直将该批原材料挂在账上,不做处理,形成潜亏247万元。审计人员又通过询问财务人员证实了上述分析。

【启示】本案中,审计人员没有被表面现象蒙蔽,而是抓住蛛丝马迹,透过现象看本质，最终实现审计目标，这是在审定实物证据的相关性时尤其要注意的。

（三）电子证据的审定

从证据学原理来讲，某一证据要保证其真实可靠，必须在其运行的各个环节都有辅助证据加以证明，即构成证据锁链。由于电子证据易于伪造、篡改，对于电子证据的真实性、完整性审定更需要从其运行的各环节及专门技术等方面进行。

1. 审查电子证据的生成环节，主要包括：

（1）电子证据是否是在正常的活动中按常规程序生成的。

（2）生成电子证据的系统是否曾被非法人员控制，系统的维护和调试是否处于正常状态。

（3）生成电子证据的程序是否可靠，人工录入电子证据时，录入者是否被有效地监督并按照严格的操作程序合法录入等。

2. 审查电子证据的存储环节，主要包括：

（1）存储电子证据的方法是否科学。

（2）存储电子证据的介质是否可靠。

（3）存储电子证据的人员是否公正、独立。

（4）存储电子证据时是否加密。

（5）所存储的电子证据是否会遭受未经授权的接触等。

3. 审查电子证据的传送环节。经过网络传递、输送的电子证据，其间的任何一个环节都可能发生信息丢失、改变，从而降低电子证据的证明力。因此，审定时要认真审查：

（1）传递、接收电子证据时所用的技术手段或方法是否科学、可靠。

（2）传递电子证据的“中间人”（如网络运营商等）是否公正。

（3）电子证据在传递的过程中有无加密措施、有无可能被非法截获等。

4. 审查电子证据的收集环节，主要包括：

（1）电子证据由谁收集、收集证据者与被审计事项有无利害冲突关系。

（2）收集电子证据的过程中是否遵守了法律的有关规定。

（3）收集、提取电子证据的方法（如备份、打印输出等）是否科学、可靠。

（4）收集者在对证据进行重组、取舍时是否客观公正，所采用的方法是否科学、可靠等。

5. 针对电子证据的完整性进行特别认定。完整性是考察电子证据证明力的一个特殊指标。完整性共有两层意义：

一是电子证据本身的完整性，指数据内容保持完整和未予改动（不包括不影响内容完整性的一些必要的技术添加）。从理论上讲，电子证据所遭到的篡改往往是难以察觉的,如果一味强调举证方必须证明其真实可靠,有时是过于苛求的,因此对电子证据可靠性的认定可以转向对相关否定因素的排除。如果电子证据所依赖的计算机系统的软硬件是可靠的,该系统有防止出错的监测或稽核手段,而且其运行过程是正常的,那么该电子证据就已经具备了足够的可靠性保障,应当推定其真实可靠,除非另有相反的证据。在审计工作中,针对电子证据是否被删改过,审计部门可以指派或聘请具有专门技术知识的人对证据进行鉴定。将电子证据与其曾经由第三方保留的原件或备份进行比较核实,是实践中可行的一种捷径。所以,事先公证无疑是最有效的措施。

二是电子证据所依赖的计算机系统的完整性,主要表现为:①记录该数据的系统必须处于正常的运行状态;②在正常运行状态下,系统对相关过程必须有完整的记录;③该数据记录必须是在相关活动的当时或随后立即制作的。

计算机系统的完整性实际上与电子证据的完整性密切相关,前者是为了保证后者而设置的一项标准。

6. 审定电子证据的证明力。证明力的认定是证据认定的核心,一般认为:

(1)经过公证的电子证据的证明力大于未经公证的电子证据。

(2)在正常业务活动中制作的电子证据的证明力大于为非正常业务活动(如诉讼目的)而制作的视听电子证据。

(3)由中立的第三方(如ISP服务商、EDI服务中心)保存的电子证据的证明力最大,由不利方保存的电子证据的证明力次之,由有利方保存的电子证据的证明力最小。

第四节 审计工作底稿

一、审计工作底稿的定义、分类和编制目的

(一)审计工作底稿的定义

所谓审计工作底稿,是指注册会计师对制订的审计计划、实施的审计程序、获取的审计证据以及得出的审计结论做出的记录。审计工作底稿可以以纸质、电子或其他介质形式存在。它全面反映了审计工作的全过程及其工作内容和工作结果,其内容包括审计人员在制定和实施审计计划时直接编制的、用以反映其审计思路和轨迹的工作记录,审计人员从被审计单位或其他有关部门取得的、用作审计证据的各种原始资料,以及审计人员接受并审阅他人代为编制的审计记录。

审计工作底稿是审计证据的载体,是注册会计师形成审计结论、发表审计意见的直

接依据。一般而言，审计工作底稿通常包括总体审计策略、具体审计计划、分析表、问题备忘录、重大事项概要、询证函回函、管理层声明书、核对表、有关重大事项的往来信件（包括电子邮件），以及对被审计单位文件记录的摘要或复印件等。但是，已被取代的审计工作底稿的草稿或财务报表的草稿、对不全面或初步思考的记录、存在印刷错误或其他错误而作废的文本以及重复的文件记录等不应包括在审计工作底稿中。审计工作底稿形成于审计过程，也反映了整个审计过程。

（二）审计工作底稿的分类

1. 按审计工作底稿的性质和作用分类。根据审计工作底稿的性质和作用不同，可将其分为综合类工作底稿、业务类工作底稿和备查类工作底稿三类。

（1）综合类工作底稿。它是指审计人员在审计计划和审计报告阶段，为规划、控制和总结整个审计工作，并发表审计意见所形成的审计工作底稿。该类工作底稿主要包括：审计业务约定书、审计计划、审计总结、未审计会计报表、试算平衡表、审计差异调整表、审计报告、管理建议书、被审计单位声明书，以及审计人员对整个审计工作进行组织管理的所有记录和资料。

（2）业务类工作底稿。它是指审计人员在审计实施阶段为执行具体审计程序所形成的审计工作底稿。该类工作底稿主要包括审计人员对某一审计循环或审计项目进行符合性测试或实质性程序所形成的记录和资料。

（3）备查类工作底稿。它是指审计人员在审计过程中形成的，对审计工作仅具有备查作用的审计工作底稿。该类工作底稿主要包括：被审计单位的设立批准证书、营业执照、合营合同、协议、章程、组织机构及管理层人员结构图、董事会会议纪要、重要合同、相关内部控制制度及其研究与评价记录、验资报告等资料的复印件或摘录。该类工作底稿随被审计单位有关情况的变化而不断更新，应详细列明目录清单，并将更新的文件、资料随时归档。审计人员在将上述资料归为备查类工作底稿的同时，还应根据需要，将其中与具体审计项目有关的内容复印、摘录或综合后，归入业务类工作底稿的具体审计项目之后。通常，备查类工作底稿由被审计单位或第三者根据实际情况提供或代为编制，因此，审计人员对所取得的有关文件、资料应标明其具体来源，并实施必要的审计程序。

2. 按审计工作底稿的编制主体分类。根据审计工作底稿的编制主体不同，可将其分为由被审计单位或其他第三者提供或代为编制的工作底稿、审计人员自己编制的工作底稿、由被审计单位和审计组织共同制定的工作底稿三类。

（1）由被审计单位或其他第三者提供或代为编制的工作底稿，具体包括：

- 与被审计单位设立有关的法律性资料。例如：企业设立的批准证书、营业执照、合同、协议章程及文件或变更文件的复制件。该类资料的原件一般由被审计单位保存，审计人员索取复制件时,应注意将复制件与原件核对一致。审计人员收集该类资料,主要是证明被审计单位设立的合法性,并了解被审计单位的经济性质、经营范围、注册资本、各股东之间的出资比例,以及被审计单位的重大经营方针,借以确认所审计会计报表编制主体的合法性及主要经营活动的合法性。

• 与被审计单位组织机构及管理层人员结构有关的资料。该类资料包括组织机构框架图,各管理部门的职责与分工,管理层人员的经历、学历与管理作风简介等。这些资料可以帮助审计人员分析判断被审计单位经营管理水平的高低及内部控制的强弱。

• 重要法律文件、合同、协议和会议记录的摘录或副本。这些资料是有关被审计单位经营管理的重要法律性文件,包括诸如重大投资项目的可行性报告及批准文件、投资合同、借款合同、买卖合同,以及董事会、股东大会的重大决议等。审计人员索取这些资料,有助于分析、判断被审计单位经济活动的合法性。同样,在取得复制件时,审计人员应注意与原件核对一致。

• 对被审计单位相关内部控制的研究与评价记录。该记录主要指被审计单位有关业务管理、财务管理及会计核算方面的规章制度。审计人员通过对内部控制的了解,进而对其做出研究和评价。

• 被审计单位的未审会计报表及相关财务资料。该资料主要是被审计单位编制的年度会计报表及会计报表附注资料,诸如资产负债表、利润表、现金流量表等。

• 被审计单位管理当局声明书。它是由被审计单位提供的,是对其所提供的各种审计资料的真实性、完整性所做的书面承诺。

(2)审计人员自己编制的工作底稿。这部分审计工作底稿是审计人员为规划、实施和总结审计工作而编制的,旨在真实、完整地记录审计人员的审计思路、审计轨迹、审计结论与审计意见。其具体内容主要包括:

• 审计计划。它是审计人员对整个审计工作所做的总体规划和对具体审计项目所做的具体审计计划。

• 实施具体审计程序的记录和资料。

• 与被审计单位、其他审计人员、专家和其他人员的会谈记录、往来函件。

• 审计报告、管理建议书底稿及副本、审计差异调整表,以及代被审计单位编制的审定会计报表与会计报表附注。

• 审计约定事项完成后的审计工作总结。

• 其他与完成审计约定事项有关的资料。

(3)由被审计单位和审计组织共同制定的工作底稿。这类工作底稿主要是指审计业务约定书等。它作为一种业务合同,是由签约双方共同制定和签署的。

（三）审计工作底稿的编制目的

审计工作底稿是审计业务中普遍使用的专业工具。编制或取得审计工作底稿是审计人员最主要的审计工作。审计工作底稿的编制目的主要表现在以下几个方面：

1. 审计工作底稿是联结整个审计工作的纽带，有助于项目组计划和实施审计工作。审计项目小组一般由多人组成，项目小组内要进行合理的分工，不同的审计程序、不同会计账项的审计往往由不同的人员来执行。最终形成审计结论和发表审计意见时，则主要针对被审计单位的会计报表来进行。因此，必须把不同人员的审计工作有机地联结起来，以便对整体会计报表表示意见。这种联结必须借助于审计工作底稿才能实现。

2. 审计工作底稿是审计人员形成审计结论、发表审计意见的直接依据。审计结论和审计意见是根据审计人员获取的各种审计证据以及审计人员一系列的专业判断形成的。而审计人员收集到的审计证据和做出的专业判断，都完整地记载于审计工作底稿中。因此，审计工作底稿理应成为审计结论与审计意见的直接依据，成为注册会计师得出实现总体目标的结论的基础。

3. 审计工作底稿是解脱或减轻审计人员的审计责任、评价或考核审计人员专业能力与工作业绩的依据。审计人员依照审计准则实施了必要的审计程序后，方可解脱或减轻其审计责任。审计人员专业能力的大小、工作业绩的好坏，主要体现在对审计程序的选择、执行和有关的专业判断上。而审计人员是否实施了必要的审计程序、审计程序的选择是否合理、专业判断是否准确等，都必须通过审计工作底稿来体现和衡量。

4. 审计工作底稿为审计质量控制与质量检查提供了可能。审计组织进行审计质量控制，主要是指导和监督审计人员选择实施审计程序，编制审计工作底稿，并对审计工作底稿进行严格复核。审计人员协会或其他有关单位依法进行审计质量控制检查，也主要是对审计工作底稿的检查。因此，没有审计工作底稿，审计质量的控制与检查就无法落到实处。

5. 审计工作底稿对未来的审计业务具有重要的参考备查价值。审计业务有一定的连续性，同一被审计单位前后年度的审计业务具有众多联系或共同点。因此，当年度的审计工作底稿对以后年度的审计业务具有重要的参考或备查作用，审计工作底稿能够保留对未来审计工作持续产生重大影响的记录。

二、审计工作底稿的格式、内容和范围

（一）编制审计工作底稿的总体要求

注册会计师编制的审计工作底稿，应当使得未曾接触该项审计工作的有经验的专业人士清楚了解下述内容：按照审计准则规定实施的审计程序的性质、时间和范围；实施审计程序的结果和获取的审计证据；就重大事项得出的结论。这里所说的有经验的

专业人士,是指对审计过程、相关法律法规和审计准则的规定、被审计单位所处的经营环境,以及与被审计单位所处行业相关的会计和审计问题有合理了解的人士。

注册会计师在确定审计工作底稿的格式、内容和范围时,应当考虑下列因素:

1. 实施审计程序的性质。

2. 已识别的重大错报风险。

3. 在执行审计工作和评价审计结果时需要做出判断的范围。

4. 已获取审计证据的重要程度。

5. 已识别的例外事项的性质和范围。

6. 从已执行审计工作或获取审计证据的记录中不易确定结论或结论的基础时,记录结论或结论基础的必要性。

7. 使用的审计方法和工具。

(二)审计工作底稿的基本内容

一般情况下,审计工作底稿应包括以下基本内容:

1. 被审计单位的名称。它是指会计报表的编报单位。若会计报表编报单位为某一集团的下属公司,应同时写明下属公司的名称。被审计单位名称可写简称。

2. 审计项目名称。它是指某一会计报表项目名称或某一审计程序及实施对象的名称。如果具体审计项目是某一分类会计科目,应同时写明该分类会计科目。

3. 审计项目的时点或期间。它是指某一资产负债类项目的报告时点或某一损益类项目的报告期间。

4. 审计过程记录。它是指审计人员的审计轨迹与专业判断的记录。审计人员应将其实施审计而达到审计目标的过程记录在审计工作底稿中。

5. 审计标识及其说明。审计标识是审计人员为便于表达审计含义而采用的符号。为了便于他人理解,审计人员应在审计工作底稿中说明各种审计标识所代表的含义,或者采用审计标识说明表的形式统一说明。审计标识应前后一致。

6. 审计结论。它是指审计人员通过实施必要的审计程序后,对某一审计事项所做的专业判断。就符合性测试而言,是指审计人员对被审计单位内部控制的满意程度以及是否可以信赖;就实质性程序而言,是指审计人员对某一审计事项的余额或发生额的确认情况。

7. 索引号及页次。审计人员为整理利用审计工作底稿,将具有同一性质或反映同一具体审计事项的审计工作底稿分别归类,使之相互联系、相互控制所做的特定编号即为索引号。页次是在同一索引号下不同的审计工作底稿的顺序编号。

8. 审计工作的执行人员及完成该项审计工作的日期。审计人员必须在其编制的审计工作底稿上签名和签署日期。

9. 审计工作的复核人员及复核的日期和范围。审计人员必须在其复核过的审计工作底稿上签名和签署日期。若有多级复核，每级复核者应签名和签署日期。

10. 其他应说明的事项。这是指审计人员根据其专业判断，认为应在审计工作底稿中予以记录的其他相关事项。

在审计报告日后，如果发现例外情况要求注册会计师实施新的或追加的审计程序，或导致注册会计师得出新的结论，注册会计师应当记录：①遇到的例外情况，主要是指审计报告日后发现与已审计财务信息相关，且在审计报告日已经存在的事实，该事实如果被注册会计师在审计报告日前获知可能影响审计报告；②实施的新的或追加的审计程序，获取的审计证据以及得出的结论；③对审计工作底稿做出变动及其复核的时间和人员。

（三）审计工作底稿的基本结构

审计人员编制审计工作底稿的基本目的是为了揭示有关审计事项的未审情况，以及在审计过程中和经过审计后有关审计事项的审定情况。为实现上述目的，审计人员编制审计工作底稿时，应把握以下基本结构：

1. 被审计单位的未审情况，包括被审计单位内部控制的情况、有关会计账项的未审计发生额及期末余额。

2. 审计过程的记录，其中包括：审计人员实施的审计测试性质；审计测试项目；抽取的样本及检查的重要凭证；审计标识及其说明；审计调整及重分类事项等。在记录实施审计程序的性质、时间和范围时，注册会计师应当记录测试的特定项目或事项的识别特征。所谓识别特征，是指被测试的项目或事项表现出的征象或标志，如在对被审计单位生成的订购单进行细节测试时，审计人员可能以订购单的日期或编号作为测试订购单的识别特征。识别特征因审计程序的性质和所测试的项目或事项的不同而不同。

3. 审计人员的审计结论，其中包括：审计人员对被审计单位内部控制情况的研究与评价结果、有关会计账项的审定发生额及审定期末余额。

（四）形成审计工作底稿的基本要求

审计工作底稿的形成方式有编制与获取两种，对审计工作底稿的基本要求也应从这两个方面来认识。

1. 编制审计工作底稿的基本要求。审计人员在编制审计工作底稿时，应做到以下几点要求：

（1）资料翔实。即记录在审计工作底稿上的各类资料来源要真实可靠。

（2）重点突出。即审计工作底稿应力求反映对审计结论有重大影响的内容。

（3）繁简得当。即审计工作底稿应当根据记录内容的不同，对重要内容详细记录，对一般内容简单记录。

(4)结论明确。即按审计程序对审计项目实施审计后,审计人员应对该审计项目明确表达其最终的专业判断意见。

(5)内容完整。即构成审计工作底稿的基本内容应全部包括在内。

(6)格式规范。即审计工作底稿所采用的格式应规范,这主要强调审计工作底稿在结构设计上应当合理,并有一定的逻辑性,但并不意味着格式要统一。

(7)标识一致。即审计符号的含义应前后一致,并明确反映在审计工作底稿上。

(8)记录清晰。即审计工作底稿上记录的内容要连贯,文字要端正,计算要正确。

2. 获取审计工作底稿的基本要求。对于由被审计单位、其他第三者提供或代为编制的审计工作底稿,审计人员必须做到以下几点:

(1)注明资料来源。

(2)实施必要的审计程序。例如:对有关法律性文件复印件的审阅,应同原件核对一致。

(3)形成相应的审计记录。审计人员在审阅或核对后,应形成相应的文字记录并签名,方能形成审计工作底稿。

(五)审计工作底稿的勾稽关系

审计人员应通过交叉索引及备注说明等形式来反映相关审计工作底稿之间的勾稽关系,相互引用时,应交叉注明索引编号。

当审计人员按照审计计划完成审计业务约定书中约定的全部审计事项后,应将具体审计项目工作底稿中的相关数据和内容进行归类汇总,编制试算平衡表、审计差异调整表,并写出审计总结。上述审计工作底稿经复核无误后,才能编制审计报告。试算平衡表应控制审计差异调整表和各会计报表项目审计工作底稿,并通过交叉索引得以明确反映。

按照有关会计报表项目、会计科目或具体审计项目编制的审计工作底稿,其所记录的内容与数据,应与被审计单位的会计报表、账簿、凭证等直接对应;同时,这些审计工作底稿之间相互依赖、相互控制,其勾稽关系应通过交叉索引或备注说明予以反映。

三、审计工作底稿的复核

(一)审计工作底稿复核制度

一张审计工作底稿往往由一名审计人员独立完成,编制者对有关资料的引用、有关事项的判断、会计数据的加计复算等都可能出现误差,因此,在审计工作底稿编制完成后,通过一定的程序,经过多层次的复核就显得十分必要。审计组织应结合本所实际情况,制定出实用有效的复核制度。所谓审计工作底稿复核制度,就是审计组织对有关复核人的级别、复核程序与要点、复核人的职责等所做出的明文规定。

（二）审计工作底稿复核的作用

对审计工作底稿实施多层次的复核制度，是保证审计工作质量的一项积极措施和有效手段。具体来说，审计工作底稿复核的作用主要体现在以下三方面：

第一，减少或消除人为的审计误差，以降低审计风险，提高审计质量。

第二，及时发现和解决问题，保证审计计划顺利执行，并能够不断地协调审计进度，节约审计时间，提高审计效率。

第三，便于上级管理人员对审计人员进行审计质量监控和工作业绩考评。

（三）审计工作底稿的复核要点

根据审计质量管理准则的基本要求，审计组织应当建立多层次的审计工作底稿复核制度，不同层次的复核有不同的复核重点。但就复核工作的基本要点来看，一般都应包括以下几个方面：

1. 所引用的有关资料是否翔实可靠。

2. 所获取的审计证据是否充分适当。

3. 审计判断是否有理有据。

4. 审计结论是否恰当。

（四）审计工作底稿复核的基本要求

复核是审计组织进行质量控制的一项重要程序，必须有严格、明确的原则。一般来说，复核工作应做好以下几个方面：

1. 做好必要的复核记录。复核记录中对审计工作底稿存在的问题和疑点要明确指出，并以文字记录于审计工作底稿中。

2. 书面表示复核意见。

3. 复核人在其复核过的审计工作底稿上签名和签署日期。如果有若干页审计工作底稿组成一个审计项目，复核人可仅在第一页审计工作底稿上签名和签署日期。复核人签名和签署日期，有利于划清审计责任，也有利于上级复核人对下级复核的监督。

4. 督促编制人及时修改、完善审计工作底稿。

（五）审计工作底稿的三级复核制度

为了保证审计工作底稿复核工作的质量，审计组织应建立多层次的审计工作底稿复核制度。就我国审计组织的体制来看，建立三级复核制度是切实可行的。所谓三级复核制度，就是审计组织制定的以项目经理、部门经理和主任会计师为复核人，对审计工作底稿进行逐级复核的一种复核制度。这种复核制度从目前实行的效果来看，对提高我国审计质量发挥了重要作用。

1. 项目经理（或项目负责人）复核。这是三级复核制度中的第一级复核，称为详细复核。它要求项目经理对下属审计人员形成的审计工作底稿逐张复核，发现问题及时指出,并督促审计人员及时修改完善。

2. 部门经理(或签字注册会计师)复核。这是三级复核制度中的第二级复核,称为一般复核。它是在项目经理完成了详细复核之后,再对审计工作底稿中重要会计账项的审计、重要审计程序的执行以及审计调整事项等进行复核。部门经理复核既是对项目经理复核的一种再监督,也是对重要审计事项的重点把关。

3. 主任会计师(或合伙人)复核。这是三级复核制度中的最后一级复核,又称重点复核。它是对审计过程中的重大会计、审计问题,重大审计调整事项,及重要的审计工作底稿所进行的复核。主任会计师复核既是对前面二级复核的再监督,也是对整个审计工作的计划、进度和质量的重点把关。

需要指出的是,若部门经理作为某一审计项目的项目负责人,该项目又没有经理参加,则该部门经理的复核应视为项目经理复核,主任会计师应另行指定人员代为执行部门经理的复核工作,以保证三级复核彻底贯彻和全面执行。

四、审计工作底稿的归档

审计工作底稿经过分类整理、汇集归档后,就形成了审计档案。审计档案是审计组织的重要历史资料,是审计组织的宝贵财富,应妥善管理。

(一)审计工作底稿的归档

注册会计师应当按照会计师事务所质量管理政策和程序的要求,及时将审计工作底稿归整为最终审计档案。审计工作底稿的归档期限为审计报告日后60天内。如果注册会计师未能完成审计业务,审计工作底稿的归档期限为审计业务中止后的60天内。

在审计报告日后将审计工作底稿归整为最终审计档案是一项事务性的工作,不涉及实施新的审计程序或得出新的结论。如果在归档期间对审计工作底稿做出的变动属于事务性的,注册会计师可以做出变动,主要包括:①删除或废弃被取代的审计工作底稿;②对审计工作底稿进行分类、整理和交叉索引;③对审计档案归整工作的完成核对表签字认可;④记录在审计报告日前获取的、与审计项目组相关成员进行讨论并取得一致意见的审计证据。

在完成最终审计档案的归整工作后,如果发现有必要修改现有审计工作底稿或增加新的审计工作底稿,无论修改或增加的性质如何,注册会计师均应当记录下列事项:①修改或增加审计工作底稿的时间和人员,以及复核的时间和人员;②修改或增加审计工作底稿的具体理由;③修改或增加审计工作底稿对审计结论产生的影响。

在完成最终审计档案的归整工作后,注册会计师不得在规定的保存期届满前删除或废弃审计工作底稿。

（二）审计工作底稿的所有权与保管

1. 审计工作底稿的所有权。审计工作底稿是审计人员对其执行的审计工作所做的完整记录。从一般意义上讲，审计档案的所有权应属于执行该项业务的审计人员。但是，我国的审计人员不能独立于审计组织之外承揽审计业务，任何审计业务都必须以审计组织的名义承接。因此，我国现行审计准则规定，审计档案的所有权属于承接该项业务的审计机构和组织。

2. 审计工作底稿的保管。审计组织应建立审计档案保管制度，以确保审计工作底稿的安全、完整。会计师事务所应当自审计报告日起，对审计工作底稿至少保存 10 年。如果注册会计师未能完成审计业务，会计师事务所应当自审计业务中止日起，对审计工作底稿至少保存 10 年。即使审计组织中止了对被审计单位的后续审计服务，其审计工作底稿的保存年限也不得任意缩减。

对于保管期限届满的审计档案，审计组织可以决定将其销毁。但在销毁之前，应当按规定履行必要的手续，对将要销毁的审计档案做最后一次检查，然后报主任会计师或所长批准。销毁时，有关人员应进行现场监督或检查，以保证被销毁的审计档案彻底销毁干净。

（三）审计工作底稿的调阅和使用

审计职业道德要求审计人员和审计组织遵守保密原则，不得对外泄露审计档案中涉及的商业秘密及有关内容。但在下列情况下，有关方面需要查阅和使用审计工作底稿，审计人员应尽可能予以支持和配合，并且不违反职业道德的要求：

1. 法院、检察院及国家其他部门依法查阅，并按规定办理了必要手续。

2. 民间审计协会对执业情况进行检查。

3. 不同审计组织的审计人员，因审计工作的需要，并经委托人同意，在下列情形下，办理了有关手续后，可以要求查阅审计工作底稿：①被审计单位更换了审计组织，后任审计组织的审计人员可以调阅前任审计组织的档案；②审计合并会计报表时，该公司的审计人员可以查阅子公司所聘审计组织的审计工作底稿；③联合审计时，审计人员可以相互查阅审计工作底稿；④审计组织认为合理的其他审计情况。

拥有审计工作底稿的审计组织应当要求查阅者提供适当的协助，并根据有关审计工作底稿的性质和内容，决定是否允许查阅者阅览、复印或摘录其中的有关内容。审计工作底稿的内容被查阅者引用后，因为引用者的误用而造成的后果及损失，与拥有审计工作底稿的审计组织无关，不需承担连带责任。

本章小结

本章主要介绍了注册会计师在审计过程中获取审计证据并编制审计工作底稿等内容。注册会计师应当获取充分、适当的审计证据，以得出合理的审计结论，作为形成审计意见的基础。因此，注册会计师需要确定什么构成审计证据、如何获取审计证据、如何确定收集的审计证据是否恰当、收集的审计证据如何支持审计意见。

注册会计师在制定审计计划、实施审计程序、获取相关审计证据并得出审计结论过程中，需要通过审计底稿做出记录。审计工作底稿是审计证据的载体，是注册会计师在审计过程中形成的审计工作记录和获取的资料。

本章关键词汇

审计证据	Audit evidence
充分性	Sufficiency
适当性	Appropriateness
相关性	Relevance
可靠性	Reliability
检查	Inspection
观察	Observation
询问	Inquiry
函证	Confirmation
重新计算	Recalculation
重新执行	Reperformance
分析程序	Analytical procedure
审计抽样	Audit sampling
抽样风险	Sampling risk
非抽样风险	Non – sampling risk
统计抽样	Statistical sampling

审计工作底稿　　Audit working paper

思考与练习题

1. 审计人员获取审计证据时考虑的相关事项有哪些?

2. 审计人员应考虑哪些影响评价审计证据的充分性和适当性的因素?如果不能获取充分、适当的审计证据,审计人员应出具什么意见类型的审计报告?

3. 审计证据种类与具体审计目标的关系如何?

4. 外部函证的重要性体现在哪些方面?

5. 什么是审计工作底稿?为什么要编制审计工作底稿?

6. 分组讨论注册会计师利用专家工作和内部审计人员的工作时应当注意哪些问题?

7. 对存货和固定资产,可以通过检查有形资产的方式判定其是否确实存在,而对于固定资产,又可以通过观察来判断是否确实存在,二者是否矛盾?

8. 资料:东海会计师事务所接受委托于 2022 年 2 月 25 日对长德股份有限公司 2021 年度的财务报表进行审计,注册会计师王豪带领审计项目组接受了任务。为实现下表所列审计目标,请指出王豪等人应实施的审计程序(限两项),以及获取审计证据的类型。

审计目标	具体审计程序	审计证据类型
(1)资产负债表日的库存现金是否确实存在		
(2)应收账款是否确为长德公司的债权		
(3)存货增减变动的记录是否真实、完整		
(4)累计折旧的年末余额是否正确		
(5)固定资产是否归长德公司所有		

9. 注册会计师李新在对长岭公司存货项目的相关内部控制进行研究评价之后,发现长岭公司存在以下六种可能导致错误的情况:

(1)所有存货都未经认真盘点。

(2)接近资产负债表日前入库的产成品可能已计入存货项目,但可能未进行相关的会计记录。

(3)由东湖公司代管的A材料可能并不存在。

(4)东湖公司存放于长岭公司仓库内的B材料可能已计入长岭公司存货项目。

(5)存货计价方法已做变更。

(6)长岭公司以前年度未曾接受过审计。

要求:请按下述要求,将答案填列在题后的表格中。

(1)为了证实上述情况是否真正导致错误,李新应当分别执行的最主要的实质性测试程序是什么(每一种情况限列一项程序)?

(2)李新执行的实质性测试程序能够实现哪些审计目标?

(3)李新执行各项实质性测试程序所获取的审计证据,如按其外形特征可分属哪些种类?

情况序号	审计程序	审计目标	审计证据的种类
(1)			
(2)			
(3)			
(4)			
(5)			
(6)			

思政小课堂

注册会计师是资本市场的"看门人",做好"看门人",首先要做到独立、客观、公正地做好专业服务,遵循职业道德。然而,现在许多会计师事务所在获得高额审计费用后,并未履行其审计职能,没有实现审计目标过程中所产生的社会效果,出现各类审计失败案件。近年来,会计师事务所因为审计合谋、未尽勤勉义务等受到中国证监会处罚的案例时有发生。尽管上市公司财务舞弊行为的系统性、隐蔽性增加了注册会计师发现的难度,但经分析发现,审计失败的主要原因集中在未执行函证程序、未实施分析程序、审计证据不充分等。因此,注册会计师在执行审计工作时,不能一味地为了降低审计成本而减少必要的审计程序和审计证据。审计人员必须严格遵守审计准则,按照要求实施重要审计程序,保持审计工作中的谨慎性和职业判断,获取必要的审计证据。

第五章

审计业务承接

本章导读

本章主要阐述审计业务承接的实务流程、开展初步业务活动、审计业务约定书的签订。通过本章学习，重点理解会计师事务所是怎样承接审计业务的，需要做好哪些方面的工作，以做出接受或拒绝客户委托的决策。了解初步业务活动的目的、内容、程序，掌握签约前应做的工作。了解审计业务约定书的主要内容及需要特殊考虑的问题，进而理解约定书在审计工作的重要作用、审计中对专家和其他注册会计师工作的利用。

本章建议安排 2 学时。

第一节　审计业务承接的实务流程

一、审计业务承接的实务流程概述

能否争取到业务、拥有更多的客户，关系到一家会计师事务所的生死存亡。因此，在业务承接环节最容易发生竞相压价、恶性竞争、把关不严、客户购买意见等败坏职业声誉的行为。要维护职业形象、规避审计风险，必须从业务承接环节入手，在客户和业务的选择上保持应有的职业谨慎态度。

业务的承接是审计实务工作的开始,因此,会计师事务所一方面为了自身的生存与发展,不会轻易拒绝客户的审计委托;但另一方面,并非只要客户委托,就一定承接该项审计业务。会计师事务所应当按照执业准则的规定,谨慎判断是否接受或保持与某客户关系和具体审计业务,避免与缺乏诚信的客户打交道而付出高昂代价,甚至遭受灭顶之灾。在接受业务委托时,会计师事务所应当做到“知己知彼”,从客户和自身两方面识别和评估所面临的风险,谨慎决策客户的委托可不可接及能不能接,将高风险客户杜绝在业务承接环节之外。为此,事务所应当执行有关客户接受与保持的程序,以获取如下信息:①考虑客户的诚信,没有信息表明客户缺乏诚信;②具有执行业务必要的素质、专业胜任能力、时间和资源;③能够遵守相关职业道德要求。

一般而言,会计师事务所承接审计业务的实务流程如图 5 - 1 所示①。

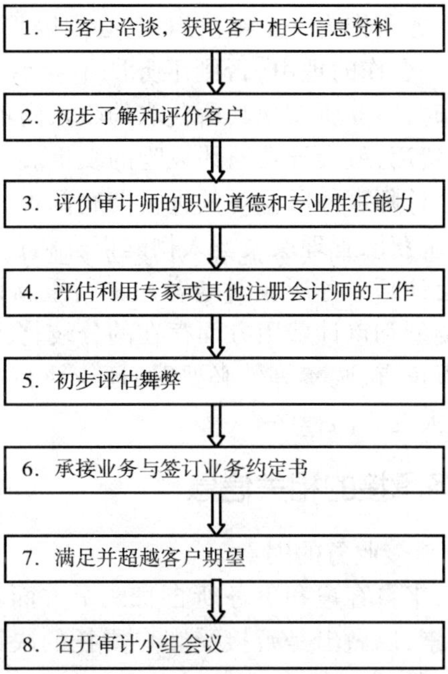

图 5 - 1　审计业务承接的实务流程

① 李晓慧:审计学实务与案例,中国人民大学出版社,2015 年。

二、初步了解和评价客户

在同意承接审计业务之前，会计师事务所需要对客户进行充分的了解，以避免因接受该客户的委托而使事务所发生损失，承担履约风险。所谓履约风险，是指即使事务所遵循相关执业准则并签发了恰当的审计报告，依然存在因与客户合作而遭受损失的可能性。

履约风险可能由以下事项所致：

第一，被起诉。如果事务所因客户破产、存在舞弊或违法行为等原因被起诉，即便最终事务所打赢了官司，在很多情况下，也可能会由于诉讼成本超过承接该项审计业务的收入而遭受损失。

第二，职业名誉的损失。如果事务所与一家缺乏诚信、口碑和声誉都不好的客户合作，可能因此而丧失一些声誉较好的潜在客户。

第三，缺乏盈利性。事务所作为一个经济组织，必须以收抵支、自负盈亏。因此，除非存在一个很好的继续业务合作的理由，否则事务所不会承接没有盈利甚至亏本的业务。如果在审计业务完成时，事务所发现其所获取的收入尚不足以弥补服务的成本，而客户也不愿意再为此多付费用，就会导致履约风险的发生。

在接受新客户之前，会计师事务所应对其进行彻底调查，必要时可以聘请专业调查人员或利用司法会计部门来获取管理层关键人物的声誉和背景方面的信息。

在与老客户续约前，会计师事务所应对老客户进行重新评价，内容主要包括：以前年度关于审计范围、意见类型和审计费用方面存在的分歧；会计师事务所和客户之间的未决诉讼；管理层品行是否正直、诚实等。必要时，还应执行一些可以确定自上次审计以来客户情况是否发生重大变化的程序。

三、获取与评价业务承接的相关信息

（一）影响注册会计师承接业务的因素

业务承接过程的风险，来自客户和事务所自身两个方面。注册会计师应客观评价影响其承接业务的相关因素，以做出是否接受客户委托的决策。影响注册会计师承接业务的相关因素如表 5－1 所示。

注册会计师在评价可控因素时应当注意：会计师事务所及其注册会计师不能承接与从事其不能胜任的业务；会计师事务所每年都要对注册会计师职业道德声明与执行情况进行检查；注册会计师在被委派执行某项审计业务前，应对自身的独立性进行评价，并提交关于独立性的声明。

表 5－1　　影响注册会计师承接业务的相关因素

项　目	因　素
注册会计师可控因素	1. 专业知识和人员配备：事务所的员工是否具备或能够获取必要的专业知识，可以按照执业准则及时完成审计业务
	2. 独立性：事务所是否独立于客户，能够提供无偏见的结论
注册会计师必须加以评估的因素	3. 诚信：公司管理层的诚信是否足以让事务所有理由相信管理层不会有意进行重大欺诈或做出违法行为
	4. 声誉和形象：公司声誉是否良好，事务所接受其作为客户是否会招致损失或麻烦
	5. 会计实务：公司是否遵守会计准则，其财务报表能否全面、公允地反映公司的财务状况以及经营业绩
	6. 财务状况：公司是否存在极糟的业绩或其他负面因素导致其近期面临停产或停业危险
	7. 盈利情况：接受并完成这项审计业务约定能否给事务所带来合理的利润

注册会计师在评价需评估的因素时应当考虑到：如果管理层缺乏诚信，审计结果就不能合理保证财务报表的公允性。如果客户不能与注册会计师积极坦率地进行协助配合，注册会计师对财务报表准确性得出错误结论的风险就很大。如果客户濒临破产，不仅会导致注册会计师受到法律诉讼的风险加大，而且会导致审计业务成本无法得到弥补。因为事务所的收入主要来自老客户持续稳定的业务约定，对于新客户的初次审计需要耗费注册会计师大量的起始成本，由于起始成本的存在，事务所在第一年的审计业务中几乎赚取不到盈利，或者盈利甚微，因此在实务中，考虑到收入和起始成本因素，一次性审计通常是不可取的。

（二）获取相关信息的程序

在多数情况下，注册会计师会利用互联网和各种新闻媒体对客户的形象及管理层声誉进行初步了解。随着互联网信息搜索技术的发展，注册会计师通过浏览客户网站、公司上报证券交易委员会的文件、有关客户的传媒报道、市场表现和分析人士的评级等信息，可以了解客户的产品和竞争特性、产品质检情况、重大经营和投融资活动以及目前影响公司所处行业的问题等。

注册会计师通常还需要与未来客户的管理层、开户银行和律师面谈，以发现线索，获取有关客户业务的详细信息和更多的其他信息来源。在必要时，注册会计师也可能向客户的证券经纪人、其他业务伙伴、前任注册会计师或共同的朋友了解情况。事务所有时可能会采用一些更正式的调查，例如从数据库中找出与客户相关的媒体报道、获取具有权威的杜邦分析表和其他形式的信用报告，甚至偶尔雇佣专业调查人员来深入了解客户关键管理者或股东的个人背景。

在承接业务阶段，如果客户存在前任注册会计师，后任注册会计师还需要在征得未来客户同意的条件下与前任注册会计师联系。一旦获得客户允许，前任注册会计师必须对后任注册会计师提出的合理询问给予答复。如果未来客户全部或部分予以拒绝，后任注册会计师应当考虑客户拒绝对审计产生的影响，尤其是管理层是否存在诚信方面的问题。

经过实施上述程序，注册会计师很快就能决策是否可以接受该客户的审计业务。如果表5-1中的某一个方面存在重大问题，并且不能得到很好解决，注册会计师就应当拒绝接受该项审计业务委托。

四、评估利用专家或其他注册会计师的工作

在决策是否承接审计业务或如何承接业务时，注册会计师可能会发现客户的部分财务报表由另一注册会计师审计，或存在一些自己不熟悉的领域，需要利用其他专家（如信息技术、环境或税务等方面的专业人士）的工作，这时，注册会计师需要对利用专家或其他注册会计师的工作进行评价，以决定是否利用及如何利用。

（一）评估利用专家的工作

注册会计师的主要专长是在会计和审计知识领域，因而在审计业务中时常会遇到在某些方面无法凭借自身能力获取充分、适当的审计证据，需要利用专家协助工作的情况。例如，对高速公路项目进行审计时，当高速公路主体工程已经完工运营，但一些零星工程尚未完工，整个项目竣工决算尚未开始办理，这时要暂估公路成本、确认固定资产原值的难度很大。为了合理估价，注册会计师应当向被审计单位的技术人员及工程的监理人员，甚至高速公路建设的主管厅局了解工程总体投资情况，掌握尚需在工程期内陆续支付的路面沉降及桥头接缝的工程费用，确保公路价值暂估的完整性和审计结论的正确性。

注册会计师评估利用的专家是指在会计或者审计以外的某一领域具有专长，并且其工作被注册会计师利用，以协助注册会计师获取充分、适当审计证据的个人或组织。需要强调的是，专家不能只理解为个人，也包括单位组织，例如注册会计师聘请某鉴定机构对特定资产数量及状况进行测定，该鉴定机构就是专家。一般而言，专家既可以是会计师事务所或其网络事务所的合伙人或内部员工（包括临时工），也可以是会计师事务所以外的个人或组织。事务所应当评价专家的工作，考虑对专家的利用程度及如何利用专家。

1. 对利用专家工作的一般要求。是否需要利用专家的工作，是注册会计师承接业

务和计划审计工作时应当考虑的一项重要内容。注册会计师在确定是否需要利用专家工作之前,应综合考虑下列有关因素:

(1)注册会计师对所涉及事项具有的知识和经验。如果注册会计师具备相应的知识和经验,通过自己获取的证据就能够合理保证检查风险达到可接受水平,便可不利用专家工作。

(2)根据所涉及事项的性质、复杂程度和重要性确定的重大错报风险。对不复杂而且导致错报的可能性极小的事项,注册会计师如果运用自身经验和技能就能够鉴证,便可不利用专家工作。

(3)预期获取的其他审计证据的数量和质量。对某些项目来说,注册会计师如果通过实施其他程序就能获取充分、适当的证据,便可以不利用专家工作。

注册会计师只有在充分确认利用专家工作确实为其获取充分、适当的证据,以证实某项重要认定,实现特定审计目标所需要,而获取这些重要证据超过了其自身的能力范围,并且无法通过实施其他审计程序获取这些重要证据的情况下,才可决定利用专家工作。

一般情况下,注册会计师可以利用专家工作的领域主要包括:对特定资产的估价;对资产的数量和实物状况的测定;需用特殊技术或方法进行的金额测算;未完成合同中已完成和未完成工作的计量;涉及法律法规和合同的法律意见;其他需要利用专家工作的方面。在了解被审计单位及其环境以及针对评估的风险实施进一步审计程序时,注册会计师可能需要会同被审计单位或独立获取专家的报告、意见、估价和说明等形式的审计证据。所谓独立获取,是指注册会计师所在事务所自己外聘或内派专家获取有关结果;所谓会同获取,是指由被审计单位外聘或内派专家,事务所通过被审计单位获取其工作结果。

2. 对专家的胜任能力和客观性的评价。尽管注册会计师可以根据需要利用专家协助工作,但注册会计师应对发表的审计意见独立承担责任,这种责任不因利用专家的工作而减轻。也就是说,注册会计师应对利用专家工作结果所形成的审计结论负责。正因为如此,注册会计师在审计过程中应当获取充分、适当的证据,以确信专家的工作能够实现特定审计目标,并且在计划利用专家工作时,对专家的专业胜任能力和客观性进行评价。

注册会计师在评价专家的专业胜任能力时,应当主要考虑下列因素:

(1)专家是否具有适当职业团体授予的专业资格或执业许可证,或是适当职业团体的会员。这方面包括专业教育程度、是否通过专业资格考试并取得专业资格证书等。

(2)在注册会计师寻求审计证据的领域中专家的经验和声望。经验包括从事专业工作的特定领域、业绩表现及时间长短等。声望包括同行及社会有关方面对其品行、能力及工作的评价、反映等。

当利用会计师事务所内部专家的工作时，注册会计师可以依赖会计师事务所的招聘和培训系统确定专家的专业胜任能力，而不必就每一项审计业务对专家的工作进行评价。

注册会计师在计划利用专家工作时，还应当对专家的客观性进行评价。当存在下列情况时，专家的客观性受到损害的风险将会增加：①专家受雇于被审计单位；②专家在其他方面与被审计单位存在关联关系，如经济上依赖于被审计单位或投资于被审计单位。

如果对专家的专业胜任能力或客观性存有疑虑，注册会计师应当与管理层交换意见，并考虑是否通过专家的工作获取充分、适当的审计证据。必要时，应当考虑实施追加的审计程序，或利用其他专家获取审计证据。

3. 专家的工作范围。注册会计师应当获取充分、适当的审计证据，以确信专家的工作范围可以满足审计的需要。如果专家受雇于被审计单位，注册会计师可以通过查阅被审计单位对专家的职责范围做出规定的书面文件，以获取相关审计证据。该书面文件的内容通常包括：

（1）专家工作的目的与范围。

（2）对专家报告所涵盖特定事项的概述。

（3）专家工作的预定用途，包括可能向第三方告知专家的身份和参与程度。

（4）专家接触适当记录和文件的范围。

（5）专家与被审计单位之间存在关系的说明。

（6）对被审计单位信息的保密要求。

（7）专家拟使用的假设和方法，及其与以前期间的一致性。

如果书面文件中未明确说明上述内容，注册会计师应当直接与专家沟通，以获取相关审计证据。在项目组讨论被审计单位财务报表存在重大错报的可能性时，注册会计师应当考虑是否邀请专家参与讨论。

4. 对专家工作的评价与利用。注册会计师将专家工作结果作为审计证据时，应当评价专家工作的适当性，包括评价专家工作结果是否在财务报表中得到适当的反映或支持相关认定，以及考虑下列因素：

（1）专家使用的原始数据的适当性。注册会计师可以通过询问专家为确信原始数据是否相关和可靠而实施的程序，复核或测试专家使用的原始数据等程序的实施并对此做出评价。

（2）专家使用的假设和方法，及其与以前期间的一致性。尽管注册会计师不具备与专家同等的专业技能，对专家选择的假设和方法提出异议存在一定的困难，并且应该由专家对其选择假设和方法的适当性、合理性及其运用负责。但是，注册会计师有责任了解专家选择的假设和方法，并根据对被审计单位的了解和实施其他程序得出的结果，考虑专家选择的假设和方法是否适当、合理。

(3)专家工作的结果与注册会计师对被审计单位的了解和实施其他审计程序的结果是否相符。如果专家工作结果未能形成充分、适当证据，或者专家工作结果与其他审计证据不一致，注册会计师应当考虑采取以下措施：与被审计单位和专家讨论；实施追加的审计程序，包括聘请其他专家；出具非无保留意见的审计报告。

如果注册会计师按照审计准则的规定利用了专家的工作，并得出结论认为专家的工作足以达到注册会计师的目的，注册会计师可以接受专家在其专业领域的工作结果或结论，并将其作为适当的审计证据。

5. 在审计报告中提及专家的工作。注册会计师不应该在无保留意见的审计报告中提及专家的工作，除非法律法规另有规定。如果法律法规要求提及专家的工作，或者需要在非无保留意见的审计报告中提及专家的工作，并且这种提及与理解审计报告中的非无保留意见相关，注册会计师应当在审计报告中指明，这种提及不会减轻注册会计师对审计意见承担的责任。

(二)评估利用其他注册会计师的工作

注册会计师在接受委托对被审计单位财务报表整体执行审计、发表审计意见时，有时由于被审计单位分支机构遍及各地，子公司和联营公司众多，使该财务报表整体中包含了被审计单位某个或多个部门、分支机构、子公司和联营单位等组成部分的财务信息，这些组成部分的财务信息往往是由其他会计师事务所的注册会计师进行审计的。在这种情况下，对被审计单位财务报表整体发表意见的注册会计师为了提高工作效率，收集充分、适当的审计证据，可以考虑对其他注册会计师工作的利用。其中，当被审计单位财务报表包含由其他注册会计师审计的一个或多个组成部分财务信息时，负责对该财务报表出具审计报告的注册会计师，我们称为主审注册会计师；负责对组成部分财务信息出具审计报告的其他会计师事务所的注册会计师，我们称为其他注册会计师。这里所说的组成部分，是指被审计单位的分部、分支机构、子公司、合资公司和联营公司等，其财务信息包含在由主审注册会计师审计的财务报表中。

1. 接受委托担任主审注册会计师。注册会计师在承接业务时必须保持应有的职业谨慎态度，因而在决定是否接受委托担任主审注册会计师时，应当考虑对审计工作的参与程度，并充分考虑以下四个因素：

(1)主审注册会计师审计的财务报表部分的重要性。

(2)主审注册会计师对组成部分业务的了解程度。

(3)其他注册会计师审计的组成部分财务信息的重大错报风险。

(4)对其他注册会计师审计的组成部分实施相应的追加程序,使得主审注册会计师在相当程度上参与对组成部分的审计。

如果参与程度较小,自己所审计的财务报表部分相对于报表整体而言并不重要,对组成部分的业务也不很了解,并且其他注册会计师所审计组成部分的财务信息存在重大错报风险的可能性又比较大,注册会计师就应该拒绝接受担任主审注册会计师的委托。

2. 主审注册会计师的审计程序。由于主审注册会计师应对利用其他注册会计师工作结果形成的审计结论负责,因而当计划利用其他注册会计师的工作时,主审注册会计师应当根据其他注册会计师承担的具体业务考虑其专业胜任能力,并实施审计程序,获取充分、适当的审计证据,确定其他注册会计师的工作将如何影响审计、能否满足主审注册会计师审计的需要。

(1)主审注册会计师应当对被审计单位、被审计单位的组成部分及其环境进行了解,以识别重要的组成部分,及可能导致被审计单位财务报表出现重大错报的风险。在此基础上,主审注册会计师应当考虑区别对待不同的组成部分,确定是否参与其他注册会计师的工作以及需要实施的审计程序。

(2)主审注册会计师应当根据其对其他注册会计师的了解程度,确定是否参与以及在多大程度上参与其他注册会计师对组成部分财务信息重大错报风险的评估。在审计过程中,主审注册会计师应当与其他注册会计师进行充分的沟通,确定其他注册会计师对组成部分实施审计程序的性质、时间和范围,考虑参与对组成部分的审计,复核其他注册会计师的工作,必要时,对组成部分的财务信息实施追加程序。

(3)主审注册会计师应当以商请配合函的形式,将有关双方配合的安排告知其他注册会计师,并得到其他注册会计师的书面确认。其他注册会计师的确认函中除了说明是否配合主审注册会计师的工作外,通常还应包括其他方面的声明。例如,遵守与被审计单位和组成部分保持独立性的要求,遵守会计、审计等有关规定和编制报告的要求等。

(4)如果拟利用其他注册会计师的工作和报告,主审注册会计师应当在审计的初始计划阶段对双方的配合做出充分安排,并将有关重要事项告知其他注册会计师,包括需要特别考虑的审计领域、识别被审计单位与组成部分之间交易的审计程序以及完成审计工作的时间安排等。

其他注册会计师在知悉主审注册会计师拟利用其工作后,应当与主审注册会计师配合。如果其他注册会计师无法按照要求完成工作,应当告知主审注册会计师。如果主审注册会计师注意到可能影响其他注册会计师工作的事项,应当告知其他注册会计师。

主审注册会计师应当在审计工作底稿中记录由其他注册会计师审计的组成部分、组成部分对财务报表整体的重要程度、其他注册会计师的名称,以及所得出的组成部分不重要的结论。同时,还应记录在利用其他注册会计师工作时所实施的审计程序和得出的结论。

3. 出具审计报告的考虑。尽管其他注册会计师要对组成部分的财务信息进行审计,并对其结论和意见负责,但主审注册会计师仍要对包括组成部分财务信息在内的整体财务报表发表审计意见,并独自对其发表的审计意见负责。因此,主审注册会计师不应当在审计报告中提及其他注册会计师的工作。如果主审注册会计师认为无法利用其他注册会计师的工作,且无法对由其他注册会计师审计的组成部分财务信息实施充分的追加程序,主审注册会计师应当将其视为审计范围受到限制,出具保留意见或无法表示意见的审计报告。

如果其他注册会计师出具或拟出具非标准审计报告,主审注册会计师应当考虑导致其他注册会计师出具非标准审计报告事项的性质和重要程度,决定是否需要对财务报表出具非标准审计报告。

五、初步评估舞弊

舞弊是指使用欺骗手段获取不当或非法利益的故意行为。舞弊是现代经济社会的一个毒瘤,其发生比较普遍,而且很难根治。企业舞弊往往造成很严重的后果,不仅可能导致企业经营失败甚至破产倒闭,而且也是导致注册会计师遭受诉讼的主要原因。因此,事务所在承接业务阶段就应该初步评估舞弊风险,尽早识别和确认舞弊风险因素,并将评价舞弊以及应对舞弊贯穿整个审计过程。

(一)舞弊的种类

舞弊行为主体的范围很广,既可能涉及企业管理层舞弊(管理层或治理层一个或多个成员舞弊),也可能涉及企业员工舞弊,目的都是为特定个人或利益集团谋取不当或非法利益。

企业实施舞弊的手段也有很多。在财务报表审计中,注册会计师通常只关注下列两类舞弊行为:

1. 侵占资产。侵占资产是指被审计单位的管理层或员工非法占用被审计单位的资产。侵占资产的手段很多,主要包括:管理层或员工在购货时收取回扣,将个人费用在单位列支,贪污收入款项,盗取或挪用货币资金、实物资产或无形资产等。

侵占资产通常伴随着虚假或误导性的文件记录,其目的是隐瞒资产缺失或未经适当授权使用资产的事实。

2. 对财务信息做出虚假报告。对财务信息做出虚假报告，可能源于管理层通过操纵利润误导财务报表使用者对被审计单位的业绩或盈利能力的判断。美国的安然、世通（WorldCom）以及我国的琼民源、银广夏、红光实业等舞弊案件都属于这一种类。对财务信息做出虚假报告通常表现为：

（1）对财务报表所依据的会计记录或相关文件记录的操纵、伪造或篡改。

（2）对交易、事项或其他重要信息在财务报表中的不真实表达或故意遗漏。

（3）对与确认、计量、分类或列报有关的会计政策和会计估计的故意误用。

（二）舞弊风险因素

1. 了解舞弊风险因素。舞弊风险因素是指表明实施舞弊的动机或压力，或者为实施舞弊提供机会的事项或情况。一般而言，舞弊的发生需要同时具备三个风险因素：

（1）动机或压力。舞弊者具有舞弊的动机是舞弊发生的首要条件。例如，高层管理人员的报酬与财务业绩或公司股票的市场表现挂钩、公司正在申请融资等情况都可能促使管理层产生舞弊的动机。

（2）机会。舞弊者需要具有舞弊的机会，舞弊才可能成功。舞弊的机会一般源于内部控制在设计和运行上的缺陷，如公司对资产管理松懈、公司管理层能够凌驾于内部控制之上而随意操纵会计记录等。

（3）借口。借口是指存在某种态度、性格或价值观念，使得管理层或雇员能够做出不诚实的行为，或者管理层或雇员所处的环境促使其能够将舞弊行为予以合理化。借口是舞弊发生的重要条件之一。只有舞弊者能够对舞弊行为予以合理化，舞弊者才可能做出舞弊行为，做出舞弊行为后才能心安理得。例如，侵占资产的员工可能认为单位对自身的待遇不公，编制虚假财务报告者可能认为造假不是出于个人私利而是出于公司集体利益。

上述风险因素也被称为“舞弊三角”。舞弊是压力、机会和借口三因素的综合结果。压力因素是舞弊者的行为动机，机会是能够进行舞弊而不被发现或者不被惩罚的时机，借口或合理化解释是舞弊者能够为自己的行为找到合理的理由，是个人的道德价值判断。

舞弊风险因素对于注册会计师评估舞弊风险很有帮助。在承接业务和了解被审计单位及其环境时，注册会计师应当考虑所获取的信息是否表明存在舞弊风险因素。虽然舞弊风险因素的存在并不一定表明发生了舞弊，但在舞弊发生时通常存在舞弊风险因素。

2. 识别与评价舞弊风险的审计程序。为了获取用于识别舞弊导致的财务报表重大错报风险所需的信息，注册会计师应当实施的审计程序包括：

(1)询问被审计单位管理层、治理层及内部的其他相关人员,以了解管理层针对舞弊风险设计的内部控制,以及治理层如何监督管理层对舞弊风险的识别和应对过程。

(2)考虑是否存在舞弊风险因素。注册会计师应当运用职业判断,考虑被审计单位的规模、复杂程度、所有权结构及所处行业等,以确定舞弊风险因素的相关性和重要程度,以及其对重大错报风险评估可能产生的影响。

(3)考虑在实施分析程序时发现的异常关系或偏离预期的关系。注册会计师实施分析程序有助于识别异常的交易或事项,以及对财务报表和审计产生影响的金额、比率和趋势。分析程序中出现的异常关系或偏离预期的关系,可能表明被审计单位存在舞弊导致的重大错报风险,注册会计师对此应当予以考虑和关注。

在实施分析程序时,注册会计师应当预期可能存在的合理关系,并与被审计单位记录的金额、依据记录金额计算的比率或趋势相比较。如果发现异常关系或偏离预期的关系,注册会计师应当在识别舞弊导致的重大错报风险时考虑这些比较结果。

(4)考虑有助于识别舞弊导致的重大错报风险的其他信息。其他信息可能来源于项目组内部的讨论、客户承接或续约过程以及向被审计单位提供其他服务所获得的经验。从这些渠道获取的某些信息,可能表明被审计单位存在舞弊导致的重大错报风险,注册会计师对其应当加以考虑。

班福定律(Banford's law)——舞弊者的噩梦

班福定律,也称第一数字定律,描述的是在一个不规则的十进制数列里,首位数是1的概率约为30.1%,首位数是2的概率约为17.6%,首位数是3的概率约为12.5%,首位数是4的概率约为9.7%,首位数是5的概率约为7.9%,首位数是6的概率约为6.7%,首位数是7的概率约为5.8%,首位数是8的概率约为5.1%,首位数是9的概率约为4.6%。

由于人为制造出来的数字很难符合班福定律的要求,因此,人们可以运用这个定律对任何数据进行分析(例如费用的报销等),以判断是否存在财务造假或舞弊嫌疑。

六、承接业务与签订业务约定书

(一)承接业务

承接业务是会计师事务所规范客户信息资料库建设的一项基础性工作,不仅仅是与客户签订业务合同。

注册会计师执行初步审计业务形成的审计工作底稿有:

1. 初步业务活动程序表,是注册会计师执行承接业务的初步业务活动中所执行的程序及其实现目标的汇总。

2. 业务承接评价表(见表5－2),记录事务所针对新客户承接的风险评价和判断的情况。在新业务承接中,所有获取的客户基本资料都成为支持业务承接评价表的支持性工作底稿。

3. 业务保持评价表,记录针对连续客户,重新考虑是否承接的风险评价和判断的底稿,主要是对连续客户变动的情况、新出现情况的补充评价。所有这些新获取的被审计单位基本情况的资料也成为支持业务保持评价表的支持性工作底稿。

表5－2　　　　业务承接评价表

被审计单位:________　　索引号:________

项目:________　　截止日/期间:________

编制:________　　复核:________

日期:________　　日期:________

一、客户基本情况					
1. 法定名称		地址			
电话		传真		电子信箱	
网址				联系人	
2. 主要业务					
3. 所有制性质(国有/外商投资/民营/其他) 组织形式					
4. 所有权结构、股东名称、注册资本、实收资本、公司成立日期					
5. 子公司、合营企业、联营企业、分公司的基本情况					
6. 所处行业是否属于高风险行业、发展趋势和竞争情况					
7. 会计记录是否完整					
8. 内部控制情况					

续表

二、审计业务基本情况		
审计报告用途	□通用目的 □特殊目的	
已审计财务报表的预期使用者		
提交审计报告的时间		
三、评价客户的诚信		
客户的诚信		记录内容
考虑因素： 1. 主要股东、关键管理人员、关联方及治理层的身份和商业信誉 2. 客户的经营性质 3. 主要股东、关键管理人员及治理层对内部控制环境和会计准则等的态度 4. 客户是否过分考虑将会计师事务所的收费维持在尽可能低的水平 5. 注册会计师的工作范围受到不适当的限制的迹象 6. 客户可能涉嫌洗钱或其他刑事犯罪行为的迹象 7. 变更会计师事务所的原因 ……		
信息来源： (1)与为客户提供专业会计服务的现任或前任人员进行沟通，并与其讨论 (2)向会计师事务所其他人员、监管机构、金融机构、法律顾问和客户的同行等第三方询问 (3)从互联网等相关数据库中搜索客户的背景信息等		
评价结论：		
四、可审性评价结论		
根据上述对会计记录、内部控制和客户的诚信的了解，评价客户是否具有可审性		

续表

五、评价独立性	
评价项目	是/否
1. 识别并记录会计师事务所是否存在自身利益威胁、自我评价威胁、过度推介威胁、密切关系威胁和外在压力威胁等损害独立性的情形。这些情形包括但不限于： (1)向该客户收取的全部费用是否在会计师事务所收入总额中占有很大比重？ (2)是否存在或有收费？ (3)是否存在逾期收费？ (4)会计师事务所的审计人员是否曾接受客户提供的贵重礼品或超规格招待？ (5)会计师事务所是否与客户发生诉讼或可能发生诉讼？ (6)会计师事务所高级管理人员是否与客户的董事或高级管理人员存在直系亲属或近缘亲属关系？ (7)会计师事务所高级管理人员是否与客户对财务报表产生重大影响的员工存在直系亲属或近缘亲属关系？ (8)客户的董事或高级管理人员，或所处职位能够对财务报表产生重大影响的员工近期是否曾是会计师事务所的合伙人？ (9)会计师事务所是否在客户中拥有经济利益？ (10)会计师事务所是否为客户提供可能威胁独立性的服务，包括行使管理层职责的服务、代理记账或代编报表等服务？ (11)会计师事务所是否在法律诉讼中以客户名义进行辩护或在共同的推广活动中以客户名义进行宣传？ (12)是否存在会计师事务所同一名高级职员多年执行该客户审计业务的情况？	
2. 如果对上述问题回答“是”，说明采取的防范措施。	
评价结论	

续表

六、评价时间和资源、专业胜任能力		
时间和资源	是/否/不适用	详细情况
1. 根据会计师事务所目前的人力资源情况，是否拥有足够的具有必要素质和专业胜任能力的人员组成项目组？ 2. 是否能够在提交报告的最后期限内完成业务？		
专业胜任能力	是/否/不适用	详细情况
1. 项目组关键人员是否熟悉客户所处行业及主要业务，是否能够获取对客户及其环境的整体了解？ 2. 项目组关键人员是否充分了解适用于客户所处行业的会计处理？如否，是否能够获取相关知识？说明途径。 3. 执行业务是否需要特定专业知识？如是，是否能够获取这些知识或利用专家的工作，说明途径。 4. 如果需要项目质量控制复核，是否具备符合标准和资格要求的项目质量控制复核人员？		
评价结论：		
七、总体评价		
对该项业务的总体评价： 基于我们目前对客户的了解，该客户的风险水平为： □高风险　　□中等风险　　□低风险		
八、审计收费可回收性评价		
1. 预计审计收费		
2. 成本能否收回		

续表

九、结论	
项目负责人： 基于上述方面，我们________（接受或不接受）此项业务。 签名：________ 日期：________	风险管理负责人（必要时）： 基于上述方面，我们________（接受或不接受）此项业务。 签名：________ 日期：________
最终结论：	

（二）审计的前提条件

在承接或保持业务之前，会计师事务所应当实施下列工作。

1. 确定审计的前提条件存在。审计的前提条件有两个：

一是管理层在编制财务报表时采用适用的财务报告编制基础。二是管理层和治理层（如适用）对注册会计师执行审计工作的前提的认同，并理解管理层责任，包括：①按照适用的会计准则和相关会计制度的规定编制财务报表，并使其实现公允列报；②设计和实施内部控制，使得编制的财务报表不存在由舞弊或错误导致的重大错报；③向注册会计师提供以下必要的工作条件：允许注册会计师接触与编制财务报表相关的所有信息（如记录、文件和其他事项），向注册会计师提供审计所需的其他信息，允许注册会计师在获取审计证据时不受限制地接触其认为必要的内部人员和其他相关人员。

2. 确认注册会计师与管理层和治理层（如适用）已就审计业务约定条款达成一致意见。为了确定审计的前提条件是否存在，注册会计师应当确定管理层在编制财务报表时采用的财务报告编制基础是可接受的，以及就管理层认可并理解其责任与管理层达成一致意见。如果审计的前提条件不存在，注册会计师应当就此与管理层沟通。

如果管理层或治理层在拟议的审计业务约定条款中对审计工作的范围施加限制，以致注册会计师认为这种限制将导致其对财务报表无法表示意见。除非法律法规要求，注册会计师不应将该项受到限制的业务作为审计业务予以承接。

（三）签订审计业务约定书

一旦决定接受或保持客户关系及具体审计业务委托后，注册会计师应当与被审计单位就审计业务约定条款达成一致意见，签订或修改审计业务约定书，以避免双方对审计业务的理解产生分歧。

审计业务约定书的详细内容将在本教材第五章中予以介绍。

七、满足并超越客户期望

满足并提高客户期望(Exceeding Client Expectations Every Day,ExCEED)是一个持续提高客户满意度的过程。在实务中,ExCEED过程是对管理层的期望值做出积极反应并交付高价值的信息和知识,以帮助客户改进经营业绩。

(一)满足并超越客户期望的目标

ExCEED的目标包括:

1. 与购买注册会计师服务的所有主要客户就注册会计师工作过程/提交的材料进行沟通。

2. 对于客户的期望和行动计划达成一致意见。

3. 将客户的期望结合到审计过程中。

4. 将客户的期望引导到相关领域,为客户提供非审计的业务,从而将事务所与竞争者区分开来。

(二)开展期望值讨论

开展期望值讨论是ExCEED过程的核心内容。作为这项讨论的组成部分,项目合伙人应当努力做到:

1. 根据上次的期望值讨论确定的期望值向客户提出"我们做得怎么样"这个问题。

2. 理解客户的期望值并将其引导到使我们与我们的竞争对手相区别的领域。

3. 向客户讲授我们能够提供的价值(交付的成果)。

4. 将讨论集中在使客户满意的关键要素上。

5. 就解决客户期望值所交付的成果,与客户达成一致。

期望值讨论完成后,需要在由合伙人或经理编制的"客户价值行动计划表"中加以记录。该表详细记录客户的每一个期望值和审计小组处理期望值的行动步骤,既是审计小组成员间的沟通媒介,也是注册会计师向客户提供服务的连续记录。

第二节 初步业务活动

一、初步业务活动的目的

初步业务活动是指注册会计师在本期审计业务开始时开展的、有利于计划和执行审计工作、实现审计目标的活动的总称。

注册会计师在计划审计工作之前执行初步业务活动，旨在确保其已充分考虑了可能影响审计计划的制定和执行，以将审计风险降至可接受的低水平的所有事项和情况。具体来说，注册会计师开展初步业务活动的目的主要有以下三点：

第一，确保已具备执行业务所需要的独立性和专业胜任才能。

第二，确保不存在因管理层诚信问题而影响注册会计师保持该项业务意愿的情况。

第三，确保与被审计单位不存在对业务约定条款的误解。

二、初步业务活动的内容

（一）针对保持客户关系和具体审计业务实施相应的质量控制程序

无论是对首次接受审计委托的新客户，还是对实施连续审计的老客户，注册会计师都应该按照《中国注册会计师审计准则第 1121 号——对财务报表审计实施的质量控制》和《质量控制准则第 5101 号——会计师事务所对执行财务报表审计和审阅、其他鉴证和相关服务业务执行的质量控制》的相关要求，开展初步业务活动。

为了谨慎做出决策以确定是否保持客户关系和具体审计业务，注册会计师应当考虑下列主要事项：

1. 被审计单位的主要股东、关键管理人员和治理层是否诚信。

2. 审计项目组是否具备执行审计业务的专业胜任能力以及必要的时间和资源。

3. 会计师事务所和审计项目组能否遵守职业道德规范。

（二）评价遵守职业道德规范的情况

评价遵守包括独立性在内的相关职业道德要求的情况也是一项非常重要的初步业务活动。虽然保持客户关系及具体审计业务和评价职业道德的工作贯穿于审计业务的全过程，但这两项工作需要安排在其他审计工作之前，以确保注册会计师已具备执行业务所需要的独立性和专业胜任能力，且不存在因管理层不诚信而影响注册会计师接受或保持该项业务意愿等情况。

（三）及时签订或修改审计业务约定书

在做出接受或保持客户关系及具体审计业务的决策后，注册会计师应当与被审计单位就审计业务约定条款达成一致，签订或修改审计业务约定书，以避免双方对审计业务的理解产生分歧。

三、初步业务活动的开展时间

初步业务活动可分为首次接受审计委托时的初步业务活动和连续审计时的初步业务活动两种情形。初步业务活动的开展时间在两种情形下有所不同。

（一）首次接受审计委托时开展初步业务活动的时间

首次接受审计委托包括接受新客户而建立客户关系的审计业务委托，及承接现有客户（对其提供了其他服务）的审计业务委托，但无论是哪一种首次接受审计业务委托，开展初步业务活动的时间都是相同的。接受新客户的审计业务委托，必须在首次接受审计委托前，即确定建立客户关系之前来开展初步业务活动；对提供了其他服务的现有客户所提出的审计业务委托，即使会计师事务所对现有客户的情况有所了解，也必须在首次接受审计业务委托前实施必要的审计程序，开展初步业务活动，不可以简化省略。因为审计业务与其他业务所提供的保证程度是不同的。

（二）连续审计时开展初步业务活动的时间

在连续审计的业务中，初步业务活动通常是在上期审计工作结束后不久或将要结束时就已经开始了。

连续审计也分为两种情况：一种是签订长期审计业务约定书的连续审计；另一种是续签、重新签订审计业务约定书的连续审计。在签订长期审计业务约定书的连续审计情况下，注册会计师通常在前一期审计工作结束前即开始本期的审计计划工作。因而，开展初步业务活动的时间应当是在前一期审计工作结束前或结束后不久、本期审计计划工作之前，以确定是否保持客户关系和具体审计业务。对于续签、重新签订审计业务约定书的连续审计，则应当在做出续签、重新签订的决定之前开展初步业务活动。

四、初步业务活动的程序

（一）首次接受委托

如果首次接受业务委托，注册会计师应当与委托人直接洽谈，讨论下列事项：

1. 审计的目标。
2. 审计报告的用途。
3. 管理层对财务报表的责任。
4. 审计范围。
5. 执行审计工作的安排，包括出具审计报告的时间要求。
6. 审计报告格式和对审计结果的其他沟通形式。
7. 管理层提供必要的工作条件和协助。
8. 注册会计师不受限制地接触任何与审计有关的记录、文件和所需要的其他信息。
9. 与审计涉及的客户内部审计人员和其他员工工作上的协调（必要时）。
10. 审计收费，包括收费的计算基础和收费安排。
11. 初步了解客户及其环境，进行初步业务风险评估并予以记录。

12. 征得客户书面同意后，与前任注册会计师沟通。

（二）连续审计

如果是连续审计，注册会计师应实施下列程序：

1. 了解审计的目标、审计报告的用途、审计范围和时间安排等是否发生变化。

2. 查阅以前年度审计工作底稿，重点关注非标准审计报告、管理建议书和重大事项概要等。

3. 初步了解客户及其环境发生的重大变化，进行初步业务风险评估并予以记录。

4. 考虑是否需要修改业务约定条款，是否需要提醒客户注意现有的业务约定条款。

第三节　审计业务约定书

一、审计业务约定书的概念与作用

发生独立审计行为的前提条件是审计组织与委托人之间存在业务委托关系，而这种业务委托关系存在的重要标志是双方签订审计业务约定书。所谓审计业务约定书，是指会计师事务所与被审计单位签订的，用以记录和确认审计业务的委托与受托关系、审计目标和范围、双方的责任以及报告的格式等事项的书面协议。会计师事务所承接任何审计业务，都应与被审计单位签订审计业务约定书。

审计业务约定书具有经济合同的性质，一经约定双方签字认可，即成为会计师事务所与委托人之间在法律上生效的契约，具有法定约束力。

签署审计业务约定书的目的是为了明确约定双方的责任与义务，促使双方遵守约定事项并加强合作，以保护会计师事务所与委托人的利益。在审计实践中，审计业务约定书有以下几个方面的作用：

第一，审计业务约定书可以增进会计师事务所与委托人之间的了解，尤其使被审计单位了解审计人员的审计责任及需要提供的合作。

第二，审计业务约定书可作为被审计单位鉴定审计业务完成情况及会计师事务所检查委托人约定义务履行情况的依据。

第三，如果出现法律诉讼，审计业务约定书是确定会计师事务所和委托人双方应负责任的重要证据。

二、签订审计业务约定书之前应做的工作

在正式签订审计业务约定书之前，会计师事务所应当从保持应有的职业谨慎态度出发，对被审计单位的基本情况进行了解，并就委托目的、审计范围、审计收费，以及被审计单位应提供的资料、协助的工作等约定事项与委托人进行协商。

（一）明确审计业务的性质和范围

会计师事务所在和委托人签约前，首要的工作是使双方对审计业务的性质、范围取得一致的看法。审计业务一般有年度财务报表审计、中期财务报表审计、专项审计和资本验证等。如果审计范围受到限制，如被审计单位不能提供审计年度财务报表所需要的全部资料时，注册会计师就无法获取充分、适当的审计证据，因而，也就无法对被审计单位财务报表的合法性和公允性发表审计意见。

（二）初步了解被审计单位的基本情况

注册会计师通过对被审计单位基本情况的了解，一方面可以确定是否接受委托人的委托，另一方面可以安排进一步的审计工作。注册会计师应了解的被审计单位的基本情况包括：①业务性质、经营规模和组织结构；②经营情况和经营风险；③以前年度接受审计的情况；④财务会计机构及工作组织；⑤其他与签订审计业务约定书相关的事项，例如被审计单位的简史、主要管理人员的管理经验及品行、声誉和诚信情况、委托人聘用审计人员的意向等。

（三）会计师事务所评价专业胜任能力

会计师事务所对自身专业胜任能力的评价主要包括三个方面的内容：一是评价执行审计的能力（确定审计小组的关键成员和考虑在审计过程中向外界专家寻求协助的需要和具备必要的时间）；二是评价独立性；三是评价保持应有关注的能力。如果会计师事务所不具备应有的专业胜任能力，就应当拒绝接受委托。

（四）商定审计收费

政府审计和内部审计是无偿服务，民间审计却是有偿服务。为了客观地反映为客户提供专业服务的价值，会计师事务所在确定收费时应充分考虑专业服务所需的知识和技能、所需专业人员的水平和经验、每一专业人员提供服务所需的时间、提供专业服务所需承担的责任等因素。在专业服务得到良好的计划、监督及管理的前提下，收费通常以合理估计的每一专业人员审计工时和适当的小时费用率为基础计算。

（五）明确被审计单位应协助的工作

在注册会计师实施现场审计之前，被审计单位应当将所有相关的会计资料和文件准备齐全。而在审计过程中，被审计单位的财会人员及相关人员应当对注册会计师的询问、审查给予解释和配合，并在适当的时候为注册会计师代编审计工作底稿、提供必

要的工作条件。

三、审计业务约定书的内容

(一)审计业务约定书的基本内容

注册会计师应当在审计业务开始前,与被审计单位就审计业务约定条款达成一致意见,并签订审计业务约定书,以避免双方对审计业务的理解产生分歧。如果被审计单位不是委托人,在签订审计业务约定书之前,注册会计师应当与委托人就审计业务约定相关条款进行充分沟通,并达成一致意见。审计业务约定书的具体内容与格式可能因被审计单位的不同而存在差异,但基本内容应大致相同。根据《中国注册会计师审计准则第 1111 号——审计业务约定书》的规定,审计业务约定书一般应包括以下基本内容:

1. 财务报表审计的目标。
2. 管理层对财务报表的责任。
3. 管理层编制财务报表采用的会计准则和相关会计制度。
4. 审计范围,包括指明在执行财务报表审计业务时遵守的中国注册会计师审计准则。
5. 执行审计工作的安排,包括出具审计报告的时间要求。
6. 审计报告格式和对审计结果的其他沟通形式。
7. 由于测试的性质和审计的其他固有限制,以及内部控制的固有局限性,不可避免地存在着某些重大错报可能仍然未被发现的风险。
8. 管理层为注册会计师提供必要的工作条件和协助。
9. 注册会计师不受限制地接触任何与审计有关的记录、文件和所需要的其他信息。
10. 管理层对其做出的与审计有关的声明予以书面确认。
11. 注册会计师对执业过程中获知的客户信息保密。
12. 审计收费,包括收费的计算基础和收费安排。
13. 违约责任。
14. 解决争议的方法。
15. 签约双方法定代表人或其授权代表的签字盖章,以及签约双方加盖的公章。

签署完毕的审计业务约定书一式两份:会计师事务所一方的签署人应当是该机构的法人代表或其授权代表;委托方的签署人应当是其法人代表或授权代表。审计业务约定书还应当同时加盖约定双方的印章。任何一方如需修改、补充审计业务约定书,应以适当方式获得对方的确认。

审计业务约定书在审计约定事项完成后,应归入审计业务档案进行保管。

（二）审计业务约定书的特殊考虑

1. 考虑特定需要。如果情况需要，注册会计师应当考虑在审计业务约定书中列明下列内容：

（1）在某些方面对利用其他注册会计师和专家工作的安排。

（2）与审计涉及的内部审计人员和被审计单位其他员工工作的协调。

（3）预期向被审计单位提交的其他函件或报告。

（4）与治理层整体直接沟通。

（5）在首次接受审计委托时，对与前任注册会计师沟通的安排。

（6）注册会计师与被审计单位之间需要达成进一步协议的事项。

2. 集团审计。如果负责集团财务报表审计的注册会计师同时负责组成部分财务报表的审计，注册会计师应当考虑下列因素，决定是否与各个组成部分单独签订审计业务约定书：

（1）组成部分注册会计师的委托人。

（2）是否对组成部分单独出具审计报告。

（3）法律法规的规定。

（4）母公司、总公司或总部占组成部分的所有权份额。

（5）组成部分管理层的独立程度。

如果组成部分注册会计师的委托人与集团财务报表审计的委托人相同，或者不需要单独对组成部分出具审计报告，母公司、总公司或总部拥有组成部分的所有权份额很大，组成部分管理层的独立程度比较差，法律法规也没有相关的规定，那么注册会计师就可以做出决定，不对组成部分的财务报表审计单独签订审计业务约定书。

（三）连续审计

在连续审计的情况下，注册会计师可以与被审计单位签订长期审计业务约定书，但应当考虑是否需要根据具体情况修改业务约定的条款，以及是否需要提醒被审计单位注意现有的业务约定条款。如果出现下列情况，注册会计师应当考虑重新签订审计业务约定书：

1. 有迹象表明被审计单位误解审计目标和范围。

2. 需要修改约定条款或增加特别条款。

3. 高级管理人员、董事会或所有权结构近期发生变动。

4. 被审计单位业务的性质或规模发生重大变化。

5. 法律法规的规定。

6. 管理层编制财务报表采用的会计准则和相关会计制度发生变化。

(四)审计业务的变更

在完成审计业务之前,如果由于情况变化对审计服务的需求产生影响、对原来要求的审计业务的性质存在误解、审计范围存在限制等原因,导致被审计单位要求注册会计师将审计业务变更为保证程度较低的鉴证业务或相关服务,注册会计师应当考虑变更业务的适当性。

在同意将审计业务变更为其他服务前,注册会计师还应当考虑变更业务对法律责任或业务约定条款的影响。如果变更业务引起业务约定条款的变更,注册会计师应当与被审计单位就新条款达成一致意见。

如果认为变更业务具有合理的理由,并且按照审计准则的规定已实施的审计工作也适用于变更后的业务,注册会计师可以根据修改后的业务约定条款出具报告。但是,为了避免引起报告使用者的误解,报告不应提及原审计业务和在原审计业务中已执行的程序。只有将审计业务变更为执行商定程序业务,注册会计师才可以在报告中提及已执行的程序。

如果有迹象表明该变更要求与错误的、不完整的或者不能令人满意的信息有关,注册会计师不应认为该变更是合理的。如果没有合理的理由,注册会计师不应当同意变更业务。

如果不同意变更业务,被审计单位又不允许继续执行原审计业务,注册会计师应当解除业务约定,并考虑是否有义务向被审计单位董事会或股东大会等方面说明解除业务约定的理由。

本章小结

业务承接是审计活动的开端和起点,关系到每一家会计师事务所的生存与发展。一方面,事务所必须拥有和保持一定数量的客户群,以确保具有稳定的收入来源,同时以自身的专家价值和优质服务满足并超越客户期望,将更多的潜在客户转变为现实客户;另一方面,事务所应保持业务承接中的职业谨慎,拒绝与不诚信、高风险的客户合作。

为此,会计师事务所在同意承接审计业务之前,需要对客户进行充分的了解和评价,避免可能出现的履约风险;需要对利用专家或其他注册会计师工作进行评价,以决定是否利用以及如何利用;需要初步评价和确认客户是否存在舞弊风险因素,以免遭受诉讼损失或处罚。

在开展审计的初步业务活动并具备审计前提条件的情况下，注册会计师便可以做出接受或保持客户关系及具体审计业务的决策。注册会计师应就审计业务约定条款与被审计单位达成一致，最终双方签订或修改审计业务约定书，正式确立审计业务关系。

本章关键词汇

承接审计业务	Acceptance of audit engagement
客户	Client
舞弊风险因素	Risk factors of fraud
审计的前提	Hypothesis of audit
客户期望	Expectation of client
审计业务约定书	Audit engagement letter
初次审计	Initial audit
连续审计	Consecutive audit

思考与练习题

1. 初步了解和评价客户的信息来源主要有哪些？针对新客户而言，哪个来源是最好的？

2. 事务所承接客户委托的主要因素有哪些？哪些因素是注册会计师可控的，哪些因素是注册会计师不可控的？

3. 如何考虑对专家工作利用的程度及其影响？在利用专家工作时，注册会计师应当从哪些方面获取充分、适当的审计证据？

4. 在什么情况下需要考虑利用其他注册会计师的工作？主审注册会计师如何与其他注册会计师进行协调？

5. 如何识别和评估舞弊风险？

6. 会计师事务所怎样才能满足并超越客户期望？

7. 初步业务活动的目的及其步骤是什么？

8. 审计业务约定书的主要内容有哪些？

9. 在连续审计的情况下,注册会计师考虑重新签订审计业务约定书的情况有哪些?在重新签约之前,会计师事务所需要开展初步业务活动的内容是什么?目的何在?

10. 一家上市公司找到XYZ会计师事务所,拟委托其审计20××年度财务报表,为了保住业务,XYZ会计师事务所马上就与该公司签署了审计业务约定书。XYZ会计师事务所的做法是否妥当?请给事务所提些建议。

11. X公司系ABC会计师事务所的常年审计客户,由于其业务的性质和经营规模发生重大变化,ABC会计师事务所正在考虑是否继续接受委托以及审计收费等问题。试问:

(1)在重新签订业务约定书前,ABC会计师事务所应当主要从哪些方面考虑是否接受委托?

(2)在重新商定审计收费时,ABC会计师事务所应当主要考虑哪些因素以反映提供审计服务的价值?

思政小课堂

正德会计师事务所两年来一直承担着伊美丽服装厂的审计工作,双方合作愉快。伊美丽服装厂过往两年的财务报告也十分公允合法,没有明显瑕疵。2020年受新冠疫情的影响,伊美丽服装厂业绩下滑严重,不得已向正德会计师事务所提出审计费用七折的请求。正德会计师事务所为了帮老朋友渡过难关,决定按照七折的价格继续为伊美丽服装厂提供审计服务,但为了覆盖审计成本,将项目组人员削减了30%。正德会计师事务所合伙人张琳认为,一直以来,伊美丽财务报表编制较为公允,即便削减人员会造成审计程序执行不充分,也不会出大事。

同学们,关心帮助朋友是小爱,但遵守审计准则和审计职业道德要求是大义,请一定不要为了小爱放弃了大义!

第六章

计划审计工作

本章导读

会计师事务所在承接审计委托业务、进行了初步业务活动并签订了业务约定书后，下一步工作就是计划审计工作，通过此阶段的工作，使审计业务以有效的方式得到执行。“凡事预则立，不预则废”，与其他任何工作一样，审计工作有计划则成，无计划则败。做好审计计划工作，保证及时、有效地执行审计业务，是保证和提高审计工作质量的重要手段。做好审计计划工作必须遵守计划审计工作准则。对任何一个审计项目、任何一个审计组织而言，不论其业务繁简，也不论其规模大小，审计计划都是至关重要的。可以说，对审计计划的补充修订贯穿于整个审计过程。

为了做好计划审计工作，项目负责人和项目组其他关键成员应当参与计划审计工作，利用其经验和见解，以提高计划过程的规范和效率，保证计划结果的质量和效果，从而确保整个审计业务的顺利、有效进行。本章就以上问题，主要从计划审计工作概述、总体审计策略、具体审计计划和重要性的确定等几方面进行讨论。

本章属于重点章节，建议安排 4 课时。

第一节 计划审计工作概述

计划审计工作十分重要。科学、合理的审计计划,一方面可以帮助审计人员有的放矢地展开审查、取证工作,形成正确的审计结论,确保审计目标的实现;另一方面可以使审计成本保持在合理的水平上,有效配置审计资源,进而提高审计工作的效率。因此,对于任何一项审计业务,注册会计师在执行具体审计程序之前,都必须遵循计划审计工作准则,必须根据客户的具体情况制定出科学、合理的计划,以保证审计业务得以规范、有效运行。

一、计划审计工作的含义与作用

(一)审计计划的含义

审计计划是指审计人员为了完成各项审计业务,达到预期的审计目标,在具体执行审计程序之前制定的工作规划。审计计划包括总体审计策略和具体审计计划。

审计计划要按照既定的审计目标,制定使用的审计方案,选择必要的审计程序和审计步骤,并对审计程序的应用范围、审计重点、人员配备、时间安排、指导和复核要求等做出周密的安排。

作为对审计实施的一种先见规划,审计计划是审计工作的一个重要步骤。对任何一个审计项目、任何一个审计组织而言,不论其业务繁简,也不论其规模大小,审计计划都是至关重要的。审计人员在整个审计过程中,都应当按照审计计划执行审计业务。但是,在执行审计计划的过程中,由于各方面情况会不断发生变化,常常会出现预期计划与实际不一致的情况,因而注册会计师应当在审计过程中及时对总体审计策略和具体审计计划做出必要的更新和修订。可以说,计划审计工作并非审计业务的一个孤立阶段,而是一个持续的、不断修正的过程,贯穿于整个审计业务的始终。

(二)审计计划的作用

1. 为设计具体审计程序提供依据。审计计划的制定,有利于各级审计人员在实施审计之前对审计业务的范围和重点做出较为全面的分析,以便据以制定合理、有效的审计程序计划。

2. 便于收集充分、适当的证据。审计计划的制定,使审计人员能根据具体情况收集充分、适当的审计证据,以保证审计目标的实现。

3. 有利于提高审计工作的效率。审计计划通常都要列示预定的审计步骤或各项审查工作的起讫日期和所需的时间，这是考核审计工作效率的主要依据。就这种意义上说，审计计划是协调、控制审计工作人员和时间耗费的重要手段。科学、合理的审计计划，能够确保审计工作效率的提高。

4. 便于对审计业务助理人员进行指导和监督。由于审计计划对各级审计人员的工作任务做了事先安排，这一方面有助于助理审计人员执行有关的审计程序，使他们对自己在审计过程各个阶段应做的工作心中有数；另一方面也可以达到对助理审计人员的审计工作进行督导的目的，便于他们在实践中不断提高专业素质和技能。

5. 可以避免与被审计单位之间发生误解。审计人员和审计组织在执行审计业务的过程中，要保持良好的信誉，要最大限度地减轻自己的法律责任，最基本的一点就是收集充分、适当的审计证据。要做到这一点，则需要被审计单位的支持与协作。完整、透明的审计计划可以避免与被审计单位之间发生误解，有利于同被审计单位保持良好的关系。

二、计划审计工作准则

计划审计工作准则是会计师事务所承接了审计业务、在具体执行审计业务之前制定审计计划时必须遵循的规范化标准，也是整个审计业务能否顺利完成的重要保证。为了规范注册会计师的财务报表审计计划工作，我国在 2010 年 11 月 1 日修订发布的《中国注册会计师准则第 1201 号——计划审计工作》中专门对计划审计工作制定了工作标准。该准则共 4 章 14 条，主要包括计划审计工作的内容及作用、目标、要求等几方面。

（一）计划审计工作的内容及作用

注册会计师在进行计划审计工作时，主要考虑包括针对审计业务制定总体审计策略和具体审计计划在内的审计计划内容。

计划审计工作有利于注册会计师对财务报表审计工作的顺利执行，具体体现在以下几方面：

1. 有助于注册会计师适当关注主要的审计领域。
2. 有助于注册会计师及时发现并解决潜在的问题。
3. 有助于注册会计师恰当地组织和管理审计业务，以有效的方式执行审计业务。
4. 有助于选择具备必要的专业素质和胜任能力的项目组成员应对预期的风险，并有助于向项目组成员分派适当的工作。
5. 有助于指导和监督项目组成员复核其工作。
6. 在适用的情况下，有助于协调组成部分注册会计师和专家的工作。

(二)计划审计工作的目标

做好计划审计工作,使审计工作以规范有效的方式得到执行,是注册会计师的工作目标。

(三)准则对计划审计工作的要求

1. 准则规定项目合伙人和项目组其他关键成员应当参与计划审计工作,包括参与项目组成员的讨论。

2. 针对保持客户关系和具体审计业务初步业务活动包括:实施相应的质量控制程序,评价遵守相关职业道德要求的情况,就审计业务约定条款与被审计单位达成一致意见。

3. 注册会计师应当制定总体审计策略,以确定审计工作的范围、时间安排和方向,并指导具体审计计划的制定。总体审计策略包括:

(1)确定审计业务的特征,以界定审计范围。

(2)明确审计业务的报告目标,以计划审计的时间安排和所需沟通的性质。

(3)根据职业判断,考虑用以指导项目组工作方向的专业因素。

(4)考虑初步业务活动的结果,并考虑合伙人对被审计单位执行其他业务时获得的经验是否与审计业务相关。

(5)确定执行业务所需资源的性质、时间安排和范围。

4. 注册会计师应当制定具体审计计划。具体审计计划应包括:

(1)按照《中国注册会计师审计准则第 1211 号——通过了解被审计单位及其环境识别和评估重大错报风险》的规定,计划实施的风险评估程序的性质、时间安排。

(2)按照《中国注册会计师审计准则第 1231 号——针对评估的重大错报风险采取的应对措施》的规定,在认定层次计划实施的进一步审计程序的性质、时间安排和范围。

(3)根据审计准则的规定,计划应当实施的其他审计程序。

5. 在审计过程中,注册会计师在必要时应对总体审计策略和具体审计计划进行更新和修改。

6. 注册会计师应当制定计划,以确定对项目组成员的指导、监督,以及对其工作进行复核的性质、时间安排和范围。

7. 注册会计师应就审计过程中对总体审计策略、具体审计计划做出的任何重大修改及其理由等事项形成工作底稿。

8. 准则对首次审计业务的补充规定:①注册会计师应按照《中国注册会计师是准则 1121 号——对财务报表审计实施的质量控制》的规定,针对客户关系和承接具体审计业务,实施相应的质量控制程序。②若被审计单位变更了会计师事务所,按照相关审计准则和职业道德要求的规定，与前任注册会计师进行沟通。

第二节　计划审计工作时对重要性的考虑

一、审计重要性的含义

审计重要性是贯穿于审计全过程的一个非常重要的概念，是审计人员据以发表审计意见的基本要素。正确理解重要性概念并有效地加以运用，对于保证审计质量、实现审计目标具有十分重要的意义。

由于审计工作本身的局限性，审计人员不可能揭露会计报表中存在的全部差错，因而人们总是期望：经过审计人员审查后，会计报表中尚存的差错能被有效地控制在一定水平之下，使其不至于影响或改变他们根据会计报表提供的信息所做出的管理决策。目前，各国对审计重要性的认识基本是一致的，其定义大部分都会沿用会计准则。国际审计实务委员会(IAPC)1987 年 10 月公布的《国际审计准则第 25 号——重要性和审计风险》指出："重要性涉及财务资料误报(包括遗漏)的数量或性质，不论是个别的还是合计的，根据周围的环境，作为这种误报的结果将会对人们依据这些资料做出尽可能合理的判断或决策产生影响。"我国 2006 年发布的《中国注册会计师审计准则第 1221 号——重要性》对审计重要性的解释是："重要性取决于在具体环境下对错报金额和性质的判断。如果一项错报单独或连同其他错报可能影响财务报表使用者依据财务报表做出的经济决策，则该错报是重大的。"

(一)错报

错报，是指某一财务报表项目的金额、分类、列报或披露，与按照适用的财务报告编制基础应当列示的金额、分类、列报或披露之间存在的差异，或根据注册会计师的判断，为使财务报表在所有重大方面实现公允反映，需要对金额、分类、列报或披露做出的必要调整。错报可能是由于错误或舞弊导致的。错报可能由下列事项导致：

1. 收集或处理用以编制财务报表的数据时出现错误。

2. 遗漏某项金额或披露。

3. 由于疏忽或明显误解有关事实导致做出不正确的会计估计。

4. 注册会计师认为管理层对会计估计做出不合理的判断或对会计政策做出不恰当的选择和运用。

(二)对重要性的理解

理解重要性这一定义,必须注意以下几点:

第一,重要性概念是针对财务报表使用者决策而言的。编制财务报表的主要目的是为了满足财务报表信息使用者的决策需要,这些财务报表的使用者包括企业的投资者、债权人、政府、社会公众等。判断一项错报或漏报重要与否,应视其对财务报表使用者所做经济决策的影响而定。若一项在报表中的错报或漏报单独或连同其他错报足以改变或影响报表使用者的判断,则该项错报或漏报就是重要的,否则就是不重要的。这里,我们假设财务报表使用者具有一定理解能力并能理性地做出判断和决策。

第二,重要性的判断离不开具体的环境。不同企业面临的环境不同,对其重要性判断的要求和标准也不同。例如,某一金额对甲企业的财务报表来说是重要的,而对乙企业的财务报表来说可能并不重要。即使对同一个被审计单位,重要性也会因时间的不同而有所改变。

第三,重要性与可容忍误差之间的关系。审计人员应根据编制审计计划时对审计重要性的评估,确定实质性测试的可容忍误差。实际上,账户层次的重要性水平就是实质性测试的可容忍误差。

第四,重要性概念中的错报包含漏报,财务报表错报包括财务报表金额的错报和财务报表披露的错报。

二、运用重要性原则的一般要求

对重要性的评估是审计人员的一种专业判断。在确定审计程序的性质、时间和范围及评价审计结果时,审计人员对运用重要性原则的一般要求,可以从以下三个方面来理解:

(1)对重要性的确定需要运用职业判断。前已述及,重要性的判断离不开特定的环境。实际上,影响重要性的因素很多,不同企业的重要性不同,同一企业在不同时期的重要性也不同。审计人员在对某一企业进行审计时,必须根据该企业面临的环境,并考虑其他因素,才能合理地确定重要性水平。但是,对重要性的判断有赖于审计人员的判断能力、判断方法和专业经验等因素。由于不同审计人员对影响重要性水平的各种因素的判断存在差异,因而不同的审计人员在确定同一企业财务报表的重要性水平时,得出的结果可能不同,甚至相差很大。所以说,审计人员需要运用职业判断来确定重要性。

(2)审计人员在审计过程中应运用重要性原则。在审计过程中运用重要性原则主要是基于两方面的考虑:一是为了提高审计效率。由于社会经济环境的发展变化、企业规模的扩大、企业组织结构日趋复杂,详细审计已经很难全面推行,在抽样审计下,审计人员为做出抽样决策,不得不涉及重要性问题。二是为了保证审计质量。在抽样审计下,审计人员对未查部分是否正确要承担一定的风险,而风险的大小与重要性的判断有关,因此,审计人员为保证审计质量,必须对重要性做出恰当的判断。

(3)在审计过程中,需要运用重要性原则的情形有两个:一是在确定审计程序的性质、时间和范围时,此时,重要性被看作审计所公允的可能或潜在的未发现错报的限度,即审计人员在运用审计程序以检查会计报表的错报时所允许的误差范围。二是在评价错报的影响时,此时,重要性被看作某一错报单独或连同其他错报是否影响财务报表使用者判断和决策的标志。

三、重要性的判断标准

审计人员在运用重要性原则时,应以错报的金额和性质两方面作为判断的标准,也就是说,重要性具有数量和质量两个方面的特征。一般来说,金额大的错报比金额小的错报更重要。但在许多情况下,某些错报从量的方面看并不重要,但从其性质方面考虑则可能是重要的。

注册会计师在判断错报的性质是否重要时应考虑的具体情况包括:

(1)错报对遵守法律法规要求的影响程度。

(2)错报对遵守债务契约或其他合同要求的影响程度。

(3)错报掩盖收益或其他趋势变化的程度(尤其在联系宏观经济背景和行业状况进行考虑时)。

(4)错报对用于评价被审计单位财务状况、经营成果或现金流量的有关比率的影响程度。

(5)错报对财务报表中列报的分部信息的影响程度。例如,错报事项对分部或被审计单位其他经营部分的重要程度,而这些分部或经营部分对被审计单位的经营或盈利有重大影响。

(6)错报对增加管理层报酬的影响程度。例如,管理层通过错报来达到有关奖金或其他激励政策规定的要求,从而增加其报酬。

(7)错报对某些账户余额之间错误分类的影响程度,这些错误分类影响财务报表中应单独披露的项目。例如,经营收益和非经营收益之间的错误分类,非营利单位的受到限制资源和非限制资源的错误分类。

(8)相对注册会计师所了解的以前向报表使用者传达的信息(如盈利预测)而言,错报的重大程度。

(9)错报是否与涉及特定方的项目相关。例如,与被审计单位发生交易的外部单位是否与被审计单位管理层的成员有关联。

(10)错报对信息漏报的影响程度。在有些情况下,适用的会计准则和相关会计制度并未对该信息做出具体要求,但是注册会计师运用职业判断,认为该信息对财务报表使用者了解被审计单位的财务状况、经营成果或现金流量很重要。

(11)错报对与已审计财务报表一同披露的其他信息的影响程度,该影响程度能被合理预期将对财务报表使用者做出经济决策产生影响。

从性质上看,下列错报通常被认为是重大的:①非法交易或舞弊;②对当期影响不大但对将来各期影响重大;③具有心理效应;④根据合同责任判断影响重大;⑤对遵守国家有关法律、法规和规章影响重大。

四、两个层次重要性的考虑

审计人员应当考虑财务报表层次的重要性和各类交易账户余额、列报(包括披露)认定层次的重要性。

(一)财务报表层次

由于财务报表审计的目标是对财务报表发表审计意见,因此,注册会计师必须考虑财务报表层次的重要性,只有这样,才能得出财务报表是否公允反映的结论。注册会计师在制定总体审计策略时,应当确定财务报表层次的重要性水平。

(二)各类交易、账户余额、列报认定层次

由于财务报表所提供的信息来源于各类交易、账户余额及其列报方法,注册会计师只有通过验证各类交易、账户余额、列报的相关认定,才能得出财务报表是否公允反映的结论。因此,注册会计师还必须考虑各类交易、账户余额、列报认定层次的重要性。

五、重要性与审计风险之间的关系

重要性与审计风险之间存在反向关系。也就是说,重要性水平越高,审计风险越低;反之,重要性水平越低,审计水平越高。审计人员在确定审计过程的性质、时间和范围时,应当考虑这种反向关系。这里所说的重要性水平高低指的是其金额的大小,一般来说,5 000 元的重要性水平要比 3 000 元的重要性水平高。

审计风险的高低往往取决于审计人员对重要性的判断,而审计风险的高低又直接影响到审计人员执行的有关审计程序。如果审计人员确定的重要性水平偏低,审计风险就会增加,审计人员就会通过扩大审计程序的范围或追加审计程序来降低审计风险,而实际上却没有这样做的必要,其结果只能导致人力和时间的浪费,影响审计工作的效率。如果审计人员确定的重要性水平偏高,审计风险就会降低,在这种情况下,审计人员所执行的审计程序就会比原来应当执行的审计程序少、审计范围小,其结果必然会导致审计人员得出错误的审计结论,影响审计工作的效果。因而,重要性水平确定得过高或过低,对审计人员来说都是不利的。审计人员应当充分考虑重要性与审计风险之间存在的反向关系,保持应有的职业谨慎,合理地确定重要性水平。

在确定审计程序后,如果审计人员决定接受更低的重要性水平,审计风险将增加。注册会计师应当选用下列方法将审计风险降至可以接受的低水平:

第一,如有可能,通过扩大控制测试范围或实施追加的控制测试,降低评估的重大错报风险,并支持降低后的重大错报风险水平。

第二,通过修改计划实施的实质性程序的性质、时间和范围,降低检查风险。

六、重要性水平与审计证据之间的关系

重要性与审计证据之间存在反向关系。也就是说,重要性水平越低,应获取的审计证据越多;反之,重要性水平越高,应获取的审计证据越少。在理解这一关系时必须注意,重要性水平不同于重要的审计项目。审计项目越重要,所需收集的审计证据就越多。例如,存货占资产总额的40%时的审计项目,要比占20%时的审计项目需要更多的审计证据。

重要性是影响审计证据充分性的一个十分重要的因素,因此,审计人员在编制审计计划时,应当根据所确定的审计重要性水平,合理确定所需审计证据的数量,并据此决定审计程序的性质、时间和范围。

七、计划审计工作时对重要性的评估

(一)重要性水平的初步评估

审计人员在计划审计工作时,必须对重要性水平做出初步评估,以便为发现金额上重要的错报确定一个可接受的重要性水平,这种重要性水平通常称为"计划重要性"。对重要性水平进行初步评估的目的是确定所需的审计证据的数量,并据此决定进一步审计程序的性质、时间和范围。审计人员应当在了解被审计单位及其环境的基础上,综合各种因素对重要性水平做出初步评估,并随着审计过程的推进,评价对重要性的判断是否合理。

注册会计师在确定计划的重要性水平时,需要考虑以下主要因素:

1. 对被审计单位及其环境的了解。被审计单位的行业状况、法律环境与监管环境等其他外部因素,以及被审计单位业务的性质,对会计政策的选择和应用,被审计单位的目标、战略及相关的经营风险,被审计单位的内部控制等因素,都将影响注册会计师对重要性水平的判断。

2. 审计的目标,包括特定报告要求。信息使用者的要求等因素影响注册会计师对重要性水平的确定。例如,对特定报表项目进行审计的业务,其重要性水平可能需要以

该项目金额,而不是以财务报表的一些汇总性财务数据为基础加以确定。

3. 财务报表各项目的性质及其相互关系。财务报表使用者对不同报表项目的关心程度不同。一般而言,如果认为流动性较高的项目出现较小金额的错报就会影响报表使用者的决策,注册会计师应当对此从严制定重要性水平。由于财务报表各项目之间是相互联系的,注册会计师在确定重要性水平时,需要考虑这种相互联系。

4. 财务报表项目的金额及其波动幅度。财务报表项目的金额及波动幅度可能促使财务报表使用者做出不同的反应。因此,注册会计师在确定重要性水平时,应当深入研究这些项目的金额及其波动幅度。

总之,只要影响预期财务报表使用者决策的因素,都可能对重要性水平产生影响。注册会计师应当在计划阶段充分考虑这些因素,并采用合理的方法,确定重要性水平。

(二)财务报表层次重要性水平的确定

由于财务报表审计的目标是注册会计师通过执行审计工作对财务报表发表审计意见,因此,注册会计师应当考虑财务报表层次的重要性。只有这样,才能得出财务报表是否公允反映的结论。注册会计师在制定总体审计策略时,应当确定财务报表层次的重要性水平。

确定多大错报会影响到财务报表使用者所做决策,是注册会计师运用职业判断的结果。很多注册会计师根据所在会计师事务所的惯例及自己的经验,考虑重要性水平。注册会计师通常先选择一个恰当的基准,再选用适当的百分比乘以该基准,从而得出财务报表层次的重要性水平。

在实务中,有许多汇总性财务数据可以用做确定财务报表层次重要性水平的基准,如总资产、净资产、销售收入、费用总额、毛利、净利润等。在选择适当的基准时,注册会计师应当考虑的因素包括:

1. 财务报表的要素(如资产、负债、所有者权益、收入和费用等)、适用的会计准则和相关会计制度所定义的财务报表指标(如财务状况、经营成果和现金流量),以及适用的会计准则和相关会计制度提出的其他具体要求。

2. 对某被审计单位而言,是否存在财务报表使用者特别关注的报表项目(如特别关注与评价经营成果相关的信息)。

3. 被审计单位的性质及所在行业。

4. 被审计单位的规模、所有权性质以及融资方式。

注册会计师对基准的选择有赖于被审计单位的性质和环境。例如:对以盈利为目的的被审计单位,来自经常性业务的税前利润或税后净利润可能是一个适当的基准;对收益不稳定的被审计单位或非营利组织来说,选择税前利润或税后净利润作为判断重要性水平的基准就不合适;对资产管理公司,净资产可能是一个适当的基准。注册会计师通常选择一个相对稳定、可预测且能够反映被审计单位正常规模的基准。由于销售收入和总资产具有相对稳定性,注册会计师经常将其用作确定计划重要性水平的基准。

在确定恰当的基准后,注册会计师通常运用职业判断合理选择百分比,据以确定重要性水平。以下是一些参考数值的举例:①对以盈利为目的的企业,来自经常性业务的税前利润或税后净利润的5%,或总收入的0.5%;②对非营利组织,费用总额或总收入的0.5%;③对共同基金公司,净资产的0.5%。

前已述及,对重要性的评估需要职业判断。注册会计师执行具体审计业务时,可能认为采用比上述百分比更高或更低的比例是适当的。当根据不同的基准计算出不同的重要性水平时,注册会计师应当根据实际情况决定采用何种计算方法更为恰当。

此外,注册会计师在确定重要性时,通常考虑以前期间的经营成果和财务状况、本期的经营成果和财务状况、本期的预算和预测结果、被审计单位情况的重大变化(如重大的企业购并)以及宏观经济环境和所处行业环境发生的相关变化。例如,注册会计师在将净利润作为确定某被审计单位重要性水平的基准时,因情况变化使该被审计单位本年度净利润出现意外的增加或减少,注册会计师可能认为选择近几年的平均净利润作为确定重要性水平的基准更加合适。

注册会计师在确定重要性水平时,不需考虑与具体项目计量相关的固有不确定性。例如,财务报表含有高度不确定性的大额估计,注册会计师并不会因此而确定一个比不含有该估计的财务报表的重要性更高或更低的重要性水平。

(三)各类交易、账户余额、列报认定层次重要性水平的确定

由于财务报表提供的信息由各类交易、账户余额、列报认定层次的信息汇集加工而成,注册会计师只有通过对各类交易、账户余额、列报认定层次实施审计,才能得出财务报表是否公允反映的结论。因此,注册会计师还应当考虑各类交易、账户余额、列报认定层次的重要性。

各类交易、账户余额、列报认定层次的重要性水平称为"可容忍错报"。可容忍错报的确定以注册会计师对财务报表层次重要性水平的初步评估为基础。它是在不导致财务报表存在重大错报的情况下,注册会计师对各类交易、账户余额、列报确定的可接受最大错报。

在确定各类交易、账户余额、列报认定层次的重要性水平时,注册会计师应当考虑以下主要因素:

(1)各类交易、账户余额、列报的性质及错报的可能性。

(2)各类交易、账户余额、列报的重要性水平与财务报表层次重要性水平的关系。

由于为各类交易、账户余额、列报确定的重要性水平对审计证据数量有直接的影响,因此,注册会计师应当合理确定可容忍错报。需要指出的是,在实际工作中,哪些账户可能发生错报往往很难预测,审计成本的大小也无法事先确定,因此,重要性水平的确定是一个非常困难的专业判断过程。

(四)实际执行的重要性

确定财务报表整体的实际执行的重要性(根据定义可能是一个或多个金额),旨在将财务报表中未更正和未发现错报的汇总数超过财务报表整体的重要性的可能性降至适当的低水平。确定特定类别的交易、账户余额或披露的重要性水平相关的实际执行的重要性,旨在将这些交易、账户余额或披露中未更正与未发现错报的汇总数超过这些交易、账户余额或披露的重要性水平的可能性降至适当的低水平。

1. 一般性考虑。确定实际执行的重要性并非简单机械的计算,需要注册会计师运用职业判断,并考虑下列因素的影响:

(1)对被审计单位的了解(这些了解在实施风险评估程序的过程中得到更新)。

(2)前期审计工作中识别出的错报的性质和范围。

(3)根据前期识别出的错报对本期错报做出的预期。

通常而言,实际执行的重要性通常为财务报表整体重要性的50% ~75%。

2. 如果存在下列情况,注册会计师可能考虑选择较低的百分比来确定实际执行的重要性:

(1)首次接受委托的审计项目。

(2)连续审计项目,以前年度审计调整较多。

(3)项目总体风险较高,例如处于高风险行业、管理层能力欠缺、面临较大市场竞争压力或业绩压力等。

(4)存在或预期存在值得关注的内部控制缺陷。

3. 如果存在下列情况,注册会计师可能考虑选择较高的百分比来确定实际执行的重要性:

(1)连续审计项目,以前年度审计调整较少。

(2)项目总体风险为低到中等,例如处于非高风险行业、管理层有足够能力、面临较低的市场竞争压力和业绩压力等。

(3)以前期间的审计经验表明内部控制运行有效。

审计准则要求注册会计师确定低于财务报表整体重要性的一个或多个金额作为实际执行的重要性,注册会计师无须通过将财务报表整体的重要性平均分配或按比例分配至各个报表项目的方法来确定实际执行的重要性,而是根据对报表项目的风险评估结果,确定如何确定一个或多个实际执行的重要性。例如,根据以前期间的审计经验和本期审计计划阶段的风险评估结果,注册会计师认为可以以财务报表整体重要性的75%作为大多数报表项目的实际执行的重要性;与营业收入项目相关的内部控制存在控制缺陷，而且以前年度审计中存在审计调整，因此考虑以财务报表整体重要性的50%作为营业收入项目的实际执行的重要性，从而有针对性地对高风险领域执行更多的审计工作。

4. 审计过程中修改重要性。由于存在下列原因，注册会计师可能需要修改财务报表整体的重要性和特定类别的交易、账户余额或披露的重要性水平（如适用）：

（1）审计过程中情况发生重大变化（如决定处置被审计单位的一个重要组成部分）。

（2）获取新信息。

（3）通过实施进一步审计程序，注册会计师对被审计单位及其经营所了解的情况发生变化。例如，注册会计师在审计过程中发现，实际财务成果与最初确定财务报表整体的重要性时使用的预期本期财务成果相比存在很大差异，则需要修改重要性。

（五）明显微小错报

注册会计师可能将低于某一金额的错报界定为明显微小的错报，对这类错报不需要累积，因为注册会计师认为这些错报的汇总数明显不会对财务报表产生重大影响。"明显微小"不等同于"不重大"。明显微小错报的金额的数量级，与按照《中国注册会计师审计准则第 1221 号——计划和执行审计工作时的重要性》确定的重要性的数量级相比，是完全不同的（明显微小错报的数量级更小）。这些明显微小的错报，无论单独或者汇总起来，无论从规模、性质或其发生的环境来看都是微不足道的。如果不确定一个或多个错报是否明显微小，就不能认为这些错报是明显微小的。注册会计师需要在制定审计策略和审计计划时，确定一个明显微小错报的临界值，低于该临界值的错报视为明显微小的错报，可以不累积。《中国注册会计师审计准则第 1251 号——评价审计过程中识别的错报》第十六条规定，注册会计师应当在审计工作底稿中设定某一金额，低于该金额的错报视为明显微小。

在确定明显微小错报的临界值时，注册会计师可能考虑以下因素：

1. 以前年度审计中识别出的错报（包括已更正和未更正错报）的数量和金额。
2. 重大错报风险的评估结果。
3. 被审计单位治理层和管理层对注册会计师与其沟通错报的期望。
4. 被审计单位的财务指标是所有者的要求或投资者的期望。

注册会计师对上述因素的考虑，实际上是在确定审计过程中对错报的过滤程度。注册会计师的目标是要确保不累积的错报（即低于临界值的错报）连同累积的未更正错报不会汇总成为重大错报。如果注册会计师预期被审计单位存在数量较多、金额较小的错报，可能考虑采用较低的临界值，以避免大量低于临界值的错报积少成多构成重大错报。如果注册会计师预期被审计单位错报数量较少，则可能采用较高的临界值。

注册会计师可能将明显微小错报的临界值确定为财务报表整体重要性的3% ~5%,也可能低一些或高一些,但通常不超过财务报表整体重要性的10%,除非注册会计师认为有必要单独为重分类错报确定一个更高的临界值。如果注册会计师不确定一个或多个错报是否明显微小,就不能认为这些错报是明显微小的。

第三节 总体审计策略

注册会计师对承接的审计业务进行计划审计工作,是按照《中国注册会计师准则第1201号——计划审计工作》规定必须履行的工作任务,以使审计业务得以规范有效地执行。注册会计师为了顺利有效地完成审计工作和控制审计风险,首先做好计划审计工作是非常必要也非常重要的。计划审计工作的实质部分首先包括总体审计策略。

一、总体审计策略的含义及作用

总体审计策略是对审计业务的预期应用范围、实施方案进度和审计资源所做的规划。其作用是用以确定审计的范围、时间和方向,并具体指导具体审计计划的制定。

二、审计范围

(一)确定审计业务的特征

注册会计师要了解被审计单位的经营背景、组织结构、财务管理、人事政策、管理层情况、采用的会计准则和相关会计制度、特定行业的报告要求以及被审计单位组成部分的分布等,以界定审计范围。注册会计师在确定审计范围时,应考虑以下因素:

1. 了解拟审计单位采用的会计准则和相关会计制度,也就是该单位提供的财务信息依据的财务报告编制基础,以及是否需要将财务信息调整为按照其他财务报告编制基础编制。

2. 被审计单位若是特定行业,需了解该行业的报告要求,如某些行业的监管部门要求提交的报告。

3. 拟进行的审计业务的覆盖范围,包括需审计的集团公司内部组成部分的数量和所在地点,母公司与内部分公司之间控制关系的性质,以确定编制合并财务报表的方式和方法。

4. 其他注册会计师参与的审计范围,需要审计的组成部分的性质,有无需要具备专业知识的要求。

5. 若涉及外币业务，要考虑外币折算方法，包括外币交易的会计处理、外币财务报表的折算和相关信息的披露。

6. 除了对需要合并的财务报表进行审计外，是否需要对组成部分的个别财务报表依法进行单独审计。

7. 注册会计师如何获得内部审计工作情况及拟对其审计工作依赖的可信度。

8. 被审计单位使用服务机构的情况，注册会计师如何从服务机构获取内部控制和运行有效性的证据。

9. 现代信息技术使用对审计程序的影响，包括数据的可获得性和对使用电子设备辅助审计技术的预期。

10. 利用审阅中财务信息和审阅中获得的信息对审计的影响，调整审计覆盖范围和时间安排。

11. 对以前审计工作中获取的与风险评估程序和控制测试等相关的审计证据的利用预期。

12. 与项目组之外为被审计单位提供其他服务的会计师事务所相关人员讨论可能影响审计的事项，与被审计单位相关人员协调时间安排和相关数据可获得性。

（二）报告目标、时间安排和所需沟通的性质

明确审计业务的报告目标及计划审计的时间和所需沟通的性质，包括提交审计报告的时间要求、预期，与管理层和治理层沟通的重要日期等。

在计划审计业务的报告目标、时间安排和所需沟通时，注册会计师需考虑以下几方面的因素：

1. 被审计单位的外部财务报告的时间表，包括中间阶段财务报告和最终阶段财务报告。

2. 就审计工作的性质、时间安排和范围所举行会议的组织工作，与被审计单位管理层和治理层进行讨论。

3. 就拟出具的报告和其他文件的类型及提交时间（如审计报告、管理建议书和向治理层沟通函），与管理层和治理层进行讨论。

4. 就整个审计业务过程中通报审计工作进展和审计结果方式，与管理层进行讨论。

5. 就预期出具的报告类型和时间安排，与组成部分注册会计师沟通，及其他相关审计需沟通事项。

6. 考虑是否需要与第三方进行沟通，包括与审计相关的法定或业务约定的报告责任。

7. 项目组成员之间沟通的预期性质和时间安排，包括项目组会议的性质和时间安排及复核工作的时间安排。

（三）审计方向

考虑影响审计业务的重要因素，以确定项目组工作方向，包括确定适当的重要性水平，初步识别可能存在较高的重大错报风险的领域，初步识别重要的组成部分和账户余额，评价是否需要针对内部控制的有效性获取证据，识别被审计单位、所在行业财务报告要求及其他相关方面最近发生的重大变化。

在确定审计方向时，注册会计师需考虑以下因素：

1. 审计重要性水平。

2. 重大错报风险较高的重要审计领域。

3. 指导、监督及复核工作受评估的财务报表层次的重大错报风险的影响。

4. 预期审计业务组成人员的选择（根据需要项目质量控制复核人员也要参加）和工作分工，包括选派有适当经验的人员审计重要的审计领域。

5. 审计时间预算，包括考虑为重要的审计领域分配恰当的工作时间。

6. 审计业务组成人员在收集和评价审计证据过程中保持职业怀疑是非常重要的。

7. 以前审计中对内部控制执行有效性评价的结果，含评价中的控制缺陷的性质及应对措施。

8. 管理层是否对内部控制重要性足够重视，以及管理层重视和实施健全的内部控制的相关证据，包括这些内部控制得以适当记录的证据。

9. 根据被审计单位业务交易量的规模，从审计效率考虑确定对内部控制的依赖程度。

10. 被审计单位的经营受重大发展变化影响，包括信息技术的业务流程、重要管理人员变化，以及被审计单位发生收购、兼并和分立等体制变更。

11. 行业发展发生重大的变化情况，如行业法律法规变化和新的行业报告规定。

12. 其他重大变化，如会计准则的变化及影响被审计单位的法律环境的变化。

（四）审计资源

在制定总体审计策略时，注册会计师还应该考虑初步活动的结果，以及为被审计单位提供其他服务时所获得的经验，明确审计资源的规划和调配，如确定执行审计业务所必需的审计资源的性质、时间安排和范围。

针对上述事项，注册会计师应当在总体审计策略中清楚地说明下列内容：

1. 向具体审计领域调配的资源，包括向高风险领域分派有适当经验的项目组成员、就复杂的问题利用专家工作等。

2. 向具体审计领域分配资源的数量，如安排到重要存货存放地观察存货盘点的项目组成人员的数量、对其他注册会计师工作的复核范围、对高风险领域安排的审计时间预算等。

3. 何时调配这些资源，是在期中设计阶段还是在关键的截止日期调配资源等。

4. 如何管理、指导、监督这些资源的利用，如预期何时召开项目组预备会和总结会、预期项目负责人和经理如何进行复核、是否需要实施项目质量控制复核等。

总体审计策略的内容应当根据注册会计师实施风险评估程序的结果予以调整，其详略程度应当随着被审计单位的规模及该项审计业务复杂程度的不同而变化。在小型被审计单位中，全部审计工作可能由一个很小的的审计项目组执行，项目组成员间容易沟通和协调，总体审计策略可以相对简单。

总体审计策略一经确定，注册会计师应当针对总体审计策略所识别的不同事项，制订具体审计计划，并考虑通过有效利用资源以实现审计目标。

第四节 具体审计计划

具体审计计划是依据总体审计策略制定的，对项目组成员拟实施的审计程序的性质、时间和范围所做的详细规划与说明，其目的是帮助项目组成员获取充分、适当的审计证据，以将审计风险降至可接受的低水平。

具体审计计划通常包括风险评估程序、计划实施的进一步审计程序和其他审计程序。

一、风险评估程序

风险评估程序，是指注册会计师为了解被审计单位及其环境，以识别和评估财务报表层次和认定层次的重大错报风险（无论该风险由于舞弊或错误导致）而实施的审计程序，包括询问管理层以及被审计单位内部其他人员、分析程序、观察和检查。

按照《中国注册会计师审计准则第 1211 号——了解被审计单位及其环境并评估重大错报风险》的规定，为了足够识别和评估财务报表重大财务错报风险，注册会计师须计划拟实施风险评估程序的性质、时间安排和范围。

二、计划实施的进一步审计程序

按照《中国注册会计师审计准则第 1231 号——针对评估的重大错报风险实施的程序》的规定，针对评估的认定层次的重大错报风险，注册会计师须计划实施进一步审计程序的性质、时间安排和范围。

通常，注册会计师计划的进一步审计程序可以分为总体方案和拟实施的具体审计程序两个层次。进一步审计程序总体方案主要是指注册会计师针对各类交易、账户余额和列报拟采用的总体方案（包括实质性方案或综合性方案）。具体审计程序则是对进一步审计程序总体方案的延伸和细化，通常包括控制测试和实质性程序的性质、时间安排和范围。在实务中，注册会计师会针对具体审计程序另外制定“进一步审计程序表”，在实施具体审计程序过程中，随时记录所实施的审计程序和结果，最终形成有关进一步审计程序的审计工作底稿。

三、其他审计程序

根据中国注册会计师审计准则的规定，注册会计师针对审计业务需要实施其他审计程序。计划的其他审计程序可以包括上述进一步审计程序的计划中没有涵盖的、根据其他审计准则的要求注册会计师应当执行的既定程序。

在审计计划阶段，除依据《中国注册会计师审计准则第 1211 号》进行审计计划工作，注册会计师还需要考虑其他准则规定的、针对特定项目在审计计划阶段执行的审计程序和审计记录要求。例如《中国注册会计师审计准则第 1141 号——财务报表审计中对舞弊的考虑》《中国注册会计师审计准则 1324 号——持续经营》《中国注册会计师审计准则第 1142 号——财务报表审计中对法律法规的考虑》《中国注册会计师审计准则第 1323 号——关联方》等准则中，对注册会计师针对这些特定项目在审计计划阶段应当执行的程序及其记录做出了相关规定。如阅读含有已审计财务报表文件中的其他信息，寻求被审计单位律师直接沟通等。

本章小结

计划审计工作十分重要。科学、合理的审计计划，一方面可以帮助审计人员有的放矢地展开审查、取证工作，形成正确的审计结论，确保审计目标的实现；另一方面可以使审计成本保持在合理的水平上，有效配置审计资源，进而提高审计工作的效率。因此，对于任何一项审计业务，注册会计师在执行具体审计程序之前，都必须遵循计划审计工作准则，必须根据客户的具体情况制定出科学、合理的计划，以保证审计业务得以规范、有效地运行。

重要性是贯穿于审计全过程的一个非常重要的概念，是审计人员据以发表审计意见的基本要素。正确理解重要性概念并有效地加以运用，对于保证审计质量、实现审计目标具有十分重要的意义。

审计计划工作包括总体审计策略和具体审计计划两部分,在审计工作中发挥着不同的作用。

本章关键词汇

审计计划	Audit plan
总体审计策略	Overall audit strategy
具体审计计划	Specific audit plan
风险评估程序	Risk – assessment procedure
实质性方案	Substantive approach
综合性方案	Combined approach
控制测试	Test of control
实质性程序	Substantive procedure
重要性	Materiality
计划重要性水平	Planned materiality
可容忍错报	Tolerable misstatements

思考与练习题

1. 计划审计工作的含义与作用是什么?
2. 总体审计策略的内容包括什么?具体审计计划的内容包括什么?
3. 简述总体审计策略与具体审计计划的关系。
4. 重要性的含义是什么?
5. 重要性的作用是什么?
6. 简述重要性与审计风险之间的关系。
7. 重要性的判断标准是什么?
8. 从A股上市公司中选择一家上市公司。假设你是一个注册会计师,拟对该公司当年财务报表进行审计。结合相关资料(如近5年年报),根据重要性的相关知识,确定财务报表层次的重要性水平并详细说明理由。

9. 资料：东进会计师事务所注册会计师李云等接受长电公司董事会委托，对该公司2021年度会计报表进行审计。根据李云等的调查，长电公司2021年12月31日的资产负债表如下所示。

单位：元

资产	金额	负债及所有者权益	金额
货币性资金	41 000	应付账款	236 000
应收账款	948 000	应付票据	1 415 000
存货	1 493 000	应付工资	73 000
其他流动资产	68 000	应付股利	102 000
固定资产净值	517 000	其他负债	117 000
		股本	425 000
		盈余公积	699 000
合计	3 067 000	合计	3 067 000

该公司2021年度的利润表显示，2021年的利润总额为411 111元。

李云准备以资产负债表项目为基础分配重要性水平，采取了如下的分配原则：

(1)避免将重要性水平全部分配至某一项目中，不可能要求其他项目不产生任何误差。所以，设定为任何项目的可容忍误差不能超过报表总体重要性水平的60%。

(2)所有项目可容忍误差之和不能超过报表总体重要性水平的2倍。这样可使每个项目都留有一定的余地，而且项目有高估和低估，可能相互抵消，从而整个项目或报表的误差不是太大。

(3)对现金、应付票据、应付股利及股本等项目进行详细审计，不允许产生误差或分配很少误差。

(4)应收账款、存货的审计需要较为复杂的审计程序，成本较大，故应分配最大的可容忍误差。

(5)其他流动资产、应付工资一般应用分析性复核程序，成本较低，但仅用分析性复核程序时应允许有较大的可容忍误差。

(6)固定资产与上一年相比一般不会出现较大变动，可能不需要实施审计程序，因而分配较少的可容忍误差。

(7)应付账款存在低估的可能性，预期的误差较大，应分配较多的可容忍误差。

(8)盈余公积与利润的误差来自其他项目产生的误差，对其他项目误差控制的同时也就控制了该项目的误差。因此，不需要对该项目进行专项审计，也就不需要对它分配重要性水平。

要求：

(1)根据以上资料确定各项目重要性水平。

(2)说明理由。

思政小课堂

2020 年 1 月，河北省注册会计师协会发布了《关于 2019 年全省会计师事务所执业质量检查情况的通报》。本次检查以事务所执业质量情况、职业道德情况、内部质量控制情况及财务制度执行情况为检查内容，共计检查事务所 50 家，抽取业务报告 246 份，其中审计类报告 199 份、验资 45 份、年检报告 1 份、财务咨询报告 1 份。检查中发现了一些问题。其中，就审计计划方面而言，该通报指出，部分会计师事务所缺乏风险导向理念，没有按照审计准则的要求编制审计计划：审计底稿中缺少审计计划，或有审计计划也是流于形式、走过场、应付检查，对审计业务的开展缺乏实质性的指导和控制；部分业务项目的审计计划仅是明确审计范围、审计人员和时间安排，未明确重要会计问题及重点审计领域、审计重要性的确定及审计风险的评估等方面内容，或对审计范围及审计策略、重要会计问题及重点审计领域、审计重要性的确定及审计风险的评估过于简单；不论客户所处行业特点、规模大小和审计复杂程度，审计计划格式固定，内容千篇一律，没有根据项目的实际情况进行调整以适应项目的需要。

根据上述描述，请同学们思考：

1. 审计计划的制订在审计工作的重要性。

2. “没有按照审计准则的要求编制审计计划”，你认为这是一个工作态度问题，还是一个职业道德问题？

3. 注册会计师应该怎样对社会公众负责？

第七章

风险评估与应对

本章导读

本章是审计学习中的难点，主要阐述注册会计师在了解被审计单位及其环境的基础上，识别和评估财务报表重大错报风险，确定进一步审计程序的基本知识与操作要领。通过本章的学习，重点了解针对评估的财务报表层次对重大错报风险应采取的总体应对措施，初步掌握针对评估的认定层次对重大错报风险设计和实施进一步审计程序，以将审计风险降至可接受的低水平；理解风险导向审计的基本理念，了解被审计单位及其环境的意义与主要内容、内部控制要素及其对审计的影响、进一步审计程序的含义；掌握识别和评估重大错报风险的基本思想，理解与掌握控制测试与实质性程序。

本章建议安排6课时，侧重讲解内部控制要素、风险识别与评估、控制测试与实质性程序。

第一节　了解被审计单位及其环境

一、了解被审计单位及其环境的目的

注册会计师了解被审计单位及其环境，目的是识别和评估财务报表重大错报风险。

了解被审计单位及其环境是风险评估的基础和前提，是审计中的必要程序，为注册会计师在下列关键环节做出职业判断提供重要基础：

一是确定重要性水平，并随着审计工作的进程评估对重要性水平的判断是否仍然适当。

二是考虑会计政策的选择和运用是否恰当，以及财务报表的列报是否适当。

三是识别需要特别考虑的领域，包括关联方交易、管理层运用持续经营假设的合理性，或交易是否具有合理的商业目的等。

四是确定在实施分析程序时所使用的预期值。

五是设计和实施进一步审计程序，以将审计风险降至可接受的低水平。

六是评价所获取审计证据的充分性和适当性。

二、了解被审计单位及其环境的程度

了解被审计单位及其环境是一个连续和动态地收集、更新与分析信息的过程，贯穿于整个审计过程的始终。注册会计师应当运用职业判断，确定需要了解被审计单位及其环境的程度。职业判断贯穿于注册会计师审计的全过程，但是只有建立在对被审计单位及其环境了解基础上的职业判断，才是恰当的和符合实际的。

对被审计单位及其环境了解的程度，是指注册会计师对被审计单位及其环境的了解是否足以识别和评估财务报表的重大错报风险。如果了解被审计单位及其环境获得的信息足以识别和评估财务报表重大错报风险、设计和实施进一步审计程序，那么了解的程度就是恰当的。当然，注册会计师对被审计单位了解的程度，要低于管理层管理企业时对被审计单位的了解程度。

三、了解被审计单位及其环境的基本程序

根据《中国注册会计师审计准则第1211号——了解被审计单位并评估重大错报风险》，注册会计师了解被审计单位及其环境的基本程序有：询问被审计单位管理层和内

部其他相关人员、分析程序、观察和检查。

（一）询问被审计单位管理层和内部其他相关人员

询问被审计单位管理层和内部其他相关人员是注册会计师了解被审计单位及其环境的一个重要信息来源。注册会计师可以考虑向管理层和财务负责人询问下列事项：

1. 管理层所关注的主要问题。如新的竞争对手、主要客户和供应商，新的税收法规的实施以及经营目标或战略的变化等。

2. 被审计单位的财务状况和最近的经营成果、现金流量。

3. 可能影响财务报告的交易和事项，或者目前发生的重大会计处理问题。如重大的购并事宜等。

4. 被审计单位发生的其他重要变化。如所有权结构、组织结构的变化以及内部控制的变化等。

尽管注册会计师通过询问管理层和财务负责人可获取大部分信息，但是询问被审计单位内部的其他人士可能为注册会计师提供不同的视角，有助于评估重大错报风险。因此，注册会计师除了询问管理层和对财务报告负有责任的人员外，还应当考虑询问内部审计人员、采购人员、生产人员、销售人员等其他人员，并考虑询问不同级别的员工，以获取对识别重大错报风险有用的信息。

（二）分析程序

分析程序可用做风险评估程序和实质性程序，也可用来对财务报表进行总体复核。注册会计师实施分析程序有助于识别异常的交易或事项，以及对财务报表和审计产生影响的金额、比率和趋势。

在实施分析程序时，注册会计师应当预期可能存在的合理关系，并与被审计单位记录的金额、依据记录金额计算的比率或趋势相比较。如果发现异常或未预期到的关系，注册会计师应当在识别重大错报风险时考虑这些比较结果。例如，注册会计师通过分析程序发现两个会计期间的毛利率相当，但是，注册会计师通过对被审计单位的了解，获知在生产成本中占较大比例的原材料成本在相关期间内上升，注册会计师预期销售成本也应相应上升，毛利率应相应下降。上述分析可能使注册会计师得出结论：销售成本可能存在重大错报风险，应对其给予足够的重视。

如果使用了高度汇总的数据，实施分析程序的结果仅可能初步显示财务报表存在重大错报风险，注册会计师应当将分析结果连同识别重大错报风险时获取的其他信息一并考虑。例如，被审计单位存在很多产品系列，各个产品系列的毛利率存在一定差异。对总体毛利率实施分析程序的结果仅可能初步显示销售成本存在重大错报风险，注册会计师需要实施更为详细的分析程序，如对每一产品系列进行毛利率分析，或者将总体毛利率分析的结果连同其他信息一并考虑。

（三）观察和检查

观察和检查程序可以印证对管理层和其他相关人员的询问结果，并可提供有关被审计单位及其环境的信息，注册会计师应当实施下列观察和检查程序：

1. 观察被审计单位的生产经营活动。例如，通过观察被审计单位人员正在从事的生产活动和内部控制活动，可以增加注册会计师对被审计单位人员如何进行生产经营活动及实施内部控制的了解。

2. 检查文件、记录和内部控制手册。例如，检查被审计单位的章程，与其他单位签订的合同、协议，股东大会、董事会会议、高级管理层会议的会议记录或纪要，各业务流程操作指引和内部控制手册，各种会计资料、内部凭证和单据等。

3. 阅读由管理层和治理层编制的报告。例如，阅读被审计单位年度和中期财务报告、管理层的讨论和分析资料、经营计划和战略、对重要经营环节和外部因素的评价、被审计单位内部管理报告以及其他特殊目的的报告（如新投资项目的可行性分析报告）。

4. 实地察看被审计单位的生产经营场所和设备。通过现场访问和实地察看被审计单位的生产经营场所和设备，可以帮助注册会计师了解被审计单位的性质及其经营活动。在实地察看被审计单位的厂房和办公场所的过程中，注册会计师有机会与被审计单位的管理层和担任不同职责的员工进行交流，以增强注册会计师对被审计单位的经营活动及其重大影响因素的了解。

5. 追踪交易在财务报告信息系统中的处理过程（穿行测试），这是注册会计师了解被审计单位业务流程及其内部控制时经常使用的审计程序。通过追踪某笔或某几笔交易在业务流程中如何生成、记录、处理和报告，以及相关内部控制如何执行，注册会计师可以确定被审计单位的交易流程和内部控制是否与之前通过其他程序所获得的了解一致，并确定内部控制是否得到执行。

（四）其他审计程序

除了采用上述程序从被审计单位内部获得信息以外，如果注册会计师根据职业判断认为，从被审计单位外部获取的信息有助于了解被审计单位及其环境并识别重大错报风险，应当实施其他审计程序以获取这些信息。例如，询问被审计单位聘请的外部法律顾问、专业评估师、投资顾问和财务顾问等。

阅读外部信息可能有助于注册会计师了解被审计单位及其环境。外部信息包括证券分析师、银行、评级机构出具的有关被审计单位及其所处行业的经济或市场环境等状况的报告，贸易与经济方面的期刊，法规或金融出版物，以及政府部门或民间组织发布的行业报告和统计数据等。

四、了解被审计单位及其环境的主要内容

(一)行业状况、法律环境与监管环境以及其他外部因素

1. 行业状况。了解行业状况有助于注册会计师识别与被审计单位所处行业有关的重大错报风险。通常,注册会计师了解被审计单位的行业状况主要包括:①所处行业的市场供求与竞争;②生产经营的季节性和周期性;③产品生产技术的变化;④能源供应与成本;⑤行业的关键指标和统计数据。

2. 法律环境及监管环境。了解法律环境及监管环境的主要原因在于:①某些法规或监管要求可能对被审计单位经营活动有重大影响,如不遵守将导致停业等严重后果;②某些法规或监管要求(如环保法规等)规定了被审计单位某些方面的责任和义务;③某些法规或监管要求决定了被审计单位需要遵循的行业惯例和核算要求。

通常,注册会计师了解被审计单位所处的法律环境及监管环境主要包括:①适用的会计准则、会计制度和行业特定惯例;②对经营活动产生重大影响的法律法规及监管活动;③对开展业务产生重大影响的政府政策,包括货币、财政、税收和贸易等政策;④与被审计单位所处行业和所从事经营活动相关的环保要求。

3. 其他外部因素。注册会计师了解影响被审计单位经营活动的其他外部因素主要包括:①宏观经济的景气度;②利率和资金供求状况;③通货膨胀水平及币值变动;④国际经济环境和汇率变动。

(二)被审计单位的性质

了解被审计单位的性质有助于注册会计师理解预期在财务报表中反映的各类交易、账户余额和列报。注册会计师应当主要从下列方面了解被审计单位的性质:

1. 所有权结构。对被审计单位所有权结构的了解有助于注册会计师识别关联方关系并了解被审计单位的决策过程。了解的内容主要包括:所有权结构以及所有者与其他人员或单位之间的关系,考虑关联方关系是否已经得到识别,以及关联方交易是否得到恰当核算。例如,注册会计师应当了解被审计单位是属于国有企业、外商投资企业、民营企业,还是属于其他类型的企业,还应当了解其直接控股母公司、间接控股母公司、最终控股母公司和其他股东的构成,以及所有者与其他人员或单位(如控股母公司控制的其他企业)之间的关系。

2. 治理结构。良好的治理结构可以对被审计单位的经营和财务运作实施有效的监督,从而降低财务报表发生重大错报的风险。了解的内容主要包括:董事会的构成情况、董事会内部是否有独立董事,治理结构中是否设有审计委员会或监事会及其运作情况。注册会计师应当考虑治理层是否能够在独立于管理层的情况下对被审计单位事务(包括财务报告)做出客观判断。

3. 组织结构。复杂的组织结构可能导致某些特定的重大错报风险。注册会计师应当了解被审计单位的组织结构,考虑复杂组织结构可能导致的重大错报风险,包括财务报表合并、商誉摊销和减值、长期股权投资核算以及特殊目的实体核算等问题。例如,对于在多个地区拥有子公司、合营企业、联营企业或其他成员机构,或者存在多个业务分部和地区分部的被审计单位,不仅编制合并财务报表的难度增加,还存在其他可能导致重大错报风险的复杂事项,包括:对于子公司、合营企业、联营企业和其他股权投资类别的判断及其会计处理;商誉在不同业务分部间的摊销及减值测试;对特殊目的实体是否进行了适当的会计处理。

4. 经营活动。了解被审计单位经营活动有助于注册会计师识别预期将在财务报表中反映的主要交易类别、重要账户余额和列报。了解的内容主要包括:①主营业务的性质,例如是否属于生产商、批发商,银行、保险或其他金融服务,进出口贸易、公用事业、交通运输或者提供技术产品和服务等。②与生产产品或提供劳务相关的市场信息,例如主要客户和合同、付款条件、利润率、市场份额、竞争者、出口、定价政策、产品声誉、质量保证、营销策略和目标、生产流程等。③业务的开展情况,例如生产过程、业务分部的设立情况、产品和服务的交付、衰退或扩展的经营活动的详情等。④联盟、合营与外包情况。⑤从事电子商务的情况,例如是否存在通过互联网销售和营销活动。⑥地区与行业分布,例如是否涉及多种经营和跨地区经营,各个地区和各行业分布的相对规模以及相互之间是否存在依赖关系。⑦生产设施、仓库的地理位置及办公地点。⑧关键客户,例如销售对象是少量的大客户还是众多的小客户、是否有被审计单位高度依赖的特定客户(如超过销售总额的10%的顾客)、是否有造成高回收性风险的若干客户或客户类别(如正处在一个衰退市场中的客户)、是否与某些客户订立了不寻常的销售条款或条件。⑨重要供应商,例如是否签订长期供应合同,原材料供应的可靠性和稳定性、付款条件,以及原材料是否受重大价格变动的影响。⑩劳动用工情况,例如分地区用工情况、劳动力供应情况、工资水平、退休金和其他福利、股权激励或其他奖金安排以及与劳动用工事项相关的政府法规。⑪研究与开发活动及其支出。⑫关联方交易,例如有些客户或供应商是否为关联方;对关联方和非关联方是否采用不同的销售和采购条款,此外还存在哪些关联方交易、这些交易采用怎样的定价政策。

5. 投资活动。了解被审计单位投资活动有助于注册会计师关注被审计单位在经营策略和方向上的重大变化。了解的内容主要包括:①近期拟实施或已实施的并购活动与资产处置情况,包括业务重组或某些业务的终止。注册会计师应当了解并购活动如何与被审计单位目前的经营业务相协调,并考虑它们是否会引发进一步的经营风险。例如被审计单位并购了一个新的业务部门,注册会计师需要了解管理层如何管理这一新业务,新业务又如何与现有业务相结合、发挥协同优势,如何解决原有经营业务与新业务在信息系统、企业文化等各方面的不一致。②证券投资、委托贷款的发生与处置。③资本性投资活动,包括固定资产和无形资产投资,近期发生或计划发生的变动,以及重大的资本承诺等。④不纳入合并范围的投资,例如联营、合营或其他投资,包括近期计划的投资项目。

6. 筹资活动。了解被审计单位筹资活动有助于注册会计师评估被审计单位在融资方面的压力,并进一步考虑被审计单位在可预见未来的持续经营能力。了解的内容主要包括:①债务结构和相关条款,包括担保情况及表外融资。②固定资产的融资租赁。③关联方融资,例如关联方融资的特殊条款。④实际受益股东,例如被审计单位的实际受益股东是国内的还是国外的,其商业声誉和经验可能对被审计单位产生的影响。⑤衍生金融工具的运用,例如衍生金融工具是用于交易目的还是套期目的,以及运用的种类、范围和交易对手等。

(三)被审计单位对会计政策的选择和运用

1. 重要项目的会计政策和行业惯例。重要的会计政策主要包括:收入确认、存货的计价方法、投资的核算、固定资产的折旧方法、坏账准备、存货跌价准备和其他资产减值准备的确定、借款费用资本化方法、合并财务报表的编制方法等。除会计政策以外,某些行业可能还存在一些行业惯例,注册会计师应当熟悉这些行业惯例。当被审计单位采用与行业惯例不同的会计处理方法时,注册会计师应当对此予以重点关注。

2. 重大和异常交易的会计处理方法。注册会计师应当考虑对重大的和不经常发生的交易的会计处理方法是否适当。例如,本期发生的企业合并的会计处理方法。某些企业可能存在与其所处行业相关的重大交易,如银行向客户发放贷款、证券公司对外投资、医药企业的研究与开发活动等。

3. 在新领域和缺乏权威性标准或共识的领域,采用重要会计政策产生的影响。例如,对于互联网上的收入确认问题,在有关会计处理缺乏权威性的标准或共识时,注册会计师应当关注被审计单位选用了哪些会计政策、为什么选用这些会计政策以及选用这些会计政策产生的影响。

4. 会计政策的变更。如果被审计单位变更了重要的会计政策,注册会计师应当考虑会计政策变更的原因及其适当性:①会计政策的变更是否符合法律、行政法规或者适用的会计准则和相关会计制度的规定。②会计政策的变更能否提供更可靠、更相关的会计信息。除此之外,注册会计师还应当关注会计政策的变更是否得到恰当披露。

5. 被审计单位何时采用以及如何采用新颁布的会计准则和相关会计制度。例如,新的企业会计准则自 2007 年 1 月 1 日起在上市公司施行,并鼓励其他企业执行。注册会计师应考虑被审计的上市公司是否已按照新会计准则的要求,做好衔接调整工作,并收集执行新会计准则需要的信息资料。

除上述与会计政策的选择和运用相关的事项外，注册会计师还应对被审计单位下列与会计政策运用相关的情况予以关注：①是否采用激进的会计政策、方法、估计和判断；②财会人员是否拥有足够的运用会计准则的知识、经验和能力；③是否拥有足够的资源支持会计政策的运用，如人力资源及培训、内部系统、信息技术的采用、数据和信息的采集等。

注册会计师应当考虑被审计单位是否按照适用的会计准则和相关会计制度的规定恰当地进行了列报，并披露了重要事项。财务报表及其附注的格式、结构安排、内容、财务报表项目使用的术语、披露信息的明细程度、项目在财务报表中的分类以及列报信息的来源等，构成了列报和披露的主要内容。注册会计师应当考虑被审计单位是否已对特定事项做了适当的列报和披露。

(四)被审计单位的目标、战略以及相关经营风险

1. 目标、战略与经营风险。目标是企业经营活动的指针，企业管理层或治理层一般会根据企业经营面临的外部环境和内部各种因素，制定合理可行的经营目标。战略是企业管理层为实现经营目标采用的总体层面的策略和方法。为了实现某一既定的经营目标，企业可能有多个可行战略。例如，如果目标是在某一特定期间内进入一个新的市场，那么可行的战略包括收购该市场内的现有企业、与该市场内的其他企业合资经营、自行开发进入该市场等。随着外部环境的变化，企业的目标和战略应做出适应性的调整和变化。

经营风险源于对被审计单位实现目标和战略产生不利影响的重大情况、事项、环境和行动，或源于不恰当的目标和战略。不能因环境的变化而做出适应性调整固然可能产生经营风险，但是在变化的过程中也可能导致经营风险。例如，为应对消费者需求的变化，企业开发了新产品，但研发新产品可能会产生研发失败的风险；即使研发成功，市场需求可能没有被充分开发，导致产品营销风险；产品的缺陷还可能导致企业遭受声誉风险和承担产品赔偿责任的风险。

注册会计师应当了解被审计单位是否存在与下列方面有关的目标和战略，并考虑相应的经营风险：①行业发展，及其可能导致的被审计单位不具备足以应对行业变化的人力资源和业务专长等风险；②开发新产品或提供新服务，及其可能导致的被审计单位产品责任增加等风险；③业务扩张，及其可能导致的被审计单位对市场需求的估计不准确等风险；④新颁布的会计法规，及其可能导致的被审计单位执行法规不当或不完整，或会计处理成本增加等风险；⑤监管要求，及其可能导致的被审计单位法律责任增加等风险；⑥本期及未来的融资条件，及其可能导致的被审计单位由于无法满足融资条件而失去融资机会等风险；⑦信息技术的运用，及其可能导致的被审计单位信息系统与业务流程难以融合等风险。

2. 经营风险对重大错报风险的影响。经营风险与财务报表重大错报风险是既有联系又相互区别的两个概念，前者比后者范围更广。注册会计师了解被审计单位的经营风险有助于其识别财务报表重大错报风险，然而注册会计师没有责任识别或评估所有经营风险。

多数经营风险最终都会产生财务后果，从而影响财务报表，但并非所有经营风险都会导致重大错报风险。经营风险可能对各类交易、账户余额以及列报认定层次或财务报表整体层次带来直接影响。例如，企业合并导致客户群的减少，可能使信贷风险集中，由此产生的经营风险可能增加与应收账款计价认定有关的重大错报风险。同样的风险，尤其是在经济紧缩时，可能具有更为长期的后果，注册会计师在评估持续经营假设的适当性时需要考虑这一问题。注册会计师应当根据被审计单位的具体情况，考虑经营风险是否可能导致财务报表发生重大错报。

3. 被审计单位的风险评估过程。管理层通常制定识别和应对经营风险的策略，注册会计师应当了解被审计单位的风险评估过程。此类风险评估过程是被审计单位内部控制的组成部分。

（五）被审计单位财务业绩的衡量和评价

被审计单位主要管理人员经常会衡量和评价关键业绩指标（包括财务和非财务的）、预算及差异分析、分部信息和分支机构、部门或其他层次的业绩报告以及与竞争对手的业绩比较。此外，外部机构也会衡量和评价被审计单位的财务业绩，如分析师的报告和信用评级机构的报告。

被审计单位内部或外部对财务业绩的衡量和评价可能对被审计单位管理层产生压力，促使其积极采取行动改善财务业绩，或歪曲财务报表。因此，注册会计师应当了解被审计单位财务业绩的衡量和评价情况，考虑这种压力是否可能导致管理层采取行动，以至于增加财务报表发生重大错报甚至舞弊的风险。

第二节　了解内部控制

了解内部控制是识别和评估重大错报风险、设计和实施进一步审计程序的基础。注册会计师应当了解与审计相关的内部控制以识别潜在错报的类型，考虑导致重大错报风险的因素，以及设计和实施进一步审计程序的性质、时间和范围。

一、内部控制概述

（一）内部控制的内涵

内部控制是被审计单位为了合理保证财务报告的可靠性、经营的效率和效果，以及对法律法规的遵守，由治理层、管理层和其他人员设计和执行的政策和程序。内部控制的含义可以从以下几方面加以理解：

1. 内部控制的目标是合理保证，即合理保证下述内容：

(1)财务报告的可靠性，这一目标与治理层和管理层履行财务报告编制责任密切相关。

(2)经营的效率和效果，即经济有效地使用企业资源，以最优方式实现企业的目标。

(3)在所有经营活动中遵守法律法规的要求，即在法律法规的框架下从事经营活动。

之所以是合理保证而不是绝对保证，这是由内部控制的局限性决定的。

2. 设计和实施内部控制的责任主体是治理层、管理层和其他人员，组织中的每一个人都对内部控制负有责任。

3. 实现内部控制目标的手段是设计和执行控制政策和程序。

(二)内部控制的要素

《中国注册会计师审计准则第 1211 号——了解被审计单位及其环境并评估重大错报风险》第四十七条指出，内部控制包括下列要素：①控制环境；②风险评估过程；③信息系统与沟通；④控制活动；⑤对控制的监督。

(三)与审计相关的控制

内部控制的目标旨在合理保证财务报告的可靠性、经营的效率和效果以及对法律法规的遵守。注册会计师审计的目标是对财务报表是否存在重大错报发表审计意见，因此要考虑与财务报表编制相关的内部控制，但目的并非对被审计单位内部控制的有效性发表意见。注册会计师需要了解和评价的内部控制只是与财务报表审计相关的内部控制，并非被审计单位所有的内部控制。与审计相关的内部控制，主要包括被审计单位为实现财务报告可靠性目标设计和实施的控制及其他相关控制。本书后面所称的内部控制都是指与注册会计师审计相关的内部控制。

1. 为实现财务报告可靠性目标设计和实施的控制。注册会计师应当运用职业判断，考虑一项控制单独或连同其他控制是否与评估重大错报风险以及针对评估的风险设计和实施进一步审计程序有关。在运用职业判断时，注册会计师应当考虑下列因素：①注册会计师确定的重要性水平；②被审计单位的性质，包括组织结构和所有制性质；③被审计单位的规模；④被审计单位经营的多样性和复杂性；⑤法律法规和监管要求；⑥作为内部控制组成部分的系统(包括利用服务机构)的性质和复杂性。

2. 其他与审计相关的控制。

(1)如果在设计和实施进一步审计程序时拟利用被审计单位内部生成的信息，注册会计师应当考虑用以保证该信息完整性和准确性的控制可能与审计相关。注册会计师以前的经验以及在了解被审计单位及其环境过程中获得的信息，可以帮助注册会计师识别与审计相关的控制。

(2)如果用以保证经营效率、效果的控制以及对法律法规遵守的控制与实施审计程序时评价或使用的数据相关，注册会计师应当考虑这些控制可能与审计相关。例如，对于某些非财务数据（如生产统计数据）的控制，如果注册会计师在实施分析程序时使用这些数据，这些控制就可能与审计相关。又如，某些法规（如税法）对财务报表存在直接和重大的影响（决定应交税金和所得税费用），为了遵守这些法规，被审计单位可能设计和执行相应的控制，这些控制也与注册会计师的审计相关。被审计单位通常有一些与审计无关的控制，注册会计师无须对其加以考虑。例如，被审计单位可能依靠某一复杂的自动控制系统提高经营活动的效率和效果（如航空公司用于维护航班时间表的自动控制系统），但这些控制通常与审计无关。

(3)用以保护资产的内部控制可能包括与实现财务报告可靠性和经营效率、效果目标相关的控制。注册会计师在了解保护资产的内部控制各项要素时，可仅考虑其中与财务报告可靠性目标相关的控制。例如，保护存货安全的控制可能与审计相关，但在生产中防止材料浪费的控制通常就与审计不相关。材料是否经济有效地使用与审计目标并不直接相关，只有所用材料的成本没有在财务报表中如实反映，才会影响财务报表的可靠性。

(四)对内部控制了解的深度

对内部控制了解的深度，是指在了解被审计单位及其环境时对内部控制了解的程度，包括评价控制的设计，并确定其是否得到执行，但不包括对控制是否得到一贯执行的测试。

1. 评价控制的设计。评价控制的设计是指考虑一项控制单独或连同其他控制是否能够有效防止或发现并纠正重大错报。注册会计师在了解内部控制时，应当评价控制的设计，并确定其是否得到执行。控制得到执行是指某项控制存在且被审计单位正在使用。设计不当的控制可能表明内部控制存在重大缺陷，注册会计师在确定是否考虑控制得到执行时，应当首先考虑控制的设计。如果控制设计不当，不需要再考虑控制是否得到执行。

2. 获取控制设计和执行的审计证据。注册会计师通常实施下列风险评估程序，以获取有关控制设计和执行的审计证据：

(1)询问被审计单位的人员。

(2)观察特定控制的运用。

(3)检查文件和报告。

(4)追踪交易在财务报告信息系统中的处理过程(穿行测试)。

这些程序是风险评估程序在了解被审计单位内部控制方面的具体运用。需要说明的是,询问本身并不足以评价控制的设计以及确定其是否得到执行,注册会计师应当将询问与其他风险评估程序结合使用。

3. 了解内部控制与测试控制运行有效性的关系。审计准则指出,除非存在某些可以使控制得到一贯运行的自动化控制,注册会计师对控制的了解并不能够代替对控制运行有效性的测试。

例如,获取某一人工控制在某一时点得到执行的审计证据,并不能证明该控制在所审计期间内的其他时点也有效运行。但是,信息技术可以使被审计单位持续一贯地对大量数据进行处理,提高了被审计单位监督控制活动运行情况的能力,信息技术还可以通过对应用软件、数据库、操作系统设置安全控制来实现有效的职责划分。由于信息技术处理流程的内在一贯性,实施审计程序确定某项自动控制是否得到执行,也可能实现对控制运行有效性测试的目标。对控制运行有效性的测试称为控制测试,本书将在后面进行阐述。

(五)内部控制的人工和自动化成分

1. 考虑内部控制的人工和自动化特征及其影响。大多数被审计单位出于编制财务报告和实现经营目的使用信息技术。然而,即使信息技术得到广泛使用,人工因素仍然会存在于这些系统之中。被审计单位采用的控制系统中人工控制和自动化控制的比例是不同的:在一些小型的生产经营不太复杂的被审计单位,可能以人工控制为主;在另外一些被审计单位,可能以自动化控制为主。审计准则 1211 号第五十七条规定,内部控制可能既包括人工成分又包括自动化成分,在风险评估以及设计和实施进一步审计程序时,注册会计师应当考虑内部控制的人工和自动化特征及其影响。

内部控制采用人工系统还是自动化系统,将影响交易生成、记录、处理和报告的方式。在以人工为主的系统中,内部控制一般包括批准和复核业务活动,编制调节表并对调节项目进行跟踪。当采用信息技术系统生成、记录、处理和报告交易时,交易的记录形式(如订购单、发票、装运单及相关的会计记录)可能是电子文档而不是纸质文件。信息技术系统中的控制可能既有自动控制(如嵌入计算机程序的控制)又有人工控制。人工控制可能独立于信息技术系统,可能利用信息技术系统生成的信息,也可能限于监督信息技术系统和自动控制的有效运行或者处理例外事项。如果采用信息技术系统处理交易和其他数据,系统和程序可能包括与财务报表重大账户认定相关的控制或者包括人工控制作用的有效发挥。被审计单位的性质和经营的复杂程度会对采用人工控制和自动控制的成分产生影响。

2. 与信息技术相关的内部控制风险。运用信息技术可以提高被审计单位内部控制的效率和效果,但是,信息技术也可能对内部控制产生特定风险。注册会计师应当从下列方面了解信息技术对内部控制产生的特定风险:

(1)系统或程序未能正确处理数据,或处理了不正确的数据,或两种情况同时并存。

(2)在未得到授权情况下访问数据,可能导致数据的毁损或对数据不恰当的修改,包括记录未经授权或不存在的交易,或不正确地记录了交易。

(3)信息技术人员可能获得超越其履行职责以外的数据访问权限,破坏了系统应有的职责分工。

(4)未经授权改变主文档的数据。

(5)未经授权改变系统或程序。

(6)未能对系统或程序做出必要的修改。

(7)不恰当的人为干预。

(8)数据丢失的风险或不能访问所需要的数据。

3. 与人工控制相关的内部控制风险。内部控制的人工成分是相当普遍的,但是,由于人工控制由人执行、受人为因素的影响,也产生了特定风险。注册会计师应当从下列方面了解人工控制产生的特定风险:

(1)人工控制可能更容易被规避、忽视或凌驾。

(2)人工控制可能不具有一贯性。

(3)人工控制可能更容易产生简单错误或失误。相对于自动控制,人工控制的可靠性较差。

为此,注册会计师应当考虑人工控制在下列情形中可能是不适当的:①存在大量或重复发生的交易;②事先可预见的错误能够通过自动化控制得以防范或发现;③控制活动可得到适当设计和自动化处理。

内部控制风险的程度和性质受被审计单位信息系统的性质和特征的影响。因此,在了解内部控制时,注册会计师应当考虑被审计单位是否通过建立有效的控制,以恰当应对由于使用信息技术系统或人工系统而产生的风险。

(六)内部控制的局限性

内部控制存在固有局限性,无论如何设计和执行,只能对财务报告的可靠性提供合理的保证。内部控制存在的固有局限性包括:

1. 在决策时人为判断可能出现错误和由于人为失误而导致内部控制失效。例如,被审计单位信息技术工作人员没有完全理解系统如何处理销售交易,为使系统能够处理新型产品的销售,可能对系统进行错误更改;或者对系统的更改是正确的,但是程序员没能把更改转化为正确的程序代码。

2. 可能由于两个或更多的人员进行串通或管理层凌驾于内部控制之上而被规避。例如，管理层可能与客户签订背后协议，对标准的销售合同做出变动，从而导致确认收入发生错误。再如，软件中的编辑控制旨在发现和报告超过赊销信用额度的交易，但这一控制可能被逾越或规避。

3. 如果被审计单位内部控制行使控制职能的人员素质不适应岗位要求，会影响内部控制功能的正常发挥。

4. 被审计单位实施内部控制的成本效益问题会影响其效能。当实施某项控制的成本大于控制效果而发生损失时，就没有必要设置控制环节或控制措施。

5. 内部控制一般都针对经常而重复发生的业务而设置，如果出现不经常发生或未预计到的业务，原有的控制就可能不适用。

此外，注册会计师还要对小型被审计单位内部控制的特征及其影响进行考虑。小型被审计单位拥有的员工通常较少，限制了其职责分离的程度，业主凌驾于内部控制之上的可能性较大。注册会计师应当考虑一些关键领域是否存在有效的内部控制，包括考虑小型被审计单位总体的控制环境，特别是业主对于内部控制及其重要性的态度、认识和措施。

二、了解和评估控制环境

（一）控制环境的含义和了解控制环境的总体要求

控制环境包括治理职能和管理职能，以及治理层和管理层对内部控制及其重要性的态度、认识和措施。控制环境设定了被审计单位的内部控制基调，影响员工对内部控制的认识和态度。良好的控制环境是实施有效内部控制的基础。

防止、发现并纠正舞弊和错误是被审计单位治理层和管理层的责任。在评价控制环境的设计和实施情况时，注册会计师应当了解管理层在治理层的监督下，是否营造并保持了诚实守信和合乎道德的文化，以及是否建立了防止、发现并纠正舞弊和错误的恰当控制。实际上，在审计业务承接阶段，注册会计师就需要对控制环境做出初步了解和评价。

（二）控制环境的构成要素

在评价控制环境的设计时，注册会计师应当考虑构成控制环境的下列要素，以及这些要素如何被纳入被审计单位业务流程。

1. 对诚信和道德价值观念的沟通与落实。诚信和道德价值观念是控制环境的重要组成部分，影响重要业务流程的设计和运行。内部控制的有效性直接依赖于负责创建、管理和监控内部控制的人员的诚信和道德价值观念。被审计单位是否存在道德行为准则，以及这些准则如何在被审计单位内部沟通和得到落实，决定了是否能产生诚信和道德的行为。对诚信和道德价值观念的沟通与落实既包括管理层如何处理不诚实、非法或不道德行为，也包括在单位内部通过行为规范以及高层管理人员的身体力行，对诚信和道德价值观念的营造和保持。

例如，管理层在行为规范中指出，员工不允许从供货商那里获得超过一定金额的礼品，超过部分都须报告和退回。尽管该行为规范本身并不能绝对保证员工都照此执行，但至少意味着管理层已对此进行明示，它连同其他程序可能构成一个有效的预防机制。

为了了解和识别影响管理层采取某些行动的因素，注册会计师应当对显示管理层意图和动机的行为，以及可能导致管理层进行财务报告舞弊的因素保持警觉。例如，管理层不现实地期望超过以往业绩、经常倾向于采用激进的会计政策等。注册会计师还应当关注被审计单位以往的行为和倾向可能显示管理层采取某些行动增加财务报表错报的风险。例如，经常在年末发生大额的非正常交易或过分复杂的交易。除了对该类态度和行为保持警觉外，注册会计师还需要考虑影响被审计单位的一些特殊情形和事件，它们可能导致管理层采取行动，进而增加财务报表错报的风险，例如被审计单位可能被收购或计划上市等，这些情形可能会使管理层倾向于多报盈利而歪曲财务报表。

注册会计师在了解和评估被审计单位诚信和道德价值观念的沟通与落实时，考虑的主要因素包括：

（1）被审计单位是否有书面的行为规范并向所有员工传达。

（2）被审计单位的企业文化是否强调诚信和道德价值观念的重要性，如果违反，是否会受到惩罚。

（3）管理层是否身体力行，高级管理人员是否起表率作用。

（4）对违反有关政策和行为规范的情况，管理层是否采取适当的行动。

2. 对胜任能力的重视。胜任能力是指具备完成某一职位的工作所应有的知识和能力。管理层对胜任能力的重视包括对于特定工作所需的胜任能力水平的设定，以及对达到该水平所必需的知识和能力的要求。注册会计师应当考虑主要管理人员和其他相关人员是否能够胜任承担的工作和职责，例如，财会人员是否对编报财务报表所适用的会计准则和相关会计制度有足够的了解并能正确运用。

注册会计师在就被审计单位对胜任能力的重视情况进行了解和评估时，考虑的主要因素包括：

（1）财会人员以及信息管理人员是否具备与被审计单位业务性质和复杂程度相称的足够的胜任能力和培训，在发生错误时，是否通过调整人员或系统来加以处理。

（2）管理层是否配备足够的财会人员以适应业务发展和有关方面的需要。

（3）财会人员是否具备理解和运用会计准则所需的技能。

3. 治理层的参与程度。被审计单位的控制环境在很大程度上受治理层的影响。治理层的职责应在被审计单位的章程和政策中予以规定。董事会通常通过其自身的活动,并在审计委员会或类似机构的支持下,监督被审计单位的财务报告政策和程序。因此,董事会、审计委员会或类似机构应关注被审计单位的财务报告,并监督被审计单位的会计政策以及内部、外部的审计工作和结果。治理层的职责还包括监督用于复核内部控制有效性的政策和程序设计是否合理、执行是否有效。

治理层影响控制环境的要素有:治理层相对于管理层的独立性、成员的经验和品德、对被审计单位业务活动的参与程度、治理层行为的适当性、治理层所获得的信息、管理层对治理层所提出问题的追踪程度,以及治理层与内部审计人员和注册会计师的联系程度。例如,如果注册会计师与审计委员会有定期的联系,管理层会更愿意定期向审计委员会和董事会汇报情况,审计委员会和董事会可以对被审计单位重大情况有更多的知情权。

注册会计师在对被审计单位治理层的参与程度进行了解和评估时,考虑的主要因素包括:

(1)董事会是否建立了审计委员会或类似机构。

(2)董事会、审计委员会或类似机构是否与内部审计人员以及注册会计师有联系和沟通,联系和沟通的性质以及频率是否与被审计单位的规模和业务复杂程度相匹配。

(3)董事会、审计委员会或类似机构的成员是否具备适当的经验和资历。

(4)董事会、审计委员会或类似机构是否独立于管理层。

(5)审计委员会或类似机构会议的数量和时间是否与被审计单位的规模和业务复杂程度相匹配。

(6)董事会、审计委员会或类似机构是否充分地参与了财务报告的过程。

(7)董事会、审计委员会或类似机构是否对经营风险的监控有足够的关注,进而影响被审计单位和管理层的风险评估过程。

(8)董事会成员是否保持相对的稳定性。

4. 管理层的理念和经营风格。管理层负责企业的运作以及经营策略和程序的制定、执行与监督。控制环境的每个方面在很大程度上都受管理层所采取措施和所做出决策的影响,或在某些情况下受管理层不采取某些措施或不做出某种决策的影响。在有效的控制环境中,管理层的理念和经营风格可以创造一个积极的氛围,促进业务流程和内部控制的有效运行,同时创造一个减少错报发生可能性的环境。在管理层以一个或少数几个人为主时,管理层的理念和经营风格对内部控制的影响尤为突出。

管理层的理念包括管理层对内部控制的理念,是指管理层对内部控制以及对具体控制实施环境的重视程度。管理层越重视内部控制,将越有助于控制的有效执行,并减少特定控制被忽视或规避的可能性。控制理念反映在管理层制定的政策、程序及所采取的措施中,而不是反映在形式上。因此,要使控制理念成为控制环境的一个重要特质,管理层必须告知员工内部控制的重要性。同时,只有建立适当的管理层控制机制,控制理念才能产生预期的效果。

衡量管理层对内部控制重视程度的重要标准,是管理层收到有关内部控制弱点及违规事件的报告时做出何种反应。管理层及时下达纠弊措施,表明他们重视内部控制,有利于加强企业内部的控制意识。

此外,了解管理层的经营风格也很有必要,有助于注册会计师判断哪些因素影响管理层对待内部控制的态度,哪些因素影响他们在编制财务报表时所做的判断,特别是在做出会计估计以及选用会计政策的时候。这种了解也有助于注册会计师进一步认识管理层的能力和经营动机。注册会计师对管理层的能力和诚信越有信心,就越有理由依赖管理层提供的信息和做出的解释及声明。相反,如果对管理层经营风格的了解加重了注册会计师对他们的怀疑,注册会计师就会加大职业怀疑的程度,从而导致对管理层各种声明产生怀疑。因此,了解管理层的经营风格对注册会计师评估重大错报风险有着重要的意义。

注册会计师在了解和评估被审计单位管理层的理念和经营风格时,考虑的主要因素包括:

(1)管理层是否对内部控制(包括信息技术的控制)给予了适当的关注。

(2)管理层是否由一个或几个人所控制,董事会、审计委员会或类似机构对其是否实施有效监督。

(3)管理层在承担和监控经营风险方面是风险偏好者还是风险规避者。

(4)管理层在选择会计政策和做出会计估计时是倾向于激进还是保守。

(5)管理层对于信息流程以及会计职能部门和人员是否给予了适当关注。

(6)对于重大的内部控制和会计事项,管理层是否征询注册会计师的意见,或者经常在这些方面与注册会计师存在不同意见。

5. 组织结构及职权与责任的分配。被审计单位的组织结构为计划、运作、控制及监督经营活动提供了一个整体框架。通过集权或分权决策,可在不同部门间进行适当的职责划分、建立适当层次的报告体系。组织结构将影响权利、责任和工作任务在组织成员中的分配。被审计单位组织结构的合理性在一定程度上取决于被审计单位的规模和经营活动的性质。

注册会计师应当考虑被审计单位组织结构中是否采用向个人或小组分配控制职责的适当方法,是否建立了执行特定职能(包括交易授权)的授权机制,是否确保每个人都清楚地了解报告关系和责任。注册会计师还需审查对分散经营活动的监督是否充分。有效的权责分配制度有助于形成整体的控制意识。

注册会计师应当关注组织结构及权责分配方法的实质而非仅仅关注其形式。相应地，注册会计师应当考虑相关人员对政策与程序的整体认识水平和遵守程度，以及管理层对其实施监督的程度。

注册会计师对组织结构的审查，有助于其确定被审计单位的职责划分应该达到何种程度，也有助于其评价被审计单位在这方面的不足会对整体审计策略产生的影响。

信息系统处理环境是注册会计师对组织结构及权责分配方法进行审查的一个重要方面。注册会计师应当考虑信息系统职能部门的结构安排是否明确了责任分配，授权和批准系统变化的职责分配，以及是否明确程序开发、运行及使用者之间的职责划分。

注册会计师在对被审计单位组织结构和职权与责任的分配进行了解和评估时，考虑的主要因素包括：

(1)在被审计单位内部是否有明确的职责划分，是否将业务授权、业务记录、资产保管和维护，以及业务执行的责任尽可能地分离。

(2)数据的所有权划分是否合理。

(3)是否已针对授权交易建立适当的政策和程序。

6. 人力资源政策与实务。人力资源政策与实务涉及招聘、培训、考核、晋升和薪酬等方面。政策与程序(包括内部控制)的有效性，通常取决于执行人。因此，被审计单位员工的能力与诚信是控制环境中的重要因素。然而，被审计单位是否能够招聘并保留一定数量既有能力又有责任心的员工，在很大程度上取决于其人事政策与实务。例如，如果招聘录用标准要求录用最合适的员工，包括强调员工的学历、经验、诚信和道德，这表明被审计单位希望录用有能力并值得信赖的人员。有关培训方面的政策显示员工应达到的工作表现和业绩水准。通过定期考核的晋升政策表明被审计单位希望具备相应资格的人员承担更多的职责。

注册会计师在对被审计单位人力资源政策与实务进行了解和评估时，考虑的主要因素包括：

(1)被审计单位是否在招聘、培训、考核、晋升、薪酬、调动和辞退员工方面都有适当的政策和程序(特别是在会计、财务和信息系统方面)。

(2)是否有书面的员工岗位职责手册，或者在没有书面文件的情况下，对于工作职责和期望是否做了适当的沟通和交流。

(3)人力资源政策与程序是否清晰，并且定期发布和更新。

(4)是否设定适当的程序对分散在各地区和海外的经营人员建立和沟通人力资源政策与程序。

注册会计师应当对控制环境的上述要素获取足够了解，并考虑内部控制的实质及其综合效果，以了解管理层和治理层对内部控制的整体态度、认识以及所采取的措施。

（三）了解控制环境的程序

在评价控制环境各个要素时，注册会计师应当考虑控制环境各个要素是否得到执行。因为管理层也许建立了一个合理的内部控制，但却未有效执行。例如，管理层已建立正式的行为守则，但实际操作中却没有对不遵守该守则的行为采取措施。又如，管理层要求信息系统建立安全措施，却没有提供足够的资源。

在确定构成控制环境的要素是否得到执行时，注册会计师应当考虑将询问与观察和检查等风险评估程序结合运用以获取审计证据。例如，通过询问管理层和员工，注册会计师可了解管理层如何就业务规程和道德价值观念与员工进行沟通；通过检查文件，可以了解管理层是否建立了正式的行为守则；通过询问和观察，可以了解行为守则在日常工作中是否得到遵守，以及管理层如何处理违反行为守则的情形。

（四）考虑控制环境的总体优势及缺陷

控制环境对重大错报风险的评估具有广泛影响，注册会计师应当考虑控制环境的总体优势是否为内部控制的其他要素提供了适当的基础，并且未被控制环境中存在的缺陷所削弱。

注册会计师在评估重大错报风险时，存在令人满意的控制环境是一个积极的因素。虽然令人满意的控制环境并不能绝对防止舞弊，但却有助于降低舞弊的风险。有效的控制环境还为注册会计师相信在以前年度和期中所测试的控制将继续有效运行提供一定基础。相反，控制环境中存在的弱点可能削弱控制的有效性。例如，注册会计师在进行风险评估时，如果认为被审计单位控制环境薄弱，则很难认定某一流程的控制是有效的。

（五）考虑控制环境与其他控制要素的综合作用

控制环境本身并不能防止、发现并纠正各类交易、账户余额、列报认定层次的重大错报，注册会计师在评估重大错报风险时应当将控制环境连同其他内部控制要素产生的影响一并考虑。例如，将控制环境与对控制的监督和具体控制活动一并考虑。

（六）对小型被审计单位的考虑

在小型被审计单位，注册会计师可能无法获取以文件形式存在的有关控制环境要素的审计证据。例如，小型被审计单位可能没有书面的行为守则，管理层对道德价值和专业胜任能力的推崇，通常是通过管理层在经营管理过程中展示的行为和态度得到体现。因此，注册会计师应当重点了解管理层对内部控制设计的态度、认识和措施。

三、了解与评估被审计单位的风险评估过程

被审计单位的风险评估过程包括识别与财务报告相关的经营风险，以及针对这些风险所采取的措施。注册会计师应当了解被审计单位的风险评估过程和结果。

(一)被审计单位面临的风险及风险评估过程

任何经济组织在经营活动中都会面临各种各样的风险,并对其生存和竞争能力产生影响。很多风险的产生并不为经济组织所控制,但管理层应当确定可以承受的风险水平,识别这些风险并采取一定的应对措施。可能产生风险的事项和情形包括:

1. 监管及经营环境的变化。监管和经营环境的变化会导致竞争压力的变化以及重大的相关风险。

2. 新员工的加入。新员工可能对内部控制有不同的认识和关注点。

3. 新信息系统的使用或对原系统进行升级。信息系统的重大变化会改变与内部控制相关的风险。

4. 业务快速发展。快速的业务扩张可能会使内部控制难以应对,从而增加内部控制失效的可能性。

5. 新技术。将新技术运用于生产过程和信息系统可能改变与内部控制相关的风险。

6. 新生产型号、产品和业务活动。进入新的业务领域和发生新的交易可能带来新的与内部控制相关的风险。

7. 企业重组。重组可能带来裁员以及管理职责的重新划分,将影响与内部控制相关的风险。

8. 发展海外经营。海外扩张或收购会带来新的并且往往是特别的风险,进而可能影响内部控制,如外币交易的风险。

9. 新的会计准则。采用新的或变化了的会计准则可能会增大财务报告发生重大错报的风险。

风险评估过程的作用是识别、评估和管理影响其经营目标实现能力的各种风险。针对财务报告目标的风险评估过程包括识别与财务报告相关的经营风险,估计风险的重大性和发生的可能性,以及如何采取措施管理这些风险。例如,风险评估可能会涉及被审计单位如何考虑对某些交易未予记录的可能性,或者识别和分析财务报告中的重大会计估计发生错报的可能性。与财务报告相关的风险也可能与特定事项和交易有关。

(二)风险评估过程设计与执行的评价

在评价被审计单位风险评估过程的设计和执行时,注册会计师应当确定管理层如何识别与财务报告相关的经营风险,如何评估该风险的重要性,如何评估风险发生的可能性,以及如何采取措施管理这些风险。如果被审计单位的风险评估过程符合其具体情况,了解被审计单位的风险评估过程和结果将有助于注册会计师识别财务报表的重大错报风险。

（三）向管理层询问识别出经营风险

注册会计师应当询问管理层以识别经营风险，并考虑这些风险是否可能导致重大错报。在审计过程中，如果发现与财务报表有关的风险因素，注册会计师可通过向管理层询问和检查有关文件，确定被审计单位的风险评估过程是否也发现了该风险。如果识别出管理层未能识别的重大错报风险，注册会计师应当考虑被审计单位的风险评估过程为何没有识别出这些风险，以及评估过程是否适合于具体环境。例如，在销售循环中，如果发现了销售的截止性错报的风险，注册会计师应当考虑管理层是否也识别了该错报风险，以及管理层如何应对该风险。

四、了解被审计单位的信息系统与沟通

信息系统与沟通是收集与交换被审计单位执行、管理和控制业务活动所需信息的过程，包括收集和提供信息（特别是为履行内部控制岗位职责所需的信息）给适当人员，使之能够履行职责。信息系统与沟通的质量直接影响管理层对经营活动做出正确决策和编制可靠财务报告的能力。

（一）与财务报告相关的信息系统

与财务报告相关的信息系统，包括用以生成、记录、处理和报告交易、事项和情况，对相关资产、负债和所有者权益履行经营管理责任的程序和记录。

交易可能通过人工或自动化程序生成。记录包括识别和收集与交易、事项有关的信息。处理包括编辑、核对、计量、估价、汇总和调节活动，可能由人工或自动化程序来执行。报告是指用电子或书面形式编制财务报告和其他信息，供被审计单位用于衡量和考核财务及其他方面的业绩。

与财务报告相关的信息系统应当与业务流程相适应。业务流程是指被审计单位开发、采购、生产、销售、发送产品和提供服务、保证遵守法律法规、记录信息等一系列活动。

（二）与财务报告相关的信息系统的职能

与财务报告相关的信息系统所生成信息的质量，对管理层能否做出恰当的经营管理决策以及编制可靠的财务报告具有重大影响。与财务报告相关的信息系统通常包括下列职能：

1. 识别与记录所有的有效交易。
2. 及时、详细地描述交易，以便在财务报告中对交易做出恰当分类。
3. 恰当计量交易，以便在财务报告中对交易的金额做出准确记录。
4. 恰当确定交易生成的会计期间。
5. 在财务报表中恰当列报交易。

（三）了解与财务报告相关的信息系统

注册会计师应当从下列方面了解与财务报告相关的信息系统：

1. 在被审计单位经营过程中，对财务报表具有重大影响的各类交易。

2. 在信息技术和人工系统中，对交易生成、记录、处理和报告的程序。在获取了解时，注册会计师应当同时考虑被审计单位将交易处理系统中的数据过入总分类账和财务报告的程序。

3. 与交易生成、记录、处理和报告有关的会计记录、支持性信息和财务报表中的特定项目。一个典型的企业信息系统包括使用标准的会计分录，以记录销售、购货和现金付款等重复发生的交易，或记录管理层定期做出的会计估计，如应收账款可回收金额的变化。企业信息系统同时包括使用非标准的分录，以记录不重复发生的、异常的交易或调整事项，如企业合并、资产减值等。

4. 信息系统如何获取除各类交易之外的对财务报表具有重大影响的事项和情况，如固定资产和长期资产的计提折旧或摊销、应收账款计提坏账准备等。

5. 被审计单位编制财务报告的过程，包括做出的重大会计估计和披露。编制财务报告的程序应当同时确保适用的会计准则和相关会计制度要求披露的信息得以收集、记录、处理和汇总，并在财务报告中适当披露。

（四）管理层凌驾于账户记录控制之上的风险

在了解与财务报告相关的信息系统时，注册会计师应当特别关注由于管理层凌驾于账户记录控制之上，或规避控制行为而产生的重大错报风险，并考虑被审计单位如何纠正不正确的交易处理。

自动化程序和控制会降低发生无意错误的风险，但是并没有消除个人凌驾于控制之上的风险，如某些高级管理人员可能篡改自动过入总分类账和财务报告系统的数据金额。当被审计单位运用信息技术进行数据的传递时，篡改可能不会留下痕迹或证据。

（五）与财务报告相关的沟通

与财务报告相关的沟通包括使员工了解各自在与财务报告有关的内部控制方面的角色和职责、员工之间的工作联系，以及向适当级别的管理层报告例外事项的方式。

公开的沟通渠道有助于确保例外情况得到报告和处理。沟通可以采用政策手册、会计和财务报告手册、备忘录等形式进行，也可以通过发送电子邮件、口头沟通和管理层的行动来进行。

注册会计师应当了解被审计单位内部如何对财务报告的岗位职责以及与财务报告相关的重大事项进行沟通。注册会计师还应当了解管理层与治理层（特别是审计委员会）之间的沟通，以及被审计单位与外部（包括与监管部门）的沟通。

(六)对小型被审计单位的考虑

在小型被审计单位,与财务报告相关的信息系统和沟通可能不如大型被审计单位正式和复杂。管理层可能更多地参与日常经营管理活动和财务报告活动,不需要很多书面的政策和程序指引,也没有复杂的信息系统和会计流程。由于小型被审计单位的规模较小、报告层次较少,因此,小型被审计单位可能比大型被审计单位更容易实现有效的沟通。注册会计师应当考虑这种特征对评估重大错报风险的影响。

五、了解控制活动

控制活动是指有助于确保管理层的指令得以执行的政策和程序。注册会计师应当了解控制活动,以足够评估认定层次的重大错报风险和针对评估的风险设计进一步审计程序。控制活动主要包括授权、业绩评价、信息处理、实物控制和职责分离等相关的活动。

(一)授权

授权的目的在于保证交易在管理层授权范围内进行。授权包括一般授权和特别授权。一般授权是指管理层制定的、要求组织内部遵守的、普遍适用于某类交易或活动的政策。特别授权是指管理层针对特定类别的交易或活动逐一设置的授权,如重大资本支出和股票发行等。特别授权也可能用于超过一般授权限制的常规交易。例如,因某些特别原因,同意对某个不符合一般信用条件的客户赊购商品。

(二)业绩评价

与业绩评价有关的控制活动,主要包括被审计单位分析评价实际业绩与预算(或预测、前期业绩)的差异,综合分析财务数据与经营数据的内在关系,将内部数据与外部信息来源相比较,评价职能部门、分支机构或项目活动的业绩(如银行客户信贷经理复核各分行、地区和各种贷款类型的审批和收回),以及对发现的异常差异或关系采取必要的调查与纠正措施。

通过调查非预期的结果和非正常的趋势,管理层能够识别可能影响经营目标实现的情形。管理层对业绩信息的使用(如将这些信息用于经营决策,还是同时用于对财务报告的非预期结果进行追踪),决定了业绩指标的分析是仅用于经营目的,还是同时用于财务报告目的。

(三)信息处理

被审计单位通常执行各种措施,检查各种类型信息处理环境下交易的准确性、完整性和授权。信息处理控制可以是人工的、自动化的,或是基于自动流程的人工控制。信息处理控制分为两类,即信息技术的一般控制和应用控制。

信息技术一般控制是指与多个应用系统有关的政策和程序,有助于保证信息系统持续恰当地运行（包括信息的完整性和数据的安全性），支持应用控制作用的有效发挥，通常包括数据中心和网络运行控制，系统软件的购置、修改及维护控制，接触或访问权限控制，应用系统的购置、开发及维护控制。例如，程序改变的控制、限制接触程序和数据的控制、与新版应用软件包实施有关的控制等都属于信息系统一般控制。

信息技术应用控制主要是在业务流程层次运行的人工或自动化程序，与用于生成、记录、处理、报告交易或其他财务数据的程序相关，通常包括检查数据计算的准确性，审核账户和试算平衡表，设置对输入数据和数字序号的自动检查，以及对例外报告进行人工干预等。

（四）实物控制

实物控制主要包括：对资产和记录采取适当的安全保护措施，对访问计算机程序和数据文件设置授权，以及定期盘点并将盘点记录与会计记录相核对。例如，现金、有价证券和存货的定期盘点控制。实物控制的效果影响资产的安全，从而对财务报表的可靠性及审计产生影响。

（五）职责分离

职责分离的内容主要包括：被审计单位如何将交易授权、交易记录以及资产保管等职责分配给不同员工，以防范同一员工在履行多项职责时可能发生的舞弊或错误。当信息技术在信息系统中运用时，职责分离可以通过设置安全控制来实现。

在了解控制活动时，注册会计师应当重点考虑一项控制活动单独或连同其他控制活动，是否能够以及如何防止或发现并纠正各类交易、账户余额、列报存在的重大错报。注册会计师并不需要了解与每类重大交易、账户余额和披露及其认定相关的所有控制活动，其工作重点是识别和了解针对重大错报可能发生领域的控制活动。如果多项控制活动能够实现同一目标，注册会计师不必了解与该目标相关的每项控制活动。

需要说明的是，在小型被审计单位，控制活动的概念应与大型被审计单位一致，但是，小型被审计单位的控制活动可能没有大型被审计单位那样正式和复杂，而且某些种类的控制活动可能在小型被审计单位中直接由管理层进行。例如，由管理层批准销售的信用额度、重大的采购等，可能就不再需要更具体的控制活动。因此，小型被审计单位通常难以实施适当的职责分离，注册会计师应当考虑小型被审计单位采取的控制活动（特别是职责分离）能否有效实现控制目标。

六、了解对控制的监督

（一）对控制的监督的含义

管理层的重要职责之一就是建立和维护控制并保证其持续有效运行，对控制的监督可以实现这一目标。对控制的监督是指被审计单位评价内部控制在一段时间内运行有效性的过程,该过程包括及时评价控制的设计和运行,以及根据情况的变化采取必要的纠正措施。例如,管理层对是否定期编制银行存款余额调节表进行复核,内部审计人员评价销售人员是否遵守公司关于销售合同条款的政策,法律部门定期监控公司的道德规范和商务行为准则是否得以遵循等。监督对控制的持续有效运行十分重要。例如,如果没有对银行存款余额调节表是否得到及时和准确的编制进行监督,该项控制可能无法得到持续的执行。

(二)了解对控制的持续监督和专门评价

注册会计师应当了解被审计单位对控制的持续监督活动和专门的评价活动。通常,被审计单位通过持续的监督活动、专门的评价活动或两者相结合,来实现对控制的监督。

持续的监督活动通常贯穿于被审计单位的日常经营活动与常规管理工作中。例如,销售经理、采购经理和车间主任对经营活动十分了解,会对有重大差异的报告提出疑问,并做必要的追踪调查和处理。

被审计单位可能使用内部审计人员或具有类似职能的人员对内部控制的设计和执行进行专门评价,以找出内部控制的优点和不足,并提出改进建议。注册会计师在了解对控制的持续监督和专门评价时,可以考虑内部审计工作。

被审计单位也可能利用与外部有关各方沟通或交流所获取的信息监督相关的控制活动。在某些情况下,外部信息可能显示内部控制存在的问题和需要改进之处。例如,客户通过付款来表示其同意发票金额,或者认为发票金额有误而不付款。监管机构(如银行监管机构)可能会对影响内部控制运行的问题与被审计单位沟通。管理层可能也会考虑与注册会计师就内部控制问题进行沟通,通过外部信息来发现内部控制的问题,以便采取纠正措施。

由于很多用于监督活动的信息都产生于被审计单位的信息系统,这些信息一旦存在错报,就可能导致管理层从监督活动中得出错误的结论。因此,注册会计师应当了解与被审计单位监督活动相关的信息来源,以及管理层认为信息具有可靠性的依据。如果拟利用被审计单位监督活动使用的信息(包括内部审计报告),注册会计师应当考虑该信息是否具有可靠的基础,是否足以实现审计目标。

(三)对小型被审计单位的考虑

小型被审计单位通常没有正式的持续监督活动,且持续的监督活动与日常管理工作难以明确区分,业主往往通过其对经营活动的密切参与来识别财务数据中的重大差异和错报,并对控制活动采取纠正措施。注册会计师应当考虑业主对经营活动的密切参与能否有效实现其对控制的监督目标。

需要指出的是,内部控制的某些要素(如控制环境)会对被审计单位整体层面产生影响,其他要素(如信息系统和沟通、控制活动)则可能更多地与特定业务流程相关。

在实务中，注册会计师往往需要从被审计单位整体层面和业务流程层面分别了解和评价被审计单位的内部控制。

第三节 评估重大错报风险

一、可能表明被审计单位存在重大错报风险的事项和情况

注册会计师应当识别和评估财务报表层次以及各类交易、账户余额、列报认定层次的重大错报风险，作为确定进一步审计程序的性质、范围和时间的基础，以应对识别的风险。下列事项和情况可能表明被审计单位存在重大错报风险：

(1)在经济不稳定的国家或地区开展业务。

(2)在高度波动的市场开展业务。

(3)在严厉、复杂的监管环境中开展业务。

(4)持续经营和资产流动性出现问题，包括重要客户流失。

(5)融资能力受到限制。

(6)行业环境发生变化。

(7)供应链发生变化。

(8)开发新产品或提供新服务，或进入新的业务领域。

(9)开辟新的经营场所。

(10)发生重大收购、重组或其他非经常性事项。

(11)拟出售分支机构或业务分部。

(12)复杂的联营或合资。

(13)运用表外融资、特殊目的实体以及其他复杂的融资协议。

(14)重大的关联方交易。

(15)不具备胜任能力的会计人员。

(16)关键人员变动。

(17)内部控制薄弱。

(18)信息技术战略与经营战略不协调。

(19)信息技术环境发生变化。

(20)安装新的与财务报告有关的重大信息技术系统。

(21)经营活动或财务报告受到监管机构的调查。

(22)以往存在重大错报或本期期末出现重大会计调整。

(23)发生重大的非常规交易。

(24)按照管理层特定意图记录的交易。

(25)应用新颁布的会计准则或相关会计制度。

(26)会计计量过程复杂。

(27)事项或交易在计量时存在重大不确定性。

(28)存在未决诉讼和或有负债。

注册会计师应当充分关注可能表明被审计单位存在重大错报风险的上述事项和情况,并考虑由于上述事项和情况导致的风险是否重大,以及该风险导致财务报表发生重大错报的可能性。

二、识别和评估重大错报风险的审计程序

在识别和评估重大错报风险时,注册会计师应当实施下列审计程序。

(一)识别风险并将其与各类交易、账户余额和列报相联系

注册会计师应当在了解被审计单位及其环境的整个过程中识别风险,并将识别的风险与各类交易、账户余额和列报相联系。例如,被审计单位因相关环境法规的实施需要更新设备,将导致对原有设备提取减值准备;宏观经济的低迷可能预示应收账款的回收存在问题;竞争者开发的新产品上市,可能导致被审计单位的主要产品在短期内过时,预示将出现存货跌价和长期资产(如固定资产等)的减值。

(二)将识别的风险与认定层次可能发生错报的领域相联系

注册会计师应当将识别的风险与认定层次可能发生错报的领域相联系。例如,销售困难使产品的市场价格下降,可能导致年末存货减值而需要计提存货跌价准备,这显示存货的计价认定可能发生错报。

(三)考虑识别的风险是否重大

风险是否重大是指风险造成后果的严重程度。例如产品价格下降的情况,除考虑产品市场价格下降因素外,注册会计师还应当考虑产品市场价格下降的幅度、该产品在被审计单位产品中的比重等,以确定识别的风险对财务报表的影响是否重大。假如产品市场价格大幅下降,导致产品销售收入不能抵偿成本,毛利率为负,那么年末存货跌价问题严重,存货计价认定发生错报的风险重大;假如价格下降的产品在被审计单位销售收入中所占比例很小,被审计单位其他产品销售毛利率很高,尽管该产品的毛利率为负,但可能不会使年末存货发生重大跌价问题。

(四)考虑识别的风险导致财务报表发生重大错报的可能性

注册会计师还需要考虑上述识别的风险是否会导致财务报表发生重大错报。例

如,考虑存货的账面余额是否重大、是否已适当计提存货跌价准备等。在某些情况下,尽管识别的风险重大,仍不会导致财务报表发生重大错报风险。如期末财务报表中存货的余额较低,尽管识别的风险重大,但不至于导致存货的计价认定发生重大错报风险。再如,被审计单位对于存货跌价准备的计提实施了比较有效的内部控制,管理层已根据存货的可变现净值计提了相应的跌价准备,在这种情况下,财务报表发生重大错报的可能性将相应降低。

注册会计师应当利用实施风险评估程序获取的信息,包括在评价控制设计和确定其是否得到执行时获取的审计证据,作为支持风险评估结果的审计证据。注册会计师应当根据风险评估结果,确定实施进一步审计程序的性质、时间和范围。

三、特别风险的识别与评估

作为风险评估的一部分,注册会计师应当运用职业判断,确定识别的风险哪些是需要特别考虑的重大错报风险(以下简称特别风险)。

(一)确定特别风险时应考虑的事项

在确定哪些风险是特别风险时,注册会计师应当在考虑识别出的控制对相关风险的抵消效果前,根据风险的性质、潜在错报的重要程度(该风险是否可能导致多项错报)和发生的可能性,判断风险是否属于特别风险。

在确定风险的性质时,注册会计师应当考虑下列事项:

1. 风险是否属于舞弊风险。
2. 风险是否与近期经济环境、会计处理方法和其他方面的重大变化有关。
3. 交易的复杂程度。
4. 风险是否涉及重大的关联方交易。
5. 财务信息计量的主观程度,特别是对不确定事项的计量存在较大区间。
6. 风险是否涉及异常或超出正常经营过程的重大交易。

(二)非常规交易和判断事项导致的特别风险

特别风险通常与重大的非常规交易和判断事项有关。非常规交易是指由于金额或性质异常而不经常发生的交易,例如企业购并、债务重组、重大或有事项等。

由于非常规交易具有下列特征,与重大非常规交易相关的特别风险可能导致更高的重大错报风险:①管理层更多地介入会计处理;②数据收集和处理涉及更多的人工成分;③复杂的计算或会计处理方法;④非常规交易的性质可能使被审计单位难以对由此产生的特别风险实施有效控制。

判断事项通常包括做出的会计估计,例如资产减值准备金额的估计、需要运用复杂估值技术确定的公允价值计量等。

通常,由于下列原因,与重大判断事项相关的特别风险可能导致更高的重大错报风险:①对涉及会计估计、收入确认等方面的会计原则存在不同的理解;②所要求的判断可能是主观和复杂的,或需要对未来事项做出假设。

(三)考虑与特别风险相关的控制

了解与特别风险相关的控制,有助于注册会计师制定有效的审计方案予以应对。对特别风险,注册会计师应当评价相关控制的设计情况,并确定其是否已经得到执行。由于与重大非常规交易或判断事项相关的风险很少受到日常控制的约束,注册会计师应当了解被审计单位是否针对该特别风险设计和实施了控制。

例如,做出会计估计所依据的假设是否由管理层或专家进行复核,是否建立做出会计估计的正规程序,重大会计估计结果是否由治理层批准等。再如,管理层在收到重大诉讼事项的通知时采取的措施,包括这类事项是否提交适当的专家(如内部或外部的法律顾问)处理、是否对该事项的潜在影响做出评估、是否确定该事项在财务报表中的披露以及如何确定等。

如果管理层未能实施控制以恰当应对特别风险,注册会计师应当认为内部控制存在重大缺陷,并考虑其对风险评估的影响。在此情况下,注册会计师应当就此类事项与治理层沟通。

四、对仅通过实质性程序无法应对的重大错报风险的考虑

作为风险评估的一部分,如果认为仅通过实质性程序获取的审计证据无法将认定层次的重大错报风险降至可接受的低水平,注册会计师应当评价被审计单位针对这些风险设计的控制,并确定其执行情况。

在被审计单位对日常交易采用高度自动化处理的情况下,审计证据可能仅以电子形式存在,其充分性和适当性通常取决于自动化信息系统相关控制的有效性,注册会计师应当考虑仅通过实施实质性程序不能获取充分、适当审计证据的可能性。例如,某企业通过高度自动化的系统确定采购品种和数量,生成采购订单,并通过系统中设定的收货确认和付款条件进行付款。除了系统中的相关信息以外,该企业没有其他有关订单和收货的记录。在这种情况下,如果认为仅通过实质性程序不能获取充分、适当的审计证据,注册会计师应当考虑依赖相关控制的有效性,并对其进行了解、评估和测试。

五、其他应该考虑的问题

(一)确定重大错报风险对财务报表层次和认定层次的相关性

在对重大错报风险进行识别和评估后,注册会计师应当确定,识别的重大错报风险

是与特定的某类交易、账户余额、列报的认定相关，还是与财务报表整体广泛相关，进而影响多项认定。

某些重大错报风险可能与特定的各类交易、账户余额、列报的认定相关。例如，被审计单位存在复杂的联营或合资，这一事项表明长期股权投资账户的认定可能存在重大错报风险。又如，被审计单位存在重大的关联方交易，该事项表明关联方及关联方交易的披露认定可能存在重大错报风险。

某些重大错报风险可能与财务报表整体广泛相关，进而影响多项认定。例如，在经济不稳定的国家和地区开展业务、资产的流动性出现问题、重要客户流失、融资能力受到限制等，可能导致注册会计师对被审计单位的持续经营能力产生重大疑虑。又如，管理层缺乏诚信或承受异常的压力可能引发舞弊风险，这些风险与财务报表整体相关。

（二）分析控制环境对评估财务报表层次重大错报风险的影响

财务报表层次的重大错报风险很可能源于薄弱的控制环境。薄弱的控制环境带来的风险可能对财务报表产生广泛影响，难以限于某类交易、账户余额、列报，注册会计师应当采取总体应对措施。

例如，被审计单位治理层、管理层对内部控制的重要性缺乏认识，没有建立必要的制度和程序；管理层经营理念偏于激进，又缺乏实现激进目标的人力资源等。这些缺陷源于薄弱的控制环境，可能对财务报表产生广泛影响，需要注册会计师采取总体应对措施。

（三）分析控制对评估认定层次重大错报风险的影响

由于控制有助于防止、发现并纠正认定层次的重大错报，在评估重大错报风险时，注册会计师应当将所了解的控制与特定认定相联系。在评估重大错报发生的可能性时，除了考虑可能的风险外，还要考虑控制对风险的抵消和遏制作用。有效的控制会减少错报发生的可能性，而控制不当或缺乏控制，错报就有可能变成现实。

控制可能与某一认定直接相关，也可能与某一认定间接相关。关系越间接，控制在防止、发现并纠正认定中错报的作用越小。例如，销售经理对分地区销售网点的销售情况进行复核，与销售收入完整性的认定只是间接相关。相应地，该项控制在降低销售收入完整性认定中的错报风险的效果要比与该认定直接相关的控制要差，如将发货单据与开具的销售发票相核对。

注册会计师可能识别出有助于防止、发现并纠正特定认定发生重大错报的控制。在确定这些控制是否能够实现上述目标时，注册会计师应当将控制活动和其他要素综合考虑。如将销售和收款的控制置身于其所在的流程和系统中考虑，以确定其能否实现控制目标。因为单个的控制活动（如将发货单和销售发票核对）本身并不足以控制重大错报风险，只有多种控制活动和内部控制的其他要素综合作用才足以控制重大错报风险。

当然,某些控制活动可能专门针对某类交易或账户余额的个别认定。例如,被审计单位建立的以确保盘点工作人员能够正确地盘点和记录存货的控制活动,直接与存货账户余额的存在性和完整性认定相关。注册会计师只需要对盘点过程和程序进行了解就可以确定控制是否能够实现目标。

注册会计师应当考虑对识别的各类交易、账户余额和列报认定层次的重大错报风险予以汇总和评估,以确定进一步审计程序的性质、时间和范围。表7-1给出了汇总认定层次重大错报风险的工作底稿示例。

表7-1　　评估认定层次的重大错报风险汇总表

重大账户	认定	识别的重大错报风险	风险评估结果
列示重大账户,例如应收账款	列示相关的认定,例如存在、完整性、计价或分摊等	汇总实施审计程序识别出的与该账户的某项认定相关的重大错报风险	评估该项认定的重大错报风险水平(应考虑控制设计是否合理、是否得到执行)

注:注册会计师也可以在该工作底稿中记录针对评估的认定层次重大错报风险而相应制定的审计方案。

(四)考虑财务报表的可审计性

注册会计师在了解被审计单位内部控制后,可能对被审计单位财务报表的可审计性产生怀疑。例如,对被审计单位会计记录的可靠性和状况的担心可能会使注册会计师认为不太可能获取充分、适当的审计证据,以支持对财务报表发表意见。再如,管理层严重缺乏诚信,注册会计师认为管理层在财务报表中做出虚假陈述的风险高到无法进行审计的程度。因此,如果通过对内部控制的了解发现下列情况,并对财务报表局部或整体的可审计性产生疑问,注册会计师应当考虑出具保留意见或无法表示意见的审计报告:①被审计单位会计记录的状况和可靠性存在重大问题,不能获取充分、适当的审计证据以发表无保留意见;②对管理层的诚信存在严重疑虑。必要时,注册会计师应当考虑解除业务约定。

在审计实务中,注册会计师可以用表7-2汇总了解被审计单位及其环境中识别的重大错报风险。

表 7－2　　识别的重大错报风险汇总表

识别的重大错报风险	对财务报表的影响	相关的交易类别、账户余额和列报认定	是否与财务报表整体广泛相关	是否属于特别风险	是否属于仅通过实质性程序无法应对的重大错报风险
记录识别的重大错报风险	描述对财务报表的影响和导致财务报表发生重大错报的可能性	列示相关的各类交易、账户余额、列报及其认定	考虑是否属于财务报表层次的重大错报风险	考虑是否属于特别风险	考虑是否属于仅通过实质性程序无法应对的重大错报风险

六、对风险评估的修正

评估重大错报风险与了解被审计单位及其环境一样，也是一个连续和动态地收集、更新与分析信息的过程，贯穿于整个审计过程的始终。注册会计师对认定层次重大错报风险的评估应以获取的审计证据为基础，并可能随着不断获取审计证据而做出相应的变化。

例如，注册会计师对重大错报风险的评估可能基于预期控制运行有效这一判断，即相关控制可以防止、发现并纠正认定层次的重大错报。但在测试控制运行的有效性时，注册会计师获取的证据表明相关控制在被审计期间并未有效运行。同样，在实施实质性程序后，注册会计师可能发现错报的金额和频率比在风险评估时预计的金额和频率要高。因此，如果通过实施进一步审计程序获取的审计证据与初始评估重大错报风险时获取的审计证据相矛盾，注册会计师应当修正风险评估结果，并相应修改原计划，实施进一步审计程序。

第四节　风险应对

注册会计师通过实施风险评估程序，识别和评估财务报表层次以及各类交易、账户余额、列报认定层次的重大错报风险之后，应当针对评估的财务报表层次重大错报风险确定总体应对措施,并针对评估的认定层次重大错报风险设计和实施进一步审计程序(包括控制测试和实质性程序),以将审计风险降至可接受的低水平。

一、针对财务报表层次重大错报风险的总体应对措施

《中国注册会计师审计准则第 1211 号——了解被审计单位及其环境并评估重大错报风险》规定,在财务报表重大错报风险的评估过程中,注册会计师应当确定,识别的重大错报风险是与特定的某类交易、账户余额、列报的认定相关,还是与财务报表整体广泛相关,进而影响多项认定。如果是后者,则属于财务报表层次的重大错报风险。

注册会计师应当针对评估的财务报表层次重大错报风险确定下列总体应对措施:

第一,向审计项目组强调在收集和评价审计证据过程中保持职业怀疑态度的必要性。

第二,分派更有经验或具有特殊技能的审计人员,或利用专家的工作。

第三,提供更多的督导。

第四,在选择进一步审计程序时,应当注意使某些程序不被管理层预见或事先了解。

第五,对拟实施审计程序的性质、时间和范围做出总体修改。有效的控制环境可以使注册会计师增强对内部控制和被审计单位内部产生证据的信赖程度。如果控制环境存在缺陷,注册会计师在对拟实施审计程序的性质、时间和范围做出总体修改时应当考虑:

(1)在期末而非期中实施更多的审计程序。控制环境的缺陷通常会削弱期中获得的审计证据的可信赖程度。

(2)主要依赖实质性程序获取审计证据。良好的控制环境是其他控制要素发挥作用的基础。控制环境存在缺陷通常会削弱其他控制要素的作用,导致注册会计师可能无法信赖内部控制,而主要依赖实施实质性程序获取审计证据。

(3)修改审计程序的性质,获取更具说服力的审计证据。修改审计程序的性质主要是指调整拟实施审计程序的类别及组合,比如原先可能主要限于检查某项资产的账面记录或相关文件,而调整审计程序的性质后可能意味着更加重视实地检查该项资产。

(4)扩大审计程序的范围。例如扩大样本规模、采用更详细的数据实施分析程序等。

二、在总体应对措施中增加审计程序的不可预见性

（一）增加审计程序不可预见性的方式

在实务中，注册会计师可以通过以下方式提高审计程序的不可预见性：

1. 对某些未测试过的低于设定的重要性水平或风险较小的账户余额和认定，实施实质性程序。

2. 调整实施审计程序的时间，使被审计单位不可预期。

3. 采取不同的审计抽样方法，使当期抽取的测试样本与以前有所不同。

4. 选取不同的地点实施审计程序，或预先不告知被审计单位所选定的测试地点。

（二）增加审计程序不可预见性的实施要点

1. 注册会计师需要与被审计单位的高层管理人员事先沟通，要求实施具有不可预见性的审计程序，但不能告知其具体内容。注册会计师可以在签订审计业务约定书时明确提出这一要求。

2. 虽然对于不可预见性程度没有量化的规定，但审计项目组可根据对舞弊风险的评估等确定具有不可预见性的审计程序。审计项目组可以汇总那些具有不可预见性的审计程序，并记录在审计工作底稿中。

3. 项目负责人需要安排项目组成员有效地实施具有不可预见性的审计程序，但同时要避免使项目组成员处于困难境地。

增加审计程序不可预见性的举例说明如表7－3所示。

表7－3　审计程序的不可预见性示例

审计领域	一些可能适用的具有不可预见性的审计程序
存货	向以前审计过程中接触不多的被审计单位员工询问，例如采购人员、销售人员、生产人员等
	在不事先通知被审计单位的情况下，选择一些以前未曾到过的盘点地点进行存货监盘
销售和应收账款	向以前审计过程中接触不多或未曾接触过的被审计单位员工询问，例如负责处理大客户账户的销售部人员
	改变实施实质性分析程序的对象，例如对收入按细类进行分析
	针对销售和销售退回延长截止测试期间
	实施以前未曾考虑过的审计程序，例如：①函证确认销售条款或者选定销售额较不重要、以前未曾关注的销售交易，例如对出口销售实施实质性程序；②实施更细致的分析程序，例如使用计算机辅助审计技术复核销售及客户账户；③测试以前未曾函证过的账户余额，例如金额为负或是零的账户，或者余额低于以前设定的重要性水平的账户；④改变函证日期，即把所函证账户的截止日期提前或者推迟；⑤对关联公司销售和相关账户余额，除了进行函证外，再实施其他审计程序进行验证

续表

审计领域	一些可能适用的具有不可预见性的审计程序
采购和应付账款	如果以前未曾对应付账款余额普遍进行函证,可考虑直接向供应商函证确认余额。如果经常采用函证方式,可考虑改变函证的范围或者时间
	对以前由于低于设定的重要性水平而未曾测试过的采购项目,进行细节测试
	使用计算机辅助审计技术审阅采购和付款账户以发现一些特殊项目,例如是否有不同的供应商使用相同的银行账户
现金和银行存款	多选几个月的银行存款余额调节表进行测试
	对有大量银行账户的,考虑改变抽样方法
固定资产	对以前由于低于设定的重要性水平而未曾测试过的固定资产进行测试,例如考虑实地盘查一些价值较低的固定资产(如汽车和其他设备等)
跨区域审计项目	修改分支机构审计工作的范围或者区域(如增加某些较次要分支机构的审计工作量,或实地去分支机构开展审计工作)

三、总体应对措施对拟实施进一步审计程序的总体方案的影响

财务报表层次重大错报风险难以限于某类交易、账户余额、列报,意味着此类风险可能对财务报表的多项认定产生广泛影响,并相应增加注册会计师对认定层次重大错报风险的评估难度。因此,注册会计师评估的财务报表层次重大错报风险以及采取的总体应对措施,对拟实施进一步审计程序的总体方案具有重大影响。

拟实施的进一步审计程序的总体方案包括实质性方案和综合性方案,其中:实质性方案是指注册会计师实施的进一步审计程序以实质性程序为主;综合性方案是指注册会计师在实施进一步审计程序时,将控制测试与实质性程序结合使用。当评估的财务报表层次重大错报风险属于高风险水平并相应采取更强调审计程序不可预见性,重视调整审计程序的性质、时间和范围等总体应对措施时,拟实施进一步审计程序的总体方案往往更倾向于实质性方案。

四、控制测试

注册会计师针对评估的各类交易、账户余额、列报认定层次重大错报风险实施的进一步审计程序,包括控制测试和实质性程序。

(一)控制测试的含义

控制测试指的是测试内部控制运行的有效性,这一概念需要与"了解内部控制"进

行区分。“了解内部控制”包含两层含义：一是评价内部控制的设计；二是确定内部控制是否得到执行。因此，在概念上容易引起混淆的是“测试控制运行的有效性”与“确定控制是否得到执行”。

依据审计准则，测试控制运行的有效性与确定控制是否得到执行所需获取的审计证据是不同的，主要表现在两点：

其一，在实施风险评估程序以获取控制是否得到执行的审计证据时，注册会计师应当确定某项控制是否存在、被审计单位是否正在使用。

其二，在测试控制运行的有效性时，注册会计师应当从下列四个方面获取关于控制是否有效运行的审计证据：①控制在所审计期间的不同时点是如何运行的；②控制是否得到一贯执行；③控制由谁执行；④控制以何种方式运行（例如人工控制或自动化控制）。可见，控制运行有效性强调的是控制能够在各个不同时点按照既定设计得以一贯执行。因此，在了解控制是否得以执行时，注册会计师只需抽取少量的交易进行检查或观察某几个时点。但在测试控制运行的有效性时，注册会计师需要抽取足够数量的交易进行检查或对多个不同时点进行观察。

测试控制运行的有效性与确定控制是否得到执行所需获取的审计证据虽然存在差异，但两者也有联系。为评价控制设计和确定控制是否得到执行而实施的某些风险评估程序并非专为控制测试而设计，但可能提供有关控制运行有效性的审计证据，注册会计师可以考虑在评价控制设计和获取其得到执行的审计证据的同时，测试控制运行的有效性，以提高审计效率，同时，注册会计师应当考虑这些审计证据是否足以实现控制测试的目的。例如，被审计单位可能采用预算管理制度，以防止、发现并纠正与费用有关的重大错报风险。通过询问管理层是否编制预算，观察管理层对月度预算费用与实际发生费用的比较，并检查预算金额与实际金额之间的差异报告，注册会计师可能获取有关被审计单位费用预算管理制度的设计及其是否得到执行的审计证据，同时也可能获取相关制度运行有效性的审计证据。当然，注册会计师需要考虑所实施的风险评估程序获取的审计证据是否能够充分、适当地反映被审计单位费用预算管理制度在各个不同时点按照既定设计得以一贯执行。

（二）控制测试的要求

作为进一步审计程序的类型之一，控制测试并非在任何情况下都需要实施。当存在下列情形之一时，注册会计师应当实施控制测试：①在评估认定层次重大错报风险时，预期控制的运行是有效的；②仅实施实质性程序不足以提供认定层次充分、适当的审计证据。

对于第一种情形，如果在评估认定层次重大错报风险时预期控制的运行是有效的，注册会计师应当实施控制测试，就控制在相关期间或时点的运行有效性获取充分、适当的审计证据。注册会计师通过实施风险评估程序,可能发现某项控制的设计是存在的、合理的,同时得到了执行。在这种情况下,出于成本效益的考虑,注册会计师可能预期,如果相关控制在不同时点都得到了一贯执行,与该项控制有关的财务报表认定发生重大错报的可能性就不会很大,也就不需要实施很多的实质性程序。为此,注册会计师可能会认为值得对相关控制在不同时点是否得到了一贯执行进行测试,即实施控制测试。这种测试主要是出于成本效益的考虑,其前提是注册会计师通过了解内部控制以后认为某项控制存在着被信赖和利用的可能。可见,只有认为控制设计合理、能够防止或发现和纠正认定层次的重大错报,注册会计师才有必要对控制运行的有效性实施测试。

对于第二种情形,如果认为仅实施实质性程序获取的审计证据无法将认定层次重大错报风险降至可接受的低水平,注册会计师应当实施相关的控制测试,以获取控制运行有效性的审计证据。例如,在被审计单位对日常交易或与财务报表相关的其他数据(包括信息的生成、记录、处理、报告)采用高度自动化处理的情况下,审计证据可能仅以电子形式存在,此时审计证据是否充分和适当通常取决于自动化信息系统相关控制的有效性。如果信息的生成、记录、处理和报告均通过电子格式进行而没有适当有效的控制,则生成不正确信息或信息被不恰当修改的可能性就会大大增加。在此种情况下,注册会计师必须实施控制测试,且这种测试已经不再单纯出于成本效益的考虑,而是必须获取的一类审计证据。

此外需要说明的是,被审计单位在所审计期间内可能由于技术更新或组织管理变更而更换了信息系统,从而导致在不同时期使用了不同的控制。如果被审计单位在所审计期间内的不同时期使用了不同的控制,注册会计师应当考虑不同时期控制运行的有效性。

(三)控制测试的性质

控制测试的性质是指控制测试所使用的审计程序的类型及其组合。注册会计师应当选择适当类型的审计程序以获取有关控制运行有效性的保证。计划从控制测试中获取的保证水平是决定控制测试性质的主要因素之一,计划的保证水平越高,对有关控制运行有效性的审计证据的可靠性要求越高。当拟实施的进一步审计程序主要以控制测试为主,尤其是仅实施实质性程序获取的审计证据无法将认定层次重大错报风险降至可接受的低水平时,注册会计师应当获取有关控制运行有效性的更高的保证水平。

1. 控制测试的类型。虽然控制测试与了解内部控制的目的不同,但两者采用审计程序的类型基本相同,包括询问、观察、检查和重新执行。此外,控制测试的程序还包括穿行测试。

穿行测试是通过追踪交易在财务报告信息系统中的处理过程,来证实注册会计师对控制的了解、评价控制设计的有效性以及确定控制是否得到执行。穿行测试并不是单独的一种程序，而是将多种程序按特定审计需要进行结合运用的方法。可见，穿行测试更多地在了解内部控制时运用。但在执行穿行测试时，注册会计师可能获取部分控制运行有效性的审计证据。

2. 确定控制测试性质时的要求。

(1)考虑特定控制的性质。注册会计师应当根据特定控制的性质选择所需实施审计程序的类型。例如：某些控制可能存在反映控制运行有效性的文件记录，在这种情况下，注册会计师可以检查这些文件记录以获取控制运行有效的审计证据；某些控制可能不存在文件记录（如一项自动化的控制活动），或文件记录与能否证实控制运行有效性不相关，注册会计师应当考虑实施检查以外的其他审计程序（如询问和观察）或借助计算机辅助审计技术，以获取有关控制运行有效性的审计证据。

(2)考虑测试与认定直接相关和间接相关的控制。在设计控制测试时，注册会计师不仅应当考虑与认定直接相关的控制，还应当考虑这些控制所依赖的与认定间接相关的控制，以获取支持控制运行有效性的审计证据。例如，被审计单位可能针对超出信用额度的例外赊销交易设置报告和审核制度（与认定直接相关的控制），在测试该项制度的运行有效性时，注册会计师不仅应当考虑审核的有效性，还应当考虑与例外赊销报告中信息准确性有关的控制（与认定间接相关的控制）是否有效运行。

(3)针对自动化应用控制实施的测试。对于一项自动化的应用控制，由于信息技术处理过程的内在一贯性，注册会计师可以利用该项控制得以执行的审计证据和信息技术一般控制（特别是对系统变动的控制）运行有效性的审计证据，作为支持该项控制在相关期间运行有效性的重要审计证据。

(4)实施控制测试时对双重目的的实现。控制测试的目的是评价控制是否有效运行；细节测试的目的是发现认定层次的重大错报。尽管两者目的不同，但注册会计师可以考虑针对同一交易同时实施控制测试和细节测试，以实现双重目的。例如，注册会计师通过检查某笔交易的发票，可以确定其是否经过适当的授权，也可以获取关于该交易的金额、发生时间等细节证据。当然，如果拟实施双重目的的测试，注册会计师应当仔细设计和评价测试程序。

(5)实质性程序的结果对控制测试结果的影响。如果通过实施实质性程序未发现某项认定存在错报，这本身并不能说明与该认定有关的控制是有效运行的；但如果通过实施实质性程序发现某项认定存在错报，注册会计师应当在评价相关控制的运行有效性时予以考虑。因此，注册会计师应当考虑实施实质性程序发现的错报对评价相关控制运行有效性的影响（如降低对相关控制的信赖程度、调整实质性程序的性质、扩大实质性程序的范围等）。如果实施实质性程序发现被审计单位没有识别出的重大错报，通常表明内部控制存在重大缺陷，注册会计师应当就这些缺陷与管理层和治理层进行沟通。

(四)控制测试的时间

控制测试的时间包含两层含义:一是何时实施控制测试;二是测试所针对的控制适用的时点或期间。

1. 确定控制测试时间的基本原理。注册会计师应当根据控制测试的目的确定控制测试的时间,并确定拟信赖的相关控制的时点或期间。确定控制测试时间的基本原理是:如果测试特定时点的控制,注册会计师仅得到该时点控制运行有效性的审计证据;如果测试某一期间的控制,注册会计师可获取控制在该期间有效运行的审计证据。

也就是说,如果仅需要测试控制在特定时点的运行有效性(如对被审计单位期末存货盘点进行控制测试),注册会计师只需要获取该时点的审计证据。如果需要获取控制在某一期间有效运行的审计证据,仅获取与时点相关的审计证据是不充分的,注册会计师应当辅以其他控制测试,包括测试被审计单位对控制的监督。也就是说,关于控制在多个不同时点运行有效性的审计证据的简单累加,并不能构成控制在某期间运行有效性的充分、适当的审计证据;所谓"其他控制测试"应当具备的功能是,能提供相关控制在所有相关时点都运行有效的审计证据;被审计单位对控制的监督起到的就是一种检验相关控制在所有相关时点是否都有效运行的作用,因此注册会计师测试这类活动能够强化控制在某期间运行有效性的审计证据效力。

2. 对期中审计证据的考虑。注册会计师可能在期中实施进一步审计程序。对于控制测试,注册会计师在期中实施此类程序具有更积极的作用。但需要说明的是,即使注册会计师已获取有关控制在期中运行有效性的审计证据,仍然需要考虑如何能够将控制在期中运行有效性的审计证据合理延伸至期末,一个基本的考虑是针对期中至期末这段剩余期间获取充分、适当的审计证据。因此,如果已获取有关控制在期中运行有效性的审计证据,并拟利用该证据,注册会计师应当实施下列审计程序:

(1)获取这些控制在剩余期间变化情况的审计证据。

(2)确定针对剩余期间还需获取的补充审计证据。

除了上述的测试剩余期间控制的运行有效性,测试被审计单位对控制的监督也能够作为一项有益的补充证据,以便更有把握地将控制在期中运行有效性的审计证据延伸至期末。

3. 对前期获取的审计证据的考虑。由于内部控制中的诸多要素对于被审计单位往往是相对稳定的,注册会计师在本期审计时可以适当考虑利用以前审计获取的有关控制运行有效性的审计证据。尽管如此,内部控制在不同期间还是可能发生重大变化,注册会计师在利用以前审计获取的有关控制运行有效性的审计证据时需要格外慎重,充分考虑各种因素。

(1)基本思路。关于如何考虑以前审计获取的有关控制运行有效性的审计证据,基本思路是考虑拟信赖的以前审计中测试的控制在本期是否发生变化,因为考虑与控制变化有关的审计证据有助于注册会计师合理调整拟在本期获取的有关控制运行有效性的审计证据。注册会计师应当通过实施询问并结合观察或检查程序,获取这些控制是否已经发生变化的审计证据。例如,在以前审计中,注册会计师可能确定被审计单位某项自动控制能够发挥预期作用,那么在本期审计中,注册会计师需要获取审计证据以确定是否发生了影响该自动控制持续有效发挥作用的变化,注册会计师可以通过询问管理层或检查日志,确定哪些控制已经发生变化。

(2)当控制在本期发生变化时的做法。如果控制在本期发生变化,注册会计师应当考虑以前审计获取的有关控制运行有效性的审计证据是否与本期审计相关。例如,如果系统的变化仅仅使被审计单位从中获取新的报告,这种变化通常不影响以前审计所获取证据的相关性;如果系统的变化引起数据累积或计算发生改变,这种变化可能影响以前审计所获取证据的相关性。如果拟信赖的控制自上次测试后已发生变化,这种变化可能影响以前审计所获取证据的相关性,注册会计师应当在本期审计中测试这些控制的运行有效性。

(3)当控制在本期没有发生变化时的做法。如果拟信赖的控制自上次测试后未发生变化,且不属于旨在减轻特别风险的控制,注册会计师应当运用职业判断确定是否在本期审计中测试其运行有效性以及本次测试与上次测试的时间间隔,但两次测试的时间间隔不得超过两年。在确定利用以前审计获取的有关控制运行有效性的审计证据是否适当以及再次测试控制的时间间隔时,注册会计师应当考虑的因素有:

一是内部控制其他要素的有效性,包括控制环境、对控制的监督以及被审计单位的风险评估过程。例如,当被审计单位控制环境薄弱或对控制的监督薄弱时,注册会计师应当缩短再次测试控制的时间间隔或完全不信赖以前审计获取的审计证据。

二是控制特征(人工控制还是自动化控制)产生的风险。当相关控制中人工控制的成分较大时,考虑到人工控制一般稳定性较差,注册会计师可能决定在本期审计中继续测试该控制的运行有效性。

三是信息技术一般控制的有效性。当信息技术一般控制薄弱时(第四十七条),注册会计师可能更少地依赖以前审计获取的审计证据。

四是控制设计及其运行的有效性,包括在以前审计中测试控制运行有效性时发现的控制运行偏差的性质和程度。例如,当审计期间发生了对控制运行产生重大影响的人事变动时,注册会计师可能决定在本期审计中不依赖以前审计获取的审计证据。

五是环境发生变化而特定控制缺乏相应变化导致的风险。当环境的变化表明需要对控制作出相应的变动,但控制却没有作出相应变动时,注册会计师应当充分意识到控制不再有效，从而导致本期财务报表发生重大错报的可能性，此时不应再依赖以前审计获取的有关控制运行有效性的审计证据。

六是重大错报的风险和对控制的拟信赖程度。如果重大错报风险较大或对控制的拟信赖程度较高，注册会计师应当缩短再次测试控制的时间间隔或完全不信赖以前审计获取的审计证据。

(4)不得依赖以前审计所获取证据的情形。鉴于特别风险的特殊性，对于旨在减轻特别风险的控制，不论该控制在本期是否发生变化，注册会计师都不应依赖以前审计获取的证据，而应在本期审计中测试这些控制的运行有效性。也就是说，如果注册会计师拟信赖针对特别风险的控制，那么所有关于该控制运行有效性的审计证据必须来自当年的控制测试。相应地，注册会计师应当在每次审计中都测试这类控制。

图7－1概括了注册会计师是否需要在本期测试某项控制的决策过程。

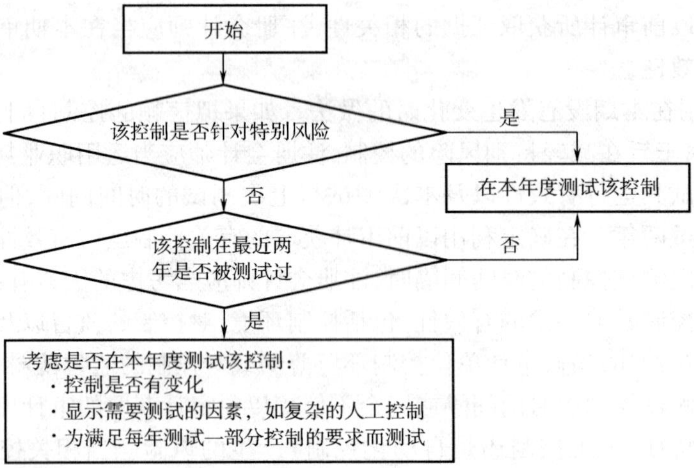

图7－1　本审计期间测试某项控制的决策过程

(五)控制测试的范围

控制测试的范围，主要是指某项控制活动的测试次数。注册会计师应当设计控制测试，以获取控制在整个拟信赖的期间有效运行的充分、适当的审计证据。

1. 确定控制测试范围应考虑的因素。通常情况下，注册会计师在确定某项控制的测试范围时应考虑下列因素：

(1)整个拟信赖的期间，被审计单位执行控制的频率。控制执行的频率越高，控制测试的范围越大。

(2)在所审计期间，注册会计师拟信赖控制运行有效性的时间长度。拟信赖控制运行有效性的时间长度不同,在该时间长度内发生的控制活动次数也不同。注册会计师需要根据拟信赖控制的时间长度确定控制测试的范围。拟信赖期间越长,控制测试的范围越大。

(3)为证实控制能够防止、发现并纠正认定层次的重大错报,所需获取审计证据的相关性和可靠性。对审计证据的相关性和可靠性要求越高,控制测试的范围越大。

(4)通过测试与认定相关的其他控制获取的审计证据的范围。针对同一认定,可能存在不同的控制。当针对其他控制获取审计证据的充分性和适当性较高时,测试该控制的范围可适当缩小。

(5)在风险评估时拟信赖控制运行有效性的程度。注册会计师在风险评估时对控制运行有效性的拟信赖程度越高,需要实施控制测试的范围越大。

(6)控制的预期偏差。预期偏差可以用控制未得到执行的预期次数占控制应得到执行次数的比率加以衡量(也可称做预期偏差率)。考虑该因素,是因为在考虑测试结果是否可以得出控制运行有效性的结论时,不可能一出现任何控制执行偏差就认定控制运行无效,所以需要确定一个合理水平的预期偏差率。通常,控制的预期偏差率越高,需要实施控制测试的范围越大。如果控制的预期偏差率过高,注册会计师应当考虑控制可能不足以将认定层次的重大错报风险降至可接受的低水平,从而针对某一认定实施的控制测试可能是无效的。

2. 对自动化控制测试范围的特别考虑。除非系统(包括系统使用的表格、文档或其他永久性数据)发生变动,注册会计师通常不需要增加自动化控制的测试范围。

信息技术处理具有内在一贯性,除非系统发生变动,一项自动化应用控制应当一贯运行。对于一项自动化应用控制,一旦确定被审计单位正在执行该控制,注册会计师通常无须扩大控制测试的范围,但需要考虑执行下列测试以确定该控制持续有效运行:

(1)测试与该应用控制有关的一般控制的运行有效性。

(2)确定系统是否发生变动,如果发生变动,是否存在适当的系统变动控制。

(3)确定对交易的处理是否使用授权批准的软件版本。例如,注册会计师可以检查信息系统安全控制记录,以确定是否存在未经授权的接触系统硬件和软件,以及系统是否发生变动。

五、实质性程序

(一)实质性程序的含义

实质性程序是指注册会计师针对评估的重大错报风险实施的,直接用以发现认定层次重大错报的审计程序,包括对各类交易、账户余额、列报的细节测试以及实质性分析程序。由于注册会计师对重大错报风险的评估是一种判断,可能无法充分识别所有的重大错报风险,并且由于内部控制存在固有局限性,无论评估的重大错报风险结果如何,注册会计师都应当针对所有重大的各类交易、账户余额、列报实施实质性程序。

(二)实施实质性程序的总体要求

依据审计准则规定,注册会计师实施的实质性程序应当包括下列与财务报表编制完成阶段相关的审计程序:

1. 将财务报表与其所依据的会计记录相核对。

2. 检查财务报表编制过程中做出的重大会计分录和其他会计调整。注册会计师对会计分录和其他会计调整检查的性质和范围,取决于被审计单位财务报告过程的性质和复杂程度以及由此产生的重大错报风险。

如果认为评估的认定层次重大错报风险是特别风险,注册会计师应当专门针对该风险实施实质性程序。例如,如果认为管理层面临实现盈利指标的压力可能提前确认收入,注册会计师在设计询证函时不仅应当考虑函证应收账款的账户余额,还应当考虑询证销售协议的细节条款(如交货、结算及退货条款);注册会计师还可考虑在实施函证的基础上针对销售协议及其变动情况询问被审计单位的非财务人员。

如果针对特别风险仅实施实质性程序,注册会计师应当使用细节测试,或将细节测试和实质性分析程序结合使用,以获取充分、适当的审计证据。因为应对特别风险需要获取具有高度相关性和可靠性的审计证据,仅实施实质性分析程序不足以获取有关特别风险的充分、适当的审计证据。

(三)实质性程序的性质

实质性程序的性质,是指实质性程序的类型及其组合。实质性程序包括细节测试和实质性分析程序两种基本类型。由于细节测试和实质性分析程序的目的和技术手段存在一定差异,因此各自有不同的适用领域。注册会计师应当根据各类交易、账户余额、列报的性质选择实质性程序的类型。

1. 细节测试。细节测试是对各类交易、账户余额、列报的具体细节进行测试,目的在于直接识别财务报表认定是否存在错报。

通常,细节测试适用于对各类交易、账户余额、列报认定的测试,尤其是对存在或发生、计价认定的测试。

对于细节测试,注册会计师应当针对评估的风险设计细节测试,获取充分、适当的审计证据,以达到认定层次所计划的保证水平。该规定的含义是,注册会计师需要根据不同的认定层次的重大错报风险设计有针对性的细节测试。例如,在针对存在或发生认定设计细节测试时,注册会计师应当选择包含在财务报表金额中的项目,并获取相关审计证据;又如,在针对完整性认定设计细节测试时,注册会计师应当选择有证据表明应包含在财务报表金额中的项目,并调查这些项目是否确实包括在内。如为应对被审计单位漏记本期应付账款的风险,注册会计师可以检查期后付款记录。

2. 实质性分析程序。实质性分析程序从技术特征上看仍然是分析程序,主要通过研究数据间关系评价信息,将该技术方法用作实质性程序,用以识别各类交易、账户余额、列报及相关认定是否存在错报。

通常,对在一段时期内存在可预期关系的大量交易,注册会计师可以考虑实施实质性分析程序。注册会计师在设计实质性分析程序时应当考虑下列因素:

(1)对特定认定使用实质性分析程序的适当性。

(2)对已记录的金额或比率做出预期时,所依据的内部或外部数据的可靠性。

(3)做出预期的准确程度是否足以在计划的保证水平上识别重大错报。

(4)已记录金额与预期值之间可接受的差异额。

考虑到数据及分析的可靠性,当实施实质性分析程序时,如果使用被审计单位编制的信息,注册会计师应当考虑测试与信息编制相关的控制,以及这些信息是否在本期或前期经过审计。

(四)实质性程序的时间

实质性程序的时间选择与控制测试的时间选择有共同点,也有很大差异。共同点在于,两类程序都面临着对期中审计证据和对以前审计获取的审计证据的考虑。两者的差异在于:第一,在控制测试中,期中实施控制测试并获取期中关于控制运行有效性审计证据的做法更具有一种"常态";由于实质性程序的目的在于更直接地发现重大错报,在期中实施实质性程序时更需要考虑其成本效益的权衡。第二,在本期控制测试中,拟信赖以前审计获取的有关控制运行有效性的审计证据,已经受到了很大的限制;而对于以前审计中通过实质性程序获取的审计证据,采取了更加慎重的态度和更严格的限制。

(五)实质性程序的范围

评估的认定层次重大错报风险和实施控制测试的结果是注册会计师在确定实质性程序范围时的重要考虑因素。因此,注册会计师在确定实质性程序的范围时,应当考虑评估的认定层次重大错报风险和实施控制测试的结果。注册会计师评估的认定层次的重大错报风险越高,需要实施实质性程序的范围越广。如果对控制测试结果不满意,注册会计师应当考虑扩大实质性程序的范围。

在设计细节测试时,注册会计师除了从样本量的角度考虑测试范围外,还要考虑选样方法的有效性等因素。例如,从总体中选取大额或异常项目,而不是进行代表性抽样或分层抽样。

实质性分析程序的范围有两层含义:

第一层含义是对什么层次上的数据进行分析。注册会计师可以选择在高度汇总的财务数据层次进行分析,也可以根据重大错报风险的性质和水平调整分析层次。例如,按照不同产品线、不同季节或月份、不同经营地点或存货存放地点等实施实质性分析程序。

第二层含义是需要对什么幅度或性质的偏差展开进一步调查。实施分析程序可能发现偏差,但并非所有的偏差都值得展开进一步调查。可容忍或可接受的偏差(预期偏差)越大,作为实质性分析程序一部分的进一步调查的范围就越小。所以确定适当的预期偏差幅度同样属于实质性分析程序的范畴。因此,在设计实质性分析程序时,注册会计师应当确定已记录金额与预期值之间可接受的差异额。在确定该差异额时,注册会计师应当主要考虑各类交易、账户余额、列报及相关认定的重要性和计划的保证水平。

本章小结

在风险导向审计中,注册会计师应在了解被审计单位及其环境的基础上识别和评估财务报表层次和认定层次重大错报风险,并针对评估的重大错报风险采取应对措施。在审计过程中贯彻风险导向审计的理念,要求注册会计师围绕重大错报风险的识别、评估和应对,计划和实施审计工作。

注册会计师应当从行业状况、法律环境与监管环境以及其他外部因素,被审计单位的性质,被审计单位对会计政策的选择和运用,被审计单位的目标、战略以及相关经营风险,被审计单位财务业绩的衡量和评价,被审计单位的内部控制六个方面了解被审计单位及其环境。

内部控制,是被审计单位为了合理保证财务报告的可靠性、经营的效率和效果以及对法律法规的遵守,由治理层、管理层和其他人员设计和执行的政策和程序。它由五项要素构成:控制环境、风险评估过程、信息系统与沟通、控制活动、对控制的监督。

通过实施风险评估程序,注册会计师能够识别出财务报表中的重大错报风险,然后针对评估的财务报表层次重大错报风险确定总体应对措施,针对评估的认定层次重大错报风险设计和实施进一步审计程序,包括对控制测试和实质性程序的性质、时间、范围的安排。控制测试是指测试控制运行的有效性,它强调的是控制能够在各个不同时点按照既定设计得以一贯执行。实质性程序是指注册会计师针对评估的重大错报风险实施的直接用以发现认定层次重大错报的审计程序,包括对各类交易、账户余额、列报的细节测试以及实质性分析程序。前者被用于获取与某些认定相关的审计证据,目的在于直接识别财务报表认定是否存在错报。后者主要通过研究数据间的关系评价信息，用以识别各类交易、账户余额、列报及相关认定是否存在错报。

本章关键词汇

风险评估程序	Risk assessment procedures
内部控制	Internal control
控制环境	Control environment
信息系统与沟通	Information and communication
控制活动	Control activities
对控制的监督	Monitoring
COSO 委员会	COSO Committee
信息技术一般控制	IT general controls
信息技术应用控制	IT applied controls
总体应对措施	Overall reactions to risk
进一步审计程序	Further audit procedures
控制测试	Test of controls
实质性程序	Substantive procedures

思考与练习题

1. 了解被审计单位及其环境是否是审计的必要程序？注册会计师应从哪些方面了解被审计单位及其环境？

2. 被审计单位的环境包括哪些？试利用网络或报刊报道，说明被审计单位的环境对舞弊的影响。

3. 注册会计师应如何对被审计单位的内部控制进行风险评估？

4. 简述内部控制与现代审计的关系。

5. 如何识别与评估重大错报风险？

6. 需要注册会计师特别考虑的重大错报风险有哪些？

7. 财务报表层次重大错报风险的总体应对措施有哪些？

8. 什么是控制测试？实施控制测试时有哪些要求？

9. 什么是穿行测试？其目的是什么？

10. 对内部控制的初步评价结果如何影响注册会计师随后的审计工作？

11. 如何根据控制测试的结果计划实质性程序？

12. 什么是实质性程序？实施实质性程序时有哪些总体要求？

13. 什么是交易测试，什么是余额测试，二者的关系如何？

14. 如何确定实质性程序的范围？如何安排实质性程序的时间？如何评价实质性程序的结果？

15. B股份有限公司（以下简称B公司）主要经营中小型机电类产品的生产和销售，产品销售以B公司仓库为交货地点。B公司目前主要采用手工会计系统。ABC会计师事务所接受委托审计B公司2021年度会计报表，甲、乙注册会计师于2021年10月25日至11月10日对B公司的购货与付款循环、生产循环、销售与收款循环的内部控制进行了解、测试与评价。

通过对B公司内部控制的了解，甲、乙注册会计师在审计工作底稿中记录了所了解的和购货与付款循环、生产循环、销售与收款循环相关的内部控制程序，部分内容摘录如下：

（1）对需要购买的已经列入存货清单的由仓库负责填写请购单，对未列入存货清单的由相关需求部门填写请购单。每张请购单须由对该类采购支出预算负责的主管人员签字批准。

（2）采购部收到经批准的请购单后，由其职员E进行询价并确定供应商，再由其职员F负责编制和发出预先连续编号的订购单。订购单一式四联，经被授权的采购人员签字后，分别送交供应商、负责验收的部门、提交请购单的部门和负责采购业务结算的应付凭单部门。

（3）验收部门根据订购单上的要求对所采购的材料进行验收，完成验收后，将原材料交由仓库人员存入库房，并编制预先连续编号的验收单交仓库人员签字确认。验收单一式三联，其中两联分送应付凭单部门和仓库，一联留存验收部门。

（4）应付凭单部门核对供应商发票、验收单和订购单，并编制预先连续编号的付款凭单。在付款凭单经被授权人员批准后，应付凭单部门将付款凭单连同供应商发票及时送交会计部门，并将未付款凭单副联保存在未付款凭单档案中。会计部门收到附供应商发票的付款凭单后即应及时编制有关的记账凭证，并登记原材料和应付账款账簿。

（5）应付凭单部门负责确定尚未付款凭单在到期日付款，并将留存的未付款凭单及其附件根据授权审批权限送交审批人审批。审批人审批后，将未付款凭单连同附件交复核人复核,然后交财务出纳人员J。出纳人员J据此办理支付手续,登记现金和银行存款日记账,并在每月末编制银行存款余额调节表,交会计主管审核。

(6)生产部门收到生产计划部门签发的预先连续编号的生产通知单后,向仓库提交经批准的预先连续编号的一式三联领料单。仓库发出原材料后,将其中两联领料单分送领料部门和会计部门,一联留存仓库。生产部门完工的产成品经过检验员验收后交仓库查点入库。仓库人员编制预先连续编号的一式三联产成品入库单,其中两联及时分送生产部门和会计部门,一联留存仓库。

(7)会计部门的成本会计K根据收到的生产通知单、领料单、工时记录和产成品入库单等资料,在月末编制材料费用、人工费用和制造费用分配表,以及完工产品与在产品成本分配表,经本部门的复核人员复核后,据以核算成本和登记相关账簿。

(8)根据批准的顾客订单,销售部编制预先连续编号的一式三联现销或赊销销售单。经销售部被授权人员批准后,所有销售单的第一联直接送仓库作为按销售单供货和发货给装运部门的授权依据,第二联交开具账单部门,第三联由销售部留存。装运部门将从仓库提取的商品与销售单核对无误后装运,并编制一式四联预先连续编号的发运单,其中三联及时分送开具账单部门、仓库和顾客,一联留存装运部门。

(9)开具账单部门在收到发运单并与销售单核对无误后,编制预先连续编号的销售发票,并将其连同发运单和销售单及时送交会计部门。会计部门在核对无误后确认销售收入并登记应收账款账簿。会计部门定期向顾客寄送对账单,并对顾客提出的异议进行专门追查。

(10)公司的应收账款账龄分析由专门的“应收账款账龄分析计算机系统”完成,该系统由独立的信息部门负责维护管理。会计部门相关人员负责在系统中及时录入所有与应收账款交易相关的基础数据。为了便于及时更正录入基础数据可能存在的差错,信息部门拥有修改基础数据的权限。

(11)公司每半年对全部存货盘点一次,编制盘点表。会计部门与仓库在核对结存数量后,向管理层报告差异情况及形成原因,并在经批准后进行相应处理。

(12)内部审计部门直接向公司专职负责纪检、监察的副总经理报告工作。内部审计人员定期和不定期地对公司日常业务的处理和记录进行审计。

要求:假定不考虑其他条件,请逐项判断B公司上述已经存在的内部控制程序在设计上是否存在缺陷。如果存在缺陷,请分别予以指出,并简要说明理由、提出改进建议。

16. 甲公司主要从事小型电子消费品的生产和销售。A注册会计师负责审计甲公司2021年度财务报表。

资料一:A注册会计师在审计工作底稿中记录了所了解的甲公司情况及其环境,部

分内容摘录如下:

(1)2021 年初,甲公司董事会决定将每月薪酬发放日由当月最后1日推迟到次月5日,同时将员工薪酬水平平均上调10%。甲公司2021年员工队伍基本稳定。

(2)2021年下半年,受金融衍生品投资失败的影响,甲公司主要竞争对手之一的乙公司(非甲公司的关联公司)及其下属全资子公司——丙公司均陷入财务困境。为取得丙公司的机器设备,甲公司于2021年8月31日与乙公司签订协议,以1亿元购入其所持丙公司的全部股权。按照协议约定,丙公司于2021年9月30日遣散了全部员工,并向甲公司移交了全部资产和负债。甲公司于2021年10月将丙公司的全部机器设备和存货转移到甲公司下属生产基地,并对设备进行了重新组合安装,同时向丙公司派出新的管理团队和员工,丙公司转而负责甲公司部分产品的销售。

(3)2021年9月1日,甲公司与丁公司签订协议,自当月起,由丁公司为甲公司于2021年第4季度投放市场的一款新产品——A产品提供为期12个月的广告服务。甲公司于2021年9月1日向丁公司预付6个月基本广告服务费,每月10万元。另外,按照协议约定,甲公司于每月末按当月A产品销售收入的5%向丁公司另行支付追加广告服务费。

(4)自2021年11月起,甲公司将主要产品交货方式由在甲公司仓库交货,改为运至客户指定交货地点交客户签收,但客户需承担甲公司因此而发生运费的80%。

(5)2021年末,有网民称甲公司B产品含有较高的有害化学成分,会对消费者健康造成不良影响,甲公司随即发表声明,表示B产品有害化学成分含量没有超出现行安全标准,并公布了国家有关部门的检测报告。但大部分网络调查显示,仍有超过半数的网民对B产品的安全性表示忧虑。

资料二:A注册会计师在审计工作底稿中记录了所获取的甲公司合并财务数据,部分内容摘录如下:

(金额单位:万元)

年份产品项目	未审数			已审数		
	2021 年			2020 年		
	A 产品	B 产品	其他产品	A 产品	B 产品	其他产品
营业收入	3 000	6 000	14 000	0	5 000	118 000
营业成本	2 000	5 700	111 000	0	4 600	90 000
存货	A 产品	B 产品	其他产品	A 产品	B 产品	其他产品
账面余额	180	600	30 000	0	500	23 000

续表

年份产品项目	未审数			已审数		
	2021 年			2020 年		
	A 产品	B 产品	其他产品	A 产品	B 产品	其他产品
减:存货跌价准备	0	0	0	0	0	0
账面价值	180	600	30 000	0	500	23 000
固定资产						
成本	298 000			265 500		
减:累计折旧	177 200			154 700		
减:减值准备	120 400			110 400		
商誉——购入丙公司形成	600			0		
预付款项						
基本广告服务费	20			0		
追加广告服务费	100			0		
年末余额	120			0		
应付职工薪酬	6			5		
预计负债——产品质量保证	100			90		
销售费用—运输费	120			0		

资料三:A 注册会计师在审计工作底稿中记录了实施的相关实质性程序,部分内容摘录如下:

(1)根据不同类别员工的薪酬标准和平均人数,估算 2021 年度应计提的员工薪酬,与 2021 年度实际计提的金额进行比较。

(2)检查丙公司向甲公司移交实物资产的交接手续是否完备。

(3)计算年末存货的可变现净值(包括参考资产负债表日后销售情况),与存货账面价值比较,检查存货跌价准备的计提是否充分。

(4)根据 A 产品的实际销售收入,估算 2021 年度应向丁公司支付的追加广告服务费,并与 2021 年度向丁公司实际支付的追加广告服务费进行比较。

(5)从 2021 年度营业收入明细账中抽取一定数量的销售记录,检查入账日期、品名、数量、金额等是否与销售发票、产成品出库单、客户签收记录和记账凭证一致。

(6)根据2021年销货运费记录,估算2021年应由甲公司承担的运费,与2021年实际承担的运费进行比较。

(7)将甲公司在2021年度实际发生的产品质量保证费用与上年末计提的“预计负债——产品质量保证”进行比较,并评估其差异的合理性。

要求:

(1)针对资料一(1)至(5)项,结合资料二,假定不考虑其他条件,逐项指出资料一所列事项是否可能表明存在重大错报风险。如果认为存在,简要说明理由,并说明该风险主要与哪些账务报表项目(仅限于营业收入、营业成本、存货、固定资产、商誉、预付款项、应付职工薪酬、预计负债和销售费用)的哪些认定相关。

(2)针对资料三(1)至(7)项实质性程序,假定不考虑其他条件,逐项指出上述实质性程序与根据资料一(结合资料二)识别的重大错报风险是否直接相关。如果直接相关,指出与根据资料一哪一项(结合资料二)识别的重大错报风险直接相关,并简要说明理由。

思政小课堂

2021年是小张成为注册会计师以来最为忙碌的一年。为了完成审计任务,小张在执行抽凭工作时偷工减料,在抽取凭证不足的情况下随意发表审计结论,被事务所同事举报。小张心中很不服气,觉得同事小题大做陷害他,是个“小人”。

各位同学,你怎么看呢?

第八章

审计抽样

本章导读

本章属于审计基本方法，主要介绍审计取证的技术手段，并具体讨论在控制测试和细节测试中审计抽样方法的运用。现代审计的方法体系分为审计战略方法和审计技术方法，审计抽样法属于审计技术方法。抽样技术在审计工作中的运用为降低审计成本、提高审计效率创造了条件。通过本章学习，需要重点了解不同审计抽样方法的概念及其相互区别，掌握审计抽样的原理、步骤以及运用。

本章建议安排2学时。

第一节　审计抽样概述

现代审计已经采用抽样方法作为最主要的方法。审计抽样技术的产生和发展，使审计人员可通过审查较少的交易凭证、资料而获得正确的结论，从而极大地提高了审计工作效率。审计抽样是20世纪审计技术令人瞩目的成就之一，是审计理论和实践的重大突破。20世纪80年代中期，随着我国企业规模的扩大，审计抽样开始在中国注册会计师审计中应用。中国注册会计师协会（简称中注协）于1995年发布了《独立审计具体准则第 4 号——审计抽样》,自 1996 年 1 月 1 日起施行,以规范注册会计师在审计过程中使用审计抽样方法。中注协为适应审计抽样方法在实务中的推广和运用,对原准则进行了修订,形成了于 2007 年 1 月 1 日实施的《中国注册会计师审计准则第 1314 号——审计抽样和其他选取测试项目的方法》,并于 2010 年进行了修订和完善。

一、审计抽样的产生和发展

抽样技术作为一种审计方法,可以追溯到 19 世纪末。在审计发展的早期阶段,注册会计师大都运用详细审计技术对会计资料或其他记录进行逐笔审查。当时企业规模较小,经济业务不很复杂,注册会计师有能力做到这一点。但是随着社会生产力的发展,企业规模的扩大,经营活动日趋复杂,会计记录成倍地增长,致使审计活动无论从审计费用的开支还是从审计所要办理的程序来看,都无法继续运用详细审计。于是,改革传统的审计方法,成为注册会计师的燃眉之急。

审计抽样方法产生的前提有两个:一方面随着经济的发展,审计内容越来越复杂,若采用详细审计方法只会造成成本居高而效率低下;另一方面,被审计单位的管理水平在逐渐提高,内部控制也在逐渐完善,从而降低了其内部发生错弊的可能性,为审计人员采用抽样审计方法创造了条件。

应该说,审计抽样的发展经历了一个从简单到复杂、从放任到科学的过程。具体讲,审计抽样经历了任意抽样审计、判断抽样审计和科学抽样审计三个阶段。

任意抽样是注册会计师在对总体进行审查时,随意地抽取样本,并以此推断全部审计总体的方法。任意抽样审计较之详细审计,无疑是审计方法的一大进步。因为它在一定程度上减轻了注册会计师的工作量,使他们得以从单调而繁重的事务性工作中解脱出来,以更低的成本、更高的效率,在更大的范围内开展审计工作。但是,注册会计师在运用这种方法抽取样本时,没有考虑合适的样本容量,没有考虑样本的代表性,所以,得出的审计结论往往缺乏正确性和科学性。

判断抽样是在逐渐取代任意抽样的过程中产生和发展起来的。注册会计师在运用此法的过程中,完全根据自己的实际经验和判断能力行事。他们认为,审计质量取决于自己的实际经验与判断能力。如果注册会计师的经验丰富,判断也准确,那么,审计工作能收到事半功倍之效。但是,判断抽样避免不了主观性,样本容量也难以科学地决定,于是,统计抽样应运而生。

统计抽样是以概率论和数理统计为理论基础,将数理统计与审计工作相结合而产生的一种审计抽样方法。注册会计师在运用这种方法时,完全以随机原则为基础,并结合数理统计方法对总体进行判断。

二、审计抽样的基本概念

(一)审计抽样的定义

所谓审计抽样，是指注册会计师对某类交易或账户余额中低于百分之百的项目实施审计程序，使所有抽样单元都有被选取的机会。这使注册会计师能够获取和评价与被选取项目的某些特征有关的审计证据，以形成或帮助形成对从中抽取样本的总体的结论。

总体，是指注册会计师从中选取样本并据此得出结论的整套数据。总体可分为多个层或子总体。每一层或子总体可予以分别检查。如，查应收账款是否高估，总体为账面总金额；查付款是否有授权，总体是所有已付款发票。抽样单元，是指构成总体的个体项目。如，上述付款授权测试中的每一张发票为抽样单元。

注册会计师对于容易发生错报的账户余额，可以使用选取全部项目或选取特定项目的方法；但对于缺乏了解的交易或账户余额，注册会计师从成本效率原则考虑，普遍采用审计抽样。

理解审计抽样时，需关注下面几点：

第一，抽样审计不同于详细审计。详细审计是指百分百地审计对象总体中的全部项目，并根据审计结果形成审计意见；抽样审计是从审计对象总体根据统计原理选取部分样本进行审计，根据样本推断总体并发表审计意见。

第二，审计抽样不能等同于抽查。广义的抽查作为一种技术，可以用于审前调查、确定审计重点、获取审计证据，使用中并无严格要求；审计抽样作为一种审计方法，需运用统计原理，并严格按规定的程序和抽样方法的要求实施。

(二)选取测试项目的方法(不属于审计抽样的情况)

注册会计师在设计审计程序、收集审计证据时，可以用来选取测试项目的方法有三种：选取全部项目、选取特定项目、审计抽样。可以根据具体情况，单独或综合使用选取测试项目的方法，但所使用的方法应当能够有效地提供充分、适当的审计证据，以实现审计程序的目标。但选取全部项目和选取特定项目进行测试不属于审计抽样。

1. 选取全部项目。当存在下列情形之一时，注册会计师应当考虑选取全部项目进行测试：

(1)总体由少量的大额项目构成。

(2)存在特别风险且其他方法未提供充分、适当的审计证据。

(3)由于信息系统自动执行的计算或其他程序具有重复性，对全部项目进行检查符合成本效益原则。

对全部项目进行检查，通常更适用于细节测试。

2. 选取特定项目。根据对被审计单位的了解、评估的重大错报风险以及所测试总体的特征等,注册会计师可以确定从总体中选取特定项目进行测试。

选取的特定项目可能包括:

(1)大额或关键项目。

(2)超过某一金额的全部项目。

(3)被用于获取某些信息的项目。

(4)被用于测试控制活动的项目。

根据判断选取特定项目,容易产生非抽样风险。

三、获取审计证据时对审计抽样的考虑

为获取充分、适当的审计证据,注册会计师需要设计和实施适当的审计程序。根据《中国注册会计师审计准则第1301号——审计证据》的规定,审计程序包括:①风险评估程序;②控制测试(必要时或决定测试时);③实质性程序。

(1)风险评估程序通常不涉及使用审计抽样。但如果注册会计师在了解控制的设计和确定其是否得到执行时,一并计划和实施控制测试,则会涉及审计抽样。

(2)实施控制测试程序时,对留下运行轨迹的控制,可考虑使用审计抽样;对未留下运行轨迹的控制,在测试时不涉及审计抽样。

(3)实质性程序包括对各类交易、账户余额、列报的细节测试,以及实质性分析程序。在实施细节测试时,注册会计师可以使用审计抽样和其他选取测试项目的方法获取审计证据。在实施实质性分析程序时,注册会计师不宜使用审计抽样和其他选取测试项目的方法。

四、获取审计证据时对抽样风险和非抽样风险的考虑

《中国注册会计师审计准则第1101号——财务报表审计的目标和一般原则》中规定:"注册会计师按照审计准则的规定执行审计工作,能够对财务报表整体不存在重大错报获取合理保证,不能对财务报表整体不存在重大错报获取绝对保证。"在获取审计证据时,注册会计师应当运用职业判断,评估重大错报风险,并设计进一步审计程序,以确保将审计风险降至可接受的低水平。

合理保证意味着审计风险始终存在。审计风险是指财务报表存在重大错报而注册会计师发表不恰当审计意见的可能性,其取决于重大错报风险和检查风险。重大错报风险是指财务报表在审计前存在重大错报的可能性。检查风险是指某一认定存在错报,该错报单独或连同其他错报是重大的,但注册会计师未能发现这种错报的可能性。

从另一个角度看,审计风险既包括由抽样引起的不确定性,也包括由非抽样因素引

起的不确定性，所以形成了审计中的抽样风险和非抽样风险。抽样风险和非抽样风险可能影响重大错报风险的评估和检查风险的确定。

（一）抽样风险

抽样风险是指注册会计师根据样本得出的结论，与对总体全部项目实施与样本同样的审计程序得出的结论存在差异的可能性。也就是说，样本中包含的金额错报可能与某类交易或账户余额整体中存在的错报不成比例，或者是样本中对设定控制的偏差与某类交易、账户余额总体中的控制偏差不成比例，产生了样本特征与总体实际特征不相符的可能性。除非注册会计师对总体中的所有项目进行审计，否则抽样风险就可能产生。

在实施控制测试时，误差是指控制偏差；在实施细节测试时，误差是指错报。

1. 控制测试中的抽样风险。在实施控制测试时，注册会计师要关注两类抽样风险：信赖不足风险和信赖过度风险。信赖过度风险是指推断的控制有效性高于其实际有效性的风险；信赖不足风险是指推断的控制有效性低于其实际有效性的风险。

2. 实质性程序中的抽样风险。在实施实质性程序时，注册会计师也要关注两类风险：误受风险和误拒风险。误受风险是指注册会计师推断某一重大错报不存在而实际上存在的风险；误拒风险是指注册会计师推断某一重大错报存在而实际上不存在的风险。

信赖不足风险和误拒风险可能导致两种结果：一是发表非无保留的审计意见；二是扩大审计程序，增加审计工作量。就第一种结果看，被审计单位未必会接受，因为缺乏充分的根据。就第二种结果看，执行额外的审计程序，虽然审计的效果可能不错，但由于增加工作量，必然增加相关的支出，从而降低审计效率，产生风险成本，而这部分成本只能全部由注册会计师和会计师事务所承担。虽然信赖不足风险和误拒风险会降低审计效率，产生风险成本，但其正确性还是有保证的。

信赖过度风险和误受风险是最危险的风险，它会导致注册会计师形成错误的审计结论，提出错误的审计意见，使审计无法达到预期的效果，从而加大注册会计师的法律责任和经济损失。所以，注册会计师对这两类风险应特别予以关注，尽可能降低信赖过度风险和误受风险，这样才能提出恰当的审计意见。

3. 抽样风险的控制。注册会计师在评价抽样风险时要运用专业判断。注册会计师在使用统计抽样时可以准确地计量抽样风险，从而进行控制。无论是控制测试还是细节测试，注册会计师都可以通过扩大样本规模降低抽样风险。

（二）非抽样风险

非抽样风险是指由于某些与样本规模无关的因素而导致注册会计师得出错误结论的可能性。它包括审计风险中非由抽样所导致的所有风险。非抽样风险对审计工作的效率和效果都有一定影响。

1. 导致非抽样风险的原因，具体有：

(1)注册会计师选择的总体不适合测试目标。

(2)注册会计师未能适当地定义控制偏差或错报，导致注册会计师未能发现样本中存在的偏差或错报。

(3)注册会计师虽然适当地定义了控制偏差或错报，但仍未能识别出偏差或错报。这可能是注册会计师采用了不适合测试目标的审计程序，或者误解审计证据而没有发现误差。

(4)注册会计师未能适当地评价审计发现的情况。

2. 非抽样风险的控制。非抽样风险是由人为错误造成的，因而可以降低、消除或防范。通常认为，非抽样风险是无法量化的，但是，注册会计师应当通过适当的计划、指导、监督审计工作，坚持质量控制标准，有效地降低非抽样风险。如果可以从两种审计程序中加以选择，且两种程序均以大致相同的成本提供相同程度的保证，注册会计师应选择非抽样风险水平较低的程序。

五、统计抽样与非统计抽样

(一)统计抽样与非统计抽样的定义

审计抽样的方法是在检查总体中部分项目的基础上对总体发表意见。在对某类交易或账户余额使用审计抽样时，注册会计师可以使用统计抽样方法，也可以使用非统计抽样方法。

1. 统计抽样是以概率论和数理统计为理论基础，将数理统计与审计工作相结合而产生的一种审计抽样方法。统计抽样应同时具备下列特征：

(1)随机选取样本。

(2)运用概率论评价样本结果，包括计量抽样风险。

2. 不同时具备上述两个特征的抽样方法为非统计抽样。

统计抽样能够客观地计量抽样风险，并通过调整样本规模精确地控制风险，这是与非统计抽样最重要的区别。不允许计量抽样风险的抽样方法都是非统计抽样，即便注册会计师按照随机原则选取样本项目，或使用统计抽样的表格确定样本规模，如果没有对样本结果进行统计评估，仍然是非统计抽样。

注册会计师使用非统计抽样时，也必须考虑抽样风险并将其降至可接受水平，但无法精确地测定抽样风险。

(二)统计抽样的类型

属性抽样和变量抽样是统计抽样在审计工作中的具体应用。

1. 属性抽样。属性抽样是一种用来对总体中某一事件发生率得出结论的统计抽样方法。属性抽样在审计中最常见的用途是测试某一设定控制的偏差率,以支持注册会计师评估的控制有效性和重大错报风险。在属性抽样中,设定控制的每一次发生或偏离都被赋予同样的权重,而不管交易的金额大小。

2. 变量抽样。变量抽样是一种用来对总体金额得出结论的统计抽样方法。变量抽样在审计中的主要用途是实行实质性细节测试,以确定记录金额是否合理。

在审计实务中,经常存在同时进行控制测试和实质性程序的情况,在此情况下采用的审计抽样称为双重目的抽样。属性抽样和变量抽样的主要区别如表 8－1 所示。

表 8－1　属性抽样与变量抽样

抽样技术	测试种类	目　标
属性抽样	控制测试	估计总体既定控制的偏差率(次数)
变量抽样	实质性程序	估计总体金额或者总体中的错误金额

一般而言,属性抽样得出的结论与总体发生率有关,而变量抽样得出的结论与总体的金额有关。但有一个例外,即统计抽样中的概率比例规模抽样(PPS 抽样),运用属性抽样的原理得出以金额表示的结论。

另外,注册会计师在进行控制测试时,通常可采用固定样本量抽样、停—走抽样、发现抽样等属性抽样方法;在进行实质性程序时,通常可采用均值估计抽样、差异估计抽样、比率估计抽样等变量抽样方法。无论是控制测试还是实质性程序,均可采用货币单位抽样方法。

(三)统计抽样与非统计抽样的选择

注册会计师执行审计测试,既可用统计抽样技术,也可用非统计抽样技术,还可结合使用这两种抽样技术。究竟应选用哪一种抽样技术,主要取决于注册会计师对成本效果方面的考虑。非统计抽样可能比统计抽样的成本要小,但统计抽样的效果可能比非统计抽样要好得多。

在非统计抽样中,注册会计师全凭主观标准和个人经验来确定样本规模和评价样本结果。因此,注册会计师可能不知不觉在某个领域选用了过多的样本,而在另一领域选用了过少的样本。由于审计证据的充分程度取决于样本规模,这就使注册会计师取得的证据,可能超出或者低于为发表审计意见提供合理的基础所实际需要的证据数量。但是,非统计抽样只要设计得当,也可达到同统计抽样一样的效果。

在统计抽样中,可能要花很大的成本来训练注册会计师掌握统计抽样技术,以及设计和执行抽样计划。但这种抽样对注册会计师有三方面的益处:①有助于设计有效的抽样;②有助于衡量已获得证据的充分性;③有助于评价样本结果。更重要的是,统计抽样能使注册会计师量化控制抽样风险。

尽管统计抽样有上述优点,并解决了非统计抽样难以解决的问题,但是统计抽样的产生并不意味着非统计抽样的消亡。

值得注意的是,非统计抽样和统计抽样的选用,既不影响运用于样本的审计程序的选择,也不影响获取单个样本项目证据的适当性,以及注册会计师对发现的样本错误所做的适当反应。不论采用哪种技术,都要求注册会计师在设计、执行抽样计划和评价抽样结果中合理运用专业判断。这两种技术只要运用得当,都可以提供审计所要求的充分、适当的证据,并且都存在某种程度的抽样风险和非抽样风险。它们之间的根本区别在于统计抽样是利用概率法则来控制抽样风险。统计抽样和非统计抽样的关系如表 8－2 所示。

表 8－2　　统计抽样与非统计抽样法比较

比　较	关　系
相同点	需运用职业、专业判断
	都可以获得审计所要求的充分且适当的证据
	都存在某种程度的抽样风险和非抽样风险
	不影响审计程序的选择
	不影响获取证据的适当性
	不影响对样本错误的反映
不同点	根本区别在于,统计抽样是利用概率法来控制抽样风险,且能使注册会计师量化控制抽样风险

在审计抽样过程中,注册会计师的专业判断是必不可少的。无论采用统计抽样还是非统计抽样,都不能取代注册会计师的专业判断。即使运用科学的统计抽样方式,仍有许多不确定的因素存在,它需要注册会计师凭借经验判断加以解决。所以,审计抽样和专业判断是不能割裂开的,二者不能相互取代。在审计实际工作中,要取得较好的审计效果,就应注意统计抽样和非统计抽样的结合、方法和经验的结合。

第二节　审计抽样的基本步骤

注册会计师在控制测试和实质性细节测试中使用审计抽样方法要分为三个阶段进行,即样本设计阶段、选取样本和实施审计程序阶段、评价样本结果阶段。

一、样本设计的含义和基本要求

注册会计师运用审计抽样方法时,应根据测试目标的需要,围绕样本的性质、样本量、抽样组织方式、抽样工作质量等要求所进行的计划工作,称为样本设计。

样本设计是审计抽样过程中的一个重要环节,注册会计师运用抽样方法需要在科学、具体的规划指导下进行。做好样本设计工作,设计有效的样本,对于提高审计抽样质量、实现审计抽样目标、形成正确的审计结论具有重要的意义。

关于样本设计的基本要求,《中国注册会计师审计准则第 1314 号——审计抽样和其他选取测试项目的方法》中规定:

(1)在设计审计样本时,注册会计师应当考虑审计程序的目标和抽样总体的属性。

(2)注册会计师应当根据所获取的审计证据的性质,以及与该审计证据相关的可能误差情况或其他特征,界定误差构成条件和抽样总体。

(3)对总体的预计误差率或误差额的评估,有助于设计审计样本和确定样本规模。

在实施控制测试时,注册会计师通常根据对相关控制的设计和执行情况的了解,或根据从总体中抽取少量项目进行检查的结果,对拟测试总体的预计误差率进行评估。

在实施细节测试时,注册会计师通常对总体的预计误差额进行评估。

二、样本设计的几个主要步骤

(一)测试目标的确定

审计的目的不同,对审计工作的要求也就不同。如用于公开报表的审计目的与用于银行借款的审计目的是不同的,抽取样本量的多少也就不同。审计抽样必须围绕审计测试的目标展开。一般而言,控制测试是为了获取关于某项控制的设计或运行是否有效的证据,而细节测试的目的是确定某类交易或账户余额的金额是否正确。

(二)定义总体和抽样单元

总体代表了注册会计师希望对其做出结论的数据集合。即注册会计师为形成审计结论,需要在本次审计过程中采用抽样技术进行审计的经济业务及有关会计或其他资料的总和。在实施抽样之前,注册会计师必须仔细定义总体,确定被审查总体的范围。如,审计人员对销售货物是否发运进行测试,审计对象总体就是所有销售货物发运记录,包括货运单据和发货单等。

总体要与审计测试目标保持一致,以保证审计目的的实现。注册会计师要确保总体符合适当性和完整性的特征:

1. 适当性,即总体对审计程序目标而言是适当的,包括对测试方向的考虑。例如,如果注册会计师的目标是测试应付账款的高估,总体可以定义为应付账款清单;但在测试应付账款低估时,总体就应该是后来支付的证明、未付款的发票、供货商的对账单、未勾销的收货报告,或是提供低估应付账款审计证据的其他总体。

2. 完整性,即总体必须包括被审计经济业务或资料的全部内容。例如,如果注册会计师想从一个档案中选取付款证明,除非确信所有的付款证明都已归档,否则注册会计师不能对该期间的所有付款证明做出结论。

抽样单元也应与审计测试目标保持一致。注册会计师在定义子总体时通常都指明了适当的抽样单元。在控制测试中,抽样单元通常是能够提供控制运行证据的文件资料,而在细节测试中,抽样单元可能是一个账户余额、一笔交易或交易中的一项纪录,甚至是每个货币单位。

注册会计师应当根据审计测试目标及被审计单位实际情况,依据不同的要求和方法,从总体中选取若干抽样单位,以便组成适量的、有效的样本。一般情况下,抽样单位的数量与审计对象总体成正比。

(三)定义误差构成条件

注册会计师必须事先准确定义构成误差的条件,否则执行审计抽样程序时就没有识别误差的标准。在实施控制测试时,误差是指控制偏差,注册会计师要仔细定义所要测试的控制及可能出现偏差的情况;在实施细节测试时,误差是指错报,注册会计师要确定什么构成错报。

例如,在审查应收账款余额时,发现被审计单位将甲顾客的应收账款错记在乙顾客的应收账款明细账户中。由于这一处理结果并不影响应收账款的余额,因此,注册会计师在评价抽样结果时,不能认为这是一项误差。

(四)分层

分层是指将一个总体划分为多个子总体的过程,每个子总体由一组具有相同特征(通常为货币金额)的抽样单元组成。分出的每个层次都要单独进行抽样,但对样本结果可单独评价也可综合评价,以便估计总体特征。注册会计师可以利用分层着重审查可能存在较大错误的项目,从而提高审计效率,降低审计成本。

分层时,必须注意以下几点:

第一，总体中的每一抽样单位必须属于一个层次，并且只属于这一层次。

第二，必须有事先能够确定的、有形的、具体的差别来明确区分不同的层次。

第三，必须能够事先确定每一层次中抽样单位的准确数字(数量或金额)。

当实施细节测试时，注册会计师通常按照货币金额对某类交易或账户余额进行分层，以将更多的审计资源投入大额项目中；也可以按照显示较高误差风险的某一特定特征对总体进行分层。例如，为了函证应收账款，可以将应收账款账户按金额的重要性分层。假设分为三层，即账户金额在5 000元以下的为第一层，在5 000～10 000元的为第二层，10 000元以上的为第三层。根据各层的重要性不同采取不同的选样方法。对于第三层的账户(金额在10 000元以上的)，因其重要性水平最高，应考虑进行全部函证。对于第一、二层，则可考虑采用抽样方法选取应函证的样本。要注意的是，对某一层中的样本项目实施审计程序的结果，只能用于推断构成该层的项目。如果对整个总体得出结论，注册会计师应当考虑与构成整个总体的其他层有关的重大错报风险。

(五)确定样本规模

从被审查总体中抽取样本的数量称为样本规模(或样本容量)。样本规模的大小直接关系到注册会计师所获取的审计证据的充分性和经济性。在审计抽样中，样本规模过小，就不能反映出审计对象总体的特征，注册会计师也无法获取充分的审计证据，并可能导致注册会计师得出错误的审计结论；相反，如果样本规模过大，则会增加审计工作量，造成不必要的时间和人力浪费，降低审计效率，也就失去了审计抽样的意义。因此，恰当地确定样本规模、选取适量样本是审计抽样中一个至关重要的问题。

样本是否适量受到诸多因素的影响，表8－3、表8－4列示了在不同的测试中影响样本容量的各方面因素。

表8－3　　控制测试中影响样本量的因素

因素	下述条件导致	
	较小的样本量	较大的样本量
计划可信赖程度*	较低	较高
可容忍误差	较高	较低
可接受的信赖过度风险	较高	较低
预期总体误差**	较低	较高
总体中项目数量	基本无影响(除非总体项目非常少)	基本无影响(除非总体项目非常少)

注：*计划对内部控制不予信赖时，可以不进行控制测试。

**如果预期总体误差过高，可考虑采用其他审计方法，或对有关内部控制不予信赖。

表 8-4 **实质性程序中影响样本量的因素**

因 素	下述条件导致	
	较小的样本量	较大的样本量
对内部控制的信赖	较高	较低
对与该审计目标相关的其他审计工作的信赖	较高	对其他实质性程序信赖较低
可容忍误差	较高	较低
预期总体误差	较低	较高
总体性质	相对不重要	相对较重要
总体项目数量	少	多
经济可靠性水平要求	低	高
层次划分	较为适当	不划分

在实际工作中，确定样本量大小的方法主要有三种：查表法、公式计算法、经验估计法。注册会计师应根据抽样方法和测试目的与特点，选择不同的方法确定样本量。

1. 查表法。在控制测试中，如果运用统计抽样方法进行抽样，则需要将影响样本量大小的因素加以量化，然后根据预先制定的样本量表，查表确定样本量。示例见表 8-5。

表 8-5 **95%可信赖程度下控制测试样本容量表（部分列示）**

预期总体误差	可容忍误差率（%）							
	1	2	3	4	5	6	7	8
0.25	650	236	157	117	93	78	66	58
0.5		320	157	117	93	78	66	58
1.0		600	260	156	93	78	66	58
1.5			400	192	124	103	88	77
2.0			900	300	181	127	88	77
2.5				550	240	150	109	77

2. 公式计算法。在实质性程序中，如果运用统计抽样中的均值估计抽样法，则应运用预先推导出的公式，代入量化后影响样本量大小的因素，计算出样本量。具体公式

在后面再做介绍。

3. 经验估计法。在采用非统计抽样法时，通常可参照以上两种方法，并结合专业判断和自身经验估计出样本量。

三、选取样本和实施审计程序

（一）样本选取的基本要求

注册会计师在选取样本时，应使审计对象总体内所有项目均有被选取的机会，以使样本能够代表总体。只有如此，才能保证由抽样结果推断到的总体特征具有合理性、可靠性。如果注册会计师有意识地选择总体中某些具有特殊特征的项目而放弃其他项目不予考虑，就无法保证所选样本的代表性。

注册会计师可以采用统计抽样或非统计抽样方法选取样本，只要运用得当，均可以取得充分、适当的审计证据。

（二）样本选取的方法

为了量化抽样风险，审计抽样一般采用概率抽样。概率抽样又分为以下几种：

1. 随机选样。随机选样是指对审计对象总体或次级总体的所有项目，按随机规则选取样本，并根据样本资料对被审计对象的有关信息的真实性、合法性等做出评价。运用随机选样需以总体中的每一项目都有不同编号为前提。采用随机选样方法时，总体中各样本被选择的概率是均等的。通常，随机选样可运用随机数表或计算机产生的随机数来进行。步骤如下：

首先，对总体项目进行编号，建立总体中的项目与表中数字的一一对应关系。

其次，确定连续选取随机数的方法。即从随机数表中选择一个起点和一个选号路线，随机起点和选号路线可以任意选择，但一经选定就不得改变。表 8 – 6 是五位随机数表的一部分。

表 8 – 6　　　　随机数表（部分列示）

	1	2	3	4	5	6
1	69 358	26 533	94 923	56 241	38 942	57 255
2	85 385	39 380	15 570	39 289	74 903	81 072
3	43 510	69 105	07 145	94 724	45 873	03 829
4	63 378	21 991	05 588	26 649	10 368	47 458
5	22 571	98 025	14 588	72 537	33 875	88 622
6	83 199	52 608	51 696	98 143	17 524	99 434

续表

	1	2	3	4	5	6
7	17 178	85 326	63 285	21 310	82 412	33 452
8	65 199	34 810	24 622	50 472	06 464	82 499
9	17 282	69 064	84 088	49 739	04 197	87 668
10	57 885	72 453	18 185	38 640	19 336	63 992

现举例说明如何使用随机数表。假定注册会计师对某公司连续编号为500至5 000的现金支票进行随机选样，希望选取一组样本量为20的样本。对此，如果注册会计师确定只用随机数表所列数字的前四位数来与现金支票号码一一对应。那么，从左到右，从上到下，选出号码的前四位应该是大于0500又小于5000的四位数，它们依次为：2653，3894，3938，1557，3928，4351，0714，4587，2199，0558，2664，1036，4745，2257，1458，3387，1752，1717，2130，3345。选出这20个数码后，找出与其对应的20张支票作为选定样本进行审查。

2. 系统选样。系统选样也称为等距选样，是指从确定的选样起点开始，根据已计算出的选样间隔，顺序选取样本的一种选样方法。例如，注册会计师希望采用系统选样法从2 000张凭证中选出100张作为样本。首先计算间隔为20(2 000/100)，假定仅采用一个起点时，注册会计师应每隔20张凭证选取一张作为样本。如果随机起点为32（对应的32号凭证），第二张为52号，第三张为72号凭证……以此类推，共选取100张凭证作为样本即可。如果随机起点为542，则往下的顺序为522，502……往上的顺序为562，582……如果采用四个起点，那么从每个起点开始都要抽取25张(100/4)。

系统选样方法使用方便，并可用于无限总体，但使用系统选样方法要求总体必须是随机排列的，否则容易发生较大的偏差。所以在使用这种方法时，必须先确定总体是否随机排列，若不是随机排列，则不宜使用。

系统选样可以在非统计抽样中使用，在总体随机分布时也可适用于统计抽样。

3. 分层选样。分层是指将某一审计对象总体划分为若干具有相似特征的子总体的过程。分出的每个层次都要单独进行抽样，但对样本结果可单独评价也可综合评价，以便估计总体特征。严格地讲，分层选样法并非一种独立的样本选择方法，它必须结合随机选样等方法使用。但由于其具有的优越性，使其成为审计实践中广泛采用的一种方法。

4. 概率规模比率选样。在审计中，经常会出现选择样本时侧重于选取记录金额较大的总体项目情况。有两种方法可用于获取这种样本。其一是分层选样法，其二是使总体中项目被选取的概率与其记录金额成比例，即概率规模比率选样（简称 PPS）。

此外，注册会计师还可以使用随意选样。通常随意选样不属于概率选样。当然，使用随意选样并不意味着注册会计师可以漫不经心地选择样本，注册会计师要避免任何有意识的偏向或可预见性（如回避难以找到的项目，或总是选择或回避每页的第一个或最后一个项目），从而保证总体中的所有项目都有被选中的机会，使选择的样本具有代表性。

随意选样仅适用于非统计抽样。在使用统计抽样时，运用随意选样是不恰当的，因为注册会计师无法量化选取样本的概率。

（三）实施审计程序

在选取了样本之后，注册会计师要对选取的样本项目实施审计程序，以发现样本中存在的误差。如果选项不适合实施审计程序，注册会计师通常使用替代项目。如果按既定的审计程序无法对样本取得审计证据时，应实施替代审计程序。如果注册会计师无法或者没有执行替代程序，则应将该项目视为一项误差。

四、评价样本结果

注册会计师在对样本实施必要的审计后，需要对抽样结果进行评价，其具体程序和内容包括：分析样本误差、推断总体误差、形成审计结论。

（一）分析误差的性质和原因

注册会计师在分析样本误差时，一般应从以下几方面着手：

1. 确定误差项目。注册会计师应根据预先确定的构成误差的条件，确定某一有问题的项目是否为一项误差。例如，在对应收账款存在性的细节测试中（如函证），客户在函证日之前支付、被审计单位在函证日之后不久收到的款项。由于这一函证结果并不影响应收账款的存在性，因此，注册会计师在评价抽样结果时，不认为是一项误差。

2. 获取审计证据。注册会计师按照既定的审计程序，无法对样本取得审计证据时，应当实施替代审计程序，以获取相应的审计证据。例如，对应收账款的肯定式函证没有收到回函时，注册会计师必须审查期后收款的情况，以证实应收账款的余额。如果注册会计师无法或者没有执行其他审计程序，在评价抽样结果时，则应将该项目视为一项误差。

3. 实施审计程序进行单独评价。如果某些样本误差项目具有共同的特征，如相同的经济业务类型、场所、时间，则应将这些具有共同特征的项目作为一个整体，实施相应的审计程序，并根据审计结果，进行单独的评价。

4. 分析样本误差。注册会计师在分析抽样中发现误差时，还应考虑误差的性质、原因及其对其他相关审计工作的影响。例如，在控制测试中，对样本误差可做如下的定性分析：

(1)误差是否超过审计范畴?是关键的还是非关键的?

(2)分析每一个关键误差的性质和原因,是故意的还是非故意的?是系统的还是偶然的?是频繁的还是不频繁的?如何影响货币金额?

(3)确定这些误差对其他控制测试以及实质性程序的影响。

(二)推断总体误差

分析样本误差后,注册会计师应根据抽样中发现的误差,采用适当的方法,推断审计对象总体误差。如果在抽样时对总体进行了分层,那么就应先对每一层次进行个别的推断,然后将推断结果加以汇总。由于存在多种抽样方法,注册会计师根据样本误差推断总体误差的方法应与所选用的抽样方法一致。比如,同样发现样本误差为5 000元,一种是采用判断抽样,一种是采用系统选样。显然依据前者所推断的总体误差应该比后者少,因为采用判断抽样时,注册会计师已经对于可能出现错误的样本进行了选取。

(三)形成审计结论

注册会计师在抽样结果评价的基础上,应根据所取得的证据,确定审计证据是否足以证实某一审计对象总体特征,从而得出审计结论。

第三节　控制测试中抽样技术的运用

控制测试是为了确定内部控制的设计和执行是否有效而实施的审计程序。控制测试中的审计抽样,通常被称作属性抽样。其特点是通过对样本的审查结果,来推断总体中某些特征或属性发生的频率或次数,从而评价被审计单位的内部控制制度是否值得信赖,为实质性程序提供依据。

控制测试的程序如前所述,首先进行样本设计,在确定样本量后选取样本;然后实施审计程序;最后评价样本结果。控制测试中所采用的抽样方法主要有:固定样本量抽样、停—走抽样、发现抽样等。

一、固定样本量抽样

固定样本量抽样是一种最为广泛使用的属性抽样,常用于估计审计对象总体中某种误差发生的比例,用“多大比例”来回答问题。

下面举例说明固定样本量抽样方法。

某公司某年度购货发票共5 000张,为了审查购货发票是否遵守或符合内部控制的要求，注册会计师可以按以下步骤进行抽查。

（一）确定审计目的

购货发票内部控制的要求是：只有将验收报告与进货发票核对相符后，才核准支付采购货款。所以，注册会计师只会对该程序操作的准确性，以及进货发票与验收报告相核对的控制程序是否正常运行感兴趣。

（二）确定审计对象总体及抽样单位

假设公司对每笔采购业务均采用连续编号的凭单，在每张凭单的后面应附有验收报告与发票。因此，抽样单位可确定为公司的个别凭单。如果测试是年终进行的，审计对象总体为本审计年度 12 个月内的所有购货凭单。

（三）进行样本设计

1. 界定“误差”。在控制测试中，误差是指注册会计师认为使控制程序失效、运行偏离的所有控制无效事件。注册会计师应根据实际情况恰当地界定误差。在本例中，注册会计师可根据具体审计目标，发现下列情形之一者，即可界定为“误差”：

（1）未附验收单据的任何发票。

（2）所附单据与发票记载的性质不符。

（3）所附单据与发票记载的数量不符。

2. 确定可接受的信赖过度风险。信赖过度风险就是实际误差超过了可容忍误差的可能性。如果注册会计师推断的控制有效性高于其实际有效性，导致评估的重大错报风险过低，他就会不适当地减少从实质性程序中获取的证据，从而影响审计效果。一般而言，注册会计师通常希望对样本结论获取高度保证，因而其可接受的信赖过度风险较低。

可接受的信赖过度风险与样本规模成反比。在非统计抽样中，注册会计师不需要量化信赖过度风险，而将其评估为高、中、低水平；在统计抽样中注册会计师则需要赋予其具体的数值。

可接受的信赖过度风险的补数为可信赖程度，即可信赖程度 = 1 - 信赖过度风险。可信赖程度是指样本性质能够代表总体性质的可靠性程度。如，注册会计师选择一个 95% 的可信赖程度，其将有 5% 的风险去接受抽样结果表示的内部控制是有效的结论，而实际上内部控制是无效的。

在实务中，注册会计师常常对所有控制测试确定一个统一的可接受风险水平，然后考虑每项测试的内部控制的重要性和重大错报风险的评估水平，分别确定可容忍误差率。本例中，注册会计师将可接受的信赖过度风险定为 5%。

3. 确定可容忍误差率。可容忍误差是在一定的审计风险范围内，注册会计师愿意接受的对设定控制的最大误差。注册会计师一般根据计划的重大错报风险评估水平和可信赖程度来确定可容忍误差。估计的重大错报风险水平越高,可容忍误差越大;或者要求的可信赖程度越高,可容忍误差越小。同时,可容忍误差与样本规模成反比,可容忍误差越小,需选取的样本量就应越大。如果可容忍误差率很高,控制运行的有效性通常不会大幅度降低相关实质性程序的范围。在这种情况下,甚至可能不需要进行控制测试。

在进行控制测试时,可容忍误差是注册会计师不改变对内部控制的可信赖程度,所愿意接受的最大误差。也就是说,可容忍误差是指注册会计师可以接受的、内部控制实际运行偏离于规定的控制要求的最大比率,只要实际偏离率低于这一比率,注册会计师即可维持他对内部控制的信赖程度。注册会计师一般可按表 8-7 所列标准确定可容忍误差。

表 8-7　　可容忍误差的确定(控制测试)

可容忍误差(率)	内部控制的可信赖程度
20%(或小于)考虑忽略抽样测试,进行详细测试	可信赖程度差,在信赖内部控制方面的实质性工作不能有大(或中等)的减少
10%(或小于)	中等可信赖程度,基于审计结论,在信赖内部控制方面的实质性工作将减少
5%(或小于)	内部控制可靠,基于审计结论,在信赖内部控制方面的实质性工作将减少 1/2 或 1/3

本例中,注册会计师将可容忍误差率定为 4%。

4. 确定预期总体误差。预期总体误差是注册会计师预计在审计对象总体中发现误差的程度,它将对抽样的样本规模产生影响。预期总体误差与样本规模是同向变化关系。如果预期总体误差较大,则需要选取较大的样本量;如果预期总体不存在误差,则需要抽取的样本量较小。

注册会计师应根据前期审计所发现的误差、被审计单位经营业务和经营环境的变化、内部控制制度的评价及分析性复核的结果等,来确定审计对象总体的预期误差。如以前对该公司曾进行过审计,且本年情况预计与过去基本相同,可采用过去的误差率;如为初次审计,或虽曾审计过但情况变化较大,应采用预先抽样法,即先随机抽取少部分样本,了解误差率情况。在本例中,假定前三年的审计中,内部控制误差率分别为 0.9%,0.95%,0.97%,基于稳健原则,注册会计师可将预期总体误差率确定为 1%。

5. 确定是否进行分层。本例拟不分层。

（四）确定样本量

根据样本容量表（表 8 – 8），查出在可容忍误差率为 4%、预期总体误差为 1% 时，应选取的样本量为 156 张凭单。

表 8 – 8　　95% 可信赖程度下控制测试样本容量表（部分列示）

预期总体误差	可容忍误差率（%）							
	1	2	3	4	5	6	7	8
0. 25	650	236	157	117	93	78	66	58
0. 5		320	157	117	93	78	66	58
1. 0		600	260	156	93	78	66	58
1. 5			400	192	124	103	88	77
2. 0			900	300	181	127	88	77
2. 5				550	240	150	109	77

（五）选取样本并进行审计

注册会计师按随机选样法选取 156 张凭单，并按所定义的“误差”审查每张凭单及附件。

（六）评价抽样结果

1. 若注册会计师通过抽样查出的误差数为 1，且没有发现有欺诈舞弊或逃避内部控制的情况，由于发现的误差数不超预期误差率 1%（1/156 = 0. 64%），所以，注册会计师可以得出结论，可容忍误差率不超过 4% 的可信赖程度为 95%。

2. 若注册会计师通过抽样查出的误差数为 3，且没有发现有欺诈舞弊或逃避内部控制的情况，由于发现的误差数超预期误差率 1%（3/156 = 1. 92%），达 2%，这种情况下注册会计师需要抽查的样本量将增至为 300（查表可知）。因此，注册会计师不能以 95% 的可信赖程度保证可容忍误差率不超过 4%。这时，注册会计师应减少对这一内部控制的可信赖程度，增加样本量，扩大实质性程序范围。

3. 若注册会计师通过抽样发现有欺诈舞弊或逃避内部控制的情况，不论其误差率是高是低，均应采用其他审计程序。舞弊通常要求对可能的后果进行更广泛的考虑。

总之，注册会计师在设计样本时要考虑以上几个因素的影响。如果其他因素不变，某单一因素的变化对样本规模的影响如表 8 – 9 所示。

表 8－9　影响样本量的因素

因　素	对样本的影响
1. 审计目标	决定抽取样本的范围大小
2. 审计对象总体	与样本量成正比
3. 抽样风险	与样本量成反比
4. 可信赖程度(可容忍偏差)	与样本量成正比(与样本量成反比)
5. 预计总体偏差	与样本量成正比
6. 分层	优化样本分布和数量,以降低成本

二、发现抽样

发现抽样是在预先确定可信赖程度,并假定偏差以既定的发生率存在于总体之中的情况下,至少可以找出一个偏差的抽样方法。它是属性抽样的一种特殊形式。在对选出的样本进行审查时,一旦发现一个偏差就立即停止抽样。如果在样本中没有发现偏差,则可以得出预计总体误差率可以接受的结论。

发现抽样主要用于找出重大偏差,适合于查找重大舞弊或非法行为。例如,注册会计师怀疑被审计单位的员工制造虚假请购单、验收单,虚构购货交易,以便转移单位资金。假定注册会计师设定,总体中包含4%(含)以上的欺诈项目,则在95%的可信赖程度下,样本将显示出虚假凭单,查表 8－8,在预计总体误差为 0.25% 及可容忍误差为4%时,样本规模为 117。结果注册会计师在选取并审查了 117 个样本后,没有发现虚假凭单,结论是:有 95% 的可信赖程度确保虚假凭单不超过 4% 。

三、停—走抽样

停—走抽样也叫顺序抽样,是固定样本量抽样的一种特殊形式。采用固定样本量抽样时,如果预期总体误差率大大高于实际误差率,其结果是选取了过多的样本,降低了审计工作效率。停—走抽样从预期总体误差率为零开始,通过边抽样边评估来完成抽样审计工作。

停—走抽样一般要经过几个阶段才能完成全部样本的抽取。首先,注册会计师根据确定的可容忍误差、预计总体误差率,确定样本量;其次,通过审查样本来判断总体偏差率是否高于可容忍误差,并以此判断在不扩大检查范围的情况下是接受还是提高计划的重大错报风险评估水平,或因为没有获取充分的信息确定计划的重大错报风险水平是否有保证而扩大检查范围。倘若样本结果不足以证明注册会计师对内部控制的判断，则应追加样本量并重复审查过程，直到抽样结果支持计划控制风险评估水平为止。

表8－10列示了一个四步停—走抽样计划中的每组抽样单元的数量。假设可容忍误差率为5%，信赖过度风险为10%，预计总体误差率为0.5%。

表8－10　　　　停—走抽样样本量

组	抽样单元数量	累计抽样单元数量	如果累计偏差为下列数量		
			接受重大错报风险计划评估水平	继续抽样（转入下一步）	提高重大错报风险计划评估水平
1	50	50	0	1－3	4
2	51	101	1	2－3	4
3	51	152	2	3	4
4	51	203	3	不适用	4

如果在第一组50个抽样单元中没有发现偏差，注册会计师就不需检查更多的样本单元，认为样本支持计划的控制信赖程度和重大错报风险评估水平。如果第一组抽样单元存在1个、2个或3个偏差，注册会计师就要对下一组抽样单元进行检查，最终要样本结果支持或不支持计划的重大错报风险估计水平。

第四节　实质性程序中抽样技术的运用

实质性程序的两种统计抽样方法，一种是传统的变量抽样方法，另一种是概率比例规模抽样法（即PPS抽样），都能提供充分的证据以实现审计目标。传统的变量抽样方法运用正态分布理论，根据样本项目评价总体特征。PPS抽样是一种运用属性抽样原理对货币金额而不是对发生频率得出结论的统计抽样方法。

对交易和余额实施实质性细节测试的目的是为了发现各类交易、账户余额和财务报表披露中的重大错报。注册会计师应当评估重大错报风险，并综合运用分析程序和实质性细节测试，为形成关于财务报表是否存在重大错报的意见提供基础。

一、传统变量抽样

传统变量抽样是运用正态分布理论，通过对总体进行定量估计，来描述和评价总体的数量特征。这种抽样涉及复杂的数学计算,难以手工进行。

变量抽样是一类方法的统称,主要包括均值估计抽样、差异估计抽样、比率估计抽样等具体方法。变量抽样法通常用于:审查应收账款的金额;审查存货的数量和金额;审查工资费用;审查交易活动,以确定未经适当批准的交易金额。

(一)变量抽样的特点

1. 如果账面金额和审定金额之间的差异很大,变量抽样可能以更小的样本规模实现审计目标。

2. 在设计样本时通常不需对零余额或余额为负数的项目加以特别考虑。

3. 计算复杂,需要计算机程序帮助。

4. 如果账面金额和审定金额之间的差异巨大,或总体中项目金额极大,且样本规模不大,正态分布理论就不适用。

(二)均值估计抽样

均值估计抽样法是通过检查确定样本的平均值,依据样本平均值来推断总体的平均值和总值的方法。这种方法适用范围十分广泛,无论被审计单位提供的数据是否完整、可靠,甚至在被审计单位缺乏基本的经济业务或事项账面记录情况下,都可以使用该方法。

使用这种方法时注册会计师应该:①先计算样本中所有项目审定金额的平均值;②用样本平均值乘以总体规模,得出总体金额的估计值;③根据样本审定金额的变异性,注册会计师运用正态分布理论计算抽样风险允许限度。

下面以均值估计抽样法为例说明审计抽样法在实质性程序中的运用。

【案例】假定某公司 2021 年 12 月 31 日期末应收账款有 2 000 户客户,账面总金额为 8 100 000 元。注册会计师欲通过抽样函证来审查应收账款的账面价值。

【解析】

1. 确定审计目的。审计目的:确定期末应收账款的账面价值 8 100 000 元存在。

2. 定义审计对象总体。根据被审计单位的实际情况,总体为 2 000 个应收款账户。

3. 选定抽样方法。注册会计师选择均值估计抽样方法。

4. 确定样本量。依据本题数据:

(1)考虑到货币金额的重要性,确定计划抽样误差率为 1%,即 ±81 000 元,考虑到内部控制及抽样风险的可接受水平,注册会计师确定的可信赖程度为 95%,则可信赖程度系数为 1.96(注:可信赖程度系数是正态分布中的一个概念,这里不做介绍。只需知道它与可信赖程度有关,如当可信赖程度为 90%,这一系数为 1.65)。

(2)根据被审计单位应收账款明细账,注册会计师估计总体标准离差为 350 元(总体标准离差是用来衡量个别项目值在总体平均值周围的可变异或离散程度)。

(3)确定样本量,计算公式如下:

$$n' = \left(\frac{U_r \cdot S \cdot N}{P_a}\right)^2$$

$$n = \frac{n'}{1 + \frac{n'}{N}}$$

式中:U_r 为可信赖程度系数;

S 为估计总体标准离差;

P_a 为计划的抽差误差;

n'为放回抽样的样本量;

n 不放回抽样的样本量;

N 为总体项目个数。

$$n' = \left(\frac{1.96 \times 350 \times 2\,000}{81\,000}\right)^2 \approx 287(\text{取整数})$$

$$n = \frac{287}{1 + \frac{287}{2\,000}} \approx 251(\text{取整数})$$

5. 确定样本选取方法。注册会计师采用随机选样法,从应收账款明细账中选取 251 个客户作为样本。

6. 选取样本并进行审计。注册会计师对选出的 251 个客户发出函证,函证结果表明,样本平均值为 4 032. 36 元,样本标准离差为 336 元,实际抽样误差的计算公式如下:

$$P_1 = U_r \cdot \frac{S_1}{\sqrt{n_1}} \cdot N \cdot \sqrt{1 - \frac{n_1}{N}}$$

式中,P_1 为实际抽样误差;S_1 为实际样本的标准离差;n_1 为实际样本量。

于是:

$$P_1 = 1 \cdot 96 \times \frac{336}{\sqrt{251}} \times 2\,000 \times \sqrt{1 - \frac{251}{2\,000}} \approx 77\,744$$

实际抽样误差(77 744)小于计划抽样误差(81 000),则注册会计师估计的总体金额为 8 064 720 元(4 032. 36 ×2 000)。于是,注册会计师可以做出这样的结论:有 95%的把握保证 2 000 个应收账款账户的真实总体金额落在 8 064 720 元 ±77 744 元之间,即 7 986 976 ~8 142 464 元之间。

7. 评价抽样结果。根据以上抽样结果,考虑被审计单位应收账款的账面金额为 8 100 000元,属于上述区间之内,可见,应收账款的账面金额并无重大误差,可以发表无保留意见。当然,为了谨慎起见,建议被审计单位对所发现的审计差异进行调整。

（三）差异估计抽样

差异估计抽样是以样本实际价值与账面价值的平均差额来估计总体实际价值与账面价值的平均差额，然后用平均差额乘以总体项目个数，从而求出总体的实际价值与账面价值的抽样方法。公式为：

平均差额 = 样本实际价值与账面价值的差额 ÷ 样本量

估计的总体差额 = 平均差额 × 总体项目个数

（四）比率估计抽样

比率估计抽样是先计算出样本账面总价值与样本实际总价值，然后将样本实际总价值除以样本账面总价值得出一个比率，用此比率乘以总体的账面价值，从而求出总体实际价值的估计金额的一种抽样方法。公式为：

比率 = 样本实际价值之和 ÷ 样本账面价值之和

估计的总体实际价值 = 总体账面价值 × 比率

当误差与账面价值成比例关系时，通常运用比例估计抽样。

二、概率比例规模抽样

概率比例规模抽样（PPS 抽样）也叫做货币单位抽样，是指直接根据金额大小成比例地选取样本。其抽样的出发点是重视账户余额相对较大的项目。

一般的抽样方法主要以实物单位为抽样基础，与此不同的是，概率比例规模抽样以金额单位为抽样基础，采用以金额为间隔的系统选样方法，账户余额的每一金额单位都有均等的入选机会。

（一）概率比例规模抽样的特点

PPS 抽样的优点有：①样本设计容易，方法易于使用；②不需考虑被审计金额的预计变异性；③生成的样本能自动分层；④能自动识别所有单个重大项目；⑤在没有预计错报的情况下，样本规模会更小。

PPS 抽样的缺点有：①对零余额或负余额的选取需要在设计时特别考虑；②发现样本低估在评价样本时需特别考虑；③发现错报时，如果风险水平一定，评价样本时可能高估抽样风险的影响；④注册会计师通常需要逐个累计总体金额；⑤当预计总体错报金额增加时，PPS 抽样所需样本规模也会增加。

（二）概率比例规模抽样的样本选取

PPS 抽样是以货币单位作为抽样单元进行选样的一种方法。在这种方法下，总体中的每个货币单位被选中的机会相同，所以总体中某一项目被选中的概率等于该项目的金额与总体金额的比率。项目金额越大被选中的概率越大。

PPS 抽样可以使用随机抽样法、系统选样法选取样本。公式是：

样本规模 = 总体账面金额/选择间距

或：　　间隔金额 = 总体账面金额/样本规模

注册会计师使用 PPS 抽取样本时，将总体分成统一的货币单位组，成为选样间距。由于总体的账面金额是固定的，PPS 样本规模就取决于注册会计师确定的选样间距。

在采用容量概率比例选样方法时，可以按实物单位的顺序号或与金额无关的方法排序，不能按金额大小顺序排列，然后确定一个起始金额，并选出第一个样本项目。例如，注册会计师对某公司的销售发票进行审计，采用概率比例规模抽样方法，从 1 000 张销售发票中抽取 60 张，总体金额为 140 万元，销售发票资料如表 8－11 所示。确定的随机起点为 13 500 元，抽样间隔为 23 333 元（1 400 000 ÷ 60 = 23 333）。

表 8－11

发票编号	项目金额（元）	累计金额
A0001	5 500	5 500
A0002	14 000	19 500
A0003	28 000	47 500
A0004	1 200	48 700
A0005	11 500	60 200
A0006	20 000	80 200
A0007	8 000	88 200
A0008	11 000	99 200
A0009	6 500	105 700
A0010	4 000	109 700
A0011	17 300	127 000
A0012	22 400	149 400
…	…	…
合计	1 000 000	

根据上述资料，抽取的第一个样本是 A0002（对应金额 19 500，因为起点为 13 500），第二个样本是 A0003（13 500 + 23 333 = 36 833，对应的范围是 47 500），第三个样本是 A0005（36 833 + 23 333 = 60 166，对应的范围是 60 200），依此选出余下的 57 个样本。

本章小结

审计抽样是审计学中很重要的一个概念，现代审计就是建立在评价被审计单位内部控制基础之上的抽样审计。本章知识点比较碎杂，概念较多。

重点理解统计抽样和非统计抽样、抽样风险与非抽样风险、总体与样本、可容忍误差、审计抽样流程、随机数表选样方法等概念。

正确掌握如何运用属性抽样进行控制测试，如何运用变量抽样进行实质性测试。

本章关键词汇

审计抽样	Audit sampling
统计抽样	Statistical sampling
属性抽样与变量抽样	Attribute sampling & variable sampling
抽样风险与非抽样风险	Sampling risk& non – sampling risk
可信赖程度	Confidence level
抽样单位	Sampling unit
信赖不足风险与信赖过度风险	the Risk of under reliance& the risk of over reliance
误拒风险与误受风险	the Risk of incorrect rejection & the risk of incorrect acceptance
可容忍误差	Tolerable error
平均估计抽样	Average estimation sampling
比率估计抽样	Ratio estimation sampling
差异估计抽样	Difference estimation sampling
概率比例规模抽样	Probability proportional sampling

思考与练习题

1. 统计抽样和非统计抽样的区别有哪些？

2. 抽样风险与非抽样风险有什么区别？非抽样风险能消除吗？

3. 当注册会计师认为总体实际误差超过可容忍误差时，样本规模会发生什么变化？

4. 某公司应收账款的编号为0001—5000，审计人员拟利用随机数表选择其中的175份进行函证(随机数表见教材)。要求：以第四行、第二列数字为起点，自上而下，以各数的前四位数为准。审计人员选择的最初5个样本的号码分别是多少？

5. 使用教材中的随机数表从121—953号支票中抽取15张支票有几种可能？请将各种可能抽取的支票号码分组排列。

6. 对购货和付款业务的控制程序进行控制测试时，审计人员确定了6%的可容忍误差及95%的可信赖程度，并参考以前年度审计工作底稿，将预期总体误差确定为1.5%。

要求：

(1)对于该项测试审计人员应当采用哪种抽样方法？

(2)利用适当方法，确定该测试所需的样本量。

(3)假定样本测试结果显示有3个误差，审计人员是否可以推断在95%的可信赖程度下，总体误差没有超过6%的可容忍程度？

思政小课堂

抽样审计模式下，由于抽取样本的有限性，而忽视了大量的业务活动，无法完全发现和揭示被审计单位的重大舞弊行为，隐藏着严重的审计风险。中审亚太会计师事务所在2016年隶源基首饰(深圳)股份有限公司年报项目审计中存在审计抽样运用错误，受到深圳证监局实施监管谈话的监督管理措施。

在大数据时代，数据的跨行业、跨企业搜集和分析，可以不用随机抽样方法，而采用搜集和分析被审计单位所有数据的总体审计模式。大数据环境下的总体审计模式要分析与审计对象相关的所有数据，使得审计人员可以建立总体审计的思维模式。审计人员实施总体审计模式，可以规避抽样审计风险。审计人员收集总体的所有数据，就能看到更细微、更深入的信息，就可对数据进行多角度的深层次分析，从而发现隐藏在细节数据中的对审计问题更具价值的信息。审计人员实施总体审计模式，能发现抽样审计模式不能发现的问题。总体具有局部根本没有的功能，当各个局部以合理的结构形成总体时，总体就具有全新的功能，总体的功能就会大于各个局部功能之和。大数据技术给审计人员提供了一种能够从总体把握审计对象的技术手段，从而帮助审计人员从总体的视角发现以前难以发现的问题(秦荣生，2014)。

第九章

货币资金审计

本章导读

从本章起至第十四章，我们将以企业财务报表审计为例，介绍业务循环审计的具体内容。同时，也帮助大家梳理各个业务循环中重要的报表项目（例如主营业务收入、应收账款等）如何进行审计测试。

报表审计的组织方式可分成两种：一种称为账户余额审计法（简称账户法）；另一种称为循环审计法（简称循环法）。账户法主要是对每个重要账户余额单独进行审计，这种方法与企业财务报表格式相吻合，操作简便且应用性较强。循环法则是将财务报表分成几个循环进行审计，也就是把紧密联系的账户归入同一循环中，项目组按照业务循环来组织或实施审计活动，合理分配审计资源，由于这种方法比较贴近被审计单位的内部控制环境和设计流程，对于上市公司财务报表审计而言，可以提高注册会计师的审计效率及效果。

一般而言，根据被审计单位的规模大小和业务复杂程度，可以将其所有交易和账户余额划分成4个、5个甚至更多业务循环。通常情况下，销售与收款循环、采购与付款循环、生产与存货循环、筹资与投资循环是几种常见循环，有些劳动力密集型的企业还有人力资源与工薪循环。货币资金循环与上述业务循环存在紧密关联。

注册会计师划分各种循环程序时应关注其相互联系，各种循环都为其他循环提供支持。各业务循环之间的流转关系如图9-1所示。

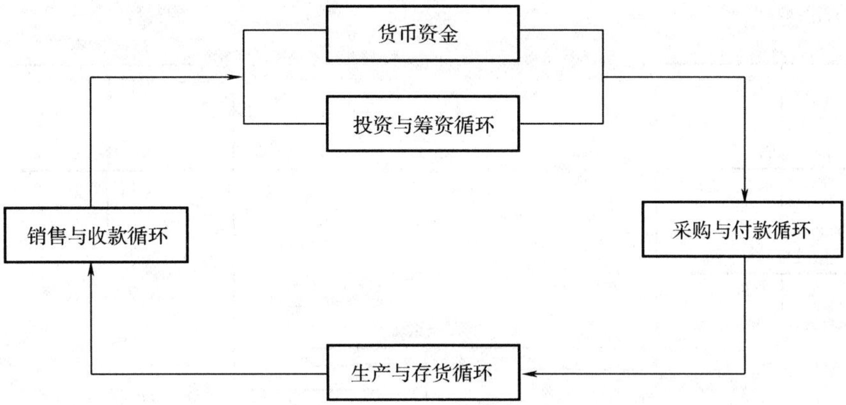

图 9－1　各个业务循环之间的关系

由于货币资金业务涉及销售、采购、生产、投融资等各循环，对货币资金的审计有助于注册会计师确定财务报表中其他项目的重要性。因此，本书以货币资金审计作为业务循环审计的起点。通过本章学习，应理解货币资金与其他交易循环的关系，学习和掌握货币资金的审计目标、货币资金内部控制测试的要点、库存现金和银行存款的实质性程序。

本章重点：货币资金审计目标，货币资金内部控制及其测试，库存现金监盘，银行存款函证，其他货币资金的实质性程序。

本章难点：库存现金监盘，银行存款函证。

本章计划讲授 3 课时。

第一节　货币资金的特征

一、货币资金与业务循环

货币资金是企业资产的重要组成部分，在企业资产中流动性最强。企业要进行生产经营活动必须拥有一定数量的货币资金。货币资金与各交易循环均直接相关，关系如图 9－2 所示。

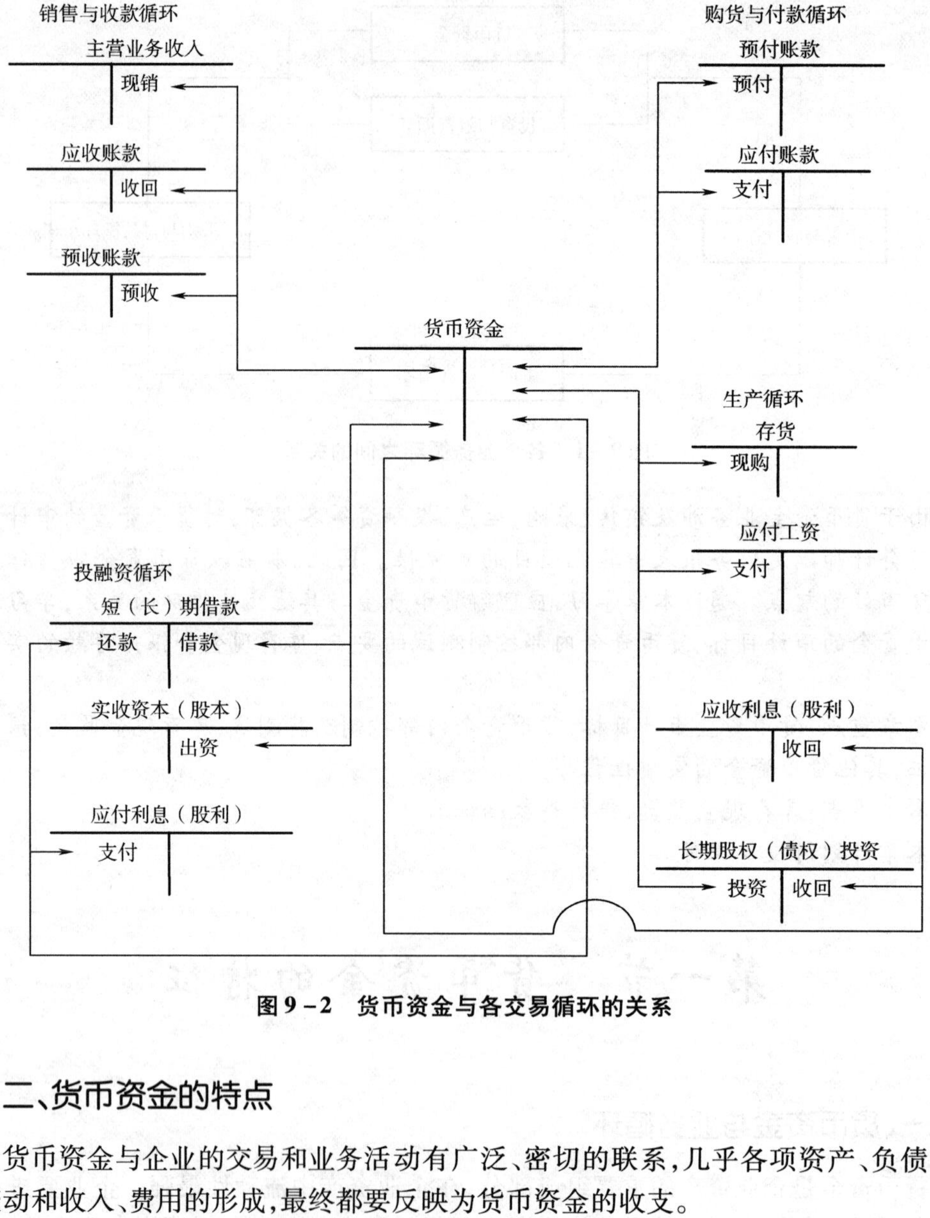

图9－2　货币资金与各交易循环的关系

二、货币资金的特点

货币资金与企业的交易和业务活动有广泛、密切的联系，几乎各项资产、负债的增减变动和收入、费用的形成，最终都要反映为货币资金的收支。

因此，货币资金具有流动性强，并且与各个经营业务联系广泛的特点，企业必须严格管理。较强的流动性使货币资金存在较高的固有风险，所以一直是审计人员的重点审计领域。

三、货币资金涉及的主要凭证和会计记录

货币资金涉及的主要凭证和会计记录包括:①库存现金盘点表;②银行对账单;③银行存款余额调节表;④库存现金或银行存款的收款与付款凭证;⑤库存现金、银行存款的日记账和总账;⑥其他相关原始凭证和账簿(如支票及支票簿)。

四、货币资金的审计目标及审计程序

货币资金的审计目标见表9－1。

表9－1　　货币资金审计的一般目标

序号	审计目标	财务报表认定
1	确定被审计单位资产负债表中的货币资金项目是否真实存在,是否为被审计单位所拥有	存在
2	确定被审计单位在特定期间内发生的货币资金收支业务是否均已记录完毕,有无遗漏	完整性
3	确定记录的库存现金、银行存款及其他货币资金是否为被审计单位拥有或控制	权利和义务
4	确定库存现金、银行存款及其他货币资金以恰当的金额包括在财务报表的货币资金项目中,与之相关的计价调整已恰当记录	准确性、计价和分摊
5	确定库存现金、银行存款及其他货币资金是否已按照企业会计准则的规定在财务报表上恰当地披露	列报

在货币资金的审计实施阶段,主要进行控制测试和实质性程序。

第二节　常见的错误与舞弊

任何企业从事生产经营活动都必须拥有一定数额的货币资金。生产经营活动起始于货币资金(资本投入),也结束于货币资金(形成营业收入)。在周而复始的一个个生产经营周期中,企业的全部经营活动都能通过货币资金表现出来。因此,只有保持健康的现金流,企业才能够继续生存,反之,会使企业陷入资金困境。

根据货币资金存放地点及用途的不同,又分为库存现金、银行存款和其他货币资

金。货币资金审计是针对库存现金、银行存款和其他货币资金的审计。

一、库存现金的常见错弊

(1)挪用现金:主要有白条抵库、推迟入账、重复入账等。

(2)贪污现金:主要有虚构报销发票、公款私存、贪污利息、贪污货款、截留收入、虚报坏账等。

二、银行存款中的常见错弊

(1)不当利用银行账户:出租出借账户、开立“黑户”、挪用账外资金等。

(2)不当使用支票:签发空头支票、擅自提现,出借转账支票等。

第三节 货币资金的内部控制

货币资金具有较高流动性的特点,因此,其被贪污、盗用的风险较高。而且它与企业各业务循环密不可分,一旦失控必会影响其他业务循环,进而影响企业的正常生产经营。因此,建立适合本单位特点和管理要求的货币资金内部控制制度并严格执行非常重要。

一、货币资金内部控制的目标

内部控制目标是企业管理层建立健全内部控制的根本出发点。货币资金的内部控制目标主要有:安全性、完整性、合法性、效益性。

安全性目标是指通过良好的企业内部控制制度并执行有效,来确保企业库存现金的安全,预防其被挪用、盗窃、诈骗。

完整性目标是指企业通过执行内部控制制度,检查企业收到的货币是否已全部入账,预防私设“小金库”等侵占企业收入的违法行为。

合法性目标是指企业通过良好的内部控制制度检查货币资金的取得、使用是否符合国家财经法规,手续是否齐备,预防企业货币资金在取得、使用等方面违反国家的各项法律法规政策。

效益性目标是指企业通过良好的内部控制合理调度货币资金,使其发挥最大的效益。

二、货币资金内部控制的内容

按照《现金管理暂行条例》和《内部会计控制规范——货币资金(试行)》的规定,企业应该建立一套能保证货币资金安全、完整,防止各种舞弊行为发生,达到有效控制货币资金收支业务的良好内部控制制度。一般包括以下几点。

(一)职权分离和授权审批

企业应建立货币资金业务的岗位责任制,主要体现在货币资金收支应由出纳和会计分工负责、分别办理,职责分明、职权分离。具体来讲,会计不得兼任出纳;出纳不得兼任稽核、会计档案保管,不得监管收入费用的登记工作。企业不得由一人办理货币资金业务的全过程。

所有货币资金的经营活动必须按权限进行审查批准,以确保办理货币资金业务的不相容岗位相互分离、相互制约和相互监督。应严格按照"申请—审批—复核—支付"的程序办理货币资金的支付业务,对重要的货币资金支付业务,应实行联签制度。

(二)现金及银行存款管理

现金的收支要按照国务院颁布的《现金管理暂行条例》进行管理,企业应按规定明确使用范围、库存限额,认真执行现金盘点、报销制度等。例如,建立库存现金限额管理制度,规定超过限额的现金及时存入银行,不属于现金开支范围的业务应通过银行转账办理。取得的货币资金收入必须及时入账,不得私设"小金库",不得账外设账,严禁收款不入账。应定期和不定期进行现金盘点,确保现金账面余额与实际库存相符。

银行存款应严格按照《支付结算办法》等国家有关规定,加强银行账户的管理,严格结算纪律。加强对银行结算凭证填制、传递及保管登封环节的管理与控制。应指定专人定期核对银行账户,每月至少核对一次,编制银行存款余额调节表,使银行存款账面余额与银行对账单调节相符。

(三)票据及有关印章的管理

按照《内部会计控制规范——货币资金(试行)》的规定,企业应当加强与货币资金相关的票据的管理,明确各种票据的购买、保管、领用、背书转让、贴现、注销等环节的职责权限和程序,并专设登记簿进行记录,防止空白票据的遗失和被盗用。此外,还应当加强银行预留印鉴的管理。财务专用章应由专人保管,个人名章必须由本人或其授权人员保管。严禁一人保管支付款项所需的全部印章。按规定需要有关负责人签字或盖章的经济业务,必须严格履行签字或盖章手续。

(四)认真做好记录复核和监督检查

所有货币资金的经济业务必须按照会计制度规定进行记录,各种收付款业务应集中到财务部门办理,严格履行复核手续。企业应建立对货币资金业务的监督检查制度,明确监督检查人员的职责和权限,进行定期和不定期的检查。比如,检查是否存在混岗现象;授权审批业务是否存在越权;印章保管是否符合要求;票据的保管和使用手续是否健全等。

三、货币资金的控制测试

注册会计师对企业货币资金进行审计时,首先要对企业内部控制进行调查了解,看内部控制是否存在、有效、一贯并持续执行,是否可以加以信赖,并通过实施控制测试进行确定。注册会计师通常采用流程图法和调查表法来调查和描述货币资金内部控制。

一般执行以下审计程序对货币资金进行控制测试:

(1)询问或观察职责分工情况。

(2)检查会计记录,重编银行存款余额调节表。

(3)检查收款凭证和付款凭证。

(4)抽取一定期间的库存现金、银行存款日记账与总账核对。

(5)抽查银行存款余额调节表。

(6)评价货币资金的内部控制。

第四节　库存现金的审计

库存现金包括人民币现金和外币现金。库存现金可能在企业资产总额中所占比重不是很大,但由于其流动性很强,常与企业的舞弊有关。所以,库存现金审计非常重要。

一、库存现金审计的一般目标

库存现金审计有以下一般目标:

(1)确定被审计单位资产负债表货币资金项目中的库存现金是否真实存在,是否为被审计单位所拥有。

(2)确定被审计单位在特定期间内发生的现金收支业务是否均已记录完毕,有无遗漏。

(3)确定库存现金余额是否正确。

(4)确定库存现金在财务报表上的披露是否恰当。

二、库存现金审计的实质性程序

库存现金审计实质性程序如下：

(1)核对库存现金日记账与总账的余额是否相符。注册会计师测试库存现金余额的起点是核对库存现金日记账与总账的余额是否相符。如果不符，应查明原因，并提请被审计单位做出适当调整。检查非记账本位币库存现金的折算汇率及折算金额是否正确。

(2)监盘库存现金。由于现金监盘是一项重要的审计程序，用于证明现金是否真实存在，所以单独一节阐述(见下文“三、库存现金监盘程序”)。

(3)抽查大额现金收支事项。注册会计师应抽查大额现金收支事项的原始凭证是否齐全，审查记账凭证与原始凭证是否相符；检查其内容是否完整，有无授权批准，账务处理是否正确，是否记录于恰当的会计期间。如有与被审计单位生产经营业务有关的收支事项，应查明原因，并做出相应记录。

(4)检查现金收支的正确截止日期。被审计单位资产负债表上的库存现金数额，应以报告日实有数额为准。因此，注册会计师必须验证现金收支的截止日期。通常，注册会计师可以对报告日前后一段时期内的现金收支凭证进行审计，以确定是否存在跨期事项。

(5)检查外币现金的折算是否正确。对于有外币现金的被审计单位，注册会计师应审查被审计单位对外币现金的收支是否按交易日的即期汇率折算为记账本位币；外币现金期末余额是否按期末即期汇率折算为记账本位币金额；外币折算差额是否按照规定进行会计处理。

(6)检查库存现金的列报是否恰当。根据企业会计准则的规定，库存现金应在资产负债表的“货币资金”项目中反映。注册会计师在实施上述审计程序后，确定库存现金账户的期末余额是否正确，据以确定库存现金的列报是否恰当。对因冻结等使用受到限制、存放境外、有潜在回收风险的款项应单独说明。

三、库存现金的监盘程序

(一)监盘库存现金概述

监盘库存现金是证实资产负债表中所列现金是否存在的一项重要的实质性程序。

盘点库存现金的范围：通常包括已收到但未存入银行的现金、零用金、找换金等。

盘点库存现金的时间：应视被审计单位的具体情况而定，但应突击进行。

盘点库存现金的参与人员：现金出纳员和被审计单位会计主管人员必须参加，并由注册会计师进行监盘。

(二)步骤和方法

盘点和监盘库存现金的步骤和方法主要有:

1. 制定监盘计划,确定监盘时间。注册会计师对库存现金的监盘最好实施突击性检查,时间最好选择在上午上班前或下午下班时,盘点范围一般包括被审计单位各部门经管的现金。在现金盘点前,应由出纳员将现金集中起来存入保险柜。必要时可以封存,然后由出纳员把已办妥现金收付手续的收付凭证登入库存现金日记账。如被审计单位库存现金存放部门有两处或两处以上,应同时进行盘点。

2. 审阅库存现金日记账并同时与现金收付凭证相核对。将盘点金额与库存现金日记账进行核对,如有差异,应要求被审计单位查明原因并做出适当调整;同时了解凭证日期与库存现金日记账是否相符或接近。

3. 由出纳员根据库存现金日记账加计累计数额,结出现金结余额。

4. 在非资产负债表日进行盘点和监盘时,应调整至资产负债表日的金额。

5. 盘点保险柜内的现金实有数,同时由注册会计师编制"库存现金监盘表",分币种、面值列示盘点金额。库存现金盘点表如表9-2所示。

6. 将盘点金额与库存现金日记账余额进行核对,如有差异,应要求被审计单位查明原因,必要时,应提请被审计单位做出调整;如无法查明原因,应要求被审计单位按管理权限批准后做出调整。

7. 若有冲抵库存现金的借条、未提现支票、未作报销的原始凭证,应在"库存现金监盘表"中注明,必要时应提请被审计单位做出调整。应特别关注数家公司混用现金保险柜的情况。

表9-2　　　　库存现金盘点表

被审计单位:______________　　索引号:______________
项目:______________　　截止日/期间:______________
编制:______________　　复核:______________
日期:______________　　日期:______________

检查盘点记录						实有库存现金盘点记录					
项目	项次	人民币	美元	某外币	面额	人民币		美元		某外币	
						张	金额	张	金额	张	金额
上一日账面库存余额	①				1 000元						
盘点日未记账传票收入金额	②				500元						

续表

项目		项次	人民币	美元	某外币	面额	人民币		美元		某外币	
							张	金额	张	金额	张	金额
盘点日未记账传票支出金额		③				100 元						
盘点日账面应有金额		④=①+②-③				50 元						
盘点日实有库存现金数额		⑤				10 元						
盘点日应有与实有差异		⑥=④-⑤				5 元						
差异原因分析	白条抵库（张）					1 元						
						0.5 元						
						0.1 元						
						合计						
追溯调整	报表日至审计日库存现金付出总额											
	报表日至审计日库存现金收入总额											
	报表日至审计日应有余额											
	报表日账面汇率											
	报表日余额折合本位币金额											
本位币合计												

出纳员：　　　　会计主管人员：　　　　监盘人：　　　　检查日期：

审计说明：

第五节 银行存款审计

银行存款是指企业存放在银行或其他金融机构的各种存款。按照国家有关规定,凡是独立核算的企业都必须在当地银行开户。企业在银行开户后,除按规定的限额保留库存现金外,超过限额的现金必须存入银行。企业在经营过程中发生的一切货币收支业务,除在规定的范围可用现金支付外,都必须通过银行存款户进行结算。

一、银行存款的审计目标

(1)确定被审计单位资产负债表的货币资金项目中的银行存款在资产负债表日是否确实存在并为被审计单位所有。

(2)确定被审计单位在特定期间内发生的银行存款收支业务是否均已记录且无遗漏。

(3)确定银行存款余额是否正确。

(4)确定银行存款在财务报表中的披露是否恰当。

二、银行存款审计的实质性程序

(一)核对银行存款日记账与总账的余额是否相符

这是注册会计师测试银行存款余额的起点,应获取并编制银行存款余额明细表,复核加计数是否正确,并与总账和日记账核对是否相符。如不相符,应查明原因并考虑是否建议调整。

(二)分析利息收入的合理性

注册会计师应计算银行存款累计余额应收利息收入,分析比较被审计单位银行存款应收利息收入与实际利息收入的差异是否恰当,评估其合理性,检查是否存在高息资金拆借,确认银行存款余额是否正确,利息收入是否完整记录。

(三)取得并检查银行存款余额调节表

注册会计师应取得并检查银行对账单和银行存款余额调节表,这是证实资产负债表中所列银行存款是否存在的必要程序。具体测试程序包括:

1. 取得被审计单位的银行存款余额对账单,并与银行询证函回函核对,确认是否一致,抽样核对账面记录的已付票据金额及存款金额是否与对账单记录一致。

2. 取得资产负债表日的银行存款余额调节表,检查调节表中的加计是否正确,调节后的银行存款日记账余额与银行存款对账单余额是否一致。

(四)函证银行存款余额

银行存款函证是指注册会计师在执行审计业务过程中,需要以被审计单位名义向有关单位发函询证,以验证被审计单位的银行存款是否真实、合法、完整,具体程序单独阐述(见下文“三、银行存款的函证”)。

(五)抽查大额银行存款收支业务

注册会计师应抽查大额银行存款收支业务的原始凭证,检查原始凭证是否齐全、记账凭证与原始凭证是否相符、账务处理是否正确、是否记录于恰当的会计期间等。检查是否存在非营业目的的大额货币资金转移,并核对相关账户的进账情况;如有与被审计单位生产经营无关的收支事项,应查明原因并做相应记录。

(六)检查银行存款收支的截止是否正确

银行存款收支的正确截止是指银行存款账户的余额应该包括当年最后一天收到的所有存放在银行的存款。截止测试的目的在于检查被审计单位是否将属于本期的银行存款收支计入下期,或将属于下期的银行存款收支计入本期(是否存在高估或低估银行存款的情况)。

注册会计师应抽取资产负债表日前后若干张、规定金额以上的凭证实施截止测试,关注业务内容及对应项目,如有跨期收支事项,应考虑是否提出调整建议。

(七)检查银行存款外币折算

注册会计师应检查非记账本位币银行存款的折算汇率和折算金额是否正确。

(八)检查银行存款的披露

根据有关规定,企业的银行存款在资产负债表的“货币资金”项目中反映,所以,注册会计师应在实施上述审计程序后,检查报表附注是否按库存现金、银行存款、其他货币资金分别列示货币资金的情况。

三、银行存款的函证

《中国注册会计师审计准则第1312号——函证》规定:“注册会计师应当对银行存款(包括零余额账户和在本期内注销的账户)、借款及与金融机构往来的其他重要信息实施函证程序,除非有充分证据表明某一银行存款、借款及与金融机构往来的其他重要信息对财务报表不重要且与之相关的重大错报风险很低。”同时还规定:“如果不对这些项目实施函证程序,注册会计师应当在审计工作底稿中说明理由。”

按照国际惯例,财政部和中国人民银行于1999年1月6日联合印发《关于做好企业的银行存款、借款及往来款项函证工作的通知》,对函证工作提出了明确要求,并规定:各商业银行、政策性银行、非银行金融机构要在收到询证函之日起10个工作日内,根据函证的具体要求，及时回函并可按照国家的有关规定收取询证费用；各有关企业或单位根据函证的具体要求回函。

注册会计师会根据规定向被审计单位的开户银行发出询证函，以便了解企业资产的存在，了解企业账面反映的所欠银行债务的情况，有助于发现企业未入账的银行借款和未披露的或有负债。

函证步骤第一步：向银行发函。注册会计师应向被审计单位在本期存过款（含外埠存款、银行汇票存款、银行本票存款、信用卡存款、信用证保证金存款）的所有银行发函，包括零账户和账户已结清的银行。银行询证函格式如下：

银行询证函

编号：

××（银行）：

本公司聘请的××会计师事务所正在对本公司××年度的财务报表进行审计。按照《中国注册会计师审计准则》的要求，应当询证本公司与贵行相关的信息。下列信息出自本公司的记录，如果与贵行记录相符，请在本函下端“信息证明无误”处签章证明；如有不符，请在“信息不符”处列明不符项目及其具体内容；如存在与本公司有关的未列入本函的其他重要信息，也请在“信息不符”处列出其详细资料。回函请直接寄至××会计师事务所。

回函地址：　　　　　　　　　　　　　　邮编：

截至××年××月××日，本公司与贵行相关的信息列示如下：

1. 银行存款

客户名称	银行账号	币种	利率	余额	起止日期	是否被质押、用于担保或存在其他使用限制	备注

除上述列示的银行存款外，本单位并无在贵行的其他存款。

注：“起止日期”一栏仅适用于定期存款，如为活期或保证金存款，可只填写“活期”或“保证金”字样。

2. 银行借款

借款人名称	币种	本息余额	借款日期	到期日期	利率	借款条件	抵（质）押品/担保人	备注

除上述列示的银行借款外，本单位并无在贵行的其他借款。

注：此项仅函证截至资产负债表日本公司尚未归还的借款。

3. 函证日之前12个月内注销的账户

账户名称	银行账号	币种	注销账户日

除上述列示的账户外,本单位并无函证日之前12个月内在贵行注销的其他账户。

4. 委托存款

账户名称	银行账号	借贷方	币种	利率	余额	存款起止日期	备注

除上述列示的委托存款外,本单位并无通过贵行办理的其他委托存款。

5. 委托贷款

账户名称	银行账号	资金使用方	币种	利率	本金	利息	贷款起止日期	备注

除上述列示的委托贷款外,本单位并无通过贵行办理的其他委托贷款。

6. 其他重大事项

注:此项应填列注册会计师认为重大且应予函证的其他事项,如信托存款;如无,则应填写"不适用"。

以下仅供被询证银行使用

结论: 1. 信息证明无误。 （银行签章） 年　月　日 经办人:
2. 信息不符,请列明不符项目及具体内容。 （银行签章） 年　月　日 经办人:

函证步骤第二步:确定是否存在差异。将银行回函结果与被审计单位账面余额比较,确定是否存在差异,填写"银行存款函证结果汇总表",对不符事项做出适当处理。"银行函证结果汇总表"如表9-3所示。

表9-3 银行存款函证结果汇总表

被审计单位:________ 索引号:________

项目:________ 截止日/期间:________

编制:________ 复核:________

日期:________ 日期:________

开户银行	账号	币种	函证情况					冻结、质押等事项说明	备注
			函证金额	函证日期	回函日期	回函金额	金额差异		
审计说明:									

第六节　其他货币资金审计

其他货币资金是指除现金、银行存款以外的其他各种货币资金,包括企业到外地临时或零星采购而汇往采购地银行开立采购专户的款项所形成的外埠存款、企业为取得银行汇票按照规定存入银行的款项所形成的银行汇票存款、企业为取得银行本票按照规定存入银行的款项所形成的银行本票存款、信用卡存款、信用证保证金存款和存出投资等。

一、其他货币资金的审计目标

其他货币资金的审计目标有:

(1)确定被审计单位资产负债表的货币资金项目中的其他货币资金在资产负债表日是否确实存在,并为被审计单位所拥有。

(2)确定被审计单位在特定期间内发生的其他货币资金收支业务是否均已记录而

无遗漏。

(3)确定其他货币资金余额是否正确。

(4)确定其他货币资金在财务报表上的披露是否恰当。

二、其他货币资金审计的实质性程序

其他货币资金审计的实质性程序为：

(1)核对其他货币资金各明细账与总账是否相符。注册会计师应复核外埠存款、银行汇票存款、银行本票存款、信用卡存款、信用证保证金存款、存出投资款等加计是否正确,并与总账数和日记账明细账合计数核对是否相符。

(2)获取银行对账单与其他货币资金余额调节表并检查两者的一致性。注册会计师应取得被审计单位银行对账单,检查被审计单位提供的银行对账单是否存在涂改或修改情况,确定银行对账单金额的正确性,并与银行询证函回函核对,确认是否一致,抽样核对账面记录的已付款金额及存款金额是否与对账单记录一致。同时,注册会计师应取得资产负债表日的其他货币资金存款余额调节表,检查调节表中的加计是否正确,并检查调节后的其他货币资金日记账余额与银行对账单余额是否一致。

(3)函证其他货币资金各账户余额。注册会计师应函证外埠存款、银行汇票存款、银行本票存款、信用卡存款、信用证保证金存款、存出投资款等账户期末余额,编制其他货币资金函证结果汇总表,检查银行回函。

(4)抽查大额其他货币资金收支业务。注册会计师抽查大额其他货币资金收付记录,检查原始凭证是否齐全、记账凭证与原始凭证是否相符、账务处理是否正确、是否记录于恰当的会计期间等项内容。

(5)检查其他货币资金收支的截止是否正确。注册会计师应选取资产负债表日前后一定数量一定金额以上的凭证,对其他货币资金收支凭证实施截止测试。如有跨期收支事项,应考虑是否提出调整建议。

(6)检查其他货币资金外币折算。注册会计师应检查非记账本位币其他货币资金的折算汇率是否正确。

(7)检查其他货币资金的列报是否恰当。根据有关规定,企业的其他货币资金应在资产负债表的“货币资金”项目中反映。注册会计师应在实施上述审计程序后,确定其他货币资金的期末余额是否恰当,进而确定其他货币资金是否在资产负债表上恰当列报。

本章小结

本书前面各章是从业务循环角度阐述对企业的业务活动进行审计。在业务活动审计中,主要围绕各循环进行控制测试和进一步审计程序,虽然都涉及货币资金,但描述零散。由于货币资金项目对报表的重要性,我们在本章做了详细介绍,主要包括现金的监盘和银行存款的函证。

本章关键词汇

货币资金	Cash and cash in bank
零用现金	Petty cash
银行账户	Bank accounts
现金盘点	Physical count of cash
银行对账单	Bank statement
银行存款余额调节表	Bank reconciliation

思考与练习题

1. 注册会计师一般从哪些方面评价被审计单位货币资金的内部控制状况?

2. 如何对现金收付业务的真实性和合理性进行审查?

3. 某上市公司出纳李某在出纳岗位已工作 5 年,其性格开朗、业务熟练、人际交往广泛。她利用在单位人缘好、被信任,管理存在漏洞等,在近三年的时间里,采用使用作废现金支票或是偷盖法人章和财务章等方法,挪用公款 3 000 多万元,用于投资炒股,最终给单位造成损失 1 000 多万元。经法庭审理其犯挪用公款罪,被判有期徒刑 15 年。

要求:结合货币资金特点和管理控制规定,指出该公司在本环节的内部控制有哪些缺陷？

4. 某注册会计师对某公司2021年报的银行存款项目实施的部分审计程序如下：(1)向开户行发询证函，并直接收取机会的回函；(2)取得2021年12月31日银行存款余额调节表；(3)取得开户行2022年1月31日的银行对账单。

要求：说明注册会计师向开户银行询证的目的？说明注册会计师索取2022年1月31日银行对账单要证实12月31日银行存款调节表中什么内容？

5. 注册会计师李丽在对Y公司2021年度会计报表进行审计时，对Y公司的银行存款实施了有关审计程序，部分程序如下：(1)取得2021年12月31日银行存款余额调节表；(2)取得2022年1月31日的银行对账单；(3)向开户银行寄发询证函，并直接收取控制询证函的回函。

要求：请分别说明注册会计师李丽实施上述审计程序所要检查的内容及其目的。

6. 2004年，审计署沈阳特派办按照审计署的统一部署，对北京天职孜信会计师事务所2003年度审计业务质量进行检查。经对该所出具的审计报告的14家上市公司的调查分析和工作底稿等资料审查，发现该所连续五年出具无保留意见审计报告的湖南天一科技股份有限公司（以下简称天一科技）疑点较多：一是该公司四个内部承包的驻外维修服务部的利润达395万元，但承包分利协议的真实性不足；二是联营公司分回利润626万元，占当期利润的36%，但联营公司的报表却未按规定经过具有上市公司审计资格的会计师事务所审计，其利润的真实性值得怀疑；三是"在建工程"挂账预付某公司2 451万元购置设备款，却长达两年多未收到设备。

特派办经过对天一科技重点延伸检查，发现了重大问题线索：该公司与当地的开户银行互相串通，通过伪造银行存款对账单方式，多计存款1.31亿元，少计贷款7 100万元，并给会计师事务所出具虚假的询证回函，欺骗会计师事务所。同时，通过隐蔽关联公司回款等方式虚计利润1 245万元，造成会计信息严重不实。面对暴露出的巨额资金账外运作形成的银行存款空洞，该公司提供了一份由董事长、监事会主席和财务总监共同签字确认的账外资金投资情况表。该表反映出天一科技2001年年末新一届董事会接任时就已有21 553万元账外资金由关联公司运作，新一届董事会接任后继续维持账外经营状况，截至2003年年末，共有账外投资19 435万元。但该公司拒不提供账外资金运作的有关资料以及与账外资金运作有关的关联公司的情况和资料，形成几年来巨额资金账外投资的盈亏、资金去向情况不明。

与此同时，审计工作也遇到巨大压力：一是天一科技所在地的平江县委、县人大、县政府、县政协"四大班子"主要负责人以控股股东名义，两次以向审计组汇报工作为名，发出书面逐客令，集体要求审计组迅速结束审计工作。二是天一科技所在地的开户行迫于控股股东的压力，对审计人员要求提供的资料采取躲避、拖延的方式不予配合，致使许多重大问题的审计查证工作无法顺利进行。三是天一科技以种种理由拒不提供1999年上市以来至2001年的财务会计资料。根据特派办反映的情况，国务院组成了由证监会牵头，审计署、银监会等部门参加的联合调查组。调查组查实：天一科技虚假披露2003年年度报告，虚构税前利润6 353.86万元；虚假披露募集资金项目投资规模2 926万元；虚假披露2004年半年度报告，虚构税前利润1 575.89万元；虚增存货、无形资产和应收账款等资产项目合计6 571.7万元；隐瞒控股子公司，不披露也不合并会计报表；未披露累计投入5.6亿元进行股票投资。

在国务院调查组调查期间，天一科技和作为控股股东的当地政府在上市公司公告中以自查方式披露了公司自身存在的问题。经追溯调整连续两年的会计报表，该公司2003年度调亏52 770 827.16元，2004年亏损65 079 303.99元，公司净资产缩减近2亿元。会计调整的背后，就是大股东长期占用公司巨额款项的真相。在深交所和湖南证监局的介入下，天一科技的财务黑洞越揭越大——资金账外循环高达2.4亿元。截至2004年12月30日，公司第一大股东占用公司资金余额为1.77亿元，公司累计用账外资金投资股票金额为3 411万元。天一科技公司假账迹象非常明显，2003年年末就出现高资金现象，公司总资产只有8.49亿元，但现金有2.14亿元。此案性质严重，但注册会计师没有查明，应承担很大责任。

最终的结果：自2005年4月29日起对天一科技实施退市风险警示的特别处理，证券简称为“ST天一”；对天一科技做出罚款50万元的行政处罚；对公司董事长、董事、总经理分别给予警告、罚款10万元，对公司财务总监、四名董事分别给予警告、罚款5万元，公司独立董事被给予警告处分。2005年11月11日，对天职孜信会计师事务所在天一科技审计上的专业缺失，证监会公布了证监罚字〔2005〕27号行政处罚书（资料来源：《中国审计报》2005年11月9日）。

要求：对于明显的造假，注册会计师的失职都有哪些表现？

思考：对于大股东占用巨额资金的情况，注册会计师在审计中如何恰当发表审计意见？

思政小课堂

“铁腕”李金华的审计人生

李金华，1943年出生于江苏省南通市如东县。1962年，19岁的他以优异的成绩考取了中央财政金融学院（中央财经大学前身）的金融系。1985年，42岁的李金华任职陕西省对外经济贸易厅厅长不到一年，就被调任审计署任副审计长，成为当时最年轻的副部级干部。1998 年李金华升任审计署审计长，并在之后的六年领导审计署查处多起大案要案，其中包括：1998 年粮食系统大规模违规违纪问题、1999 年三峡移民资金和移民建镇资金挪用问题、2000 年 16 个省市自治区 4.77 亿元国债资金挪用问题、2001 年贵州省交通厅原厅长卢万里国债项目虚假招标问题、2002 年中国建设银行广州地区 8 家支行 10 亿元虚假按揭问题等。

审计署在李金华的领导下向严厉透明化发展，李金华也因此被媒体称为“铁面审计长”，成为捍卫国家利益、忠实履行职责的代名词。

第十章

销售与收款循环审计

本章导读

本章介绍了有关销售与收款循环的主要凭证、记录、业务活动和管理层认定，本循环的内部控制目标、控制措施、相关的关键控制测试方法与实质性程序。同时，也总结了营业收入确认、分析程序、截止测试等重要实质性程序，以及应收账款账户的账龄分析、函证等实质性程序。

与其他审计循环程序相比，销售与收款循环非常具有代表性，具体表现在如下方面：内部控制的要点、控制测试方法、交易的实质性程序，以及与审计目标相对应的测试程序等。

本章建议安排6学时。

第一节　销售与收款循环的特征

销售与收款循环主要是指企业从接受销售订单开始，向顾客销售商品或提供劳务，并取得货款或劳务收入的过程。该循环既涉及资产项目，也涉及收入项目。因此，本循环同时影响两张报表（资产负债表、利润表）。

鉴于本循环影响范围广，因此，大凡企业存在舞弊与欺诈行为，都会出自本循环。例如，虚假确认收入、业绩包装的盈余管理、为粉饰报表而进行的收入指标高估、管理层凌驾内部控制之上、部门之间恶意串通等。

一、本循环涉及的主要凭证与会计记录

凭证及会计记录数量的多少，取决于被审计单位经营规模的大小和内部控制强弱，但最典型的销售与收款循环涉及的主要凭证与会计记录有以下几种。

（一）客户订购单

客户订购单是客户提出书面购货要求的文件。依据《合同法》解释，发送订单是一种合同"邀约"行为，而销售企业接受订购单是一种合同"承诺"行为。企业可以通过销售人员或其他途径（如采用电话、信函及网络方式），向顾客发送各种订购单来接受订货。

（二）销售单

销售单是列示客户所订商品的名称、规格、数量以及其他信息的凭证，作为销售方内部处理客户订单或者销售部门执行业务指令的凭据。

（三）发运凭证

发运凭证是在货物发运时编制的，用以反映发出商品的规格、数量和其他信息内容的凭据。发运凭证应"一式多联"，一联寄送客户，一联保留在发运部门，其他分别保留在销售部门、财会部门、顾客信誉审批部门等。作为销售行为的关键证据，该凭证是用作向顾客开具账单并索要货款的有效依据。

（四）销售发票

有效的销售发票是一种用来表明已销售商品的名称、规格、数量、价格、销售金额、运费及保险费、开票日期、付款条件等信息的凭证。该凭证一式多联，一联寄送顾客，其余留存销售部门、会计部门等。销售发票是会计账册中登记销售交易的基本凭据。

（五）商品价目表

商品价目表是列示已经授权批准的、可供销售的各种商品的价格清单。

（六）贷项通知单

贷项通知单是一种用来列示由于销售退回、销售折扣与折让，从而导致应收账款减少（或销售减少）的凭证。该凭证的格式通常与上述销售发票的格式相同（注：大部分销售退回要用红字冲销法填制），但其不是销售活动增加，相反，却是销售活动减少。

（七）应收账款账龄分析表

一般而言，应收账款账龄分析表都是按月编制，反映月末尚未收回的应收账款总额及账龄，并详细反映每个明细客户本月末尚未偿还的欠款数额及账龄。

(八)应收账款明细账

应收账款明细账是用以记录每个客户各项赊销的欠款、还款、销售退回及折扣折让的明细账。应收账款明细账的余额合计数应与其总账余额相等,该明细账通常依据各类客户名称进行分类。

(九)主营业务收入明细账

主营业务收入明细账是一种用以记录销售交易的明细账。它通常依据每种商品或劳务名称进行分类。

(十)折扣与折让明细账

折扣与折让明细账是一种用来核算企业销售商品时,按销售合同规定,为尽早收回货款而给予顾客的销售折扣,或者因商品质量存在问题而给予顾客销售折让时记录的账册。

(十一)汇款通知书

汇款通知书是一种送达给顾客,由顾客在付款时再寄回销售单位的凭证。该凭证通常与销售发票一起寄送。这种凭证注明了顾客的姓名、销售发票号码、销售单位开户银行账号以及金额等信息。

(十二)库存现金日记账和银行存款日记账

库存现金日记账和银行存款日记账是用以记录应收账款的收回或现销收入,以及其他各种现金、银行存款收入和支出的日记账。

(十三)坏账审批表

坏账审批表是一种用来批准将某项应收账款注销为坏账,落实各项管理责任或业绩考核标准的原始凭证。

(十四)客户期末对账单

客户期末对账单是一种按月定期送达给客户的、用于购销双方定期核对账目的凭证。对账单上应注明应收账款的期初余额、本期各项销售交易的发生额、本期已收到的货款、贷项通知单的数额,以及期末余额等信息。

(十五)转账凭证

转账凭证是指记录转账业务的记账凭证。它根据有关转账业务(不涉及现金、银行存款收支的业务)的各种原始凭证编制。

(十六)现金和银行凭证

现金和银行凭证是指分别用来记录现金和银行存款收入业务和支付业务的记账凭证。

二、本循环涉及的主要业务活动或流程

本循环涉及的主要业务活动是编制上述 16 种凭证和会计记录的过程,既发生频

繁,又有代表性。

(一)接受客户订购单

客户提出订货要求是整个销售与收款循环的起点。从法律上讲,这是购买某种货物或接受劳务的一项申请。当然,客户的订购单必须在管理层已授权的范围内才能得到执行。一般授权条件下,管理层列出了已批准销售、达到信用指标要求的客户名单。如果超出授权范围,需要经过特别授权批准方可执行。

经过上述授权批准后,进而要编制一式多联的销售单。该凭证是表明被审计单位管理层有关销售交易"发生"认定的重要凭证之一,也是此笔销售交易轨迹的起点。

(二)批准赊销信用

被审计单位的信用管理部门工作职责之一是对每个客户进行信用调查,包括获取信用评审机构对客户信用等级的评定报告。无论是否批准赊销,信用管理部门都应在销售单上签署意见,并将签署意见后的销售单送回销售部门。

批准赊销信用是信用管理部门根据企业的赊销政策,在每个客户已授权的信用额度内完成的。设计信用批准控制的主要目的是为了降低信用风险,防止坏账。因此,这些内部控制活动与应收账款的"计价和分摊"认定相关。

(三)按销售单编制发运凭证并发货

企业管理层通常要求商品仓库管理人员只有在接收到经过批准的销售单时才能编制发运凭证并供货。设立该项控制程序的目的是防止仓储部门在未经授权的情况下擅自发货。已批准的销售单应一式多联,其中一联送达仓库,作为其按照销售单的指令供货及发货的授权依据。多联的销售单反映了部门之间的制约关系以及企业内部工作流程中的批准层次和批准权限。

(四)按销售单装运货物

按销售单装运货物是装运部门(或运输部门)的工作职责。为了保证仓库部门与装运部门之间的职责分离,避免装运部门在未经授权的情况下执行,部门之间要有先后的递进程序。装运部门除了完成仓库部门的指令之外,装运之前必须进行独立验证,以确定从仓库提取的商品都附有经批准的销售单,而且所提取商品的内容与销售单一致。

(五)向客户开具发票

开具发票是指开具并向客户寄送事先连续编号的销售发票。与这项活动相关的问题是:①是否对所有装运的货物都开具了发票("完整性"认定);②是否只对实际装运的货物才开具发票,有无重复开具发票或虚开发票("发生"认定);③是否按已授权批准的商品价目表所列价格计算且开具发票("准确性"认定)。

为避免在开具账单中出现遗漏、重复、错误计价或其他差错,企业设立了以下控制程序:

第一,负责开发票的员工在开具每张销售发票之前,检查是否存在发运凭证和相应的经批准的销售单。

第二,依据已授权批准的商品价目表编制销售发票。

第三,将发运凭证上的商品总数与相对应的销售发票上的商品总数进行比较。

(六)记录销售

记录销售是会计部门的工作内容,包括对销售明细账、应收账款明细账、现金和银行存款日记账的分类。记录销售的环节要完成以下控制程序:①只依据附有有效的装运凭证和销售单的销售发票记录销售。这些装运凭证及销售单要能证明销售交易的发生与交易日期。②控制所有事前连续编号的销售发票。③独立检查已处理销售发票上的销售金额是否与会计记录的金额保持一致。④记录销售的职责应与处理销售的其他职能相互分离。⑤对记录过程中所涉及的工作接触加以限制,以减少未经授权批准的记录行为。⑥定期独立检查应收账款的明细账与总账的一致性。⑦定期寄送对账单,并要求客户将任何例外情况直接向指定的会计主管报告。因此,上述控制程序常常与“发生”“完整性”“准确性”“计价和分摊”认定相关。

(七)办理和记录现金、银行存款收入

现金与银行存款的增加代表销售收入的增加、应收账款的减少。会计部门的出纳人员不仅要保证货币资金的安全性,也要保证记录现金和银行存款日记账是否及时,以及日记账与销售总账和明细账的高度一致。

(八)办理和记录销售退回、销售折扣与折让

销售退回、折扣与折让的办理必须经过授权批准,而且要在企业商品质量保证范畴之内执行。编制了“贷项通知单”之后,还要确保账务处理与实物控制部门之间的相互制约、职责分离与各司其职。

(九)提取坏账准备

企业一般定期对应收账款的信用风险进行评估,并根据预期信用损失计提坏账准备。

(十)核销坏账

依据企业会计准则规定,债务人宣告破产、死亡和严重资不抵债时,方可注销坏账。会计部门依照会计准则和企业会计制度,经过严格的授权审批之后才能注销坏账。

第二节　常见的错误与舞弊

一、常见的收入确认舞弊手段

了解被审计单位通常采用的收入确认舞弊手段,有助于注册会计师更加针对性地实施审计程序。被审计单位通常采用的收入确认舞弊手段举例如下。

(一)为了达到粉饰财务报表的目的而虚增收入或提前确认收入

1. 虚构销售交易,包括:

(1)在无存货实物流转的情况下,通过与其他方(包括已披露或未披露的关联方、非关联方等)签订虚假购销合同,并通过伪造出库单、发运单、验收单等单据,以及虚开商品销售发票虚构收入。

(2)在多方串通的情况下,通过与其他方(包括已披露或未披露的关联方、非关联方等)签订虚假购销合同,并通过存货实物流转、真实的交易单证票据和资金流转配合,虚构收入。

(3)被审计单位根据其所处行业特点虚构销售交易。例如,从事网络游戏运营业务的被审计单位,以游戏玩家的名义,利用体外资金购买虚拟物品或服务,并予以消费,以虚增收入。

2. 进行显失公允的交易,包括:

(1)通过与未披露的关联方或真实非关联方进行显失公允的交易。

(2)通过出售关联方的股权,使之从形式上不再构成关联方,但仍与之进行显失公允的交易,或与未来或潜在的关联方进行显失公允的交易。

(3)与同一客户或同受一方控制的多个客户在各期发生多次交易,通过调节各次交易的商品销售价格,调节各期销售收入金额。

3. 在客户取得相关商品控制权前确认销售收入。

4. 通过隐瞒退货条款,在发货时全额确认销售收入。

5. 通过隐瞒不符合收入确认条件的售后回购或售后租回协议,将以售后回购或售后租回方式发出的商品作为销售商品确认收入。

6. 在被审计单位属于代理人的情况下,被审计单位按主要责任人确认收入。

7. 对于属于在某一时段内履约的销售交易,通过高估履约进度的方法实现当期多确认收入。

8. 当存在多种可供选择的收入确认会计政策或会计估计方法时，随意变更所选择的会计政策或会计估计方法。

9. 选择与销售模式不匹配的收入确认会计政策。

10. 通过调整与单独售价或可变对价等相关的会计估计，达到多计或提前确认收入的目的。

11. 对于存在多项履约义务的销售交易，未对各项履约义务单独进行核算，而整体作为单项履约义务一次性确认收入。

12. 对于应整体作为单项履约义务的销售交易，通过将其拆分为多项履约义务，达到提前确认收入的目的。

（二）为了达到报告期内降低税负或转移利润等目的而少计收入或推迟确认收入

1. 被审计单位在满足收入确认条件后，不确认收入，而将收到的货款作为负债挂账，或转入本单位以外的其他账户。

2. 被审计单位采用以旧换新的方式销售商品时，以新旧商品的差价确认收入。

3. 对于应采用总额法确认收入的销售交易，被审计单位采用净额法确认收入。

4. 对于属于在某一时段内履约的销售交易，被审计单位未按实际履约进度确认收入，或采用时点法确认收入。

5. 对于属于在某一时点履约的销售交易，被审计单位未在客户取得相关商品或服务控制权时确认收入，推迟收入确认时点。

6. 通过调整与单独售价或可变对价等相关的会计估计，达到少计或推迟确认收入的目的。

二、收入确认方面可能存在舞弊风险的迹象

舞弊风险迹象，是注册会计师在实施审计过程中发现的、需要引起对舞弊风险警觉的事实或情况。存在舞弊风险迹象并不必然表明发生了舞弊，但了解舞弊风险迹象，有助于注册会计师对审计过程中发现的异常情况产生警觉，从而更有针对性地采取应对措施。注册会计师保持职业怀疑，充分了解被审计单位业务模式并理解业务逻辑，有助于识别舞弊风险迹象。

通常表明被审计单位在收入确认方面可能存在舞弊风险的迹象举例如下。

（一）销售客户方面出现异常情况

1. 销售情况与客户所处行业状况不符。例如，客户所处行业景气度下降，但该客户的销售出现增长；又如，销售数量接近或超过客户所处行业的需求。

2. 与同一客户同时发生销售和采购交易，或者与同受一方控制的客户和供应商同时发生交易。

3. 交易标的对交易对方而言不具有合理用途。

4. 主要客户自身规模与其交易规模不匹配。

5. 与新成立或之前缺乏从事相关业务经历的客户发生大量或大额的交易，或者与原有客户交易金额出现不合理的大额增长。

6. 与关联方或疑似关联方客户发生大量或大额交易。

7. 与个人、个体工商户发生异常大量的交易。

8. 对应收款项/合同资产账龄长、回款率低或缺乏还款能力的客户，仍放宽信用政策。

9. 被审计单位的客户是否付款取决于下列情况：①能否从第三方取得融资；②能否转售给第三方（如经销商）；③被审计单位能否满足特定的重要条件。

10. 直接或通过关联方为客户提供融资担保。

（二）销售交易方面出现异常情况

1. 在临近期末时发生了大量或大额的交易。

2. 实际销售情况与订单不符，或者根据已取消的订单发货或重复发货。

3. 未经客户同意，在销售合同约定的发货期之前发送商品或将商品运送到销售合同约定地点以外的其他地点。

4. 被审计单位的销售记录表明，已将商品发往外部仓库或货运代理人，却未指明任何客户。

5. 销售价格异常，例如，明显高于或低于被审计单位和其他客户之间的交易价格。

6. 已经销售的商品在期后有大量退回。

7. 交易之后长期不进行结算。

（三）销售合同、单据方面出现异常情况

1. 销售合同未签字盖章，或者销售合同上加盖的公章并不属于合同所指定的客户。

2. 销售合同中重要条款（例如交货地点、付款条件等）缺失或含糊。

3. 销售合同中部分条款或条件不同于被审计单位的标准销售合同，或部分条款和条件过于复杂。

4. 销售合同或发运单上的日期被更改。

5. 在实际发货之前开具销售发票，或实际未发货而开具销售发票。

6. 记录的销售交易未经恰当授权，或缺乏出库单、货运单、销售发票等证据支持。

（四）销售回款方面出现异常情况

1. 应收款项收回时，付款单位与购买方不一致，存在较多代付款的情况。

2. 应收款项收回时，银行回单中的摘要与销售业务无关。

3. 对不同客户的应收款项从同一付款单位收回。

4. 经常采用多方债权债务抵销的方式抵销应收款项。

(五)资金方面出现异常情况

被审计单位通常会使用货币资金配合收入舞弊,注册会计师需要关注资金方面出现的异常情况,包括:

1. 通过虚构交易套取资金。

2. 发生异常大量的现金交易,或被审计单位有非正常的资金流转及往来,特别是有非正常现金收付的情况。

3. 在货币资金充足的情况下仍大额举债。

4. 被审计单位申请公开发行股票并上市,连续几个年度进行大额分红。

5. 工程实际付款进度明显快于合同约定的付款进度。

6. 与关联方或疑似关联方客户发生大额资金往来。

(六)其他方面出现异常情况

1. 采用异常行业惯例的收入确认方法。

2. 与销售和收款相关的业务流程、内部控制发生异常变化,或者销售交易未按照内部控制制度的规定执行。

3. 非财务人员过度参与与收入相关的会计政策的选择、运用,以及重要会计估计的做出。

4. 通过实施分析程序发现异常或偏离预期的趋势或关系。

5. 被审计单位的账簿记录与询证函回函提供的信息之间存在重大或异常差异。

6. 在被审计单位业务或其他相关事项未发生重大变化的情况下,询证函回函相符比例明显异于以前年度。

7. 被审计单位管理层不允许注册会计师接触可能提供审计证据的特定员工、客户、供应商或其他人员。

第三节　应有的内部控制与控制测试

一、销售交易的内部控制

(一)内部控制目标、关键内部控制与审计测试的关系

表 10 - 1 列示了销售交易的内部控制目标、关键内部控制与审计测试的关系。

表 10－1　　销售交易的控制目标、关键内部控制和控制测试一览

内部控制目标	关键内部控制	常见的控制测试	常见的实质性程序
登记入账的销售交易确系已经发货给真实的顾客(发生)	(1)销售交易以经过审核的发运凭证及经过批准的顾客订货单为依据登记入账 (2)在发货前,顾客的赊销已经被授权批准 (3)销售发票均经过事先编号,并已恰当地登记入账 (4)每月向顾客寄送对账单,对顾客提出的意见做专门的调查或处理	(1)检查销售发票副联是否附有发运凭证(或提货单)及顾客订货单 (2)检查顾客的赊销是否经授权审批 (3)检查销售发票连续编号的完整性 (4)观察是否寄送对账单,并检查顾客回函档案	(1)复核主营业务收入总账、明细账以及应收账款明细账中的大额与异常项目 (2)追查主营业务收入明细账中的分录至销售单、销售发票副联及发运凭证 (3)将发运凭证与存货永续记录中的书面记录进行核对 (4)将主营业务收入明细账中的分录与销售单中的赊销审批和发运审批进行核对
所有的销售交易均已登记入账(完整性)	(1)发运凭证(或提货单)均经过事先编号,并已经登记入账 (2)销售发票均经过事先编号,并已登记入账	(1)检查发运凭证连续编号的完整性 (2)检查销售发票连续编号的完整性	将发运凭证、相关的销售发票、主营业务收入明细账、应收账款明细账中的分录进行核对
登记入账的销售数量确系已经发货的数量,已正确开具账单并登记入账(计价和分摊)	(1)销售价格、付款条件、运费和销售折扣的确定已经适当的授权批准 (2)由独立人员对销售发票的编制做内部核查	(1)检查销售发票是否经过适当的授权批准 (2)检查有关凭证上的内部核查标记	(1)复核销售发票上的数据 (2)追查主营业务收入明细账中的分录至销售发票 (3)追查销售发票上的详细信息至发运凭证、经批准的商品价目表和客户订购单
销售交易的分类恰当(分类)	(1)采用适当的会计科目表 (2)内部复核与核查	(1)检查会计科目表是否恰当 (2)检查有关凭证上内部复核与核查的标记	检查证明销售交易分类正确的原始凭证
销售交易的记录及时(截止)	采用尽量能在销售发生时开具收款凭证和登记入账的控制方法	(1)检查尚未开具收款账单的发货和尚未入账的销售交易 (2)检查有关凭证上内部核查的标记	将销售交易登记入账的日期与发运凭证的日期进行核对

续表

内部控制目标	关键内部控制	常见的控制测试	常见的实质性程序
销售交易已经正确地记入明细账，并经正确汇总（准确性、计价和分摊）	(1)每月定期给客户寄送对账单 (2)由独立人员对应收账款明细账做内部核查 (3)将应收账款明细账余额合计数与其总账余额进行比较	(1)观察对账单是否已经寄出 (2)检查内部核查标记 (3)检查将应收账款明细账余额合计数与其总账余额进行比较的标记	将主营业务收入明细账加总，追查其至总账的过账程序

(二)销售与收款循环的主要内部控制

1. 适当的职责分离。适当的职责分离有助于防止各种有意或无意的错误。一个企业销售与收款业务相关职责适当分离的基本要求通常包括：

(1)企业应当分别设立办理销售、发货、收款三项业务的部门(或岗位)。

(2)企业在销售合同订立前，应当指定专门人员就销售价格、信用政策、发货及收款方式等具体事项与客户进行谈判。

(3)谈判人员至少应有两人以上，并与订立合同的人员相分离。

(4)编制销售发票通知单的人员与开具销售发票的人员应相互分离。

(5)销售人员应当避免接触销货现款。

(6)企业应收票据的取得和贴现必须经由保管票据以外的主管人员的书面批准。

2. 恰当的授权审批。对于授权审批问题，注册会计师应当关注以下四个关键点上的审批程序：

其一，在销售发生之前，赊销已经正确审批。

其二，未经过适当的审批，不得发出货物。

其三，销售价格、销售条件、运输费用、折扣等必须经过审批。

其四，审批人员应当根据销售与收款授权批准制度的相关规定，在授权范围内执行，不得超越审批权限、执法者违法，不得出现各种管理层凌驾内部控制之上的行为。

此外，对超过企业既定销售政策和信用政策的特殊销售，企业执行"特别授权审批"和集体决策。

前两项控制的主要目的是预防企业向虚构客户发货从而导致销售损失。价格审批控制的目的在于保证销售交易按照企业定价政策指定的价格开票或收款。对于授权审批范围设定权限的目的在于防止因审批人决策失误从而导致坏账损失。正确的授权审批程序如表 10－2 所示。

表 10－2 授权审批控制一览

审批类型	授权审批内容	内部控制目标
赊销审批	在销售发生之前，赊销已经正确审批	防止企业向虚构或无力偿债的顾客发货从而导致销售损失
发货审批	未经正当审批，不得发出货物	防止企业向虚构或无力偿债的顾客发货从而导致销售损失
价格审批	销售价格、销售条件、运费、折扣等必须经过审批	保证销售交易按照企业定价政策规定的执行开票、收款
审批权限限制	审批人应当在授权范围内进行审批，不得超越审批权限	防止因审批人决策失误从而导致坏账损失，防止各种职务犯罪

3. 充分的凭证和记录。在各种控制活动中，“充分的凭证和记录”不仅为其他控制活动奠定了基础，也为法律诉讼提供了原始依据。例如，在企业收到客户订单后，立即编制一份预先连续编号的一式多联的销售单，分别用于批准赊销、审批发货、记录发货数量以及向客户开具对账单等，那么，只要定期清点销售发票，就能减少漏开账单情况发生的可能性。

4. 凭证的预先编号。对凭证预先进行编号，旨在防止销售以后遗漏向客户开具发票或登记入账，也可防止重复开具发票或重复记账。当然，如果对凭证的编号不做清点，预先编号就会失去其控制意义。定期检查全部凭证的编号并调查凭证缺号或重号的原因，是实施这项控制的关键点。

5. 按月寄出对账单。由不负责现金出纳和销售及应收账款记账的人员按月向客户寄发对账单，能促使客户在发现应付账款余额不正确后及时反馈有关信息。为了使这项控制更加有效，最好将账户余额中出现的所有核对不符的账项，指定一位既不掌管货币资金也不记录主营业务收入和应收账款账目的主管人员处理，然后由独立人员按月编制对账情况汇总报告并交管理层审阅。

6. 内部核查程序。由内部审计人员或其他独立人员核查销售与收款交易的处理和记录，是实现内部控制目标不可缺少的一项控制措施。其中，销售与收款内部控制的重点检查内容如表 10－3 所示。

表 10－3 重点核查内容一览

方面	重点检查内容
1. 相关岗位及人员的设置情况	是否存在销售与收款交易不相容、职务混岗的现象

续表

方面	重点检查内容
2. 授权批准制度的执行情况	授权批准手续是否健全,是否存在越权审批行为
3. 销售的管理情况	信用政策、销售政策的执行是否符合规定
4. 收款的管理情况	销售收入是否及时入账,应收账款的催收是否有效,坏账核销和应收票据的管理是否符合规定
5. 销售退回的管理情况	销售退回手续是否齐全,退回货物是否及时入库

二、评估重大错报风险

销售交易的重大错报风险可能来自各种各样的收入来源、不同的控制环境、复杂的合同设置以及各个行业会计制度的差异。因此,注册会计师要有效评估这些风险,保持职业谨慎性与职业怀疑态度。以一般制造业的赊销销售为例,相关交易和余额存在的重大错报风险通常包括:

一是收入确认存在的舞弊风险。被审计单位管理层为完成预算,满足业务考核的要求,保证从银行获得额外的资金,吸引潜在的投资者,或者操纵公司股价,可能在会计报告中虚增收入。

二是收入的复杂性。例如,被审计单位已开始采用网络销售方式,但如果管理层对网络销售方式会出现的问题缺乏经验,在收入确认上就容易发生错误。

三是发生的收入交易未能得到准确记录。

四是期末收入交易和收款交易可能未计入正确的期间,包括销售退回交易的截止错误。

五是收款未及时入账或记入不正确的账户,因而导致应收账款(或应收票据/银行存款)的错报。

六是应收账款坏账准备的计提不准确。

总之,与收入有关的重大错报风险主要存在于销售交易、现金收款交易的发生、完整性、准确性、截止和分类认定,以及会计期末应收账款和货币资金、应交税费的存在、权利和义务、完整性、计价和分摊认定。

识别与评估重大错报风险之后,注册会计师应充分关注可能导致存在重大错报风险的具体事项,考虑这些事项形成的风险是否重大,以及该风险导致财务报表发生重大错报风险的可能性。进而,还要确定上述重大错报风险究竟是与某些交易、账户余额和列报的认定相关,还是与报表整体广泛相关而更多地影响多项认定。

三、控制测试

（一）概述

注册会计师如果在评估重大错报风险时预期控制运行有效，应实施控制测试，针对控制在相关期间或时点的运行有效性获取充分、适当的审计证据，这就意味着注册会计师无须测试销售与收款循环中的所有控制活动。只有认为控制设计合理，能够预防、发现和纠正认定层次的重大错报，才有必要对控制运行的有效性实施控制测试。

在对销售与收款交易实施控制测试时，应注意以下几种事项：

1. 注册会计师应把测试重点放在被审计单位是否设计了由人工执行或计算机系统运行的更高水平的调节和比对控制，是否生成例外报告，管理层是否及时调查并采取管理措施，而不是全部只测试员工执行数据输入的预防性控制。

2. 注册会计师应询问管理层用于监控销售和收款交易的关键业绩指标，如销售额和毛利率的预算、应收账款平均收款期等。

3. 注册会计师应考虑通过执行分析程序和截止测试，可以对应收账款的存在、准确性和计价等认定获取多大程度的保证。如果能够获取充分保证，意味着不需要执行大量的控制测试。

4. 如果情况允许并且希望将固有风险和控制风险的组合即重大错报风险评估为低，注册会计师需要对被审计单位重要的控制，尤其是对容易出现高舞弊风险的现金收款和存储的控制的有效运行进行测试，因为这些控制大多采用人工控制。注册会计师主要的审计程序可能包括观察控制的执行、检查每日现金汇总表上是否有执行比对控制的标记、询问针对不一致的情况所采取的那些措施。

5. 如果注册会计师计划信赖的内部控制由计算机执行，那么需要就下列事项获取审计证据：①相关一般控制的设计和运行的有效性；②认定层次控制的特定应用，如收款折扣的计算；③采用人工控制的后续措施，如将打印输出的现金收入日记账与对应的由银行盖章的存款记录进行比对，以及根据银行存款对账单按月调节现金收入日记账。

6. 在控制风险被评估为低时，注册会计师需要考虑评估的控制要素的所有方面和控制测试的结果，以便能够得出“控制能够实施有效的管理，并发现和纠正重大错报和舞弊”的结论。相反，如果将固有风险和控制风险组合评估为中或高，注册会计师可能仅仅需要对控制活动的处理情况进行询问并记录对控制活动的了解，检查已实施控制的相关证据。

7. 如果在期中实施了控制，注册会计师应当在年末审计时选择某些项目控制，测试在剩余期间的运行情况，以保证控制在整个会计期间持续运行有效。

8. 控制测试所使用的审计程序类型主要包括询问、观察、检查、重新执行和穿行测试等，注册会计师应根据特定控制的性质选择所需实施审计程序的类型。

（二）以风险为起点的控制测试

风险评估和风险应对是整个审计过程的核心，因此，注册会计师通常以识别的重大错报风险为起点，选取拟测试的控制并实施控制测试。表10－4列示了销售与收款交易中可能发生错报的环节、相关的报表项目及认定、旨在降低错报风险的计算机控制和人工控制，以及相应的控制测试程序。

表10－4　　销售与收款交易的风险、存在的控制和控制测试程序

可能发生错报的环节	相关的财务报表项目及认定	存在的内部控制（自动）	存在的内部控制（人工）	相关的控制测试程序
（一）订单处理和赊销的信用控制				
可能向没有获得赊销授权或超出了其信用额度的客户赊销	营业收入：发生 应收账款/合同资产：存在	1. 订购单上的客户代码与应收账款主文档记录的代码一致 2. 目前未偿付余额加上本次销售额在信用限额范围内 结论：上述两项均满足才能生成销售单	对于不在主文档中的客户或是超过信用额度的客户订购单，需要经过适当授权批准，才可生成销售单	1. 询问员工销售单的生成过程 2. 检查是否所有生成的销售单均有对应的客户订购单为依据 3. 检查系统中自动生成销售单的生成逻辑，确保满足了客户范围及其信用控制的要求 4. 对于系统外授权审批的销售单，检查是否经过适当批准
（二）发运商品				
1. 可能在没有批准发货的情况下发出了商品	营业收入：发生 应收账款/合同资产：存在	当客户销售单在系统中获得发货批准时，系统自动生成连续编号的发运凭证	只有当附有经批准的销售单和发运凭证时，保安人员才能放行	1. 检查系统内发运凭证的生成逻辑以及发运凭证是否连续编号 2. 询问并观察发运时保安人员的放行检查
2. 发运商品与客户销售单可能不一致	营业收入：准确性 应收账款/合同资产：准确性、计价和分摊	系统将发运凭证中所有准备发出的商品与销售单上的商品种类和数量进行比对。打印种类或数量不符的例外报告，并暂缓发货	管理层复核例外报告和暂缓发货的清单，并解决问题	检查例外报告和暂缓发货的清单

续表

可能发生错报的环节	相关的财务报表项目及认定	存在的内部控制（自动）	存在的内部控制（人工）	相关的控制测试程序
3. 已发出商品可能与发运凭证上的商品种类和数量不符	营业收入：准确性 应收账款/合同资产：准确性、计价和分摊		商品打包发运前，装运部门对商品和发运凭证内容进行独立核对，并在发运凭证上签字以示商品已与发运凭证核对且种类和数量相符。客户要在发运凭证上签字以作为收到商品且商品与订购单一致的证据	检查发运凭证上相关员工及客户的签名，作为发货一致的证据
4. 已销售商品可能未实际发运给客户	营业收入：发生 应收账款/合同资产：存在		客户要在发运凭证上签字以作为收到商品且商品与订购单一致的证据	检查发运凭证上客户的签名，作为收货的证据
（三）开具发票				
1. 商品发运可能未开具销售发票或已开出发票没有发运凭证的支持	应收账款/合同资产：存在、完整性、权利和义务 收入：发生、完整性	1. 发货以后系统根据发运凭证及相关信息自动生成连续编号的销售发票 2. 系统自动复核连续编号的发票和发运凭证的对应关系，并定期生成例外报告	复核例外报告并调查原因	1. 检查系统生成发票的逻辑 2. 检查例外报告及跟进情况
2. 由于定价或产品摘要不正确，以及销售单或发运凭证或销售发票代码输入错误，可能导致销售价格不正确	营业收入：准确性 应收账款/合同资产：准确性、计价和分摊	1. 通过逻辑登录限制控制定价主文档的更改。只有得到授权的员工才能进行更改。系统通过使用和检查主文档版本序号，确定正确的定价主文档版本已经被上传 2. 系统检查录入的产品代码的合理性	1. 核对经授权的有效的价格更改清单与计算机获得的价格更改清单是否一致 2. 如果发票由手工填写或没有定价主文档，有必要对发票的价格进行独立核对	1. 检查文件以确定价格更改是否经授权 2. 重新执行以确定打印出的更改后价格与授权是否一致。通过检查 IT 的一般控制和收入交易的应用控制，确定正确的定价主文档版本是否已被用来生成发票

续表

可能发生错报的环节	相关的财务报表项目及认定	存在的内部控制(自动)	存在的内部控制(人工)	相关的控制测试程序
				3. 如果发票由手工填写,检查发票中价格复核人员的签名 4. 通过核对经授权的价格清单与发票上的价格,重新执行该核对过程
3. 发票上的金额可能出现计算错误	营业收入:准确性 应收账款/合同资产:准确性、计价和分摊	1. 每张发票的单价、计算、商品代码、商品摘要和客户账户代码均由系统控制。如果系统控制的发票开具程序的更改是受监控的,在操作控制帮助下,可以确保使用的是正确的发票生成程序版本 2. 系统代码有密码保护,只有经授权的员工才可以更改 3. 定期打印所有系统上做出的更改	1. 上述程序的所有更改由上级复核和审批 2. 如果由手工开具发票,独立复核发票上计算的增值税和总额的正确性	1. 自动:询问发票生成程序更改的一般控制情况,确定是否经授权以及现有的版本是否正在被使用。检查有关程序更改的复核审批程序 2. 手工:检查与发票计算金额正确性相关的人员的签名 3. 重新计算发票金额,证实其是否正确
(四)记录赊销				
1. 销售发票入账的会计期间可能不正确	营业收入:截止、发生 应收账款/合同资产:存在、完整性、权利和义务	系统根据销售发票的信息自动汇总生成当期销售入账记录	1. 定期执行人工销售截止检查程序 2. 向客户发送月末对账单,调查并解决客户质询的差异	1. 检查系统中销售记录生成的逻辑 2. 重新执行销售截止检查程序 3. 检查客户质询信件并确定问题已得到解决

续表

可能发生错报的环节	相关的财务报表项目及认定	存在的内部控制(自动)	存在的内部控制(人工)	相关的控制测试程序
2. 销售发票入账金额可能不准确	营业收入：准确性 应收账款/合同资产：准确性、计价和分摊	系统根据销售发票的信息自动汇总生成当期销售入账记录	1. 复核明细账与总账间的调节 2. 向客户发送月末对账单，调查并解决客户质询的差异	1. 检查系统销售入账记录的生成逻辑，对于手工调节项目进行检查，并调查原因是否合理 2. 检查客户质询信件并确定问题已得到解决
3. 销售发票可能被记入不正确的应收账款/合同资产明细账户	应收账款/合同资产：准确性、计价和分摊	系统将客户代码、商品发送地址、发运凭证、发票与应收账款主文档中的相关信息进行比对	1. 应收账款客户主文档中明细账的汇总金额应与应收账款总分类账核对。对于二者之间的调节项需要调查原因并解决 2. 向客户发送月末对账单，调查并解决客户质询的差异	1. 检查应收账款客户主文档中明细余额汇总金额的调节结果与应收账款总分类账是否核对相符，以及负责该项工作的员工签名 2. 检查客户质询信件并确定问题已得到解决
(五)记录应收账款/合同资产的收款				
1. 应收账款/合同资产记录的收款与银行存款可能不一致	应收账款/合同资产/货币资金：完整性、存在、权利和义务；准确性、计价和分摊	在每日编制电子版存款清单时，系统自动贷记应收账款/合同资产	1. 将每日收款汇总表、电子版收款清单和银行存款清单相比较 2. 定期取得银行对账单，独立编制银行存款余额调节表 3. 向客户发送月末对账单，对客户质询的差异应予以调查并解决	1. 检查核对每日收款汇总表、电子版收款清单和银行存款清单的核对记录和核对人员的签名 2. 检查银行存款余额调节表和负责编制的员工的签名 3. 检查客户质询信件并确定问题已被解决

续表

可能发生错报的环节	相关的财务报表项目及认定	存在的内部控制（自动）	存在的内部控制（人工）	相关的控制测试程序
2. 收款可能被记入不正确的应收账款/合同资产账户	应收账款/合同资产：准确性、计价和分摊、存在、分类	电子版的收款清单与应收账款/合同资产明细账之间建立连接界面，根据对应的客户名称、代码、发票号等将收到的款项对应到相应的客户账户。对于无法对应的款项生成例外事项报告。系统定期生成按客户细分的应收账款/合同资产账龄分析表	1. 将生成的例外事项报告的项目进行手工核对，或调查产生的原因并解决 2. 向客户发送月末对账单，对客户质询的差异应予以调查并解决。管理层每月复核按客户细分的应收账款/合同资产账龄分析表，并调查长期余额或其他异常余额	1. 检查系统中的对应关系审核设置是否合理 2. 检查对例外事项报告中的信息进行核对的记录以及无法核对事项的解决情况 3. 检查客户质询信件并确定问题已被解决 4. 检查管理层对应收账款/合同资产账龄分析表的复核及跟进措施
（六）坏账准备计提及坏账核销				
坏账准备的计提可能不充分	应收账款/合同资产：准确性、计价和分摊	系统自动生成应收账款/合同资产账龄分析表（假定企业以账龄组合为基础计提预期信用损失）	1. 财务人员基于账龄分析表，采用预期信用损失模型编制坏账准备计提表，并由管理层进行复核。复核无误后需在损失准备计提表上签字 2. 管理层复核坏账核销的依据，并进行审批	1. 检查系统计算账龄分析表的规则是否正确 2. 询问管理层如何复核损失准备计提表的计算，检查是否有复核人员的签字 3. 检查坏账核销是否经过管理层的恰当审批
（七）记录现金销售				
登记入账的现金收入与企业已经实际收到的现金不符	营业收入：完整性、发生、截止、准确性	现金销售通过统一的收款台用收银机集中收款，并自动打印销售小票	1. 销售小票应交予客户，确认金额一致 2. 通过监视器监督收款台	1. 实地观察收银台、销售点的收款过程，并检查在这些地方是否有足够的物理监控

续表

可能发生错报的环节	相关的财务报表项目及认定	存在的内部控制(自动)	存在的内部控制(人工)	相关的控制测试程序
	货币资金:完整性、存在		3. 每个收款台都打印每日现金销售汇总表 4. 盘点每个收款台收到的现金,并与相关销售汇总表调节相符 5. 独立检查所有收到的现金已存入银行 6. 将每日现金销售汇总表与银行存款单相比较。定期取得银行对账单,单独编制银行存款余额调节表	2. 检查收款台打印销售小票和现金销售汇总表的程序设置和修改权限设置 3. 检查盘点记录和结算记录上负责计算现金和与销售汇总表调节工作的员工的签名 4. 检查银行存款单和销售汇总表上的签名,证明已实施复核 5. 检查银行存款余额调节表的编制和复核人员的审核记录

第四节 销售收入审计

销售收入审计,主要是针对销售业务进行的实质性测试。审计程序主要有两种:一是实质性分析程序,二是细节测试。为了符合成本效益原则,往往选择分析程序在前,实施细节测试在后,前者为后者提供了支持和依据。

一、销售交易的实质性分析程序

第一,针对已识别需要运用分析程序的有关项目,并基于对被审计单位及其环境的了解,通过进行以下比较,同时考虑有关数据间关系的影响,以建立有关数据的期望值:

(1)将账面销售收入、销售清单和销售增值税销项清单进行核对。

(2)将本期销售收入金额与以前可比期间的对应数据或预算数进行比较。

(3)分析月度或季度销售量、销售单价、销售收入金额、毛利率变动趋势。

(4)将销售收入变动幅度与销售商品及提供劳务收到的现金、应收账款/合同资产、存货、税金等项目的变动幅度进行比较。

(5)将销售毛利率、应收账款/合同资产周转率、存货周转率等关键财务指标,与可比期间数据、预算数或同行业其他企业数据进行比较。

(6)分析销售收入等财务信息与投入产出率、劳动生产率、产能、水电能耗、运输数量等非财务信息之间的关系。

(7)分析销售收入与销售费用之间的关系,包括销售人员的人均业绩指标、销售人员薪酬、广告费、差旅费,以及销售机构的设置、规模、数量、分布等。

第二,确定可接受的差异额。

第三,将实际金额与期望值相比较,计算差异。

第四,如果其差额超过确定的可接受的差异额,调查并获取充分的解释和恰当的、佐证性质的审计证据(如通过检查相关的凭证等)。

第五,评估实质性分析程序的结果。

二、销售交易的细节测试

(一)登记入账的销售交易是否真实

针对这一审计目标,注册会计师关心三种错误的可能性:一是未曾发货却已将销售交易登记入账;二是销售交易的重复入账;三是向虚构的客户发货,并作为销售交易登记入账。前两种错误可以是无意的,但第三种错误肯定是有意的。虽然登记虚假销售的概率较小,后果却十分严重,因为这将导致高估资产和收入。

一般而言,对有意的高估现象,注册会计师较难发现。因为被审计单位试图用各种手法加以隐瞒,必须制定或实施较为适当的细节测试才能发现。对"发生目标"而言,通常只在预期被审计单位的内部控制存在某些薄弱环节时才实施细节测试。因此,测试的性质取决于潜在的控制薄弱点的性质。

1. 针对未曾发货却已登记入账的错误,注册会计师可以从主营业务收入明细账中抽取几笔分录,追查有无发运凭证及其他的佐证,借以查明有无这种情况发生。如果对发运凭证等的真实性也有质疑,可能有必要再进一步追查存货的永续盘存记录,测试存货余额有无减少。

2. 针对重复记账错误,注册会计师可通过检查企业销售交易记录清单,以确定是否存在重号、缺号。

3. 针对向虚构客户发货并登记入账的情况,注册会计师可检查收入明细账中与销售分录相对应的销货单,确定销售是否履行赊销和发货的审批手续。

此外,检查上述三种错误的另一种办法是追查应收账款明细账中贷方发生额的记录。如果欠款最终得以收回或者由于合理原因收到退货,记录入账的销售交易起初发生就是真实的;相反,如果贷方发生额注销坏账,或者直到审计时所欠货款仍未收回,就必须详细检查相应的发运凭证及客户订购单等,因为这些迹象都表明可能存在虚构销售交易。

(二)已发生的销售交易均已登记入账

一般而言,大部分企业都容易高估资产和收入,较少低估,因此,注册会计师通常无须对完整性目标实施细节测试。但如果内部控制不健全,例如缺乏内部核查程序,就有必要实施细节测试。

从发货部门档案中选取部分发运凭证,并追查到有关的销售发票副本及主营业务收入明细账,这是测试未开票发货的一种有效程序。但前提是确信所有发运凭证均已归档,注册会计师可通过检查发运凭证的连续编号印证这一点。

"顺查法"(从原始凭证追查到明细账)与"逆查法"(从明细账追查到原始凭证)是有明显区别的。前者用于测试"完整性目标",后者用于测试"发生目标"。测试发生目标的起点是明细账。即从收入明细账中抽取一个发票号码样本,追查到发票存根、发运凭证以及客户订购单。测试完整性目标的起点应是发运凭证,即从发运凭证中抽取样本追查到发票存根和收入明细账,以确定是否存在遗漏事项。

(三)登记入账的销售交易均经过正确计价

计价的准确性包括三个方面:一是按订货数量发货,二是按发货数量准确地开具账单,三是将账单上的数额准确地记入会计账册。注册会计师在每次审计中都要实施细节测试,以确保其准确无误。

常见的细节测试程序包括复算会计数据,即以主营业务收入明细账中分录为起点,将所选择的交易业务的合计数与应收账款明细账和发票存根进行比较核对。销售发票存根上所列的单价,通常还要与经过批准的商品价目表进行比较核对,对其金额小计和合计数也要进行复算。发票中列出的商品规格、数量和客户代码等,则应与发运凭证进行比较核对。另外,往往还要审核客户订购单和销售单中的同类数据。

(四)登记入账的销售交易分类恰当

企业销售类型有现销与赊销两种,应注意不能在现销时增加应收账款,也不能在收回欠款时贷记主营业务收入,同样不能将营业资产(如固定资产)的销售混作商品销售。对那些采用不止一种销售分类的企业(例如需要编制分部报表的企业),正确的分类极为重要。

销售分类恰当的测试通常可与计价准确性测试一并进行。注册会计师可以通过审核原始凭证确定具体交易业务的类别是否恰当,并以此与账册的实际记录做比较。

(五)销售交易的记录及时

企业发货后应尽快开具账单并登记入账,以防止无意中漏记销售交易,确保它们记入正确的会计期间。在实施计价准确性细节测试的同时,一般要将所选取的提货单或其他发运凭证的日期与相应的销售发票存根、收入明细账和应收账款明细账上的日期进行比较。如有重大差异,被审计单位就可能存在销售截止期限上的错误。

(六)销售交易已正确地记入明细账并正确地汇总

应收账款明细账的记录如果不正确,将影响收回应收账款的能力。因此,将全部赊销业务正确地记入应收账款明细账极为重要。同样,为保证报表准确,收入明细账必须正确地加总并过入总账。

三、收款交易的细节测试

对同一笔交易而言,“销售”与“收款”是一项问题的两个侧面。由于会计复式记账法的存在使得两者紧密相关。“收款”问题包括赊销和现销,现销将在本书涉及“货币资金”的相关部分进行详细介绍,赊销将在稍后的“应收账款”审计中介绍。

四、“延伸检查”程序

如果识别出被审计单位收入真实性存在重大异常情况,且通过常规审计程序无法获取充分、适当的审计证据,注册会计师需要考虑实施“延伸检查”程序,即对检查范围进行合理延伸,以应对识别出的舞弊风险。

实务中,注册会计师可以实施的“延伸检查”程序举例如下:

第一,在获取被审计单位配合的前提下,对相关供应商、客户进行实地走访,针对相关采购、销售交易的真实性获取进一步的审计证据。在实施实地走访程序时,注册会计师通常需要关注以下事项:

(1)被访谈对象的身份真实性和适当性。

(2)相关供应商、客户是否与被审计单位存在关联方关系或“隐性”关联方关系。

(3)观察相关供应商、客户的生产经营场地,判断其与被审计单位之间的交易规模是否和其生产经营规模匹配。

(4)相关客户向被审计单位进行采购的商业理由。

(5)相关客户采购被审计单位商品的用途和去向,是否存在销售给被审计单位指定单位的情况。

(6)相关客户从被审计单位采购商品的库存情况,必要时进行实地察看。

(7)是否存在“抽屉协议”,如退货条款、价格保护机制等。

(8)相关供应商向被审计单位销售的产品是否来自被审计单位的指定单位。

(9)相关供应商、客户与被审计单位是否存在除购销交易以外的资金往来,如有,了解资金往来的性质。

注册会计师应当充分考虑被审计单位与被访谈对象串通舞弊的可能性,根据实际情况仔细设计访谈计划和访谈提纲,并对在访谈过程中注意到的可疑迹象保持警觉。注册会计师在访谈前应注意对访谈提纲保密,必要时,选择两名或不同层级的被访谈人员访谈相同或类似问题,进行相互印证。

第二,利用企业信息查询工具,查询主要供应商和客户的股东乃至其最终控制人,以识别相关供应商和客户与被审计单位是否存在关联方关系。

第三,在采用经销模式的情况下,检查经销商的最终销售实现情况。

第四,当注意到存在关联方(例如,被审计单位控股股东、实际控制人、关键管理人员)配合被审计单位虚构收入的迹象时,获取并检查相关关联方的银行账户资金流水,关注是否存在与被审计单位相关供应商或客户的异常资金往来。

如果识别出收入舞弊或获取的信息表明可能存在舞弊,注册会计师可与被审计单位治理层沟通,并要求治理层就舞弊事项进行调查。

审计程序的性质、时间安排和范围应当能够应对评估的由于舞弊导致的认定层次重大错报风险。如果注册会计师认为“延伸检查”程序是必要的,但受条件限制无法实施,或实施“延伸检查”程序后仍不足以获取充分、适当的审计证据,注册会计师应当考虑审计范围是否受限,并考虑其对审计报告意见类型的影响或解除业务约定。

第五节　应收账款审计

与销售交易相关的余额,主要有应收账款和应收票据,下面以应收账款审计为例介绍审计的基本程序。应收账款余额由两部分构成:应收账款账户余额与相应的坏账准备账户余额。

一、应收账款的审计目标

应收账款的审计目标主要包括:①确定应收账款是否存在;②确定应收账款是否归被审计单位拥有或控制;③确定应收账款增减变动的记录是否完整;④确定应收账款是否有效、可否收回;⑤确定坏账准备的计提方式、计提比例是否恰当;⑥确定应收账款在财务报表上的列报是否恰当。

二、应收账款的实质性程序

（一）获取或编制应收账款明细表

1. 复核加计正确，并与总账和明细账合计数核对是否相符（需结合坏账准备账户与报表数核对是否相符）。应收账款的报表数应为应收账款净值，即应收账款总账数减去相应的坏账准备总账数后的余额。

2. 检查非记账本位币应收账款的折算汇率及折算是否正确。以外币结算的应收账款，注册会计师应检查被审计单位外币应收账款的增减变动是否采用交易发生日的即期汇率将折算金额折算为本位币金额，或者采用系统合理的方法确定的、与交易发生日即期汇率近似的汇率折算，选择采用汇率的方法前后各期是否一致；期末外币应收账款金额是否采用期末即期汇率折合为记账本位币金额；折算差额的会计处理是否正确。

3. 分析有贷方余额的项目，查明原因。必要时，建议做重分类调整。

4. 结合其他应收款、预收账款等往来项目的明细余额，调查有无同一客户多处挂账、异常余额或与销售无关的其他款项，如代销客户、关联方账户及员工账户。如果有，应做出记录，必要时提出调整建议。

（二）检查涉及应收账款的相关财务指标

1. 复核应收账款借方累计发生额与主营业务收入是否匹配，并将当期应收账款借方发生额占销售收入净额的百分比与管理层考核指标比较，如果存在差异应进一步查明原因。

2. 计算应收账款周转率、应收账款周转天数等指标，并与被审计单位以前年度指标、同行业的相关指标对比分析，检查是否存在重大异常。

（三）检查应收账款账龄分析是否正确

1. 取得或编制账龄分析表。应收账款账龄是指资产负债表中的应收账款从销售实现、产生之日起，至资产负债表日止所经历的时间。注册会计师可通过编制或索取账龄分析表来分析账龄，以便了解应收账款的可收回性。编制账龄分析表时，可以选择重要的客户及其余额列示，不重要或余额较小的，可以汇总列示。账龄分析表的合计数减去已计提的相应坏账准备后的净额，应当等于资产负债表的应收账款净额。

2. 将账龄分析表中的合计数与应收账款总账余额相互比较，并调查重大调节项目。

3. 检查原始凭证，如销售发票、发运凭证等，测试账龄的准确性。

（四）向债务人函证应收账款

应收账款函证是指注册会计师直接发函给被审计单位的债务人，要求核实被审计单位应收账款的记录是否正确的一种审计程序。函证的目的在于证实应收账款账户余额的真实性、正确性，预防或发现被审计单位及其人员在销售业务中发生差错或弄虚作假、营私舞弊的行为。通过函证,可以较为有效地证明债务人的存在和被审计单位记录的可靠性。询证函一般由注册会计师利用被审计单位提供的有关明细账账户名称及客户地址等资料据以编制,但寄发询证函一定要由注册会计师亲自进行。

1. 函证决策。除非有充分证据表明应收账款对被审计单位财务报表而言是不重要的,或者函证很可能是无效的,否则,注册会计师应当对应收账款进行函证。如果注册会计师不对应收账款进行函证,应当在工作底稿中说明理由。如果认为函证很可能是无效的,注册会计师应当实施替代审计程序,获取相关、可靠的审计证据。

2. 函证的范围和对象。注册会计师执行函证程序大多是强制或法定(准则规定)的要求。除非有充分证据表明应收账款对报表不重要,或者函证很可能无效,否则都要对其函证。如果不进行函证,注册会计师应在工作底稿中说明原因;如果认为函证无效,应实施替代审计程序。实际上,注册会计师并不需要对所有的应收账款进行函证。

注册会计师应选择以下函证对象:金额较大的项目;账龄较长的项目;交易频繁但期末余额较小的项目;重大关联方交易;重大或异常的交易;可能导致争议以及产生严重舞弊或错误的交易。

3. 函证方式的选择。函证方式有两种:肯定式函证和否定式函证(或称为积极式和消极式函证)。注册会计师可采用其中一种,或者将两种方法结合使用。

(1)肯定式函证。它是指债权人向债务人发出询证函,要求债务人直接向注册会计师证实所函证的欠款是否正确,无论结果的对错都要求回函的一种方式。

(2)否定式函证。它是指注册会计师只要求被询证者仅在不同意函证列示信息的情况下才予以回函。

一般而言,肯定式函证比否定式函证提供的审计证据更可靠,不得已采用否定式函证时,注册会计师还需要辅助其他审计程序,才能保证审计证据更可靠。

在同时出现下列情况时,注册会计师应采用消极函证方式:重大错报风险评估为低水平;涉及大量余额较小的账户;预期不存在大量的错误;没有理由相信被询证者不认真对待回函。

在循环审计中,注册会计师也可同时使用两种函证方式。当应收账款的余额是由少量大额应收账款和大量小额应收账款构成时,注册会计师可以对所有的或抽取的大额样本采用积极的函证方式,而对抽取的小额样本采取消极的函证方式。

表 10－5、表 10－6 与表 10－7 列示了积极函证和消极函证的基本格式:

表 10－5　　　　积极式函证(格式一)

企业询证函

×××(公司):　　　　　　　　　　　　　　　　　　编号:

本公司聘请的×××会计师事务所正在对本公司年度财务报表进行审计,按照

《中国注册会计师审计准则》的要求，应当询证本公司与贵公司的往来款项。下列数据出自本公司账簿记录，如与贵公司记录相符，请在本函下端“数据证明无误”处签章证明；如有不符，请在“信息不符，请列明不符的详细情况”处详细指正。回函请直接寄至×××会计师事务所。

回函地址：　　　　　　　　　　　　　　　　　邮编：

电话：　　　　　　　　传真：　　　　　　　　联系人：

1. 本公司与贵公司的往来账项列示如下：

单位：万元

截止日期	贵公司欠	欠贵公司	备注

2. 其他事项。

本函仅为复核项目之用，并非催款结算。如款项在上述日期之后已经付清，仍请及时函复为盼。

（公司盖章）

××××年××月××日

结论：

1. 数据证明无误。

（公司盖章）

××××年××月××日

经办人：

2. 信息不符，请列明不符的详细情况。

（公司盖章）

××××年××月××日

经办人：

表10－6　　　　积极式函证（格式二）

企业询证函

×××（公司）：　　　　　　　　　　　　　　　　　编号：

本公司聘请的×××会计师事务所正在对本公司年度财务报表进行审计，按照《中国注册会计师审计准则》的要求，应当询证本公司与贵公司的往来款项。请列示截止××××年××月××日贵公司往来款项余额。回函请直接寄至×××会计师事务所。

回函地址：　　　　　　　　　　　　　　　邮编：
电话：　　　　　　　传真：　　　　　　　联系人：

1. 本公司与贵公司的往来账项列示如下：

单位：万元

截止日期	贵公司欠	欠贵公司	备注

2. 其他事项。

本函仅为复核项目之用，并非催款结算。如款项在上述日期之后已经付清，仍请及时函复为盼。

（公司盖章）
××××年××月××日
经办人：

表 10－7　　消极式函证（格式三）

企业询证函

×××（公司）：　　　　　　　　　　　　　　编号：

本公司聘请的×××会计师事务所正在对本公司年度财务报表进行审计，按照《中国注册会计师审计准则》的要求，应当询证本公司与贵公司的往来款项。下列数据出自本公司账簿记录，如与贵公司记录相符，则无须回复；如有不符，请直接通知会计师事务所，并请在空白处列明贵公司认为是正确的信息。回函请直接寄至×××会计师事务所。

回函地址：　　　　　　　　　　　　　　　邮编：
电话：　　　　　　　传真：　　　　　　　联系人：

1. 本公司与贵公司的往来账项列示如下：

单位:万元

截止日期	贵公司欠	欠贵公司	备注

2. 其他事项。

本函仅为复核项目之用,并非催款结算。如款项在上述日期之后已经付清,仍请及时函复为盼。

（公司盖章）

××××年××月××日

×××会计师事务所:

上述信息不正确,具体差异如下:

（公司盖章）

××××年××月××日

经办人:

4. 函证时间的选择。为了充分发挥函证的作用,应恰当选择函证的时间。注册会计师通常以资产负债表日为截止日,在资产负债表日后适当时间内实施函证。如果重大错报风险评估为低水平,可选择报表日前适当日期为截止日实施函证,并对所函证项目自该截止日起至资产负债表日止发生的变动实施实质性程序。

5. 函证的控制。注册会计师通常利用被审计单位提供的应收账款明细账账户名称及客户地址等资料,据以编制询证函,但注册会计师应当对选择被询证者、设计询证函,以及询证函的发出和收回保持警惕或实施控制。出于掩盖舞弊的目的,被审计单位会想方设法地拦截或涂改询证函。如果注册会计师疏忽,会给被审计单位可乘之机,导致函证结果出现偏差或失效。

注册会计师应采用下列措施对函证过程实施控制:

(1)将被询证者的名称、地址与被审计单位有关记录进行核对。

(2)将询证函中列示的账户余额或其他信息与被审计单位有关资料核对。

(3)在询证函中指明直接向接受委托的会计师事务所回函。

(4)询证函经被审计单位盖章后,由注册会计师亲自寄出。

(5)将发出询证函的情况形成工作记录。

(6)将收到的回函形成审计工作记录,并汇总统计函证结果。

注册会计师经常遇到第一次积极函证而未回函的情况,对此,应与被询证者联系,要求对方做出回应并再次发函。如果第二次仍然无结果,就应实施替代审计程序,如检查销售合同、销售订单、发票副本和发运凭证等,以验证这些应收账款的真实性。

6. 对不符事项的处理。就应收账款而言,登记入账的时间不同而产生不符事项表现在以下方面:①询证函发出时债务人已经付款,而被审计单位尚未收到货款;②询证函发出时,被审计单位的货物已经发出并已经销售记录,但货物仍在途中,债务人尚未收到货物;③债务人由于某种原因将货物退回,但被审计单位尚未收到;④债务人对收到货物的数量、质量及价格等方面存在争议,从而导致全部或一部分拒付货款等。如果不符事项构成错误,注册会计师应重新考虑所实施审计程序的性质、时间和范围。

7. 对未回函项目实施替代程序。如果未收到被询证方的回函,注册会计师应当实施替代审计程序。例如,在考虑实施收入截止测试等审计程序所获取审计证据的基础上:①检查资产负债表日后收回的货款;②检查相关的销售合同、销售单、发运凭证等文件;③检查被审计单位与客户之间的往来邮件,如有关发货、对账、催款等事宜的邮件。

(五)对未函证应收账款实施替代审计程序

由于注册会计师不可能对所有应收账款进行函证,因此对于未函证的,注册会计师应抽查有关原始凭证(如销售合同、销售订单、发票副本和发运凭证等),以验证与其相关的应收账款的真实性。

(六)检查坏账的确认和处理

注册会计师首先应检查有无债务人破产、死亡,以及相关财产或遗产清偿后仍无法收回的,或者债务人长期未履行清偿义务的应收账款。其次,应检查被审计单位坏账的处理是否经过授权批准、有关会计处理是否正确。

(七)确定应收账款的列报是否恰当

如果被审计单位是上市公司,其财务报表附注通常应披露期初、期末余额的账龄分析,以及期末欠款金额较大的单位账款。

三、坏账准备的实质性程序

坏账准备的实质性程序包括下述内容:

(1)取得或编制坏账准备明细表,复核加计正确,与坏账准备总账、明细账合计进行核对相符。

(2)将应收账款坏账准备本期计提数,与资产减值损失相应明细项目的发生额核对相符。

(3)检查应收账款坏账准备计提和核销的批准程序,评价坏账准备所依据的资料、假设及计提方法。

(4)实际发生坏账损失的,检查转销依据是否符合有关规定、会计处理是否正确。对于被审计单位在本期发生的坏账损失,注册会计师应检查其原因是否清楚,是否符合有关规定、有无授权批准等。对有确凿证据表明确实无法收回的应收账款,检查是否冲销坏账准备。

(5)已经确认并转销的坏账重新收回的,检查其会计处理是否正确.

(6)确定应收账款坏账准备的披露是否恰当。检查被审计单位是否在报表附注中清晰地说明坏账的确认标准、坏账准备计提方法及计提比例,并且检查是否在附注中分项披露如下事项:①本期全额计提坏账准备,或计提比例较大,应说明计提比例以及理由。②以前期间已全额计提坏账准备,或计提比例较大但在本期又全额或部分收回的,或通过重组等其他方式收回的,应说明其原因、原估计计提比例的理由以及原估计计提比例的合理性。③对某些金额较大的应收账款不计提坏账准备,或计提比例较低(一般为5%)的理由。④本期实际冲销的应收账款及理由。其中,实际冲销的关联方交易产生的应收账款单独披露。

本章小结

销售与收款循环是审计实务中最重要章节。通过本章学习,我们了解了本循环的主要凭证及记录、主要的业务活动、本循环的内部控制、控制测试以及实质性程序。

本章关键词汇

订购单	Order
发运凭证	Shipping document
销售发票	Sales invoice
商品价目表	List of sales prices
赊销信用	Credit sales

应收账款账龄分析表	Aging list of accounts receivables
折扣与折让	Sales discount and allowance
客户期末对账单	Client statement

思考与练习题

1. 在销售与收款循环的交易测试中,注册会计师确定不同的审计目标(或会计认定)后,其选择相应的测试程序有何不同?

2. 如何实施销售业务的截止测试?

3. 什么是收入的实质性分析程序?收入的实质性分析程序内容有哪些?

4. 注册会计师应关注被审计单位高估收入的哪些错误?如何对其进行细节测试?

5. 应收账款函证的方式、函证范围和函证对象有哪些?

6. 注册会计师应采取哪些措施对函证实施控制?

7. 资料:长虹股份公司应收账款的总体情况如下表:

账户分类	数 量		价 值	
	笔数(笔)	%	金额(元)	%
高于10 000元	15	2	576 445	32.6
5 000~10 000元	52	6	445 892	25.3
1 001~5 000元	158	18	412 345	23.4
1~1 000元	506	57	326 672	18.5
贷方余额	32	4	(3 212)	(0.1)
零余额	69	8	—	
收账公司的账户	45	5	7 000	0.3
总计	877	100	1 765 142	100

要求:

(1)采用积极式函证的样本有哪些?说明理由。

(2)选择消极式函证的样本有哪些？说明理由。

(3)如何对应收账款的函证保持适当的控制？

(4)对于没有回函的样本，采用何种替代程序？

8.长宁公司2021年10月委托东海会计师事务所审计该公司2021年度会计报表。注册会计师邓龙任该审计项目的负责人，他决定在决算日前先实施某些审计程序，包括对截至2021年11月30日的应收账款进行函证。复函中有6家客户提出以下意见：

(1)本公司资料处理系统无法复核贵公司的对账单。

(2)所欠余额10 000元已于2021年11月20日付讫。

(3)大体一致。

(4)经查贵公司11月30日的第25050号发票(金额7 500元)系目的地交货，本公司收货日期为12月5日。因此，函证所称11月30日欠贵单位公司账款之事与事实不符。

(5)本公司曾于10月份预付货款2 500元，足以抵付对账单中所列两张发票的金额1 500元。

(6)所购货物从未收到。

请问：针对客户复函中提出的这些意见，注册会计师应采取何种步骤进行处理？

9.案例分析题

(1)公司情况：G公司是一家大型房地产开发企业，主要开发和销售普通住宅楼及高档公寓。G公司于2021年度以增资扩股和发行债券方式募集了大量的项目开发资金，当年度开发完工的楼盘多达11个，销售数量和销售价格大幅超出了管理层年初制订的计划水平。G公司2021年度确认的销售收入282 886万元较2020年度增长了近两倍。

G公司制定的房地产收入确认的会计政策为：在房产竣工验收合格且购房者签收了收房确认书时确认收入。另外，依据房产销售合同的规定，对于已发出收房通知书，购房者逾期一个月仍未收房的，视同购房者已收房并确认收入。

G公司于2021年4月聘请中安会计师事务所审计2021年度财务报表。

注册会计师注意到，在G公司2021年度确认的房地产销售收入中，未包含以下两项：A公寓，涉及金额19 083万元；B花园，涉及金额47 418万元。

A公寓和B花园地处远离城区的沿海新区。

(2)注册会计师实施的主要审计程序。对于A公寓和B花园两项房产，注册会计师实施的主要审计程序和相关审计发现如下：

①2021年7月进行期中预审时，检查了所有存货实物(包括开发在产品)，并对所有未完工的在建项目予以拍照存档。对于上述两项房产，根据检查有形资产所了解到

的工程进度以及与管理层的沟通，注册会计师在《关于G公司中期存货监盘小结》中做出的结论为："预计A公寓2021年10月底全部完工，B花园2021年年底前将有95%可以入住"。

②在期中预审时，抽查了A公寓和B花园的房屋买卖合同，合同条款分别注明"出卖人应当在2021年10月31日前向买受人交付商品房"及"出卖人应当在2021年12月16日前向买受人交付商品房"。

③在期末审计时，从G公司的销售部门获取了所有楼盘的销售台账，审计工作底稿"A公寓项目销售台账"显示该公寓已入住了64套，涉及金额18 288万元；审计工作底稿"B花园销售、结存情况汇总表"显示B花园中51套已于2021年年底入住，涉及金额46 685万元。

注册会计师为G公司2021年度财务报表出具了标准无保留意见的审计报告。

要求：请根据上述资料分析回答下列问题：

(1)在注册会计师获取的关于A公寓和B花园两处房产的审计证据中，你认为哪些证据不支持注册会计师出具的标准无保留意见审计报告，为什么？

(2)注册会计师获取的关于A公寓和B花园两项房产的前两项审计证据，是否足以支持注册会计师确认G公司应在2021年度确认这两项房产的销售收入，为什么？

(3)注册会计师获取的关于A公寓和B花园两项房产的第三项审计证据，是否足以支持注册会计师确认G公司应在2021年度确认这两项房产的销售收入，为什么？

(4)注册会计师于资产负债表日对G公司记录为开发完成的商品房实施了监盘程序，但未对G公司记录为开发中的商品房实施监盘程序。注册会计师的主要考虑是：开发中的商品房在没有完工前均承包给施工方建设，对于每一房产项目而言，其数量均为1个，中期的有形资产检查结果(包括拍照存档)已经满足了证实存货存在性的认定，且开发在产品不像其他存货一样会移动。同时，两项房产均地处远离城区的沿海新区，期末审计时人力资源又相当紧张，因此，如果开发在产品在资产负债表日仍处于在建阶段，可不再纳入存货监盘范围。你是否认同注册会计师的上述观点？你认为是否可以在期末审计过程中实施其他审计程序(比如向G公司获取收房确认书，或向购房者函证收房时点)来替代开发中项目的监盘程序？

(5)如果G公司于2021年度资产负债表日后、审计报告日前将A公寓和B花园这两项房产确认为2022年度的销售收入，你认为注册会计师可以实施哪些审计程序以增强相关收入确认时点的审计证据效力？

10. 案例分析题

(1)公司情况：T公司是一家大型房地产开发企业，主要开发、销售和租赁工业用厂房、普通住宅楼、高档公寓。近年来，公司经营业绩出现强势增长，公司管理层拟于

20×8年进行一次大规模的增资扩股，以进一步扩大公司经营规模。公司聘请海河会计师事务所为其提供年度财务报表审计服务。

T公司在财务报表附注中披露的房地产收入确认政策为：房产完工并验收合格；签订了销售合同；取得了买方按销售合同约定的付款证明（通常收到销售合同金额的20%或以上）；剩余房款已有明确的付款进度安排。

（2）T公司于20×7年度确认房地产销售收入127 000万元，但未包括以下三类交易事项涉及的金额：

①公司提出，因部分购买方长期拖欠房款，故未确认相应的房地产销售收入，涉及金额10 200万元。公司在“长期拖欠房款客户一览表”的“未确认收入原因”栏中说明：“购房者拖欠部分房款，我公司限期交齐，否则要求其退房，对方不同意并要求支付延期交房的违约金，我公司未同意，故未确认收入”“客户长期在国外，无法通知进行交接，故未确认收入”。

②公司提出，部分购买方虽然全额交付房款但仍对产品有较大疑问，故未确认房地产销售收入，涉及金额5 000万元。公司在“已全额支付房款但对产品存在疑问客户一览表”的“未确认收入原因”栏中说明：“客户认为配套花园与售楼书所做承诺不符，要求减少房款，我公司不同意而要求其退房，故未确认收入”“客户认为产品价值较大，要求延长保修期至3年，或减少物业管理费用，否则要求退房，故未确认收入。”

③公司提出，部分购买方因房产实测面积与合同约定面积存在差异、双方正在协商解决面积差异问题且未取得一致意见，故未确认房地产销售收入，涉及金额22 600万元。公司在“实测面积与合同面积不符且未解决客户一览表”的“未确认收入原因”栏中说明：“套内面积与合同面积存在差异（超出合同面积5%～10%），客户要求赔偿，否则退房，故未确认收入”“合同约定承诺附送客户1个车位，公司未落实，客户要求赔偿，否则退房。”

（3）注册会计师实施的主要审计程序。对于T公司未确认为房地产收入的三类交易事项，注册会计师已经有所注意，并在《关于T公司几个问题的会议纪要》的工作底稿中记录如下：“买卖双方存在未解决的争议，我们认为存在一定的不确定性，暂时不确认收入为好。”注册会计师的审计结论主要来源于T公司管理层提供的前述三项说明（“长期拖欠房款客户一览表”“已全额支付房款但对产品存在疑问客户一览表”“实测面积与合同面积不符且未解决客户一览表”）。这些说明详细列示了购房者姓名、房产单元号、房产面积、合同金额及未确认收入的原因。除了T公司管理层提供的三项说明外，注册会计师未再实施其他审计程序，并最终对公司20×7年度财务报表出具了标准无保留意见审计报告。

要求：请根据上述资料分析回答下列问题：

(1)T公司披露的房地产收入确认会计政策在我国房地产上市公司中是否具有普遍性？T公司披露的房地产收入确认会计政策是否符合我国会计准则？如果不符合，差异何在？对公司财务报表的影响是什么？

(2)对于T公司未确认为房地产收入的第一类交易事项以及公司的相关说明，你认为可以从哪些方面获取进一步的审计证据？

(3)对于T公司未确认为房地产收入的第二类交易事项以及公司的相关说明，你认为可以从哪些方面获取进一步的审计证据？

(4)对于T公司未确认为房地产收入的第三类交易事项以及公司的相关说明，你认为可以从哪些方面获取进一步的审计证据？

思政小课堂

2019年4月30日，康美药业(600518)发布了一份“关于前期会计差错更正的公告”，爆出惊天大雷，惊呆A股投资者。该公告称:2018年净利润11.35亿元，同比减少47.2%;分别调减2017年货币资金、营业收入、营业成本299.44亿元、88.98亿元、76.62亿元;分别调增2017年存货、应收账款、在建工程195.46亿元、6.41亿元、6.32亿元。

也就是说，康美药业近299.44亿元货币资金一夜蒸发！近300亿货币资金，说没就没了，这一操作不仅一举突破康得新(002450)创造的百亿造假记录，更引起了广大投资者的愤慨:有投资者称这是资本市场近30年最恶劣的造假事件。中国证监会事后查实，2016年至2018年期间，康美药业虚增营收近300亿元，虚增货币资金逾886亿元。

康美药业曾被誉为中国民族医药健康产业的一面旗帜。作为业界的“明星股”“白马股”，康美药业市值在2018年曾一度超1 400亿元。如今，当神话破灭之后，这家制造了A股史上最大规模财务造假案的企业，也走向了末路。

2020年5月14日，证监会依法对康美药业违法违规案做出行政处罚及市场禁入决定，决定对康美药业责令改正，给予警告，并处以60万元的顶格罚款。但第二日，这家公司的股票竟涨停了。

针对康美药业财务造假事实，请同学们思考并讨论如下问题：

1. 企业财务舞弊会带来哪些社会危害？

2. 业绩目标是否可以成为评价企业绩效优良的唯一标准？

3. 康美药业造假300亿的胆子从哪里来?
4. 如何看待康美药业财务造假300亿、顶格罚款60万后股价开盘大涨?
5. 怎样理解“行得正,方能走得远”的哲理?

第十一章

采购与付款循环审计

本章导读

采购与付款循环包括购买商品、固定资产和接受劳务,以及为获取收入在经营活动中发生的直接与间接支出。该循环所涉及的报表项目主要有资产负债表项目,如预付账款、固定资产、固定资产减值准备、在建工程、工程物资、固定资产清理、无形资产、开发支出、商誉、应付票据、应付账款和长期应付款等。此外,涉及的利润表项目有管理费用。

本循环的主要流程有:采购计划制定、采购实施、商品和货物验收、采购记账以及付款。

本章建议安排 6 学时。

第一节　采购与付款循环的特征

一、采购与付款循环中的主要凭证及记录

(一)请购单

请购单是由产品制造、资产使用等部门的有关人员填写,送交采购部门,申请购买

商品或其他资产,接受劳务的书面凭证。

(二)订购单

订购单是由采购部门填写,向另一企业购买在订购单上所指定的商品、劳务或其他资产的书面凭证。

(三)验收单

验收单是收到商品及其他资产时所编制的凭证。它列示从供应商处所收到的商品、其他资产的种类及数量等内容。

(四)买方发票

买方发票(供应商发票)是供应商所开具的,交给买方以载明发出的货物或提供的劳务、应付款金额及付款条件等事项的凭证。

(五)付款凭单

付款凭单是采购方企业的应付凭单部门编制的,载明已经收到的商品、其他资产或接受的劳务、应付款金额和付款日期的凭证。付款凭单是采购方企业内部记录和支付负债的授权证明文件。

(六)转账凭证

转账凭证是指除了支付现金和银行存款之外,记录转账交易的记账凭证。该凭证是依据相关的原始凭证(如发票和发运凭证)编制的。

(七)付款凭证

付款凭证包括两种:现金付款凭证和银行存款付款凭证,用来记录库存现金和银行存款支出交易的记账凭证。

(八)应付账款明细账

(九)库存现金、银行存款日记账

(十)供应商对账单

供应商对账单是由供应商按月编制的,标明期初余额、本期购买、本期支付给供应商的款项和期末余额的凭证。供应商对账单是对有关所有交易的综合陈述,如果不考虑双方时间性差异等因素,供应商的期末余额通常与采购方相应的应付账款期末余额保持一致。

二、本循环涉及的主要业务活动

(一)请购商品和劳务

一般而言,仓储部门负责编制所需购买存货项目的请购单,其他部门也可编制未列入上述存货清单项目的请购单。对常用材料或大宗商品采购活动,企业通过一般授权批准程序,指定仓库部门实施。其他部门只是完成零星项目采购。但是,对资本支出和租赁合同,企业通常要执行特别授权,只允许指定的人员或机构提出订购要求。

由于企业内许多部门都可以编制订购单,不便于事先连续编号。为强化内部控制,每张订购单必须经过对这类支出预算负责的主管人员签字批准。填制请购单,既是采购交易的起点,也可是采购循环“发生”认定。

(二)编制订购单

采购部门收到订购单,只能对经过批准的请购单发出订购单。对每张订购单,采购部门应当确定最佳的供应来源。对一些大额、重要的采购项目,应采取竞价方式来确定供应商,以保证供货的质量、及时性和成本低廉。

订购单应正确填写所需要的商品品名、数量、价格、厂商名称和地址等,订购单应预先连续编号并经过被授权的采购人员签名。订购单的正联应送交供应商,副联则送给企业内部的验收部门、应付凭单部门和编制请购单的部门。随后,应独立检查订购单的处理,以确定确实收到商品并正确记账。这项检查与采购交易的“完整性”认定相关。

(三)验收商品

有效的订购单代表企业已授权验收部门接受供应商发运来的商品。验收部门首先应比较所收到商品与订购单上的要求是否相符,如商品的品名、摘要、数量、到货时间等,然后再盘点商品并检查商品有无损坏。

验收后,验收部门应对已收货的每张订购单编制一式多联、预先按顺序编号的验收单,作为验收和检验商品的依据。验收人员将商品送交仓库或其他请购部门时,应取得经过签字的收据,或要求其在验收单的副联上签收,以确定他们对所采购的资产应负的保管责任。验收人员还应将其中的一联验收单送交应付凭单部门。

验收单是支持资产或费用以及与采购有关的负债的“存在或发生”认定的重要凭证。定期独立检查验收单的顺序以确定每笔采购交易都已编制,这与采购交易的“完整性”认定相关。

(四)储存已验收的商品

将已验收商品的保管与采购的其他职责相互分离,可减少未经过授权的采购和盗用商品的风险。存放商品的仓库区应当相对独立,限制无关人员接近。这些控制与商品的“存在”认定相关。

(五)编制付款凭单

记录采购交易之前,应付凭单部门应编制付款凭单。这项功能的控制包括:

1. 确定供应商发票的内容与相关的验收单、订购单的一致性。

2. 确定供应商发票计算的准确性。

3. 编制有预先顺序编号的付款凭单,并附上支持性凭证(如订购单、验收单和供应商发票)等。这些支持性凭证的种类,因交易对象的不同有所差异。

4. 独立检查付款凭单计算的准确性。

5. 在付款凭单上填写应借记的资产和费用账户的名称。

6. 由被授权人员在凭单上签字,以示批准按照此凭单要求进行付款。所有未付凭单的副联应保存在未付凭单档案中,以待日后付款。经过适当批准和有预先编号的凭单为记录采购交易提供了依据,因此,这些控制与"存在""发生""完整性""权利和义务""计价和分摊"认定等相关。

(六)确认和记录负债

正确确认已验收货物和已接受劳务,准确记录这些负债,是一项非常重要的控制。该记录也对现金支出构成重大影响。确认和记录负债的部门一般有责任核查购置的资产,并在应付凭单登记簿或应付账款明细账中加以记录。在收到供应商发票时,应付账款部门应将发票上所记载的品名、规格、价格、数量、条件及运费与订购单上的有关资料核对。如有可能,还要与验收单上的资料进行比较。

应付账款确认和记录的一项重要内容是要求记录现金支出的人员不得经手现金、有价证券和其他资产。恰当的凭证、记录与记账手续,对业绩的独立考核和应付账款职能而言,是一项必要的控制。

(七)付款

通常是由应付凭单部门负责确定未付凭单在到期日付款。企业有多种款项结算方式,下面仅以支票结算为例,归纳相关控制。

1. 独立检查已签发支票的总额与所处理的付款凭单总额的一致性。

2. 应由被授权的财务部门人员负责签署支票。

3. 被授权签署支票的人员应确定每张支票都附有一张已经过适当批准的未付款凭单,并确定支票收款人姓名和金额与凭单内容一致。

4. 支票一旦经过签署,就应在其凭单和支持性凭证上用加盖印戳或打洞等方式将其注销,以避免重复付款。

5. 支票签署人不应签发无记名甚至空白的支票。

6. 支票要预先做顺序编号,保证支出支票存根的完整性和作废支票处理的恰当性。应确保只有被授权的人员才能接近未经使用的空白支票。

(八)记录现金、银行存款支出

仍以支票结算为例,会计部门应根据已签发的支票编制付款记账凭证,并据以登记银行存款日记账及其他相关账册。下面以记录银行存款支出为例,介绍相关控制:

1. 会计主管应独立检查记入银行存款日记账和应付账款明细账的金额的一致性,以及与支票汇总记录的一致性。

2. 通过定期比较银行存款日记账记录的日期与支票副本的日期,独立检查入账的及时性。

3. 独立编制银行存款余额调节表。

第二节　常见的错误与舞弊

一、存货采购的常见错误与舞弊

存货是会计报表中的一个综合项目，由多个会计账户组成，主要包括：商品采购、材料采购、原材料、包装物、材料成本差异、产成品、库存商品、商品进销差价、产生成本和制造费用等。存货采购的造假则分别反映在上述的账户分类上。

（一）外购材料或商品的采购成本不真实、不准确

具体包括以下几种：

1. 将应计入材料成本中的有关进货费用计入当期损益。注册会计师对这类造假现象，可检查银行存款日记账、管理费用明细账的摘要，追查到相应的会计凭证和原始凭证。

2. 将应计入当期费用的进货费用，反而错误地计入商品采购成本。注册会计师可检查采购成本或在途材料等明细账户的个别样本，追查到影响的记账凭证和原始凭证。

3. 发生购货折扣情况下，对采购折扣的会计处理不正确；或者前后各期不一致，影响商品采购成本的真实性和可比性。注册会计师可检查银行存款日记账的摘要，进一步追查采购折扣的相关线索。

4. 采购存货过程中，应交税金——应交增值税（进项税额）账户造假。一般纳税人的会计处理应严格遵照《企业增值税管理条例》的规定执行。有些被审计单位将增值税计入存货采购成本，虚增存货价值，利润不实。有意将存货其他采购成本转入“进项税额”，进而达到多抵扣少缴税的目的。

注册会计师应检查“应交增值税（进项税额）”明细账户的个别样本，追查到相应的记账凭证及原始凭证，着重检查增值税发票的发生金额是否真实、合理。

（二）采购材料的入库价格不准确，前后缺乏可比性

被审计单位如果采用计划成本核算，其计划成本的确定存在随意性和多变性，给材料管理及会计核算带来一定难题。注册会计师可抽查有关材料或商品增加的明细账户，追查并比较某些材料前后各期入库价格是否一致，在此基础上，进一步询问或调查相关部门和人员。

（三）任意虚列自制存货、委托加工存货的成本

相关内容将在本书“生产循环”中介绍，在此不再赘述。

（四）接受捐赠的存货不记账，形成账外账的财产，或者有意将其出售以形成“小金库”

注册会计师应充分走访与调查，询问当事人，对账面记录和实际库存数据进行比较。此外，注册会计师可依据内部审计师的工作成果，追查“小金库”现象的相关线索。

（五）在存货采购过程中发生的溢缺或毁损，有关的会计处理不准确、不合理

如由责任人赔偿的短缺是作为企业的营业外支出、管理费用。对大额交易或异常项目，注册会计师抽查存货采购相关的记账凭证，并进一步询问和调查有关机构和人员。

（六）对包装物采购的会计处理不恰当，形成账外资产

有些被审计单位采购的包装物计入管理费用，注册会计师应检查各项管理费用明细账户，以及银行存款日记账中的一些样本，追查至相关记账凭证和原始凭证。

（七）设置存货账户的不合理

按照会计制度规定，存货核算应既设置总账、明细账，也设置备查账进行辅助登记。对此现象，注册会计师应检查各项账簿资料，了解被审计单位的实际状况以及存货管理制度是否健全。必要时，可向被审计单位提出相应管理建议。

二、固定资产采购方面的常见错误与舞弊

与存货采购类似，固定资产采购方面也存在各种错误和舞弊。此外，它也存在如下方面的特殊性。

（一）固定资产计价方面的错误和舞弊

一是固定资产计价方法的错弊。例如，对能确定固定资产原始价值的，仍采用“重置价值”进行会计核算。

二是固定资产价值构成上的错弊。例如，将无关的费用或支出计入固定资产采购成本。再例如，将与购建、自行建造、融资租入、改造和扩建等相关的费用和支出不列入固定资产外购成本。

三是随意更改固定资产的账面价值。例如，被审计单位不顾国家规定，随意调整或变更已经入账的固定资产账面价值。

上述情形，注册会计师应检查固定资产登记簿的详细摘要，查阅固定资产卡片，确定各种固定资产的详细来源，进一步追查相关的记账凭证和原始凭证。

（二）会计处理方面的错误和舞弊

在固定资产增加时选择的对应账户不准确。例如，混淆“资本公积”和“待处理财

产损溢”账户的使用范围。注册会计师应检查固定资产增加的对应账户,抽查相关的记账凭证和原始凭证。此外,也应进行实地考察,对实物资产与账面资产相互之间进行核对。

(三)固定资产虚假采购

这种情况可能表现为固定资产账面价值增加,但实物并未增加。例如,在企业集团内部,母公司与某一子公司合谋欺诈,为高估资产,虚增一方固定资产。注册会计师应采用特殊项目的审计方法(注:本书相关章节将详细介绍)进行处理。

三、应付账款账户上的错误与舞弊

应付账款是指采购材料和商品、接受劳务时应支付供应商的款项。常见的错误和舞弊有如下几种:

(1)付款期超出采购合同、协议所规定的期限,以致被供货单位依照相关合同和协议的规定,进行相应处罚。对此,注册会计师应根据“应付账款”明细账中的某些记账分录,追查至其记账凭证所附带的合同和协议,进一步检查其合同条款的执行情况。大额采购交易和异常采购项目更是如此。

(2)“应付账款”明细账中尚未付款的记录,存在长期挂账现象。注册会计师应运用审阅法,重点检查各个明细账中金额较大的会计记录,追查相应的采购交易发生时间、欠款期限,询问被审计单位的知情人员,向收款单位进行咨询。如果属于采购商品质量而出现的拖欠货款,还应进一步查明原因并建议双方进行账务调整。

(3)发生在欠款上的舞弊行为,如将非法开支记入应付账款。为此,注册会计师应审查其明细账户,着重检查是否虚设账户、是否存在非法列支现象、是否存在异常交易和大额变动,并进一步追踪相应原始凭证和法律依据。

(4)支付货款收取回扣。如发票中规定在某个付款期内付款,供货单位未收回现金折扣。为此,注册会计师应根据各种付款条件、付款时间,及时进行核对。通过函证方法发现的差异,要及时调查并妥善处理。

第三节 应有的内部控制与控制测试

一、采购交易的内部控制

鉴于采购交易与销售交易一样,在控制目标、关键内部控制方面存在许多共同之处。因此,只介绍采购交易中内部控制的特殊之处,如下面表 11-1 所示。

表 11-1　　采购交易的控制目标、关键内部控制和实质性程序

内部控制目标	关键内部控制	常见的控制测试	常见的实质性程序
所记录的采购都确系已收到商品或已接受劳务,并符合采购方的要求(存在)	(1)请购单、订购单、验收单和卖方一应俱全,并附在付款凭单之后 (2)采购按正确的级别得到授权批准 (3)注销凭证以预防重复使用 (4)对卖方发票、验收单、请购单和订购单进行内部核查	(1)查验付款凭单后是否附有相关原始凭证 (2)检查授权批准标记 (3)检查注销凭证的标记 (4)检查内部核查的标记	(1)复核采购明细账、总账及应付账款明细账,关注是否存在大额或异常交易 (2)检查卖方发票、验收单、订购单和请购单的合理性和真实性 (3)追查存货的采购至存货永续盘存记录 (4)检查取得的固定资产
已发生的采购交易均已记录(完整性)	(1)订购单均经事先编号并已登记入账 (2)验收单均经事先编号并已登记入账 (3)卖方发票均经事先编号并已登记入账	(1)检查订购单连续编号的完整性 (2)检查验收单连续编号的完整性 (3)检查卖方发票连续编号的完整性	(1)从验收单追查至采购明细账 (2)从卖方发票追查至采购明细账
所记录的采购交易估价正确(准确性、计价和分摊)	(1)计算与内部核查 (2)采购价格和折扣的批准	(1)检查内部核查的标记 (2)审核批准采购价格及折扣的标记	(1)将采购明细账中记录的交易与卖方发票、验收单和其他证明文件比较 (2)复算包括折扣和运费在内的卖方发票填写的准确性
采购交易的分类正确(分类)	(1)采购恰当的会计科目表 (2)分类的内部核查	(1)检查工作手册及会计科目表 (2)检查有关凭证上内部核查的标记	参照卖方发票,与会计科目表上的分类进行比较

续表

内部控制目标	关键内部控制	常见的控制测试	常见的实质性程序
采购交易按正确的日期记录(截止)	(1)要求收到商品或接受劳务后及时记录采购交易 (2)内部核查	(1)检查工作手册并观察有无未记录的卖方发票存在 (2)检查内部核查的标记	将验收单和卖方发票上的日期与采购明细账中的日期进行比较
采购交易被正确记入应付账款和存货等明细账中,并被正确汇总(准确性、计价和分摊)	应付账款明细账内容的内部核查	检查内部核查的标记	通过加计采购明细账,追查转入的采购总账和应付账款、存货明细账的数额是否正确,以测试过账和汇总的正确性

通过上表,可以发现采购交易内部控制具有以下特殊之处。

(一)适当的职责分离

为保证采购交易内部控制的有效性,企业应将各种不相容职务进行适当分离。即同一笔交易或同一流程要由不同部门、不同岗位和人员来完成。此外,企业也应对采购交易进行定期轮岗。采购与付款循环的不相容岗位至少包括如下几种:

1. 请购与审批。
2. 询价与确定供应商。
3. 采购合同的订立与审批。
4. 采购与验收。
5. 采购、验收与相关会计记录。
6. 付款审批与付款执行。

(二)内部核查程序

企业应建立对采购与付款循环内部控制的监督检查制度,明确监督检查机构或人员的工作职责与权限,定期或不定期地进行检查。监督检查机构通过实施控制测试和实质性程序,检查采购和付款交易的内部控制制度是否健全、各项规定是否得到有效执行。监督检查的主要内容如下:

1. 相关岗位及人员的设置情况。在采购和付款循环中,要重点抽查是否存在不相容职务混岗的现象。

2. 授权审批制度的执行情况。要重点检查大宗采购与付款业务的授权审批手续是否健全、是否存在越权审批的违规行为。

3. 应付账款和预付账款的管理。重点审查应付账款和预付账款支付的正确性、时效性及合法性。

4. 有关单据、凭证和文件的使用及保管情况。要重点检查这些原始单据的登记、领用、传递、保管、注销手续是否健全,使用和保管制度是否存在漏洞。

对监督检查过程中发现的采购与付款内部控制中的各种薄弱环节,应及时采取措施加以纠正。

二、付款交易的内部控制

在本循环中,采购与付款是一个问题的两个方面(或一枚硬币的正反两面)。尽管每个企业因为性质、所处行业状况、规模以及内部控制健全程度等有所差异,但下列内部控制内容则是共同遵循的(表 11 -2)。

表 11 -2　　付款业务的内部控制

序号	与付款业务相关的内部控制
1	企业应按照《现金管理暂行条例》《支付结算办法》等规定办理采购付款业务
2	会计部门在办理付款时,应当对采购发票、结算凭证、验收证明等相关凭证的真实性、完整性、合法性、及时性进行严格审核
3	企业应当建立预付账款和定金的授权审批制度,加强相关业务的监管
4	企业应当加强应付账款和应付票据的管理,由专人按照约定的付款日期、折扣条件等管理,已到期应付账款须经过有关授权人员审批后,方可办理结算和支付
5	企业应当建立退货管理制度,对退货条件、手续、货物出库、退货货款回收等做出明确规定,及时收回退货款
6	企业应当定期与供应商核对应付账款、应付票据、预付账款等往来款项,如有不符,应查明原因

三、固定资产和在建工程的内部控制

对制造业而言,作为长期资产的固定资产占总资产的比重较大,而且严重影响企业的生产经营能力。该资产具有几大特征,即耗资多、单位价值较大、使用年限长、闲置风险高等。固定资产的结构、技术状况、管理水平、运行质量和运转效率都会影响企业现在的效益及未来的发展,也是决定企业核心竞争力的关键因素。因此,固定资产的管理或控制,有"牵一发而动全身"的效应,值得关注。表 11 -3 总结了固定资产的内部控制、控制要点和主要的控制测试程序。

表 11－3　　固定资产的内部控制、控制要点和主要控制测试程序

内部控制	控制要点	主要的控制测试程序
1. 预算制度（发生、准确性、计价和分摊）	固定资产增减应编制合理预算，包括年度预算和部门预算等	检查固定资产的取得与处置是否依据预算执行；对实际支出与预算之间的差异以及未列入预算的特殊事项，应检查其是否履行特别审批手续
2. 授权审批制度（发生、准确性、计价和分摊）	企业涉及资本性支出的预算只有经过董事会或高层授权审批才能生效；所有资产的取得和处置均经高层的书面许可	既要检查授权审批制度本身是否完善，还要关注该制度是否得到有效执行
3. 账簿记录制度（发生、准确性、计价和分摊、完整性）	设置总账、明细账、固定资产登记卡；按类别、使用部门、每项资产进行明细分类核算；增减变动均附有原始凭证	检查明细账与登记卡设置的完整性，检查各项记账依据或原始凭证的充分性
4. 职责分工制度（发生、准确性、计价和分摊、完整性）	对不相容职务，对资产取得、记录、保管、使用、维护、处置等均应明确划分职责，由专业部门及专人负责	检查与观察分工的适当性
5. 资本性支出与收益性支出的划分制度（准确性、计价和分摊）	制定两者划分的书面标准；明确资本性支出的范围和最低限制；凡不符合资本性支出的行为均列入当期费用	检查标准制定的合理性和执行的有效性
6. 处置制度（发生、准确性、计价和分摊）	投资转出、报废、出售等均要有严格授权批准手续	检查报批的合理性和执行的有效性
7. 定期盘点制度（发生、完整性）	确定盘点数量、存放地址、使用状况等	应了解和评价企业有关固定资产盘点制度，并关注其盘盈、盘亏的会计处理情况
8. 维护保养制度（发生、准确性、计价和分摊）	建立日常维护、定期检修制度	检查制度设置的合理性与实际执行情况

在建工程是企业为建造固定资产而设置的归集账户，其与固定资产一样，要设置如下内部控制。

(一)岗位分工与授权审批

1. 企业应建立工程项目的岗位责任制,明确有关部门及岗位的工作职责、权限,确保办理工程项目业务的不相容职务分离、相互制约与监督。工程项目中的不相容职务一般包括几种:项目申请、可行性研究与项目决策;概预算的编制与审核;项目实施与价款支付;决算与竣工稽核等。

2. 企业应对工程项目相关业务建立严格的授权审批制度,明确审批人的授权批准方式、权限、程序、责任及相关控制措施,规定经办人的职责范畴和工作标准。根据工程项目有关的业务授权审批制度规定,接受权限的审批人不得越权审批。经办人应在职责范围内严格执行审批人的批准建议;对于审批人的越权行为,经办人有权拒绝办理,并及时向审批人的上级报告。

3. 企业应制定工程项目各个业务流程的控制标准,并设置相应的书面记录和凭证控制,包括明确项目决策、概预算编制、价款支付、竣工决算等环节。

(二)项目决策控制

企业应建立工程项目决算环节的控制制度,对项目建议书和可行性研究报告的编制、项目决策程序等做出明确要求,确保项目决策的科学、合理。

(三)概算、预算控制

企业应建立工程项目概预算环节的各项控制制度,对概预算的编制、审核等做出明确规定,为其各环节提供相关依据。

(四)价款支付控制

企业应建立工程项目进度价款支付环节的控制制度,对价款支付有关的条件、方式以及会计核算程序做出明确规定,确保价款支付的及时和准确。

(五)竣工决算控制

企业应当建立竣工决算环节的控制制度,对竣工清理、竣工决算、竣工审计、竣工验收等环节做出明确规定,确保竣工决算的真实、完整和及时。

(六)监督检查

企业应建立对有关工程项目内部控制的监督检查制度,明确检查机构与人员的工作职责和权限,进行定期与不定期检查。具体包括以下内容:

1. 工程项目业务岗位及人员的设置情况。重点检查是否存在不相容职务混岗的情况。

2. 工程项目业务授权审批制度的执行情况。重点检查关键业务的授权审批手续是否健全,是否存在越权审批行为。

3. 工程项目决算责任制的建立与执行情况。重点检查责任制度的设置是否健全,执行是否有效,奖惩制度是否配合。

4. 概预算控制制度的执行情况。重点检查概预算编制的依据是否真实，是否符合相关政策和依据，是否定期或不定期对其进行审核。

5. 各类款项支付制度的执行情况。重点检查工程款、材料设备款及其他费用的支付是否符合相关法律法规、合同协议或合同条款的要求。

6. 竣工决算制度的执行情况。重点检查是否按规定办理竣工决算手续，是否执行决算审计。

四、采购与付款循环的风险及控制测试

（一）采购与付款循环的重大风险评估

影响采购与付款交易的重大错报风险有以下几种：

1. 管理层有错报费用支出的动机和偏好。
2. 费用支出的复杂性。
3. 管理层凌驾于内部控制之上和员工舞弊的风险。
4. 采用不正确的费用支出截止期。
5. 低估减值准备和负债。
6. 不正确地记录外币采购与付款。
7. 舞弊和盗窃的固有风险。
8. 延迟向供应商付款。
9. 存货的采购成本没有按照适当的计量属性确认。
10. 存在未记录的权利和义务。

总之，注册会计师应在充分了解被审计单位内部控制的基础上，实施重大错报的风险评估，才能更准确地实施控制测试和实质性程序。

（二）采购与付款循环的控制测试

表 11 －1 列示了根据被审计单位采购交易内部控制目标、关键控制点，注册会计师选择的控制测试方法，表 11 －3 列示了固定资产相关的控制测试方法，在此不再赘述。

下面详细介绍对付款交易的控制测试：

1. 检查支票样本，审核付款是否经受授权审批，支票是否与应付凭单保持一致，付款之后是否注销凭单，支票是否在授权范围内签发。

2. 检查支票登记簿的连续编号手续，与相应的应付账款明细账以及银行存款日记账进行核对，审查相关金额是否保持一致。

3. 观察付款流程的职责分离状况，是否存在混岗现象。

4. 检查付款支票样本，确定资金支付是否完整地登记在适当的会计期间。

第四节 采购交易的实质性程序

与销售与收款循环相似，采购交易的实质性程序包括两种：一是实质性分析程序，二是细节测试。为了提高审计效率，符合成本效益原则，注册会计师往往执行分析程序在先，细节测试在后。

一、采购交易的实质性分析程序

与销售循环相反，大多数被审计单位在采购与付款循环中的重大错报风险通常都是低估成本或费用、低估应付账款，从而才能高估利润，粉饰财务状况和经营成果。因此，正确把握被审计单位在本循环的舞弊动机和手法非常重要，只有这样，注册会计师审计目标才有针对性。

(1)根据对被审计单位的经营活动、供应商的发展历程、贸易条件和行业惯例的充分了解，确定应付账款和费用支出的期望值。

(2)根据本期应付账款余额的构成与以前期间交易水平和预算的比较，定义采购和应付账款可接受的重大差异额。

(3)识别需要进一步调查的差异额并调查异常数据关系，如零余额(或接近零的余额)的主要供应商，与周期趋势不符的费用支出。这类程序通常包括：

- 观察月度已记录采购总额趋势，与往年或预算相互比较。任何异常变动都必须及时与管理层讨论，如有必要也应做进一步调查。

- 将实际毛利与以前年度和预算之间进行比较。如果被审计单位以不同的加价销售产品，就需要将相似利润水平的产品分组进行比较。任何重大差异都需要进行调查，因为毛利会由于销售额、销售成本的错误被歪曲，而销售成本的错误又可能受采购记录的错误所影响。

- 计算记录在应付账款账上的赊购天数，并将其与以前年度相互比较。超出预期的变动可能由多种因素导致，包括未记录采购、虚构采购记录或截止问题。

- 检查常规账户和付款，例如，租金、电话费和电费。这些费用日常发生，又通常按月支付。通过检查可以确定已记录的所有费用及月度变动趋势和变动情况。

- 检查异常项目的采购。例如，大额采购，从不经常发生交易的供应商处采购，以及未通过采购账户而是通过其他途径计入存货和费用项目的采购行为。

- 无效付款和金额不正确的付款，可通过检查付款记录和付款趋势得以发现。

(4)通过询问管理层及员工,调查重大差异额是否表明存在重大错报风险,是否需要设计适当的细节测试。

(5)形成结论,即实质性分析程序是否能够提供充分、适当的审计证据,或是否需要对交易和余额的细节测试。

二、采购交易的细节测试

具体而言,存货采购、固定资产采购交易实质性程序的性质、时间和范围,受到本循环内部控制环境因素以及注册会计师对该循环控制风险的评估结果的影响。因此,注册会计师应当根据被审计单位的具体情况,运用高度的职业谨慎性予以确定。细节测试的具体内容和方法将在后面进一步阐述。

第五节　应付账款审计

一、应付账款的审计目标

应付账款审计目标包括:确定资产负债表中记录的应付账款是否存在;确定所有应记录的应付账款是否均已记录;确定资产负债表中记录的应付账款是否为被审计单位应履行和现实的义务;确定是否以恰当的金额包括在资产负债表中,相关的计价调整是否已恰当地记录;确定应付账款是否已按照《企业会计准则》的规定在财务报表中做出恰当的列报。

二、应付账款的实质性程序

其一,获取或编制应付账款明细表。

(1)复核加计是否正确,并与报表数、总账数和明细账合计数核对其是否相符。

(2)检查外币应付账款的折算汇率及折算结果是否正确。

(3)分析出现借方余额的项目,查明原因,必要时建议被审计单位做重分类调整。

(4)结合预付账款、其他应付款等往来项目的明细余额,调查有无挂账的项目、异常余额或与购货无关的其他款项(如关联方账户或雇员账户)。如有应做出记录,必要时建议调整。

其二,根据被审计单位实际情况,选择以下方法对应付账款执行实质性分析程序:

(1)将应付账款的期末余额与期初余额进行比较,分析其变动原因。

（2）分析长期挂账的应付账款，要求被审计单位做出解释，判断其是否缺乏偿债能力或利用应付账款隐瞒利润，并关注其是否可能无须支付；对确实无须支付的应付账款的会计处理是否正确，相关的依据是否充分。关注账龄超过 3 年的大额应付账款在资产负债表日后是否偿付，检查其偿付手续、偿付记录及信息披露情况。

（3）计算应付账款与存货的比率、应付账款与流动负债的比率，并与以前年度相关指标进行对比分析，评价应付账款整体的合理性。

（4）分析存货和营业成本等项目的增减变动，判断应付账款增减变动的合理性。

其三，函证应付账款。一般而言，并不是所有应付账款都要函证，这是因为函证不能检查出未记录的应付账款，况且注册会计师较难取得采购发票等外部凭证来证实欠款。但如果控制风险较高，某应付账款明细账金额较大或被审计单位又处于财务困境时，应当进行应付账款函证。

注册会计师在函证时应选择金额较大的债权人，以及那些在资产负债表日金额不大，甚至为零，但为被审计单位重要供应商的债权人，作为函证对象。函证最好采用积极方式，并应回函给事务所，并根据回函情况编制和分析函证结果汇总表，对未回函的，应考虑是否再次函证。

注册会计师对存在未回函的重大项目，应当采取替代审计程序。例如，可以检查决算日后应付账款明细账及现金与银行存款日记账，核实其是否已支付，同时检查该笔债务的相关凭证资料，如合同、发票、验收单等，核实应付账款的真实性。

其四，检查应付账款是否计入了正确的会计期间，是否存在未入账的应付账款。

（1）检查债务形成的相关原始凭证，如供应商发票、验收报告或入库单等，查找有无未及时入账的应付账款，确认应付账款期末余额的完整性。

（2）检查资产负债表日后应付账款明细账贷方发生额的相应凭证，关注其购货发票的日期，确认其入账时间是否合理。

（3）获得被审计单位与其供应商之间的对账单，并将对账单上的双方差异进行调节。查找有无未入账的应付账款，确定其入账的准确性。

（4）针对资产负债表日后付款项目，检查银行对账单及有关付款凭证，询问被审计单位内部和外部的知情人员，查找有无未及时入账的应付账款。

（5）结合存货监盘程序，检查被审计单位在资产负债表日前后的存货入库资料（如验收报告或入库单），检查是否存在大额“料到单未到”的情况，确认相关负债是否计入正确的会计期间。

其五，针对已偿付的应付账款，追查至银行存款对账单、银行付款单据和其他原始凭证，检查其是否在资产负债表日前有效偿付。

其六，针对异常或大额交易及重大调整事项（如大额的购货折扣和退回，会计处理异常的交易,未经过授权的交易,或缺乏支持性凭证的交易等),检查相关原始凭证和会计记录,以分析交易的真实性、合理性。

其七,检查带有现金折扣的应付账款是否按照发票上记载的全部应付金额入账,在实际获得现金折扣时再冲减财务费用。

其八,被审计单位与债权人进行债务重组的,检查不同债务重组方式下的会计处理是否正确。

其九,表明应付关联方(持股5%及以上的)的款项,应执行关联方及其交易的审计程序,并注明合并财务报表时予以抵消的金额。

其十,检查应付账款是否已按照《企业会计准则》的规定在财务报表中做出恰当的列报。一般而言,应付账款项目应根据“应付账款”“预付账款”科目所属明细科目的期末贷方合计数填列。

第六节　存货审计

存货是企业在生产经营过程中,为耗用或销售而储存或持有的各种具有一定实物形态的流动性资产,主要包括原材料、燃料及辅助材料、在制品及半成品、产成品、包装物与低值易耗品,还包括库存待售的各种商品等。与其他各类资产相比,存货具有流动快、变现能力强、日常收发比较频繁、品种繁杂众多等特点。而且,在企业的流动资产中,存货占有很大的比重。因此,对存货进行审计是现代企业审计的一个重点和难点。由于与存货有关的购货交易与销货交易已经在前面的有关章节中进行了阐述,因此,本节阐述的主要是存货余额的审计,重点包括期末存货结存量的确定与计价测试。

一、存货审计的目标与范围

(一)存货审计的目标

存货审计的目标是验证资产负债表日列示在资产负债表上存货项目余额的真实性和正确性,具体包括:

第一,确定被审计单位资产负债表的存货在会计报表日是否确实存在,并为被审计单位所拥有。

第二,确定被审计单位在特定期间发生的存货增减变动业务的记录是否完整,有无遗漏。

第三，确定存货的品质状况、存货跌价的计提是否合理。

第四，确定存货的计价方法是否恰当。

第五，确定存货年末余额是否正确。

第六，确定存货在会计报表上的披露是否恰当。

（二）存货审计的范围

存货审计范围，从静态的角度看，就是企业存货存在的范围与分布的领域，诸如存放在仓库里的原材料、产成品，停放在车间里的在产品、半成品，处在运输途中或寄存在其他单位的发出商品或寄销品等。从动态的角度来看，企业所有存货的存在、分布或流动都是由企业的经营活动引起的，处于供、产、销各环节，具有各种不同的表现形态。因此，更进一步地看，存货的审计范围又可以理解为与存货有关的一切经营活动的范围。以生产加工企业为例，与存货有关的经营活动主要有：原材料的订购；外购材料的验收、入库；库存材料的保管；生产领用材料；在产品、产成品的生产加工与入库；产成品的发运与销售等供产销经营活动。以商品流通企业为例，与存货有关经营活动主要有：商品的订购；商品到货验收、挑选、分类、整理、包装、入库；商品的保管；商品的销售与发运等商品购销活动。

二、存货项目重大错报风险的识别与评估

（一）存货项目重大错报风险的迹象

要识别存货是否存在错报风险，主要应关注有无如下迹象：

1. 存货的增长是否快于销售收入的增长？
2. 存货占总资产的百分比是否逐期增加？
3. 存货周转率是否逐期下降？
4. 运输成本所占存货成本的比重是否下降？
5. 存货的增长是否快于总资产的增长？
6. 销售成本所占销售收入的百分比是否逐期下降？
7. 销售成本的账簿记录是否与税收报告相抵触？
8. 是否存在用以增加存货余额的重大调整分录？
9. 在一个会计期间结束后，是否发现过入存货账户的重要转回分录？

（二）存货舞弊导致错报风险的识别

注册会计师不仅要注意企业因无意识的差错而导致的错报，更要注意识别舞弊所致的错报风险。就存货存储环节而言（采购与销售环节前面已有阐述），常见的舞弊及导致的错报风险主要有如下形式：

1. 操纵存货盘点。舞弊办法包括：对存货进行重复盘点，即将已经盘点过的存货

放到将要盘点的存货里面去进行二次盘点；虚假列示存货存在，或在仓库里堆进已封好的空包装箱；提供虚假的出入库数量等。

2. 不报毁损，虚盈实亏。个别企业为了掩盖其不景气的经济状况，搞虚盈实亏，对年终财产清查中已经查明的毁损材料，不列表呈报，使其损失价值仍潜藏在材料成本中。

3. 材料盘盈盘亏，不做转账处理。对实地盘点过程中发现的盘盈盘亏，不进行账务处理，相反却利用不正确的处理方法，人为调节利润：经济效益较好的企业，为了压低利润，只列报和处理材料盘亏；效益差的企业，为了多实现一些利润，只对材料盘盈做账务处理。

（三）错报风险的评估

注册会计师针对前面识别的错报风险进行评估，根据错报的金额或性质、存货项目的重要性水平等因素来确定是否重大错报风险。当然，存货的错报往往与购货、生产、销售等业务循环相联系，所以，存货重大错报风险的识别与评估也要和其他相关项目重大错报风险的识别与评估一同进行。

三、存货项目的控制测试

存货内部控制是企业为管理好存货，针对存货收、发、存与供、产、销各环节的特点，事先制订的一套相互牵制、相互验证的内部监控制度。存货内部控制是企业整个内部控制中的重点内容和中心环节。企业制订存货内部控制的根本目的在于保障存货资产的安全完整，加速存货资金的周转，提高存货资金使用效益。

表11－4列示了关于存货及销售成本的内部控制调查问卷表，可供审计调查时参考。由于在采购、生产与销货循环中已经对与存货有关的错报风险及控制测试进行了阐述，为了避免重复，这里就不再介绍了。

表11－4　　内部控制调查表——存货

被审计单位名称：____________　　索引号________页次____

被审计期间：____________　　编制人________日期____

复核人________日期____

调查提纲	调查结果			取得方式
	是	否	不适用	
一、存货数量控制				
1. 是否对存货采取集中控制？				
2. 对于盗窃存货的行为是否存在防范措施？				
3. 上述防范措施是否充分？				

续表

调查提纲	调查结果			取得方式
	是	否	不适用	
4. 是否设置了永续存货记录？ 5. 是否所有的存货项目都需要运送到仓储部门？ 6. 从仓储部门提取货物是否需要填制申请单？ 7. 进行存货会计记录的职员是否独立于仓储部门？ 8. 存货是否至少每年进行一次实地盘点？ 9. 是否所有的盘点差异都经过调查并获得批准？能否对永续存货记录进行及时调整？ 10. 是否存在控制废料的适当程序？ 11. 是否存在适当程序对过时、毁损或周转缓慢的存货做出确认并报告？ 12. 是否存在适当程序来控制代销存货？ 13. 是否编制生产报告？ 14. 是否存在适当程序来控制生产过程中的存货流转？ 15. 在进行永续存货记录时，是否采用了预先编号的入库单和出库单等单据，并对其进行定期清点？ 16. 不同业务部门之间编制的数据能否相互核对相符？ 17. 在存货盘点之前，是否制定书面的指导文件？ 18. 存货盘点结果是否由不负责存货记录的人员进行复核验证？ 19. 在存货盘点以后，是否对盘点记录（盘点标签、盘点表）做出了充分控制？ 20. 存货的验收入库和销售截止是否恰当？ 21. 负责存货实物保管的职员是否既不接触存货采购记录，也不接触销售记录？ 22. 存货投保范围是否充分？ 23. 被审计单位是否保持了存货内部控制评审报告和记录？ 24. 是否定期进行账账、账物核对，并对差异及时进行调节？ 25. 是否设置了其他的存货数量控制措施？如是，请详述。				
二、存货采购控制 1. 是否存在正式的存货采购业务部门？ 2. 存货采购部门是否独立于存货的验收、运输及会计记录部门？ 3. 是否使用事先编号并经批准后方可生效的采购订单？是否对其实施控制？ 4. 存货验收部门是否将采购订单副联作为验收入库的获准凭据？ 5. 是否使用并控制预先编号的存货验收报告？ 6. 编号的顺序是否由会计部门进行复核？				

续表

调查提纲	调查结果			取得方式
	是	否	不适用	
7. 对于未核对相符的验收报告,是否加以留存并做调查? 8. 验收部门是否留存一份验收报告副本? 9. 采购部门是否留存一份验收报告副本? 10. 购货退回时,是否送交运输部门? 11. 购货退回时,会计部门能否得到购货退回的通知? 12. 购货退回时,是否经过验收并填制验收单据? 13. 上述验收单据是否与购货方退回的相关单据核对相符? 14. 在支付货款前,会计部门是否将支票与采购订单及验收报告进行核对? 15. 是否对存货盘亏和毁损情况进行恰当的报告? 16. 是否对尚未办理完结的采购订单做出记录?				
三、存货销售控制 1. 销售、开具账单、验收、运输以及应收账款记录等部门之间是否相互分离? 2. 在存货出库时是否有经批准的运输凭证? 3. 是否对销售订单(备份)实施了适当控制? 4. 运输单是否被事先编号? 5. 运输单是否与销售发票核对相符? 6. 销售记录部门是否直接从运输部门获取运输单的副本? 7. 是否同时编制出库单、运输单和销售发票? 8. 是否设置了控制程序以保证所有已装运货物均已开具发票? 9. 对销售发票是否进行了连续的预先编号? 10. 包括已作废发票在内的所有发票是否都已进行了清点? 11. 对于废料处置及向内部职员销售产品,是否存在适当的控制? 12. 销售退回是否均已在验收部门、存货记录部门以及应收账款部门得到了正确处理? 13. 对于销售退回,是否编制验收报告? 14. 上述验收报告是否与贷项通知单核对相符? 15. 是否可通过永续存货记录或存货零售价法使销货与存货记录核对相符?				

四、存货余额的实质性程序

存货余额实质性测试的一般程序如下。

(一)核对各存货项目明细账与总账的余额是否相符

企业存货的种类很多,注册会计师在进行存货的实质性程序时,首先应核对"材料采购""原材料""材料成本差异""产成品""发出商品""生产成本"等账目,验证其明细账与总账的余额是否相符,如不相符,应查明原因,并做记录和相应的调整。

(二)执行分析性程序

分析性程序在存货审计中占有重要的地位。实施存货分析性复核的目的,是审查存货总体上的合理性,以发现年度内存货项目的重大波动与异常现象,判断存货审计的重点。注册会计师在存货审计过程中往往需要大量运用分析性复核来获取审计证据,并协助形成恰当的审计结论。通常运用的分析性复核方法主要是简单比较法和比率分析法两种。

1. 简单比较法,主要包括:

(1)比较前后各期及本年度各个月份存货余额及其构成,以评价期末存货余额及其构成的总体合理性。

(2)对每月存货成本差异率进行比较,以确定是否存在调节成本的现象。

(3)比较前后各期及本年度内各个月份生产成本总额及单位生产成本,以评价本期生产成本的总体合理性。

(4)比较前后各期及本年度内各个月份主营业务成本总额及单位销售成本,以评价主营业务成本的总体合理性。

(5)将存货余额与现有的订单、资产负债表日后各期的销售额和下一年度的预测销售额进行比较,以评估存货滞销和跌价的可能性。

(6)将存货跌价损失准备与本年度存货处理损失的金额相比较,判断被审计单位是否计提足额的跌价损失准备。

(7)将与关联企业发生存货交易的频率、规模、价格和账款结算条件,与非关联企业对比,判断被审计单位是否利用与关联企业的存货交易虚构业务交易、调节利润。

(8)按供货商或货物分类,比较各期(通常按月或季)的购货数量。分析购货量的异常变动是否与特定的存在利害冲突的供应商有关,或是判断各类存货之间的存储比例是否合理。

2. 比率分析法。通常运用的比率主要是存货周转率和毛利率。

(1)存货周转率。存货周转率是用以衡量销售能力和存货是否积压的指标。利用存货周转率进行纵向比较或与其他同行企业进行横向比较,看其是否存在差异。存货周转率的波动可能意味着被审计单位有意或无意地减少存货储备,或存货管理或控制程序发生变动,或存货成本项目发生变动,或存货核算方法发生变动,或存货跌价准备计提基础或冲销政策发生变动,或销售额发生大幅度变动等情况。

(2)毛利率。毛利率是反映盈利能力的主要指标,用以衡量成本控制及销售价格的变化。将企业的毛利率与其同业比较,以推算企业的生产经营活动是否正常,期末存货的计算与存货价值的计算是否正确。毛利率的波动可能意味着被审计单位存在销售价格发生变动,或销售产品总体结构发生变动,或单位产品成本发生变动,或固定制造费用比重较大时销售数量发生变动等情况。

(三)存货监盘

存货监盘,是指注册会计师现场观察被审计单位存货的盘点,并对已盘点的存货进行适当检查。定期盘点存货、合理确定存货的数量和状况是被审计单位管理层的责任。

实施存货监盘,获取有关期末存货数量和状况的充分、适当的审计证据是注册会计师的责任。

1. 存货监盘计划。注册会计师应当根据被审计单位存货的特点、盘存制度和存货内部控制的有效性等情况,在评价被审计单位存货盘点计划的基础上,编制存货监盘计划,对存货监盘做出合理安排。

在编制存货监盘计划时,注册会计师应当实施下列审计程序:

(1)了解存货的内容、性质、各存货项目的重要程度及存放场所。

(2)了解与存货相关的内部控制。

(3)评估与存货相关的重大错报风险和重要性。

(4)查阅以前年度的存货监盘工作底稿。

(5)考虑实地察看存货的存放场所,特别是金额较大或性质特殊的存货。

(6)考虑是否需要利用专家的工作或其他注册会计师的工作。

(7)复核或与管理层讨论其存货盘点计划。

在复核或与管理层讨论其存货盘点计划时,注册会计师应当考虑下列主要因素,以评价其能否合理地确定存货的数量和状况:

(1)盘点的时间安排。

(2)存货盘点范围和场所的确定。

(3)盘点人员的分工及胜任能力。

(4)盘点前的会议及任务布置。

(5)存货的整理和排列,对毁损、陈旧、过时、残次及所有权不属于被审计单位的存货的区分。

(6)存货的计量工具和计量方法。

(7)在产品完工程度的确定方法。

(8)存放在外单位的存货的盘点安排。

(9)存货收发截止的控制。

(10)盘点期间存货移动的控制。

(11)盘点表单的设计、使用与控制。

(12)盘点结果的汇总以及盘盈或盘亏的分析、调查与处理。

注册会计师应当根据被审计单位的存货盘存制度和相关内部控制的有效性,评价其盘点时间是否合理。

如果认为被审计单位的存货盘点计划存在缺陷,注册会计师应当提请被审计单位调整。

一般而言,存货监盘计划应当包括下列主要内容:存货监盘的目标、范围及时间安排;存货监盘的要点及关注事项;参加存货监盘人员的分工;检查存货的范围。

2. 存货监盘程序。

(1)确认存货的范围。在被审计单位盘点存货前,注册会计师应当观察盘点现场,确定应纳入盘点范围的存货是否已经适当整理和排列,并附有盘点标识,防止遗漏或重复盘点。对未纳入盘点范围的存货,注册会计师应当查明未纳入的原因。

对所有权不属于被审计单位的存货,注册会计师应当取得其规格、数量等有关资料,并确定这些存货是否已分别存放、标明,且未被纳入盘点范围。

(2) 检查并形成检查记录。注册会计师应当观察被审计单位盘点人员是否遵守盘点计划并准确地记录存货的数量和状况。同时,对已盘点的存货进行适当检查,将检查结果与被审计单位盘点记录相核对,并形成相应记录。

(3)测试盘点记录。在检查已盘点的存货时,注册会计师应当从存货盘点记录中选取项目追查至存货实物,以测试盘点记录的准确性;注册会计师还应当从存货实物中选取项目追查至存货盘点记录,以测试存货盘点记录的完整性。

如果发现差异,注册会计师应当查明原因,及时提请被审计单位更正。如果差异较大,注册会计师应当扩大检查范围或提请被审计单位重新盘点。

(4)关注存货变动和期末截止情况。注册会计师应当特别关注存货的移动情况,防止遗漏或重复盘点。特别关注存货的状况,观察被审计单位是否已经恰当区分所有毁损、陈旧、过时及残次的存货。

同时,注册会计师应当获取盘点日前后存货收发及移动的凭证,检查库存记录与会计记录期末截止是否正确。

(5)对盘点工作的进一步确认。在被审计单位存货盘点结束前,注册会计师应当实施下列审计程序:再次观察盘点现场,以确定所有应纳入盘点范围的存货是否均已盘点;取得并检查已填用、作废及未使用盘点表单的号码记录,确定其是否连续编号,查明已发放的表单是否均已收回,并与存货盘点的汇总记录进行核对。

(6)复核盘点记录。注册会计师应当复核盘点结果汇总记录,评估其是否正确地反映了实际盘点结果。

如果存货盘点日不是资产负债表日,注册会计师应当实施适当的审计程序,确定盘点日与资产负债表日之间存货的变动是否已做出正确的记录。

在永续盘存制下,如果永续盘存记录与存货盘点结果之间出现重大差异,注册会计师应当实施追加的审计程序,查明原因,并检查永续盘存记录是否已做出适当的调整。

(7)重新盘点。如果认为被审计单位的盘点方式及其结果无效,注册会计师应当提请被审计单位重新盘点。

3. 特殊情况的处理。如果由于被审计单位存货的性质或位置等原因导致无法实施存货监盘,注册会计师应当考虑能否实施替代审计程序,获取有关期末存货数量和状况的充分、适当的审计证据。

注册会计师实施的替代审计程序主要包括:

(1)检查进货交易凭证或生产记录以及其他相关资料。

(2)检查资产负债表日后发生的销货交易凭证。

(3)向顾客或供应商函证。

如果因不可预见的因素导致无法在预定日期实施存货监盘或接受委托时被审计单位的期末存货盘点已经完成,注册会计师应当评估与存货相关的内部控制的有效性,对存货进行适当检查或提请被审计单位另择日期重新盘点;同时测试在该期间发生的存货交易,以获取有关期末存货数量和状况的充分、适当的审计证据。

对被审计单位委托其他单位保管的或已做质押的存货,注册会计师应当向保管人或债权人函证。如果此类存货的金额占流动资产或总资产的比例较大,注册会计师还应当考虑实施存货监盘或利用其他注册会计师的工作。

当首次接受委托未能对上期期末存货实施监盘,且该存货对本期财务报表存在重大影响时,如果已获取有关本期期末存货余额的充分、适当的审计证据,注册会计师应当实施下列一项或多项审计程序,以获取有关本期期初存货余额的充分、适当的审计证据:

(1)查阅前任注册会计师工作底稿。

(2)复核上期存货盘点记录及文件。

(3)检查上期存货交易记录。

(4)运用毛利百分比法等进行分析。

4. 存货监盘结果对审计报告的影响。注册会计师应当根据已获取的审计证据,形成有关期末存货数量和状况的审计结论,并确定对审计报告的影响。

如果无法实施存货监盘,也无法实施替代审计程序以获取有关期末存货数量和状况的充分、适当的审计证据,注册会计师应当考虑出具保留意见或无法表示意见的审计报告。

如果通过实施存货监盘发现被审计单位财务报表存在重大错报,且被审计单位拒绝调整,注册会计师应当考虑出具保留意见或否定意见的审计报告。

如果首次接受委托,按照审计准则的规定实施审计程序后,仍未能获取有关本期期初存货余额的充分、适当的审计证据,注册会计师应当考虑出具保留意见或无法表示意见的审计报告。

(四)审查存货盘亏调整和损失处理

对于被审计单位发生的存货盘亏和存货损失,注册会计师应获取存货盘点盘亏调整和损失处理记录,对于重大存货盘亏和损失情况,应该查明原因,分析有无充分合理的解释,重大存货盘亏和损失的会计处理是否已经授权审批,是否正确、及时入账。

(五)审查存货跌价损失准备

对于被审计单位的存货跌价损失准备,注册会计师应检查被审计单位存货跌价损失准备计提和结转的依据、手续和会计处理是否正确,是否经过授权批准,前后各期是否一致。

(六)进行存货计价测试

为了验证会计报表上存货项目余额的真实性,还必须对年末存货的计价进行测试。若存货以计划成本计价,还应检查"材料成本差异"账户的发生额、转销额是否正确,年末余额是否恰当。存货计价测试的方法可以利用存货计价测试表(如表 11－5 所示)来进行,主要程序如下。

1. 测试样本的选择。计价测试样本,应从存货数量已经盘点、单价和总金额已经记入存货汇总表的结存存货中选择。选样时应着重结存余额较大且价格变化较频繁的项目,同时考虑所选样本的代表性,抽样方法一般采用分层抽样法,抽样规模应足以推断总体的情况。

2. 计价方法的确认。存货计价的方法多种多样,如加权平均法、移动平均法、个别计价法、先进先出法等,企业可结合国家法规要求选择适合自身特点的方法。注册会计师除应了解掌握企业存货的计价方法外,还应对所选计价方法的合理性与一致性予以关注。

3. 计价测试。进行计价测试时,注册会计师首先应对存货价格的组成内容予以审核,然后按照所了解的计价方法对所选择的存货样本进行计价测试。测试时,应排除企业已有计算程序和结果的影响,进行独立测试。待测试结果出来后,再与企业账面记录对比，编制对比分析表，分析形成差异的原因。如果差异过大，应扩大范围继续测试，并根据测试结果做出审计调整。

表 11－5　　　　**存货计价测试表**

<table>
<tr><td colspan="2">被审计单位名称</td><td></td><td>编制人</td><td></td><td>日期</td><td></td><td>索引号</td><td></td></tr>
<tr><td colspan="2">调查项目</td><td>存货计价测试</td><td>复核人</td><td></td><td>日期</td><td></td><td>页次</td><td></td></tr>
<tr><td colspan="3">会计期间或截止日</td><td colspan="6"></td></tr>
<tr><td rowspan="2">存货编号</td><td rowspan="2">存货名称及规格</td><td colspan="2">账面存货记录</td><td colspan="5">进货发票内容</td></tr>
<tr><td>数量</td><td>单价</td><td>卖方单位</td><td>日期</td><td>发票号</td><td>数量</td><td>单价</td></tr>
<tr><td></td><td></td><td></td><td></td><td></td><td></td><td></td><td></td><td></td></tr>
<tr><td></td><td></td><td></td><td></td><td></td><td></td><td></td><td></td><td></td></tr>
<tr><td></td><td></td><td></td><td></td><td></td><td></td><td></td><td></td><td></td></tr>
<tr><td></td><td></td><td></td><td></td><td></td><td></td><td></td><td></td><td></td></tr>
<tr><td></td><td></td><td></td><td></td><td></td><td></td><td></td><td></td><td></td></tr>
<tr><td colspan="9">结论：</td></tr>
<tr><td colspan="9">编制说明：
1. 本表用于测试某项存货所采用的计价方法，如先进先出法、加权平均法等。
2. 本表用于抽查时，应注明抽查部分占总金额的比例。
3. 进货发票内容的选择应根据被审计单位单位事先确定的计价政策而定。
4. 结论部分应表明该项存货是按照某种计价政策执行的或未按规定计价政策执行的应调整金额，并做出调整分录。</td></tr>
</table>

（七）确认存货在会计报表上的反映是否恰当

存货是资产负债表中流动资产项下的一个重要项目，注册会计师应审查其在资产负债表中的列报是否合规、正确。除此之外，还应就会计报表附注中所披露的存货计价与产品成本计算方法及其变更情况、变更原因与变更结果等进行审计，以查明这些披露事项的恰当性。

第七节　固定资产审计

固定资产是企业长期资产的重要组成部分,由于固定资产在企业资产总额中一般都占有较大的比重,固定资产的安全、完整对企业的生产经营影响极大,注册会计师因此应高度重视固定资产的审计。

一、固定资产审计的目标与范围

(一)固定资产审计的目标

1. 确定固定资产是否存在。
2. 确定固定资产是否归被审计单位所有。
3. 确定固定资产增减变动的记录是否完整。
4. 确定固定资产的计价是否恰当。
5. 确定固定资产折旧政策和折旧方法是否恰当,折旧的计提数额是否正确。
6. 确定固定资产的清理是否正确。
7. 确定在建工程的结转是否正确。
8. 确定固定资产和累计折旧在会计报表上的披露是否恰当。

(二)固定资产审计的范围

固定资产审计的范围很广。固定资产项目反映企业所有固定资产的原价,累计折旧项目反映企业固定资产的累计折旧数额,这两项无疑属于固定资产的审计范围。除此之外,由于固定资产的增加包括购入、自行建造、其他单位投资转入、接受捐赠和盘盈等多种方式,相应涉及银行存款、应付账款、预付账款、在建工程、股本、资本公积和待处理财产损溢等项目;企业的固定资产因出售、报废、投资转出、毁损和盘亏等原因而减少,相应地与固定资产清理、其他应收款、营业外收入和营业外支出等项目有关;另外,企业按月计提固定资产折旧,这又与制造费用、管理费用和其他业务支出等联系在一起。因此,在进行固定资产审计时,不能只限于固定资产本身,还应当关注上述相关项目,将审计的范围拓展至这些项目有关明细账、凭证和其他相关资料。

二、固定资产重大错报风险的识别与评估

(一)固定资产项目重大错报风险的迹象

要识别固定资产是否存在错报风险,主要应关注有无如下迹象:

1. 固定资产相对于总资产急剧上升，是否将日常维修费用资本化？
2. 固定资产相对于总资产急剧下降，是否将固定资产支出转化为费用支出？
3. 固定资产的变动与折旧的变动是否相符？
4. 固定资产折旧方法是否发生改变？
5. 固定资产预计使用年限是否进行过调整？
6. 是否存在用以增加固定资产余额的重大调整分录？
7. 在一个会计期间结束后，是否发现过固定资产账户的重要转回分录？

（二）固定资产舞弊导致错报风险的识别

与其他项目审计一样，注册会计师不仅要注意企业因无意识的差错而导致的错报，更要注意识别舞弊所致的错报风险。就固定资产而言，常见的舞弊及导致的错报风险主要有如下形式：

固定资产增加环节——多计或少计新增固定资产的价值；随意改变固定资产计价范围，将其他资产的价值列入固定资产，或将固定资产的价值列在流动资产；任意变更固定资产账面的价值，不及时结转已完工的固定资产价值。

固定资产减少环节——处置固定资产不真实，价格不正确，账务处理不及时，处理固定资产照提折旧，或报废固定资产收入不入账等。

固定资产折旧环节——固定资产折旧的计提范围不符合规定，折旧方法与折旧年限没有统一的规定，造成随意多提或少提折旧等。

固定资产减值准备计提环节——随意多提或少提固定资产减值准备，或者利用多转或少转等方式以调节利润。

固定资产后续支出环节——固定资产更新改造、维修等后续支出不按会计制度规定处理，故意混淆资本性支出与收益性支出的界限，从而调节企业的资产和利润等。

（三）错报风险的评估

注册会计师针对前面识别的固定资产错报风险进行评估，根据错报的金额或性质、固定资产项目的重要性水平等因素来确定是否重大错报风险。当然，固定资产的错报往往与采购、销售、投资以及货币资金等业务循环相联系，所以，固定资产重大错报风险的识别与评估也要和其他相关项目重大错报风险的识别与评估一同进行。

三、固定资产的控制测试

在一个审计年度中，通常固定资产的增减业务并不很多，注册会计师可以不进行控制测试，而直接实施实质性程序。但对于规模较大、固定资产增减变化较多的企业，仍有可能实施控制测试。固定资产控制测试的要点如下。

(一)索取或编制被审计单位固定资产内部控制的说明材料

注册会计师在对固定资产实施实质性程序之前,通常需要索取或编制被审计单位固定资产的内部控制书面说明,包括固定资产计划、预算和管理手册,固定资产管理的系统流程图和调查问卷表等(见表11-6)。通过查阅这些资料和进行询问、实地观察等,尽可能地了解被审计单位固定资产及折旧的内部控制及可能存在的问题,为下一步确定实质性程序的性质和范围提供基础。

表11-6　　内部控制调查表——固定资产

被审计单位名称		编制人		日期		索引号	
调查项目		复核人		日期		页次	

调　查　内　容	是	否	不适用	信赖与否	控制测试
1. 固定资产购入是否有适当授权,并经董事会批准,或由董事会授权机构批准? 2. 有否编制固定资产年度预算计划? 3. 固定资产购买或评估审批时是否考虑: (1)可能的成本; (2)资产的种类和性能。 4. 自制固定资产的成本是否按工作单累计? 5. 固定资产与低值易耗品划分标准是否适当? 6. 固定资产总分类账户是否均有明细记录或分户卡以资支持?两者是否相符? 7. 固定资产是否定期盘存?是否与明细记录核对? 8. 固定资产计价是否按: (1)成本; (2)评估; (3)其他。 9. 出售固定资产是否有书面核准文件? 10. 固定资产报废是否有书面核准文件? 11. 当固定资产从一个部门转移至另一门时: (1)是否经适当核准? (2)是否通知会计部门? 12. 固定资产是否全部投保? 13. 折旧方法是否符合一贯性原则? 14. 折旧率是否适当?					

续表

15. 出售或报废固定资产时： （1）累计折旧转账或调整是否恰当？ （2）贷记资产账户是否适当？ 16. 出租固定资产时： （1）租金确认是否适当？ （2）租金记录是否正确、合规？ 17. 已提完折旧的固定资产超期使用时，是否仍包括在资产账内？ 18. 资本支出与收益支出的标准是否易于区别？ 19. 固定资产的清查盘点及盈亏处理是否适当？ 20. 包括小型工具在内的固定资产是否妥善保管？					
审计意见		复核意见			

（二）对固定资产取得和处置实施控制测试

对固定资产实施控制测试的目的是确定被审计单位所建立的固定资产的内部控制是否被一贯遵守，是否充分有效，其可靠程度如何。通常，注册会计师将实施固定资产控制测试的重点放在以下几个方面：

1. 固定资产取得与处置的适当性。注册会计师可以通过查阅固定资产控制账户的本期增减变动记录，追查相应固定资产请购单或报废、出售等工作通知单，确定固定资产的取得和处置是否确实经过授权批准，固定资产的取得是否与预算相符，有无重大差异。

2. 资本性支出和收益性支出区分标准的遵守情况。注册会计师可以通过审查固定资产维修、保养记录和工作通知单，检查其金额，看其是否超过规定的标准，如被审计单位规定以 5 000 元作为区分大修理与中小修理的依据，超过该金额的修理支出作为递延资产（大修理支出）处理，予以资本化。同时，注册会计师也应抽查部分新增固定资产明细账，审查有无将收益性支出资本化，以查明被审计单位对资本性支出和收益性支出的区分标准是否得到实际遵守。

3. 固定资产增减变动的真实性和会计记录的完整性。注册会计师可以通过抽查固定资产明细账（或登记卡）、应付账款、现金（银行存款）、固定资产清理、营业外支出等账户和相关凭证，审查固定资产的增减变动是否存在，有无详细会计记录，有无固定资产增加、报废、出租、出售等业务未曾入账的情况。

4. 现存固定资产的控制情况。注册会计师应深入实地观察有关固定资产使用、保养情况，查明被审计单位有无将固定资产用于未经授权的用途，账实是否相符，获取包括实物检查报告在内的有关证据，重点注意固定资产出租、出借、报废等处理情况。

（三）评价固定资产的内部控制

注册会计师在对固定资产内部控制做了充分调查和控制测试之后，即可在审计工作底稿中对其加以评价。评价的重点在于：

1. 固定资产内部控制执行情况能在多大程度上确保被审计单位会计记录的可靠性和正确性。

2. 内部控制的有效执行能在多大程度上保护固定资产的完整性。

在评价过程中，注册会计师应确定被审计单位固定资产内部控制的强弱环节及其可依赖和利用程度，据以修改、完善实质性测试的审计程序，并以适当方式针对薄弱环节向被审计单位管理当局提供相应的改进建议。

四、固定资产实质性程序的内容与方法

注册会计师在对固定资产进行实质性程序时，通常应执行的一般审计程序如下。

（一）索取或编制固定资产及累计折旧分类汇总表

汇总表又称一览表或综合分析表，它是分析固定资产账户余额变动的依据之一，是固定资产审计的重要工作底稿，其格式如表 11－7 所示。

表 11－7　　固定资产及累计折旧分类汇总表

年　月　日

被审计单位：＿＿＿＿　编制＿＿＿＿　日期＿＿＿＿

复核＿＿＿＿　日期＿＿＿＿

固定资产类别	固定资产				累计折旧					
	期初余额	本期增加	本期减少	期末余额	折旧方法	折旧率	期初余额	本期增加	本期减少	期末余额
合计										

（二）确定固定资产明细分类账与总分类账是否相符

注册会计师在进行实质性程序时，应当核对固定资产明细分类账和总分类账有关账户的余额是否相符，如果不相符，应查出从何时起不相符，并将从此时起的明细分类账与有关的原始凭证进行核对，查明不符的原因，予以调整。同样地，对各项固定资产的累计折旧也要加计汇总并与总分类账核对，揭示并查明差异原因。

（三）审计期初余额

注册会计师对期初余额进行审计时应分以下三种情况：

1. 在连续常年审计情况下，应注意与上年审计工作底稿中的固定资产和累计折旧的期末余额审定数核对相符。

2. 在被审计单位变更委托的会计师事务所时，后任注册会计师应借调、参阅前任注册会计师的有关工作底稿。如果以前年度均由具有良好信誉的会计师事务所审计，后任注册会计师的审核范围通常仅限于一般性复核。

3. 如果被审计单位以往未经注册会计师审计，即是初次审计，在这种情况下，注册会计师应对期初余额进行较全面的审计，尤其是当被审计单位的固定资产数量多、价值大、占资产总额比重高时。最理想的方法是彻底审计自开业起的固定资产和累计折旧账户中的所有重要会计记录。这样，既可核实期初余额的真实性，又可从中加深对被审计单位固定资产管理和会计核算工作的了解。

（四）审查固定资产的增减变动

1. 审查固定资产的增加。固定资产增加的原因有购入、自制自建、投资人投入、融资租入、接受捐赠和盘盈等多种方式。对于后几种情况的审计，一般只需核对有关的会计记录、合同文件、验收报告等，并注意固定资产的计价是否符合会计制度规定。

由于购入和自制自建固定资产涉及的环节较多，容易发生错误与舞弊，因此，注册会计师应把重点放在购入和自制自建增加固定资产的审计上。购入固定资产的审计要点是：

（1）审查购入的固定资产是否列入预算并经授权批准。对于实际成本超预算幅度较大的资产项目，应追查原因。

（2）审核采购发票等凭据。固定资产采购业务比较复杂，金额较大，注册会计师应根据对被审计单位固定资产内部控制风险程度的评价和重要性原则，确定审核采购发票等凭据的范围。常见的审核方法是将采购发票上的价格和采购合同及账面记录的金额进行对比，根据所了解的被审计单位的资本化政策判断各项采购是否按会计制度的规定合理计价，其处理方法和以前年度是否一致。对于从关联企业购进的固定资产，尚须注意其价格是否严重偏离正常市价。

（3）审核固定资产的验收报告。

(4)确定被审计单位估计的固定资产使用期限和残值是否合理。

对于已经交付使用但尚未办理竣工结算等手续的固定资产,应检查其是否已暂估入账并按规定计提折旧,资本性支出与收益性支出的划分是否恰当。

2. 审计固定资产的减少。固定资产减少的原因主要包括出售、报废、毁损、向其他单位投资转出、盘亏等。有的被审计单位在全面清查固定资产时,常常会出现固定资产账存实无现象,这可能是由于设备管理或使用部门不了解报废固定资产与会计核算两者间的关系,擅自报废固定资产而未通知会计部门在会计账户上做相应的核算所致,这样势必造成会计报表表达失真。审计固定资产减少的主要目的就在于查明业已减少的固定资产是否已做相应的会计处理。固定资产减少的审计要点如下:

(1)审查减少固定资产的授权批准文件。

(2)审查减少固定资产的会计记录是否符合有关规定,验证其数额计算的准确性。

(3)审查出售和报废处置固定资产的净损益,验证其真实性与准确性,并与银行存款、营业外收支等有关账户相核对。

(4)审查是否存在未做会计记录的固定资产减少业务。具体方法是:①复核是否有本年新增加的固定资产替换了原有固定资产的情况;②分析营业外收支等账户,查明有无处置固定资产所带来的收支;③某种产品因故停产,追查其专用生产设备等的处理情况;④向被审计单位的固定资产管理部门查询本年有无未做会计记录的固定资产减少业务。

(五)审查固定资产折旧的提取

1. 审计折旧政策和方法。

(1)审查被审计单位所制订的折旧政策和方法是否符合国家有关财务会计制度的规定,确定其所采用的折旧方法能否在固定资产使用年限内合理分摊其成本。

(2)在索取或编制固定资产及累计折旧汇总表的基础上注意将期初余额和上年工作底稿中的审定额相核对,同时应查明汇总表所列累计折旧合计数是否与累计折旧明细账所载数额的总和核对相符,是否与累计折旧总账核对相符。

2. 审查折旧额的计算。

(1)审查固定资产预计使用年限和预计净残值是否符合国家规定,在当时情况下是否合理。

(2)确定本年度所采用的折旧方法和折旧率是否合理并与以前年度一致。

(3)抽查各类固定资产中的重要项目,确定其折旧的计提是否正确无误,并追查至固定资产登记卡。特别应注意有无已提足折旧的固定资产继续超提折旧的情况和在用固定资产不提或少提折旧的情况。

(4)对折旧计提的总体合理性进行计算,是测试折旧正确与否的一个有效方法。

计算的方法是用被折旧的固定资产乘本年的折旧率。计算之前，注册会计师应对本年增加和减少的固定资产、使用年限长短不一以及折旧方法不同的固定资产做适当调整。如果总的计算结果和被审计单位的折旧总额相近，且固定资产及累计折旧的内部控制较健全，可以适当减少累计折旧和折旧费用的实质性程序工作量。

（5）将累计折旧账户贷方的本年度计提折旧额与相应的成本费用中的折旧费用明细账户的借方相比较，以查明所计提折旧金额是否已全部摊入本年产品成本或费用。一旦发现差异，应及时追查原因，并做适当调整。

（六）实地观察固定资产

实地观察固定资产，有助于注册会计师深入了解、熟悉被审计单位的生产经营情况，有助于理解增加、减少固定资产的会计处理。当被审计单位固定资产内部控制较为薄弱时，实地观察显得更为必要。

实施实地观察审计程序时，注册会计师可以采用顺查法，即以固定资产明细分类账为起点，进行实地追查，以证实会计记录中所列的固定资产确实存在，并了解其目前的使用状况；也可以采用逆查法，即以实地观察为起点，追查至固定资产明细分类账，以获取实际存在的固定资产均已入账的证据。实地观察的结果可以填入“固定资产抽查表”（表11－8）。

表11－8　　　　　　　　　　**固定资产抽查表**

<table>
<tr><td rowspan="2">被审计单位名称</td><td rowspan="2"></td><td></td><td>签名</td><td>日期</td><td>索引号</td></tr>
<tr><td>编制人</td><td></td><td></td><td></td></tr>
<tr><td>审计项目</td><td>固定资产抽查情况</td><td>复核人</td><td></td><td></td><td>页次</td></tr>
<tr><td colspan="2">会计期间或截止日期</td><td colspan="3">年　月　日</td><td></td></tr>
</table>

<table>
<tr><td rowspan="2">项目</td><td rowspan="2">数量</td><td colspan="4">账面数额</td><td colspan="4">盘点核实</td></tr>
<tr><td>数量</td><td>原值</td><td>已提折旧</td><td>净值</td><td>数量</td><td>原值</td><td>已提折旧</td><td>净值</td></tr>
<tr><td></td><td></td><td></td><td></td><td></td><td></td><td></td><td></td><td></td><td></td></tr>
<tr><td></td><td></td><td></td><td></td><td></td><td></td><td></td><td></td><td></td><td></td></tr>
<tr><td></td><td></td><td></td><td></td><td></td><td></td><td></td><td></td><td></td><td></td></tr>
<tr><td></td><td></td><td></td><td></td><td></td><td></td><td></td><td></td><td></td><td></td></tr>
<tr><td></td><td></td><td></td><td></td><td></td><td></td><td></td><td></td><td></td><td></td></tr>
<tr><td>合计</td><td></td><td></td><td></td><td></td><td></td><td></td><td></td><td></td><td></td></tr>
<tr><td colspan="10">备注：</td></tr>
</table>

续表

编制说明： 1. 本表主要用作注册会计师现场监督被审计单位有关人员年终盘点时的记录，也可用于注册会计师的临时性抽查记录。 2. 本表中数据先由被审计单位提供，再由注册会计师与实物和资产记录核对，也可以由注册会计师自行清点实物和查阅资产记录，与被审计单位盘点核对。实际采用的核对方法，应当在“备注”栏注明。 3. 对于发现的误差，应当在“备注”栏内注明情况和处理办法。 4. 本表的抽查比例和方法，可在适当的工作底稿中加以说明。

当然，注册会计师实地观察的重点是本年度增加的重要固定资产。必要时，观察的范围也会扩展到以前年度增加的固定资产。具体观察范围的确定需要依据被审计单位内部控制的强弱、固定资产的重要性和注册会计师的经验来判断。

（七）验证固定资产的所有权

对于以下各类固定资产，注册会计师应分别获取、汇集不同的证据以确定其是否确归被审计单位所有：

1. 对外购的机器设备等固定资产，通常经审核采购发票、租赁协议等即可确定。

2. 对于房地产类固定资产，尚需查阅有关的合同、产权证明、财产税单、抵押贷款的还款凭据、保险单等书面文件。

3. 对融资租入的固定资产，则应验证有关租赁合同，证实其并非经营租赁。

4. 对汽车等运输设备，应验证有关执照等。

5. 对受留置权限制的固定资产的审查，通常经审核被审计单位的有关负债项目即可证实，但注册会计师在验证固定资产所有权时，仍需查明是否确实存在此类固定资产。

（八）执行分析性程序

在所有审计领域中，分析性程序的性质应视被审计单位经济业务的性质而定。固定资产审计时常用的分析性复核方法是比率分析法和趋势分析法，具体做法如下。

1. 计算单位产量所含的固定资产总成本比率。计算公式是：

$$\text{单位产量所含固定资产总值比率} = \frac{\text{固定资产总值}}{\text{全年产品产量}}$$

将此比率与以前年度相比较，可能发现闲置固定资产或已减少固定资产未在账户上注销的问题。

2. 计算本年折旧计提率。计算公式是：

$$\text{本年折旧计提率} = \frac{\text{本年计提的折旧额}}{\text{固定资产总值}}$$

将此比率同全年比较，可能发现本年折旧额计算中存在的错误。

3. 计算固定资产新旧率。计算公式是：

$$固定资产新旧率 = \frac{累计折旧}{固定资产原值}$$

将此比率同上年比较，可能发现累计折旧核算的错误。

4. 比较本年各月、本年度与以前各年度的修理及维护费用，可能发现资本性支出和收益性支出区分上存在的错误。

5. 比较本年与以前各年度的固定资产增加和减少。由于被审计单位的生产经营情况在不断地变化，各年度间固定资产增加和减少的数额可能相差很大。注册会计师应当深入分析差异，并根据被审计单位以往和今后的生产经营趋势判断差异产生的原因是否合理。

（九）确定固定资产及累计折旧是否已在资产负债表中恰当披露

注册会计师应依据前述多项审计内容，确定会计报表上有关固定资产的各项数据的真实性，并注意固定资产的折旧方法、固定资产的分类情况等是否已在会计报表注释中做恰当披露。

本章小结

本章是审计实务的第二大循环，也是非常重要的章节。为此，我们介绍了本循环的主要凭证和记录、主要业务活动特征、相关内部控制、控制测试和实质性程序。

本章关键词汇

请购单	Purchase application
验收单	Receiving report
付款凭单	Payment voucher
供应商对账单	Supplier statement
存货监盘	Observation of physical inventory count
应付账款审计	Audit of accounts payables

存货审计　　Audit of inventory

固定资产审计　　Audit of fixed assets

思考与练习题

1. 注册会计师如何审查未入账的应付账款？

2. 试比较应收账款函证与应付账款函证的重要区别。

3. 有关固定资产及累计折旧的实质性程序有哪些？

4. 如何对在建工程实施实质性程序？

5. 对存货实施监盘程序过程中应注意哪些问题？如何保证监盘程序有效的实施？

6. 小组讨论题

资料：东亚会计师事务所注册会计师接受委派，对常青股份公司 2022 年度会计报表进行审计。注册会计师于 2022 年 11 月 1 ~ 7 日对常青公司的内部控制制度进行了解和测试，注意到常青公司在采购与付款循环中的控制活动有：

(1) 采购物资须由请购部门编制请购单，经请购部门经理批准后，送采购部门。

(2) 公司采购金额在 10 万元以下的，由采购部经理批准，金额超过 10 万元的，由总经理批准。由于总经理出差而生产车间又急需采购材料，采购部经理多次批准了单笔金额超过 10 万元的采购申请。

(3) 根据请购单中所列信息，采购人员冯某编制请购单寄至供应商处。

(4) 采购完成后，由采购部门指定采购部业务人员进行验收，并编制一式多联的未连续编号的验收单。仓库根据验收单验收货物，在验收单上签字后，将货物移入仓库加以保管。验收单一联交采购部登记采购明细账和编制付款凭单，付款凭单经批准后，月末交会计部；一联交会计部登记材料明细账；一联由仓库保留并登记材料明细账。

(5) 应付凭单部门核对供应商发票、入库单和采购订单，并编制预先连续编号的付款凭单。会计部门在接到经应付凭单部门审核的上述单证和付款凭单后，登记原材料和应付账款明细账。月末，在与仓库核对连续编号的入库单和采购订单后，应付凭单部门对相关原材料入库数量和采购成本进行汇总。应付凭单部门对已经验收入库但尚未收到供应商发票的原材料编制清单，会计部门据此将相关原材料暂估入账。

(6) 采购退货由采购部负责，采购部集中在每个季度末向会计部提供退货清单。

要求：按部门分小组，讨论：

(1) 假定其他内控不存在缺陷，围绕案例说明内控存在的设计和运行方面的缺陷，并提出改进建议。

(2)请分别指出存在的内控缺陷与哪些会计报表项目的何种认定相关。

7.小组讨论题

目的:理解并掌握分析性复核程序。

资料:东兴公司2022年度的存货周转率为2.7,与2021年相比有所下降。东兴公司提供了以下理由:

(1)由于主要原材料价格比2021年度下降了10%,东兴公司从2022年1月开始将主要原材料的日常储备量增加了20%。

(2)东兴公司主要产品在2022年度市场需求稳定且盈利,但平均销售价格与2021年相比有所下降,并且东兴公司预期销售价格将继续下降。

(3)东兴公司在2022年第四季度接到了一笔巨额订单,订货数量相当于东兴公司月产能的120%,交货日期为2023年1月1日。

(4)从2022年6月开始,东兴公司将部分产品针对主要销售客户的营销方式由原来的买断模式改为代销模式。

要求:请说明,上述理由是否导致存货周转率下降?能否解释存货周转率的变动趋势?

8.小组讨论题

目的:熟悉监盘程序及应注意的事项。

资料:注册会计师林立在对东海公司2022年度报表的审计中负责存货监盘工作,在实施存货监盘时发现以下事项:

(1)清点东海公司的成品库,产成品——机床的检查核对数字如下表所示:

名称	明细账			卡片			盘点数量(台)
	单价(元)	数量(台)	金额(元)	单价(元)	数量(台)	金额(元)	
C	3 000	5	15 000	3 000	5	15 000	4
F	4 000	7	28 000	4 000	7	28 000	8
T	5 000	6	30 000	5 000	5	25 000	6
W	3 000	10	30 000	3 000	9	27 000	9

(2)在对东海公司的甲材料仓库监盘,观察到如下情况:

- 存货D没有悬挂盘点单。经询问,东海公司称该批产品已经出售给华夏公司。
- 存货E已经过了保质期。
- 存货Z中混有东海公司为长虹公司委托代管的存货。

(3)在对东海公司的丙材料仓库进行监盘时,发现该仓库的存货盘点表存在较大差错。

(4)存货X有辐射,注册会计师没有实施监盘。

(5)经询问,存货H已被质押。

要求:针对监盘中遇到的不同情况,注册会计师应如何进行审计处理。

9.案例分析题

(1)公司情况:L公司是一家大型化工企业,其2021年度未审财务报表列示:年末资产总额89 330.5万元(其中:存货35 200万元,占资产总额的39.4%),负债总额59 255.4万元,净资产30 075.1万元;2021年度营业收入87 346.5万元,营业成本77 245.5万元(其中:原材料成本占70%),净利润4 150.6万元。

L公司存货核算的会计政策为:①存货按实际成本计价。购入并已验收入库原材料、库存商品按实际成本入账;入库产成品(自制半成品)按实际生产成本核算;发出原材料、产成品(自制半成品)、库存商品采用加权平均法计价。②存货的盘存制度为永续盘存制。③资产负债表日,存货采用成本与可变现净值孰低计量,按照单个存货成本高于可变现净值的差额计提存货跌价准备。

存货的构成如下(单位:万元):

项　目	期末数			期初数		
	账面余额	跌价准备	账面价值	账面余额	跌价准备	账面价值
原材料	11 600		11 600	8 200		8 200
在产品	4 500		4 500	3 600		3 600
库存商品	19 100		19 100	15 100		15 100
合计	35 200		35 200	26 900		26 900

L公司对其2021年12月31日的存货进行了盘点。存货未计提跌价准备,理由是:预计各类存货的可变现净值不低于其账面价值。

(2)注册会计师实施的主要审计程序。

①存货监盘。J会计师事务所于2022年1月1日对L公司存货实施了监盘程序。在进行监盘前未编制存货监盘计划。盘点结束后,注册会计师编写了存货监盘小结,结论为:存货基本账实相符,但未说明(或记录)对存货状况观察的情况,亦未说明L公司是否已经恰当区分所有毁损、陈旧、过时及残次的存货。

②存货计价测试。注册会计师按照加权平均法对部分库存商品的发出(结转销售成本)进行了计价测试,测试金额1 100万元,测试结果为少转销售成本108万元。差

异的原因是公司出于利润的考虑，改变了存货的计价方法，所抽查的项目从原材料的发出到库存商品的发出均采用了先进先出法计价。由于原材料价格持续上涨，采用先进先出法计价的结果是成本（价格）低的项目先行转出，造成按先进先出法计价比按加权平均法计价少结转成本。L公司因没有足够的变更存货计价政策的理由，同意了注册会计师的意见，对存货项目重新改按加权平均法计价，并按加权平均法调整财务报表。

因重新测算的工作量大，注册会计师考虑到审计时间的限制，经与L公司协商，由公司补充了一份存货计价测算表，该表说明存货计价采用的是加权平均法，其影响利润的总差异（原少转销售成本）为1 120万元。注册会计师对测算表进行复核时发现，测算表中对各存货项目只列示金额，没有列示数量。经询问L公司相关人员，其解释为：测算表数据是通过在计算机内将存货的计价方法修改为加权平均法后由计算机自动生成。由此，注册会计师认可了L公司提供的测算表，公司同意按测算表的结果调增销售成本1 120万元，同时调减所得税费用369.6万元，共调减净利润750.4万元，经调整后年度净利润由原来的4 150.6万元调减为3 400.2万元。

③对存货的购进及发出未实施截止测试。

④对存货跌价准备，注册会计师依据L公司提供的有关存货计提跌价准备的说明，未再做测试，并对企业对存货不计提跌价准备给予认可。

J会计师事务所对L公司2021年度财务报表出具了标准无保留意见的审计报告。

要求：请评价本案例中注册会计师针对存货实施的审计程序是否适当。

10. 小组讨论

审计人员对华兴公司2021年度进行固定资产审计发现：年度固定资产新增86万元，该企业固定资产综合折旧率6%。具体事项如下：

(1)3月3日购入生产设备一套，买价18万，发生的安装费用1万元计入制造费用。

(2)6月8日购入办公桌100张，金额共计18 000元。

(3)11月2日因经营需要经营租入仓库一栋，租期1年，价值66.2万元，计入固定资产账户（对应账户计入“长期应付款”），支付的半年租金12万元计入“管理费用”。

要求：

(1)请指出被审计单位可能存在的问题。

(2)提出审计调整建议。

思政小课堂

采购原材料时常存在为了节约成本而购买劣质原材料的行为，这些行为损害了消费者的切身利益，破坏了产品市场与资本市场的有序竞争，并为企业后续经营埋下了隐患。

中医药文化是中华文脉的重要一支，是中华优秀传统文化不可或缺的一部分。在中药行业里有句老话，叫作“丸、散、膏、丹，神仙难辨”，意思是做成中药后，其原料的好坏、炮制过程的规范性，神仙也搞不清。和西药不同，中药没有西药那样非常规范明确的成分和过程的要求，因为西药是化学合成的，其成分是非常明确的，在哪儿做都一样，但是中药却不同。举个例子，一味药中有人参成分，同样是人参，使用长白山人参，还是用劣质人参，其质量、效用、成本都相差极大。此外，同样的原料，不同的炮制过程，相差也是极大。中药这一特点，决定了中药的生产很大程度上是一个“良心活”。

在我国中医药文化中流传着这样一句古训“修合无人见，存心有天知”，即在没有人监管的情况下制作药材，也不要违背良心，不要见利忘义，因为天地间存在道义，这告诫我们要严格自律，遵守职业道德，重视产品质量。

请结合前面的叙述，谈谈你对审计医药类上市公司时应特别注意的一些问题。

第十二章

生产循环审计

本章导读

生产循环反映企业生产产品的循环过程，它的前一环节是购货与付款的循环，后一环节是销售与收款的循环。所以，用于生产的原材料的购进要在购货循环中完成，最终产品的销售要在销售循环中完成，本章只涉及生产过程中产品成本费用的核算和分配，包括人工成本的核算和材料成本的核算。

本章重点：生产循环业务流程，生产循环控制测试，生产循环的实质性程序。

本章难点：生产成本项目的实质性程序、应付职工薪酬的实质性程序的理解和运用。

本章建议安排4学时。

第一节　生产循环的特征

生产循环是指从请购原材料开始直到形成完工产品为止的过程，参见图12－1。对制造类企业来说，生产循环包括计划和安排生产、发出原材料、生产产品、核算成本、产成品入库存储、产成品出库出售。生产循环的主要流程是生产产品，会计工作的重点是生产成本计算和人工薪酬的计算。

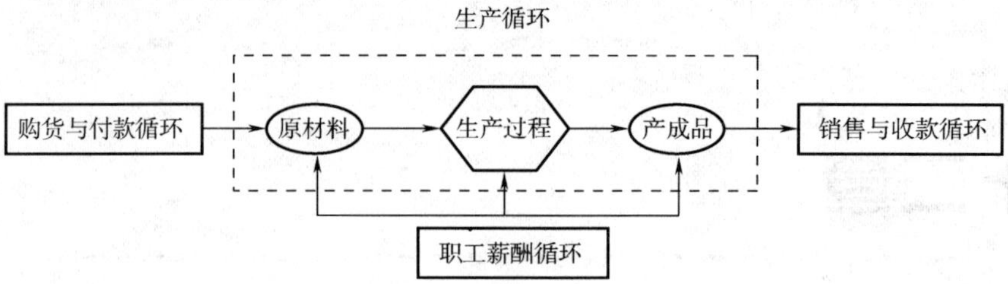

图 12－1

一、生产循环的主要业务活动

（一）计划和安排生产

企业的生产计划部门可以根据顾客订单，或者对销售预测和产品需求的分析进行生产授权。如决定授权生产，就填制签发预先编号的生产通知单。预先编号是该部门常见的记录控制。此外，还需要编制一份材料需求报告，列示所需材料、零件及其库存。

（二）领用原材料

仓库部门根据生产部门填制的连续编号的领料单发出材料，领料单必须列示所需材料的数量和种类，以及领料部门名称。领料单可以一料一单，也可以多料一单。领料单通常为领料部门、仓库部门、会计部门各执一联。仓库据以登记材料明细账，会计部门据以进行材料的收发核算和成本核算。

（三）生产产品

生产部门在收到生产通知单及领取原材料后，将生产任务分配到每一个工人，并将所领取的原材料交给工人进行生产。工人在完成生产任务后，将完成的产品交生产部门查点，再经检验员验收并办理入库手续；或是将所完成的产品移交下一个部门做进一步加工。整个生产过程既是从原材料到产成品的实物流转过程，也是生产成本的汇集和计算过程。

（四）核算产品成本

产品成本核算的目标是将生产成本正确地汇集并分配归入到相应的产品中。生产成本的归集过程与产品的生产过程同步进行。企业为此应建立健全成本核算制度，将生产控制和成本核算有机地结合在一起。企业在生产过程中的各种记录、生产通知单、领料单、记工单、入库单等文件资料都汇集到会计部门，该部门据此进行检查和核对，了解和控制生产过程中存货的实物流转变化；同时，企业的会计部门要设置相应的会计账户会同有关部门对生产过程中的成本进行核算和控制。

产品成本的核算过程可繁可简,简单的做法是只在期末记录存货余额;也可采用完善的标准成本制度,持续地记录所有材料处理、在产品和产成品,并形成对成本差异的分析报告。具体根据企业的经营规模和对产品成本的控制需要而定。完善的成本会计制度应该提供原材料转为在产品,在产品转为产成品,以及按成本中心、分批生产任务通知单或生产周期所消耗的材料、人工和间接费用的分配和归集的详细资料。

(五)储存产成品

最终完工并检验合格的产品,一般送交仓库部门先行点验和检查,然后签收储存。仓库部门应根据产成品的品质特征分类存放,并填制标签。产成品的储存与原材料一样,必须有效地防止产成品的被盗与冒领。

(六)发出产成品

产成品的发出必须以经批准的销售单为依据,由独立的发运部门进行。装运产成品时必须有经核准的发运通知单,并据此编制出库单。出库单一式四联,分别由仓库部门、发运部门、顾客各执一联,还有一联作为顾客开发票的依据。

二、有关的重要凭证和会计记录

(1)生产通知单。生产通知单也称生产指令,用于通知生产车间组织产品制造、供应部门组织材料发放、会计部门组织成本计算。

(2)领发料凭证。领发料凭证是企业控制材料发出所使用的各种凭证,有领料单、限额领料单、领料登记簿、退料单、材料发出汇总表等。

(3)产量和工时记录。产量和工时记录是登记工人或生产班组在出勤期间完成产品数量、质量和生产这些产品所耗费工时数量的原始记录。这类记录的内容和格式多种多样,在不同企业或同一企业的不同车间,由于生产类型不同,会使用不同格式的产量和工时记录。常见的包括工作通知单、工序进程单、工作班产量报告、产量通知单、产量明细表、废品通知单等。

(4)工薪汇总表和职工薪酬费用分配表。工薪汇总表是为了反映企业全部工薪的结算情况,并据以进行工薪结算总分类核算和汇总整个企业工薪费用而编制的,它是企业进行工薪费用分配的依据。工薪费用分配表反映了各生产车间各产品应负担的生产工人工资及福利费等。

(5)材料费用分配表。材料费用分配表用来汇总反映各生产车间各产品所耗的材料费用。

(6)制造费用分配表。制造费用分配表用来汇总反映各生产车间各产品所应负担的制造费用。

(7)产品入库单及成本计算表。产品完工后应填制入库单。成本计算表用来归集某一成本计算对象所应承担的生产费用,确定该成本计算对象的总成本和单位成本。

(8)存货明细账。存货明细账是用来反映各种存货增减变动情况和期末库存数量及相关成本信息的会计记录。

三、生产循环的主要业务活动与凭证和记录之间的对应关系

生产循环的主要业务活动与凭证和记录之间的对应关系可以通过表 12 - 1 来表述。

表 12 - 1　　生产循环的主要业务活动与凭证和记录之间的对应关系

主要业务活动	对应的凭证和记录	相关的认定
计划和安排生产	生产通知单	发生
领用原材料	领料单	准确性;计价和分摊
生产产品	生产通知单	发生;完整性
核算产品成本	成本核算单	发生;完整性
储存产成品	产品入库单	发生;完整性、准确性;计价和分摊
发出产成品	转账凭证、生产成本明细账	发生;完整性、准确性;计价和分摊

第二节　常见的错误与舞弊

一、生产管理中的常见错弊

(一)职责分离控制的错弊

1. 存货的保管与记录不分离。

2. 领料单的签发和原材料发出的权限不区分。

(二)授权审批控制中的错弊

1. 发生未经授权的生产活动。

2. 未经授权发出材料、发出产成品。

(三)实物控制的常见错弊

1. 监守自盗、虚报损失。如保管人员利用职务之便,涂改账目、盗窃财物;或虚报和

夸大损失，将报损材料贪污私分；冒领或盗窃并转移出售；等等。

2. 移花接木、偷梁换柱。如有关人员将库存物资进行调换，以次充好、以旧换新，或以廉价物品换贵重物资，从中牟利或违法乱纪。

3. 采购来自关联方的高价原材料。

二、生产成本计算中的常见错弊

（一）成本计算中计价的错弊

1. 将福利费开支计入成本项目。如有些企业违反成本、费用开支范围，将福利部门支出的非生产用料计入直接材料费用，加大成本，减少利润。

2. 将基本建设领用的材料计入产品生产成本，将不属于产品成本的费用支出计入直接材料等成本项目。如企业为调节基建工程成本和产品生产成本，通过人为多计或少计辅助生产费用的做法来达到目的。

3. 虚列费用以调节成本或利润。有些企业为了调节产品成本和利润，有意将不应计入本账户的费用计入，或将应计入本账户的费用转移至其他账户。还有些企业为控制利润实现数额，将车间固定资产修理费用重复计入成本。

（二）制造费用中的常见错弊

制造费用是企业生产单位为生产产品或提供劳务而发生的，应计入产品或劳务成本但没有专设成本项目的各项生产费用。属于制造费用中的常见错弊有：

1. 将属于制造费用列支的费用未列作制造费用。如将车间的大修理费列入在建工程。

2. 将不属于制造费用内容的支出列作制造费用。如将在建工程的人工费用在工资费用分配时计入制造费用，以减少当期利润，少缴税收；如将车间工人外出学习的培训费列入制造费用；还有将不属于当月列支的费用，一次性全部列入当月；等等。

3. 任意提高费用开支标准，加大制造费用项目。如缩短固定资产使用年限，或扩大提取折旧的固定资产范围，以便加大产品成本，少计利润，影响企业纳税。

（三）费用的归集和分配中的错弊

有些企业为了调节当年利润，将发生的费用挤入生产成本，或将应计入生产成本的费用计入期间费用。如有的企业未完成利润目标，经常将生产成本和期间费用的有关项目进行转换，使期间费用与生产成本的核算管理内容混乱，以达到其粉饰财务信息的目的。此外，其他常见的做法有：

1. 制造费用跨期入账、分配率错误。

2. 多计或少计材料、人工成本。

3. 实际发生的材料增减不入账等。

(四)随意改变结转产品销售成本的方法

根据财务会计制度的规定,企业在某一会计年度内,一般只能确定一种计价方法,方法一经确定,不能随意变更,如确实需要改变计价方法的,必须在财务报表附注中进行披露。有些企业出于调节当年损益的需要,在年度中间随意改变既定的计价方法。例如,在生产成本核算管理漏洞的企业调查中,往往有企业将存货的发出计价方法随意变更,并且这种变更往往是为了调节年末的利润,掩饰其生产经营的真实状况。

三、职工薪酬中的常见错弊

(一)职工薪酬的核算内容不准确

1. 采用计时工资的单位考勤不准确;采用计件工资的单位,产量数量不准确。

2. 计算口径有错,如将福利费列入职工薪酬。

(二)虚报冒领工资、虚假职工薪酬

1. 利用会计部门内部管理不健全,虚列职工姓名,或使原始凭证与记账凭证不一致,进行贪污。

2. 津贴支付不符合国家标准,以从中挪用。

3. 发放工资的手续不健全,导致贪污挪用。

(三)薪酬的计提和分配不准确

1. 代扣款项计算不准确。

2. 奖金分配办法不合理,如平均分配,使奖金失去作用。

第三节　应有的内部控制与控制测试

在生产循环中,将材料投入生产车间,经过整个生产过程,再将完工的产成品检验入库,均涉及存货的管理与核算。存货是企业在日常活动中持有以备出售的产成品、处在生产过程中的在产品、在生产过程中耗用的材料和物料。因此,生产循环的内部控制也包含存货的控制。

一、生产循环涉及的内部控制

(一)职责分离

1. 生产计划的编制与审批要分离。

2. 存货的验收与生产要分离。

3. 存货的保管与记录要分离。

4. 存货的盘点人员应独立于存货的保管、使用与记录人员。

5. 人事、考勤、工薪发放、记录等职务要相互分离。

(二)授权审批

1. 生产通知单的授权批准。

2. 领料单的授权批准。

3. 职工薪酬的授权批准。

4. 批准上工、批准工作时间,特别是加班时间。

5. 工资、薪金或佣金,代扣款项,工资结算表和工薪汇总表要经过特别审批或一般审批。

6. 成本和费用分配方法的采用和变更需经授权批准。

7. 存货计价方法的采用和变更需经授权批准。

8. 存货的盘盈、盘亏、毁损等的处理需经批准。

(三)信息处理

1. 会计部门的成本核算依据经审核的生产通知单、领发料凭证、产量和工时记录、人工费用分配表、材料费用分配表、制造费用分配表等,以确保记录的成本为实际发生的而非虚构的。

2. 企业的各项凭证应事先连续编号,以防止漏记或重复登记。

3. 企业应采取适当的成本核算方法、费用分配方法、成本核算流程和账务处理流程,以使成本能以正确的金额在恰当的会计期间及时记录于适当的账户,并符合一贯性原则。

(四)实物控制

1. 建立产成品、在产品等的保管和移交制度。

2. 按类别存放存货,并定期巡视。

3. 只有经过授权的人才能接触存货实物及相关文件。

4. 存货的入库需经过验收,存货的出库需有经批准的提货单。

5. 企业应定期对存货进行盘点,以确保账实相符。

(五)独立稽核

1. 独立测试各种费用的归集、分配及成本的计算是否正确。

2. 独立测试是否按照规定的成本核算流程和账务处理流程进行核算和账务处理。

二、控制测试

(一)成本会计制度的控制测试

1. 抽查成本计算单。

(1)验证成本计算是否正确。

(2)审查成本计算单是否附有必要的原始凭证,包括生产通知单、领料单、产量和工时记录、职工薪酬费用分配表、材料费用分配表、制造费用分配表等。

(3)审查生产通知单、领料单是否经过审批。

(4)审查成本计算单中的记录与职工薪酬费用分配表、材料费用分配表、制造费用分配表的记录是否一致。

2. 审查成本计算的原始凭证。

(1)审查这些原始凭证是否连续编号,是否经过批准。

(2)从原始凭证追查至成本计算单,检查各种费用的归集、分配是否正确,成本计算是否正确,成本核算流程是否正确。

3. 核对成本计算单与生产成本明细账和总账,主要检查成本计算单、生产成本明细账和总账的记录是否一致。

4. 比较本期与前期的成本计算方法,检查成本计算方法是否符合一贯性原则。

成本会计制度的控制目标、内部控制和测试如表 12 -2 所示。

表 12 -2　　成本会计制度的控制目标、内部控制和测试

内部控制目标	关键内部控制	常用的内部控制测试	常用的交易实质性测试
生产业务是根据管理当局一般或特定的授权进行的	以下三个关键点,应通过恰当手续,经过一般或特别审批:生产指令的授权审批;领料单的授权审批;工资的授权审批	审查凭证中是否包括三个关键点的恰当审批	检查生产指令、领料单、工资等是否经过授权
记录的成本为实际发生的而非虚构的	成本的核算是以经过审批的生产通知单、领料凭证、产量和工时记录、人工费用分配表、材料费用分配表、制造费用分配表为依据	审查有关成本的记账凭证是否附有生产通知单、领发料凭证、产量和工时记录、人工费用分配表、材料费用分配表、制造费用分配表等原始凭证,这些凭证的顺序编号是否完整	对成本进行分析性复核,将成本明细账与生产通知单、领发料凭证、产量和工时记录、人工费用分配表、材料费用分配表、制造费用分配表与成本明细账核对

续表

内部控制目标	关键内部控制	常用的内部控制测试	常用的交易实质性测试
所有耗费和物化劳动均已反映在成本中	生产通知单、领发料凭证、产量和工时记录、人工费用分配表、材料费用分配表、制造费用分配表均事先编号并已登记入账	审查生产通知单、领发料凭证、产量和工时记录、人工费用分配表、材料费用分配表、制造费用分配表的顺序编号是否完整	对成本进行分析性复核，抽查各种费用的归集和分配以及成本计算是否正确，对重大在产品项目进行计价测试
成本以正确金额、在恰当的会计期间及时记录于恰当的账户	采用适当的成本核算办法，并且前后各期一致；采用适当的费用分配方法，并且前后各期一致；采用适当的成本核算流程和账务处理流程；内部核查	选取样本测试各种费用的归集和分配以及成本计算，测试是否按规定的成本核算流程和账务处理流程进行核算和账务处理	
对存货实施保护措施，保管人员与记录、批准人员相互独立	存货保管人员与记录人员职务相分离	询问、观察存货和记录的接触以及相应的批准程序	
账面存货与实存存货定期核对相符	定期进行存货盘点	询问、观察存货盘点程序	存货进行监盘

（二）工薪内部控制的控制测试

1. 检查岗位、工作时间、薪金制度、职工薪酬结算等是否经过授权审批，人事、考勤、工薪发放、记录等职务是否相互分离。

2. 抽取若干月份的工薪汇总表，检查工薪汇总表是否经过授权审批；检查应付职工薪酬总额与人工费用分配汇总表中的合计数是否相符；检查代扣款项的账务处理是否正确；检查实发工薪总额与银行付款凭单及银行对账单是否相符，并正确过入相关账户。

3. 从工资单中选取若干样本（应包括各种不同类型的人员），检查员工工薪卡或人事档案，确保工薪发放有依据；检查员工工资率及实发工薪额的计算；检查实际工时统计记录（或产量统计报告）与职工个人钟点卡（或产量记录）是否相符；检查员工加班加点记录与主管人员签证的月度加班费汇总表是否相符；检查员工扣款依据是否正确；检查员工的工薪签收证明；实地抽查部分员工，证明其确在本企业工作。

工薪内部控制的目标、内部控制和测试如表 12－3 所示。

表 12－3　　工薪内部控制的目标、内部控制和测试

内部控制目标	关键内部控制	常用的内部控制测试	常用的交易实质性测试
工薪账项均经正确批准	以下五个关键点，应通过恰当手续，经过特别审批和一般审批：批准上工；工作时间，特别是加班时间；工资薪金或佣金；代扣款项；工资结算表和工资汇总表	审查人事档案；检查工时卡的有关核准说明；检查工薪记录中有关内部检查标记，检查人事档案中的授权；检查工薪记录中有关核准的标记	将工时卡同工时记录等进行比较
记录的工薪为实际发生的而非虚构的	工资卡经领班核准，用生产记录钟记录工时	检查工时卡核准说明；检查工时卡；复核人事政策、组织结构图	对本期工资费用的发生情况进行分析性复核，将有关费用明细账与工资费用分配表、工资汇总表、工资结算表相核对
所有已发生的工薪支出已做记录	工资分配表、工资汇总表完整反映已发生的工薪支出	审查工资分配表、工资汇总表、工资结算表，并核对员工工资手册、员工手册等	对本期工资费用的发生情况进行分析性复核，将有关费用明细账与工资费用分配表、工资汇总表、工资结算表相核对
工薪以正确的金额，在恰当的会计期间及时记录于适当的账户	采用适当的工资费用分配方法，并且前后各期一致；采用适当的账务处理流程	选取样本测试工资费用归集和分配；测试是否按照规定的账务处理流程进行账务处理	对本期工资费用进行分析性复核；检查工资的计提是否正确，分配方法是否与上期一致
人事、考勤、工资发放、记录之间相互分离	人事、考勤、工薪发放、记录等职务之间相互分离	询问和观察各项职责执行情况	

（三）存货存储的控制测试

1. 询问和观察被审计单位存货与相关记录的接触及相应的授权审批程序，以验证存货的实物防护措施是否有效，以及存货保管记录、授权审批职责是否分离。

2. 询问和观察被审计单位的存货盘点程序，以验证是否定期盘点存货并账实核对相符。

第四节　生产成本计算审计

一、生产成本的审计目标

确定生产过程中费用的开支范围与标准是否符合规定,各项原材料的耗用是否真实,费用的发生是否真实存在。

确定产品生产的各项记录及会计处理是否完整。

确定成本计算对象的确定是否合理,成本费用的归集与分配是否合理,在产品与完工产品成本的计算是否准确,主营业务成本的结转是否符合配比原则。

确定产品的主要品种、存货的计价方法及费用在财务报表上的分类与披露是否恰当。

二、审计生产成本的实质性程序

(一)直接材料成本的审计

直接材料成本的审计一般应从审阅材料和生产明细账入手,抽查有关的费用凭证,验证企业产品耗用直接材料的数量、计价和材料费用分配是否真实、合理。

1. 审查直接材料耗用量的真实性。

(1)审查材料用途。抽查领料凭证,并与发料凭证汇总表核对是否相符,审查材料是否按用途分配。检查有无将在建工程、福利部门支出、捐赠支出等非生产用料计入直接材料费用。

(2)审查已领未用材料是否办理了假退料手续。

(3)检查废料、边角料是否办理了退库或变价处理,并冲减了本期耗用量。

2. 审查直接材料计价的正确性。

(1)直接材料按实际成本计价的,应审查其计价方法是否前后一致,有关计算是否正确。

(2)直接材料按计划成本计价的,重点审查材料成本差异的形成和分配。检查材料成本差异的发生额是否正确,是否存在将不应计入材料采购成本的费用计入材料采购成本;抽查若干月份的发出材料汇总表,检查材料成本差异是否按月分摊,使用的差异率是否为当月实际差异率,检查差异率的计算是否正确,差异的分配是否正确,分配方法前后期是否一致。

(3)审查直接材料费用分配的正确性。审查发出材料汇总分配表、成本计算单、生产成本明细账,检查直接材料成本的计算、分配依据、分配方法、分配结果及有关账务处理的正确性,是否与材料费用分配汇总表中该产品分摊的直接费用相符,并注意分配标准是否合理和一贯。

(4)分析程序。将同一产品本年度的直接材料成本与上年度比较,将本年度若干期的直接材料成本进行对比研究,检查有无异常波动。

(二)直接人工成本的审计

由于工资的计算方法有计时制和计件制两种,所以,获取样本时有所不同。采用计时制的,应获取实际的工时记录单、员工分类表和员工工薪手册(工资率)以及人工费用分配汇总表;采用计件制的,应获取产量统计报告、个人(小组)产量记录和经批准的单位工薪标准或计件工资制度。主要执行以下审计程序:

1. 审查直接人工费用的真实性。检查有无将非产品生产人员的薪酬计入直接人工费用。采用计时制的,检查抽取生产部门若干天的工时台账与实际工时统计记录核对是否相符;采用计件制的,抽取若干个直接人工(小组)的产量记录,检查其是否被汇总计入产量统计报告。

2. 审查直接人工费用计算的正确性。结合应付职工薪酬的审查,检查薪酬的计算及汇总是否正确,检查职工福利费的计提依据、计提比例及计算是否正确。

3. 审查直接人工费用分配的正确性。检查直接人工费用的分配标准与计算方法的合理性,分配率和分配结果计算的正确性,注意是否与人工费用分配汇总表相符。

4. 审查直接人工费用账务处理的正确性。

5. 分析性程序。将同一产品本年度的直接人工成本与上年度比较,将本年度若干期的直接人工成本进行对比分析,检查有无重大变动。

(三)制造费用的审计

1. 审查制造费用的真实性、合法性。获取或编制制造费用汇总表,并与明细账、总账核对。

(1)审查制造费用的组成项目是否合规,有无将非本部门的制造费用和不应列入成本费用的支出计入制造费用。

(2)抽查制造费用中的大额项目、升降幅度大的项目,注意是否存在异常会计事项。

(3)必要时对制造费用实施截止测试,确定有无跨期入账情况。

2. 审查制造费用归集和分配的正确性。

(1)对制造费用汇总表进行重新计算、加总,以验证所归集的制造费用总额的正确性。

(2)审查制造费用分配方法是否适合企业自身的生产特点、是否体现受益原则,分配率和分配额的计算是否正确。

3. 分析性程序。将本年度制造费用及其构成项目与上年度比较,将本年度各期的制造费用以及各组成项目所占比例进行对比分析,检查有无重大变动。

(四)生产费用在完工产品和产成品之间分配的审计

1. 审查完工产品入库数量的真实性。检查产品入库凭证与完工记录是否相符,仓库的实物记录与财务部门的产品记录是否相符,查明其数量的真实性。检查产品入库凭证是否有产品检验合格证明,有无将未经检验产品或不合格产品当合格产品入库。

2. 审查在产品数量的真实性。检查主要产品的在产品台账,计算、核实在产品的数量,并注意审查在产品的加工程度、投料程度及耗用工时记录,以查明其数量的真实性。

3. 审查生产费用在完工产品和产成品之间分配的合理性。审查产品成本计算单、在产品台账和生产成本明细账,核对成本计算单中完工产品的品种数量、在产品的品种和数量,核对加工程度和投料程度是否和产品入库凭证、在产品台账记录相符,检查其分配方法的选用是否符合企业的生产特点和管理上的要求,审查成本计算方法的合理性,验证成本计算数据的正确性。审查有无虚报或虚减在产品数量、提高或降低在产品的加工程度以调节成本的现象。

第五节　应付职工薪酬的审计

职工薪酬是企业支付给员工的劳动报酬,主要核算方式有计时制和计件制两种。由于职工薪酬常用现金支付,所以极易发生错弊,如虚报冒领、贪污等。同时,职工薪酬又是构成企业成本费用的重要项目,审计职工薪酬十分重要。

一、应付职工薪酬的审计目标

应付职工薪酬审计有如下目标:

(1)确定资产负债表中记录的应付职工薪酬是否存在。

(2)确定期末应付职工薪酬是否为被审计单位应履行的现时义务。

(3)所有应当记录的应付职工薪酬是否均已记录。

(4)确定应付职工薪酬是否以恰当的金额包括在财务报表中,其计提和支出依据是否合理,与之相关的计价调整是否已被恰当记录。

(5)确定应付职工薪酬是否已按企业会计准则的规定在财务报表中做出恰当的披露。

二、应付职工薪酬的实质性测试

(1)获取或编制应付职工薪酬明细表,复核加计数是否正确,并与报表数、总账数和明细账合计数核对是否相符。

(2)执行实质性分析程序。

• 检查各月职工薪酬的发生额是否存在异常波动,若有,应查明波动原因是否合理。

• 将本期职工薪酬总额与上期进行比较,要求被审计单位解释其增减变动的原因,或取得被审计单位管理层关于职工薪酬标准的决议。

• 结合员工社保缴纳情况,了解被审计单位实际职工人数,检查是否与关联公司员工工资混淆列支。

• 比较本期应付职工薪酬余额与上期相比是否有异常变动。

(3)检查本项目的核算内容是否包括工资、奖金、津贴和补贴。

• 检查工资、奖金、津贴和补贴的计提是否正确,依据是否充分。

• 检查工资、奖金、津贴和补贴的分配方法与上年是否一致。

• 检查工资、奖金、津贴和补贴的发放金额是否正确,代扣的款项及其金额是否正确。

• 检查是否存在属于拖欠性质的职工薪酬,并了解拖欠原因。

(4)检查社会保险费(包括医疗、养老、失业、工伤、生育保险费)、住房公积金、工会经费、职工教育经费等计提和支付的会计处理是否正确,依据是否充分。

(5)审阅应付职工薪酬明细账,抽查应付职工薪酬各明细项目的支付和使用情况,检查是否符合有关规定,是否履行审批程序。

(6)检查被审计单位实行的工薪制度。

• 如果被审计单位实行工效挂钩,应取得主管部门确认效益工资发放额的认定证明,并复核确定可予发放的效益工资的有关指标,检查其计提额、发放额是否正确,是否需做纳税调整。

• 如果被审计单位实行计税工资制,应取得被审计单位平均人数证明,并进行复核,计算可准予税前列支的费用额,对超支部分的工资及附加费做纳税调整。

(7)检查辞退福利、非货币性福利等会计处理是否正确,是否符合有关规定,是否履行审批程序。

(8)检查应付职工薪酬的期后付款情况。关注在资产负债表日至财务报表批准报出日之间,是否有确凿证据表明需要调整资产负债表日原确认的应付职工薪酬事项。

(9)确定应付职工薪酬是否已按企业会计准则的规定在财务报表中做出恰当的披露。在报表附注中应披露的信息有:应当支付给职工的工资、奖金、津贴和补贴,及其期末应付未付金额;按规定应为职工缴纳的医疗、养老、失业、工伤和生育等保险费,及其期末应付未付金额;应当为职工缴存的住房公积金及其期末应付未付金额;应当支付的因解除劳动关系给予的补偿及其期末应付未付金额;其他职工薪酬。

本章小结

生产循环反映了企业生产产品的循环过程,本章内容包括生产费用循环的审计目标和范围,风险的识别与评估,以及进一步审计程序(控制测试程序、实质性程序)几个部分,重点阐述了生产过程中产品成本的核算和分配,包括人工成本的核算和材料成本的核算。

本章关键词汇

生产通知单	Production plan
领料单	Acquisition of materials
成本会计	Cost accounting
在产品	Work - in - process
制造费用	Overhead
人工成本分配表	Allocation of labor cost
应付职工薪酬	Salaries and compensation payable

思考与练习题

1. 说明生产循环与其他业务循环的关系。

2. 生产循环有哪些业务活动?

3. 成本会计制度包括哪些内容?

4. 应付职工薪酬的审计目标是什么?

5. 工薪内部控制的控制测试应如何进行?

6. 简述应付职工薪酬的审计。

7. 注册会计师在审计某公司制造费用时,发现:

(1)购入材料的外地运杂费 2 200 元;

(2)为购货单位垫付的运杂费 2 000 元;

(3)支付广告费 6 000 元。

要求:

(1)说明审计方法。

(2)给出处理意见。

8. 小组讨论题

资料:审计人员审查某企业在产品成本,该企业按约当产量法计算在产品成本,审计人员审阅基本生产成本明细账时,发现月初在产品成本为 239 040 元,其中,直接材料 144 000 元,直接工资 36 000 元,其他直接支出 5 040 元,制造费用 54 000 元。本月发生费用 999 000 元,其中,直接材料 662 400 元,直接工资 90 000 元,其他直接支出 12 600元,制造费用 23 400 元。本月直接材料 144 000 元,直接工资 36 000 元,其他直接支出 5 040 元,制造费用 54 000 元。本月完工产品 480 台,月末在产品 240 台,在产品投料率为 80%,完工率为 50%。经查实本月账面在产品实际成本为 479 880 元,其中,直接材料 350 400 元,直接工资 42 000 元,其他直接支出 5 880 元,制造费用 81 600 元,本月完工产品已结转。

要求:

(1)说明审计方法。

(2)指出存在的问题。

(3)提出处理意见。

9. 审计案例

飞星公司是一家电脑生产企业,2021 年 12 月有关业务发生如下:

(1)本月应付工资总额 231 000 元,工资费用分配汇总表中列示的车间产品生产人员工资为 160 000 元,车间管理人员工资为 35 000 元,行政管理人员工资为 30 200 元,销售人员工资为 5 800 元。

(2)本月应向社会保险经办机构缴纳职工基本养老保险费共计 32 340 元,其中,应计入基本生产成本的金额为 22 400 元,应计入制造费用的金额为 4 900 元,应计入管理费用的金额为5 040元。

(3)该公司共有职工400名,其中300名为直接参加生产的职工,60名为车间管理人员,40名为企业管理人员,该公司决定将其生产的每台成本为18 000元的笔记本电脑发放给职工作为福利。该型号的电脑市场售价为每台20 000元,该公司使用的增值税税率为17%。

(4)该公司为总部各部门经理级别以上职工提供汽车免费使用,同时为副总裁以上高级管理人员每人租赁一套住房。假定公司总部共有部门经理以上职工10名,为每人提供一辆捷达汽车免费使用,假定每辆捷达汽车每月计提折旧1 500元。该公司共有副总裁以上高级管理人员3名,公司为其每人租赁一套面积为200平方米带有家具和电器的公寓,月租金为每套15 000元。

(5)该公司根据工资结算汇总表结算本月应付职工工资总额231 000元,代扣职工个人所得税20 500元,企业代垫职工家属医药费1 500元,实发工资209 000元。

(6)该公司以现金支付职工生活困难补助1 600元。

(7)该公司以银行存款缴纳职工社会保险费200 000元。

(8)该公司向职工发放笔记本电脑作为福利,同时根据相关税收规定,视同销售计算增值税销项税额。

(9)该公司支付副总裁以上高级管理人员住房租金。

(10)该公司管理层于2021元6月1日决定缩减管理人员,提出了没有选择权的辞退计划,拟辞退5人,并于2021年12月1日起执行,被辞退人员已经接到公司通知,且该公司董事会批准,辞退补偿每人12万元。

根据以上资料,飞星公司进行了以下有关应付职工薪酬的会计处理:

(1)借:生产成本——基本生产成本　160 000
　　制造费用　35 000
　　管理费用　30 200
　　销售费用　5 800
　贷:应付职工薪酬——工资　231 000

(2)借:生产成本——基本生产成本　22 400
　　制造费用　4 900
　　管理费用　5 040
　贷:应付职工薪酬——社会保险费(基本养老保险)　32 340

(3)从银行提取现金:

借:库存现金　209 000
　贷:银行存款　209 000

(4)发放工资、支付现金时:

借:应付职工薪酬——工资	209 000	
贷:库存现金		209 000

结转代扣款项时:

借:应付职工薪酬——工资	22 000	
贷:应交税费——应交个人所得税		20 500
其他应收款——代垫医药费		1 500
借:应付职工薪酬——职工福利	1 600	
贷:库存现金		1 600
借:应付职工薪酬——社会保险费	200 000	
贷:银行存款		200 000

该公司认为业务3、业务4、业务8、业务9、业务10不属于于应付职工薪酬的核算范围,因此没有进行应付职工薪酬的会计处理。

要求:

(1)指出你是否认同飞星公司的会计处理,并说明原因。如果不认同,请给出调整分录。

(2)讨论该如何对应付职工薪酬展开审计。

思政小课堂

以下是《审计学》课程App的新闻播报。

同学们,大家好!欢迎收看每周审计新闻播报。我是××,因为"扇贝跑路"而出名的獐子岛公司正在接受深交所的"灵魂拷问"。獐子岛公司发布半年报称,截至2019年6月30日,獐子岛公司上半年净利润为-2 359万元,9月9日,深交所下发问询函,要求公司补充说明为应对虾夷贝灾害所采取的有效应对措施,并详细论证虾夷贝灾害对獐子岛集团持续经营能力的影响。今天,我们请到演播室的嘉宾是首都经济贸易大学的于教授。

主持人:于教授,您好!您怎么看待獐子岛的这份期中成绩单?

于教授:主持人,您好!此前,由于对獐子岛持续经营能力存疑,它已经连续两年收到审计师出具的具有保留意见的审计报告。这次半年亏损2 000多万,背锅的还是扇贝啊。虽然獐子岛称,受海洋牧场虾夷扇贝灾害影响,其运营负荷较重,但接二连三的扇贝跑路，令人难以信服，恐怕獐子岛公司管理当局必须向证监会做个说明、向广大股民做个交代。

主持人：好，谢谢于教授，今天的新闻到此结束。

同学们如何看待这一事件呢？上市公司应该尽到哪些社会责任？对于扇贝这类隐蔽性资产，注册会计师应该如何提高审计技术才能减少审计失败，尽到应有的社会责任呢？

第十三章

筹资循环审计

本章导读

本章主要阐述筹资循环的特征、主要业务活动、筹资循环控制测试、筹资交易和相关账户余额的实质性程序。通过本章的学习，重点掌握银行借款的实质性程序，了解筹资循环的业务特点，理解筹资循环应有的内部控制和控制测试。

筹资业务非企业日常经营活动，建议安排2课时。

第一节　筹资循环的特征

一、筹资循环的特点

筹集所需的资金是企业生存与发展的前提。筹资循环由筹资活动的交易事项构成，筹资活动是指企业为满足生存和发展的需要，通过改变企业资本及债务的规模和构成而筹集资金的活动。筹资活动主要由借款和所有者权益交易组成。

相对于其他循环，筹资循环具有如下特征：

(1)发生频率低，交易金额大。筹资活动相对于购货、生产与销货等活动而言，一般在企业审计年度内发生的交易次数较少，但每笔交易的金额较大，例如发行股票和债券的筹资活动。

(2)交易风险大，授权级别高。虽然筹资活动发生次数少，但对公司财务状况影响很大，每笔交易的发生都会使企业面临较大风险，因此对于筹资活动的授权级别较高，一般需要企业最高权力机构或高级管理层进行审批和管理。

(3)交易程序复杂，约束条件多。筹资交易必须遵守国家法律、法规和相关契约的规定。筹资活动应严格根据有关法律、法规的要求履行审批手续，向有关机构递交相关文件，并保证文件的真实和有效。同时，公司还应该按照有关法律、法规规定的义务进行公告和披露相关信息。

(4)要求会计处理准确度高。漏记或不恰当地对一笔业务进行会计处理，将会导致重大错误，从而对企业会计报表的公允反映产生较大的影响。

二、筹资循环的主要活动

资本市场的发展丰富了企业的筹资渠道，企业可以通过发行债券、股票、借款等方式筹集经营所需资金，并为资金的取得付出相应回报。企业的筹资业务包括取得资金和偿还资金，主要的业务活动有：

(1)审批授权。企业通过借款筹集资金需经管理层的审批，其中债券的发行每次均要由董事会授权；企业发行股票必须依据国家有关法规或企业章程的规定，报经企业最高权力机构(如董事会)及国家有关管理部门批准。

(2)签订合同或协议。向银行或其他金融机构融资须签订借款合同，发行债券须签订债券契约和债券承销或包销合同，向社会公众募集股本还要与证券机构签订承销或包销协议。

(3)取得资金。签订合同或协议后，企业获得银行或金融机构划入的款项或债券、股票的融入资金。

(4)计算利息或股利。企业应按有关合同或协议的规定，及时计算利息或股利。

(5)偿还本息或发放股利。银行借款或发行债券应按有关合同或协议的规定偿还本息，融入的股本根据股东大会的决定发放股利。

三、筹资业务中涉及的主要凭证

(一)债券

公司债券是指公司依照法定程序发行的，约定在一定期限内还本付息的有价证券。公司债券是公司债的表现形式，基于公司债券的发行，在债券的持有人和发行人之间形成了以还本付息为内容的债权债务法律关系。因此，公司债券是公司向债券持有人出具的债务凭证。

(二)债券契约

债券契约是明确债券持有人与发行人双方所拥有的权利与义务的法律性文件,其内容一般包括:债券发行的标准、利息或利息率、登记和背书、债券发生拖欠情况的处理、抵押债权的担保资产、建立偿债基金的承诺以及利息支付和本金偿还的方式等。

(三)公司债券存根簿

公司债券存根簿是指依法记载债券持有人及债券有关事项的簿册。无论发行何种公司债券都应当置备公司债券存根簿,但其具体记载的内容则因公司债券种类的不同而有所不同。发行无记名公司债券,由于转让无须背书,所以必须在公司债券存根簿上载明债券总额、利率、偿还期限和方式、发行日期及债券的编号等内容。发行可转换公司债券,由于债券可转化为股票,公司应当在存根簿上载明其数额,以便查对。发行记名公司债券,除需载明发行无记名公司债券必须载明的内容外,还需载明债券持有人的姓名或者名称及住所、债券持有人取得债券的日期及债券的票面金额。

(四)股票

股票是公司签发的证明股东所持股份的凭证。根据股票是否记名分为记名股票和无记名股票。记名股票是在股东名册上登记有持有人的姓名或名称及住址,并在股票上也注明持有人姓名或名称的股票。记名股票不仅要求股东在购买股票时将姓名或名称记入,而且要求股东转让股票时需向公司办理股票过户手续,除了记名股东外,任何人不得凭此对公司行使股东权。根据相关规定,公司向发起人、国家授权投资的机构、法人发行的股票,应当为记名股票,并应当记载该发起人、机构或者法人的名称,不得另立户名或者以代表人姓名记名。无记名股票是指在股票上不记载持有人姓名或名称,可以任意转让的股票。任何人持有此种股票就是公司的股东,都可以凭持有的股票对公司主张股东权,享有该股票所代表的权利。

(五)股东名册

公司置备股东名册,应记载下列事项:股东的姓名或名称;股东的住所;股东的出资额、出资比例;出资证明书编号。股东如果是政府机构或者法人,除应记明它们的名称、居所等事项外,还应记明其代表的姓名,以便明确其股权所有。

(六)合同或协议

筹资活动相关的合同或协议主要包括承销或包销协议、借款合同或协议、企业的章程及有关协议等。借款合同或协议是向银行或其他金融机构借入款项时与其签订的合同或协议。公司向社会公开发行股票或债券时,应当由依法设立的证券经营机构承销或包销,公司应与其签订承销或包销协议。

(七)其他文件和凭证

这包括董事会决议和股东大会决议等重要会议文件,相关会计科目的记账凭证、明细账和总账等。

第二节 常见的错误与舞弊

一、短期借款常见的错误和舞弊

关于短期借款有以下常见的错误和舞弊:

(1)借款程序和手续不完备、不合规。企业在借款时一般须经适当批准,方可签订借款合同或协议。在实际工作中,存在取得借款不经企业管理层批准导致借款失控、合同条款不完备、到期不能还款等问题。

(2)虚记费用,调节利润。企业通过虚提银行借款利息,通过财务费用账户转入当年损益。

(3)借款类型登记不准确。企业将短期借款(特别是展期的短期借款)记录为长期借款,导致短期借款信息不准确。

(4)改变借款用途。通过连续展期将应由长期借款解决的资金变通为短期借款,如通过连续展期形式将获取的流动资金借款用于构建固定资产或对外长期投资。

(5)借款信息披露不完整。用本企业资产抵押取得的借款不予特别披露,误导信息使用者。

二、长期借款常见的错误和舞弊

长期借款是企业向银行或其他金融机构借入的期限在1年以上(不含1年)的各种借款,一般用于固定资产的构建、改扩建工程、大修理工程、对外投资等。

长期借款常见的错误和舞弊是:

(1)利息不入费用,长期挂账。根据企业会计准则,为了总括反映和监督企业长期借款的借入、应计算的利息和归还本息的情况,应设置"长期借款"科目,并按照贷款单位和贷款种类,分别"本金""利息调整""应计利息"等进行明细核算。企业借入长期借款,应按实际收到的现金净额,借记"银行存款"科目,贷记"长期借款(本金)";按其差额,借记"长期借款(利息调整)"。资产负债表日,应按摊余成本和实际利率计算确定的长期借款的利息费用,借记"在建工程""制造费用""财务费用""研发支出"等科目;

按合同约定的名义利率计算确定的应付利息金额,贷记“长期借款(应计利息)”“应付利息”科目,按其差额,贷记“长期借款(利息调整)”。

有些企业为了完成计划利润,对长期借款利息不预提,隐瞒亏损。

(2)混淆资本化利息。根据我国财务会计制度的规定,企业长期借款在固定资产建造期间的利息费用应予以资本化,不能计入期间损益;在固定资产交付使用后发生的利息支出,直接计入当期损益。但有些企业为了体现利润,在固定资产交付使用后做“借:固定资产,贷:长期借款”的账务处理,不将利息计入期间费用。

(3)违反长期借款契约规定,违规使用长期借款。有些企业不按规定用途使用长期借款,虚设投资项目,从银行套取现金用于股票投资。

第三节　应有的内部控制与控制测试

企业的筹资循环包括从筹资审批开始,到偿还本金、利息或支付股利为止的所有业务活动。企业应根据具体情况,基于筹资活动的授权审批,签订筹资合同或协议,实际取得资金,按合同或协议计算筹集资金的利息或股利,按照合同或协议支付利息或股利、偿还本金等主要业务活动建立相应的内部控制。

一、应有的内部控制

(一)授权审批

企业筹集资金属于企业重大决策,一般来讲,会在较长的时期内影响企业的运转,包括:对企业资金结构的影响;由于资本结构的变化所带来的对企业控制权的影响;对企业资金成本水平以及相关费用的影响;对企业可支配现金流的影响等。因此企业筹资活动必须经过不同层次水平的审批,包括股东大会的审批、董事会的审批、相关管理部门的审批等。

(二)不相容职务分离

筹资业务中不相容的职务主要包括:

1. 筹资方案的拟订与决策。
2. 筹资合同或协议的审批与订立。
3. 筹资计划的编制人员应当与筹资计划的审批人员相互分离。
4. 办理债券、股票发行的人员同债券、股票的记录人员相互分离。
5. 办理筹集资金收入的人员与记录收入的人员应当相互分离。

6. 计算利息、股利的人员，支付利息、股利的人员，记录有关账簿的人员，三者应当相互分离。

例如，办理一项举债业务，应由财务部门根据对资金的需求情况向董事会或管理层提出借款申请，经董事会或管理层审批后，财务部门办理贷款的人员与金融机构商讨借款细节和签订借款合同；取得借款后，由财务部门有关会计人员负责登账记录和监督借款按用途使用；财务部门接到银行转来的结息单后，有关会计人员要核对借款合同并复核利息的计算，再交由出纳员支付款项；出纳员支付利息款后，将凭证交予有关会计人员记账；负责该项借款记账的会计人员定期与金融机构就借款的使用和余额进行核对，保证双方账目相符。现阶段，由于公司发行债券和股票都是无纸化的形式，一般不存在债券、股票的实物保管问题。

（三）筹资登记簿的控制

债券和股票都应设立相应的筹资登记簿，详细登记核准已发行的债券和股票的有关事项，如签发日期、到期日期、支付方式、支付利率、当时市场利率、金额等。登记的同时应对不同的筹资项目进行编号，对于增资配股更要详细登记，必要时可以备注形式充分说明。

（四）会计记录控制

对筹资业务的会计控制，除了要通过会计系统提供及时、可靠的负债、所有者权益方面的信息外，还要依靠严密的账簿和凭证，实施对筹资活动的会计记录控制。筹资业务的会计处理较为复杂，公司必须保证及时地按正确的金额、合理的方法，在适当的账户和合理的会计期间予以正确记录。对于债券，公司应当选用适当的溢价、折价的摊销方法。对于发行在外的股票，公司要定期核对持有本公司股票的前十大股东的名单及持股数量；公司利息、股利的支付必须计算正确后记入相应账户。

二、筹资业务的控制测试程序

筹资活动由借款交易和股东权益交易组成，企业的借款交易涉及短期借款、长期借款和应付债券，其内部控制制度基本类似。股东权益增减变动的业务较少，但金额较大，注册会计师在审计中一般直接进行实质性测试。本章以下内容仅以债务筹资为例，简要介绍筹资业务的控制测试程序。

（一）了解筹资业务的内部控制

注册会计师可以通过询问相关人员、观察相关人员的活动、审阅和检查筹资业务内部控制的文件和记录等方法对内部控制加以了解，并结合企业实际情况，采用调查表、文字表述或流程图等形式，及时、适当地记录了解到的内部控制情况。上述程序是风险评估程序的一个组成部分。在筹资业务环节，了解该业务循环内部控制的基本情况主要通过调查表的方式进行，了解的主要内容包括：不相容职务分离控制、授权审批控制、筹资决策控制、筹资决策执行控制、偿付控制。具体的调查内容如表13－1所示。

表13－1　　筹资业务循环内部控制调查

被审计单位名称		调查人及日期			
被审会计报表属期		复核人及日期			
控制环节及控制点调查	调查结果				
	是	否	不适用	备注	
一、岗位分工					
1. 企业是否建立筹资业务的岗位责任制，明确相关部门和岗位的职责、权限？					
2. 办理筹资业务的不相容岗位是否相互分离？					
3. 企业是否由同一部门或个人办理筹资业务的全过程？					
4. 办理筹资业务的相关人员是否有足够的专业胜任能力？					
二、授权审批					
1. 企业是否对筹资业务建立严格的授权审批制度？					
2. 授权审批制度是否明确授权审批的方式、程序和相关控制措施？					
3. 是否存在未经授权的机构或人员办理筹资业务？					
4. 实际中是否存在审批人超越授权范围审批的筹资业务，经办人拒绝办理并及时报告事件？					
三、筹资决策控制					
1. 企业是否对筹资预算的编制和审批、筹资方案拟定、筹资决策程序等建立了控制制度？					
2. 企业对重大筹资方案是否进行风险评估，形成评估报告，报董事会或股东大会审批？					
3. 对于重大筹资方案，是否实行集体决策审批或者联签制度，并对决策过程形成完整书面记录？					
4. 企业是否建立了筹资决策责任追究制度？					

续表

控制环节及控制点调查	调查结果			
	是	否	不适用	备注
四、筹资执行控制				
1. 重大筹资合同或协议的订立,是否根据需要征询法律顾问或专家的意见?				
2. 企业变更筹资合同或协议,是否按照原授权审批程序进行?				
3. 企业是否建立相关支出保证筹资款按时取得,并及时入账?				
4. 企业是否根据筹资规定的用途使用,改变用途是否经过审批手续?				
5. 企业是否建立相关制度,对筹资合同的履行进行持续监控?				
五、偿付控制				
1. 企业是否指定财会部门严格按照合同或协议规定的本金、利率及比重计算利息?				
2. 企业支付的利息、股利是否履行审批手续,并经授权人批准后支付?				
3. 企业以抵押、质押方式筹资,是否对抵押物资进行登记,并在业务终结后,对抵押或质押资产进行清理、结算、及时注销有关担保内容?				
4. 企业是否对筹资业务有关的各种文件和凭据进行专门的管理?				

(二)测试筹资业务的内部控制

注册会计师在了解筹资业务的内部控制之后,如果准备信赖相关的内部控制,就要对筹资业务内部控制的执行是否有效进行测试。注册会计师应当从下列方面获取关于控制是否有效运行的审计证据:①控制在所审期间的不同时点是如何运行的;②控制是否得到一贯执行;③控制由谁实施;④控制以何种方式运行。控制测试强调的是控制能够在各个不同的时点按照既定设计一贯执行。在财务报表审计中,注册会计师进行控制测试的主要目的是为了减少实质性测试的工作量。当然,如果企业筹资业务较少,注册会计师可以根据成本效益原则决定直接进行交易的实质性程序。筹资循环控制测试程序如表 13 – 2 所示。

(三)评价筹资业务的内部控制

注册会计师了解筹资业务的内部控制要点之后,测试其执行是否有效,从而最终对筹资业务的内部控制进行分析、评价。在评价环节应考虑相关的内部控制是否完善,能否达到控制的目的。

表 13－2　　筹资循环内部控制测试

被审计单位名称		编制人		编制日期		索引号
财务报表期间		复核人		复核日期		页次
测试内容	测试程序			执行情况说明		底稿索引号
筹资决策	(1)抽查若干筹资业务，检查相关资金使用预算是否由财务部门按规定编制，并有财务经理签字 (2)抽查若干筹资业务，检查筹资计划是否按规定授权批准 (3)对于重大筹资业务，是否有董事会核准的书面决议					
筹资执行	(1)抽查若干筹资合同，检查合同是否经过相应层级审批 (2)抽查若干筹资业务，检查相关资产的取得与账务处理是否及时，入账价值是否正确 (3)抽查筹资项目，检查企业是否按照筹资计划规定的用途使用筹集的资金					
筹资偿付	(1)选择若干月份利息费用计算表，验证利息计算的正确性，并追查有无少计负债的情况 (2)检查股利发放是否有董事会决议 (3)抽取一定数量的支付利息的支票存根，核实债权人是否收到；根据股东明细账，选择若干股利支付存根，向股东核实股利的支付					

第四节　筹资交易的实质性程序

在上述控制测试过程中，注册会计师通过抽取一定数量筹资交易，重点关注筹资交易的控制措施，审查相关控制是否得到有效执行。筹资循环通常包含的交易数量较少，在实务工作中，通常可以将筹资业务的控制测试和交易的实质性结合起来一起进行双重目的测试，在对交易相关控制点进行测试的同时关注交易数额，审查这些交易是否得到了准确、真实的处理，相应的账户余额是否准确。筹资交易的实质性程序如下。

一、确定登记入账的筹资业务是否真实

确定登记入账的筹资业务是否真实与“存在”认定有关，为实现这一目标，注册会计师可实施的实质性程序有：

(1)核证短期借款、长期借款、应付债券、股本等账户至与借款或证券发行有关的原始凭证(如索取相应的授权文件、借款合同或协议、承销或包销协议等)。

(2)核证短期借款、长期借款、应付债券、股本等账户至收入现金的收据、汇款通知书及相关的银行对账单、验资报告，以确认投资业务是否实际发生。

(3)核证短期借款、长期借款、应付债券、股本等账户至偿还本金支票，以确认负债偿还业务是否实际发生。

(4)审查应计利息和应付股利账户，并追查至用以偿还债券利息和现金股利的支票存根、董事会和股东大会有关股利分配的决议，并确定所支付利息、股利是否真实、正确。

二、确定已发生的筹资业务是否均已登记入账

确定已发生的筹资业务是否均已登记入账与“完整性”认定有关。为实现这一目标，注册会计师通常从收入现金的收据、汇款通知书、银行对账单、验资报告等凭证追查至银行借款、应付债券、股东明细账和有关总账。

三、确定已登记入账的筹资业务估价是否准确

确定已登记入账的筹资业务估价是否准确与“计价与分摊”认定有关。为实现这一测试目标，注册会计师通常采用下列审计程序：

(1)将已入账的筹资额与筹资合同、协议、验证报告中确定的金额、收款凭证中的金额进行核对。

(2)根据借款合同复核借款利息的计算。

(3)复核应付债券利息费用和溢价(折价)摊销的计算。

(4)复核应付股利的计算。

四、确定登记入账的筹资业务分类是否正确

确定登记入账的筹资业务分类是否正确与“分类”认定有关。为实现这一审计目

标，注册会计师通常通过审查原始凭证、合同等资料和所记录账户来测试登记入账的筹资业务的分类是否正确，是否正确区分负债筹资和所有者权益筹资，是否根据借款期限不同分别计入“短期借款”和“长期借款”账户。

五、确定筹资业务的记录是否及时

在执行估价测试的同时，将支票存根、银行对账单中的收款日期与借款明细账、股东明细账中的日期进行比较，查看是否存在重大差异。

六、确定筹资业务是否已正确计入明细账并准确地汇总

为测试过账和汇总的准确性，注册会计师通常加计短期借款明细账、长期借款明细账，并与过入短期借款总账、长期借款总账的数额核对是否相符。

第五节　银行借款审计

筹资循环涉及的报表项目有银行借款、应付债券、股本等。在股票、债券等金融市场融资受限的情况下，银行借款是我国多数企业筹集资金的主要手段。以下主要以银行借款审计为例，对筹资循环余额审计的实质性程序进行说明。

一、银行借款审计的目标

银行借款是指企业向银行或其他非银行金融机构借入的、需要还本付息的款项，包括偿还期限超过1年的长期借款和不足1年的短期借款。一般而言，除为了隐瞒利润等少数情况外，企业负债金额不会被高估。注册会计师对银行借款的审计，主要是防止企业低估负债从而低估成本达到高估利润的目的。

银行借款的审计目标主要包括：

（1）确定所记录的银行借款是否存在。

（2）确定所有应记录的银行借款是否均已记录。

（3）确定记录的短期借款是被审计单位应当履行的现时义务。

（4）确定银行借款以恰当的金额包括在财务报表中，与之相关的计价调整已恰当记录。

（5）确定银行借款已按照企业会计准则的规定在财务报表中做出恰当披露。

二、短期借款的实质性程序

对短期借款进行实质性测试,注册会计师应根据被审计单位年末短期借款余额的大小、占负债总额的比重、以前年度发现问题的多少以及相关内部控制制度的强弱等确定短期借款的实质性测试的审计程序和方法。一般而言,注册会计师对于短期借款的实质性测试应包括以下内容:

(1)获取或编制短期借款明细表。注册会计师首先应取得或编制短期借款明细表,复核加计正确,并将其与短期借款所属各明细科目、总账和报表数核对相符。

(2)审查短期借款的合理性。审核短期借款的法律文件及各原始凭证的内容,根据借款合同,结合市场行情分析审查借款的必要性、合理性,提出改进建议。关注企业短期借款是否符合筹资规模和筹资结构的要求,是否严格控制有关短期借款的财务风险,有无将短期借款用于长期款项支出等不合理的筹资情况。

(3)函证短期借款。注册会计师应在期末短期借款余额较大或认为必要时向银行函证短期借款。

(4)审查短期借款的增加。对年度内增加的短期借款,注册会计师应检查借款合同和授权批准,了解借款数额、借款条件、借款归期、还款期限、借款利率,并与相关会计记录相核对。

(5)审查短期借款的减少。对年度内减少的短期借款,注册会计师应检查相关记录和原始凭证,核实还款数额。验证短期借款账户借方发生额同有关支票存根是否相符,相关会计记录是否正确。

(6)检查有无到期未偿还的短期借款。注册会计师应计算企业的流动比率和速动比率,验证短期借款的偿还能力;审查相关记录和原始凭证,检查被审计单位年末有无到期未偿还的借款,如有,应查明是否已向银行提出申请并经同意后办理延期手续,分析计算逾期贷款的金额、比率和期限,判断被审计单位的偿债能力和资信程度。

(7)复核短期借款利息。注册会计师应根据各项借款的日期、利率、还款期限,复核被审计单位短期借款的利息计算是否正确,有无多算或少算利息的情况。

(8)审查外币借款的折算。注册会计师应审查外币短期借款的增减变动是否按业务发生时的市场汇率或期初市场汇率折合为记账本位币;期末是否按市场汇率将外币短期借款余额折合为记账本位币;折算方法前后期是否一致;折算差额是否按规定进行处理。

(9)确定短期借款在资产负债表上的反映是否恰当。短期借款通常在资产负债表的流动资产下单独列示,对于因抵押而取得的短期借款,应在资产负债表附注中披露。

三、长期借款的实质性程序

长期借款是指企业由于扩大生产经营规模的需要，向银行或其他金融机构借入的、偿还期为1年(不含)以上的借款。同短期借款的实质性测试相类似，注册会计师在进行长期借款的实质性测试时，一般需要执行的程序包括：

(1)获取或编制长期借款明细表。注册会计师应首先获取长期借款明细表，复核其加计数是否正确，并与明细账、总账和报表数核对相符。

(2)了解金融机构对被审计单位的授信情况以及被审计单位的信用等级评估情况，了解被审计单位获得短期借款和长期借款的抵押和担保情况，评估被审计单位的信誉和融资能力。

(3)向银行或其他债权人函证重大的长期借款。

(4)审查长期借款的增减变动。对年度内增加的长期借款，应检查借款合同和授权批准，了解借款数额、借款条件、借款日期、还款期限、借款利率，并与相关会计记录相核对；对年度内减少的长期借款，注册会计师应检查相关记录和原始凭证，核实还款数额。

(5)检查借款期限。检查一年内到期的长期借款是否已转列为流动负债；检查年末有无到期未偿还的借款，逾期借款是否办理了延期手续，分析计算逾期贷款的金额、比率和期限，判断被审计单位的资信程度和偿债能力。

(6)审查借款的利息支出。根据短期借款、长期借款在各月的平均余额匡算利息支出总额，并与财务费用的相关记录核对，判断被审计单位是否高估或低估利息支出。

(7)审查抵押长期借款。审查企业长期借款的抵押资产的所有权是否属于企业，其价值和现实状况是否与抵押契约中的规定相一致。

(8)审查长期借款使用的合理性。审查长期借款的使用是否符合借款合同的规定。

(9)审查外币长期借款。检查非记账本位币折合记账本位币所采用的折算汇率，折算差额是否按规定进行会计处理。

(10)审查长期借款费用的会计处理。借款费用是企业因借入资金而付出的代价，包括借款利息、折价或者溢价的摊销和辅助费用，以及因外币借款而发生的汇兑差额等，因专门借款而发生的辅助费用包括手续费等。企业发生的借款费用，可直接归属于符合资本化条件的资产的购建或者生产的，应当予以资本化，计入相关资产成本；其他借款费用，应当在发生时根据其发生额确认为费用，计入当期损益。符合资本化条件的资产，是指需要经过相当长时间的购建或者生产活动才能达到预定可使用或者可销售状态的固定资产、投资性房地产和存货等资产。《企业会计准则第17号——借款费用》规定借款费用同时满足下列条件的，才能开始资本化：

第一，资产支出已经发生。资产支出包括为购建或者生产符合资本化条件的资产而以支付现金、转移非现金资产或者承担带息债务形式发生的支出。

第二，借款费用已经发生。

第三，为使资产达到预定可使用或者可销售状态所必要的购建或者生产活动已经开始。

注册会计师应当关注以上资本化的条件，同时还应关注利息的资本化金额的计算是否正确、资本化的暂停和停止是否正确。在资本化期间内，每一会计期间的利息资本化金额不应当超过当期相关借款实际发生的利息金额。

(11)检查企业重大的资产租赁合同，判断被审计单位是否存在资产负债表外融资的现象。

(12)确定长期借款是否已在资产负债表上充分披露。长期借款的期末余额应扣除将于1年内(含1年)到期的长期借款，在资产负债表的非流动负债项下单独列示，该项扣除数则在流动负债项下的"一年内到期的非流动负债"中反映。注册会计师应根据审计结果，审查长期借款在资产负债表上是否充分反映，并注意长期借款的抵押和担保是否已在财务报表附注中做了充分的说明。

本章小结

本章首先从筹资循环的业务特点出发，介绍了筹资循环的主要业务活动和凭证、可能存在的错误与舞弊，在此基础上以债务筹资为例，介绍了筹资循环应有的内部控制、对内部控制的了解和常见的控制测试程序。之后，以银行借款为例阐述了筹资循环交易和账户余额的实质性测试程序。

本章关键词汇

筹资循环内部控制	Internal controls of finance cycle
筹资循环控制测试程序	Test of controls over finance cycle
筹资循环交易的实质性程序	Substantive test over finance – cycle transactions

资金来源	Source of fund
股票	Shares
债券	Bonds
银行借款细节测试	Detailed test over bank loans

思考与练习题

1. 筹资循环的业务特征是什么?

2. 筹资循环的关键控制点和控制措施有哪些?

3. 企业可能的筹资方式有哪些? 各自有什么利弊?

4. 诚信会计师事务所接受委托对四通股份有限公司进行2021年度财务报表审计。针对筹资循环,审计人员主要执行的程序有:

(1)了解业务活动及控制的设计。四通公司的债务筹资涉及短期借款、长期借款、财务费用、应付债券等,筹资文件记录较为完整,筹资职责分工明确,主要包括负债筹资方案的拟定与决策,合同或协议的审批与订立,与负债筹资有关的各种款项偿付的审批与执行,业务执行与相关会计记录等职责分离。公司现行的负债筹资政策和程序经董事会批准,如需对该项政策和程序做出任何修改,均应经董事会批准后方能执行。审计人员认为这些政策和程序设计合理并得到执行。

(2)审计人员进一步实施了控制测试。审计人员发现,四通公司筹资环节内部控制得到有效实施,各项借款和应付债券的入账均是在审核各种必要的凭证后进行的,存在的主要问题是:虽然编制了借款计划,但是没有按计划使用借款,虚设技改项目,从银行套取现金用于投资,违反长期借款合同约定。

(3)根据上述情况审计人员认定公司筹资环节存在一定的重大错报风险。

思考并分析:审计人员应当实施的实质性程序有哪些?

5.(接上题)假设审计人员发现如下问题:

(1)四通公司将不属于财务费用性质的支出列入财务费用。经审查,2021年12月30日的第102号凭证分录为:

借:财务费用　　300 000

　贷:长期借款　　300 000

其摘要为工程借款利息支出。审计人员与原始凭证核对,并实际查验工程,该工程尚未竣工。

(2)审查发现四通公司溢价发行企业债券,其实际收到金额与债券票面金额的差额没有在债券存续期间采用实际利率法进行摊销。四通公司2021年1月1日以120万元的价格发行面值为100万元的5年期债券,票面利率12%。该公司2021年12月30日的第114号凭证的会计分录是:

借:财务费用　　120 000

　贷:应付债券——应计利息　　120 000

要求:请代为编制相应调整分录。

思政小课堂

北京首钢股份有限公司的一则停牌公告:

关于中国证监会上市公司并购重组委员会审核公司发行股份购买资产并募集配套资金暨关联交易事项的停牌公告。

本公司及董事会全体成员保证信息披露的内容真实、准确、完整,没有虚假记载、误导性陈述或重大遗漏。

中国证券监督管理委员会(以下简称"中国证监会")于2021年3月25日公布了《并购重组委2021年第6次工作会议公告》,中国证监会上市公司并购重组审核委员会(以下简称"并购重组委")定于2021年3月31日上午9:00召开2021年第6次并购重组委工作会议,审核北京首钢股份有限公司(以下简称"公司")发行股份购买资产并募集配套资金暨关联交易事项。

为维护广大投资者利益,避免引起公司股价异常波动,根据《上市公司重大资产重组管理办法》《关于完善上市公司股票停复牌制度的指导意见》等相关规定,经向深圳证券交易所申请,公司股票(证券简称:首钢股份,证券代码:000959)将自2021年3月31日开市起停牌,待并购重组委审核结果公布后,公司将及时履行信息披露义务并申请股票复牌。

公司本次发行股份购买资产并募集配套资金暨关联交易事项尚需获得中国证监会核准,能否获得核准尚存在不确定性。公司将根据中国证监会对该事项的审核进展情况,及时履行信息披露义务,敬请广大投资者注意投资风险。

请同学们讨论企业的筹资活动会给投资者和债权人带来哪些影响?国有企业有哪些社会责任?

第十四章

投资循环审计

本章导读

本章主要阐述投资循环的特征、主要业务活动、控制测试和相关账户余额的实质性程序。通过本章的学习，重点掌握长期股权投资的实质性程序，了解投资循环的业务特点，理解投资循环应有的内部控制和控制测试。

投资业务非企业日常经营活动，难点主要在于本循环涉及的金融资产及长期股权投资会计核算较为复杂，建议安排2课时。

第一节　投资循环的特征

一、投资循环涉及的主要业务流程

企业在经营过程中为了保持资产的流动性和盈利性，将资产投放于证券或其他企业，即形成投资业务。投资业务主要有以下环节。

（一）审批授权

一般情况下，企业根据投资的性质和金额建立授权审批制度。投资业务应由企业的高层管理机构进行审批。审批的主要内容包括:投资的理由是否恰当;投资行为与企业的战略目标是否一致;投资收益的估算是否合理;影响投资的其他因素是否被充分考虑等。所有投资决策都应当经审批确认后,方可执行。

(二)取得证券或其他投资

企业可以通过委托理财或直接购买的方式进行股票或债券的投资,也可以单独投资或与其他单位进行合资、联营,形成投资。

(三)取得投资收益

通过投资活动,企业可以取得股利收入、利息收入和其他投资收益等。

(四)转让证券或收回其他投资

如果以购买有价证券的形式投资,企业可以通过转让证券实现投资收回。如果是单独投资或与其他单位联合经营形成的投资,只有在转让股权、合资或联营期满,或由于特殊原因提前解散时,才能收回投资。

二、涉及的主要凭证

投资循环涉及的主要凭证包括:

(1)债券投资凭证,载明债券持有人与发行企业双方所拥有的权利与义务的法律性文件。其内容一般包括:债券发行的标准,利息或利息率,登记和背书,债券发生拖欠情况的处理,抵押债权的担保资产,建立偿债基金的承诺以及利息支付和本金偿还的方式等。

(2)股票投资凭证,分为买入凭证和卖出凭证,记载股票投资交易业务,包括交易数量、被投资公司、股票交易价格、交易成本、交易日期、结算日期、结算日金额合计。

(3)股东证书,载明股东所有权的证据,记录所有者持有被投资公司股票的数量和类型(普通股还是优先股等)。

(4)股利收取凭证,向所有股东分发股利的文件,标明股东、股利数额、每股股利、被审计单位在交易最终日期持有的总股利金额。

(5)长期股权投资协议。

(6)有关的会计账簿,包括投资总分类账和投资明细分类账。

第二节 常见的错误与舞弊

由于投资核算本身的难度和其对财务报告的重大影响,会计实务中与投资相关的错误和舞弊较为普遍。投资循环常见的错误和舞弊主要表现在:

(1)投资盲目。例如,对外投资,尤其重大投资项目未进行可行性研究,盲目投资造成重大损失浪费。一些重大投资项目董事会的批准手续不完备。

(2)长期股权投资账实不符。长期股权投资持有期间发生减值,应借记"资产减值损失(计提的长期股权投资减值准备)"科目,贷记"长期股权投资减值准备"科目。一些企业对发生减值的长期股权投资不计提减值准备,虚增长期股权投资账户余额,高估本期利润。

(3)随意改变长期股权投资的会计核算方法。根据企业会计准则,投资企业能够控制被投资单位应当采用成本法核算,对被投资单位具有重大影响或共同控制应当采用权益法核算。一些企业根据业绩需要随意改变长期股权投资的核算方法。

(4)以对外投资为名,弄虚作假套取或抽逃资金。一些企业打着投资的幌子,谎称要投资大型建设项目,转移企业资金。

(5)转让、出售或收回的投资不入公司账,借机转移、隐藏财产物资,转移资金,损害投资者利益。

第三节 应有的内部控制与控制测试

一、投资业务应有的内部控制

(一)授权审批控制

企业进行对外投资,首先要有投资计划。投资计划中详细说明投资的对象、投资目的、影响投资收益的风险。投资计划在执行前必须经过严格的审批授权。企业应当建立严格的对外投资业务授权批准制度,明确审批人的授权批准方式、权限、程序、职责等相关控制措施,规定经办人的职责范围和工作要求。审批人应当根据对外投资授权批准制度的规定,在授权范围内进行审批,不得越权审批。经办人应当在职责范围内,照审批人的意见办理对外投资业务。公司大规模的投资活动，如利用闲置资金购入短期有价证券或出让有价证券，也应由董事会授权，交于财务人员办理。对外投资的授权控制，一是为了保证投资效益，降低投资风险；二是为了避免个人擅自挪用资金，防止财产流失。企业应当在有关的工作人员职责权限或资金管理办法中，规定动用资金对外投资和投资资产处置的审批手续和业务流程。

（二）职责分离控制

公司合法的投资业务，应在业务的授权、执行、纪律与资产的保管等方面都有明确合理的分工，不得由一人同时负责上述任何两项工作。投资业务不相容职务有：投资项目可行性研究报告编制人员与投资计划编制人员分离；投资计划编制人员与审批人员分离；投资业务执行人员与会计记录人员分离；有价证券保管人员与会计记录人员分离；有价证券操作人员、保管人员不能同时负责有价证券的盘点工作；股利或股息的经办人员与会计记录人员分离；投资处置审批人员与执行人员分离。

（三）投资资产安全保护控制

对于企业所拥有的投资资产（股票、债券及国库券等），应建立完善的定期核对制度。如企业拥有的投资资产没有具体的实物形态，公司应与其开户证券公司定期核对证券交易业务，以保障投资资产安全。

（四）会计控制

企业的投资资产无论是自行投资操作还是委托他人操盘，都要进行完整的会计记录，并对其增减变动及投资收益进行相关会计核算。具体而言，应对每一种股票或债券分别设立分类账，并详细记录其名称、数量、取得日期、经纪人（券商）名称、购入成本、收取的股息或利息、卖出情况等；对于联营投资类的其他投资，也应设置明细分类账，核算其他投资的投出及其投资收益和投资收回等业务，并对投资的形式（如流动资产、固定资产、无形资产等）、投向（即接受投资单位）、投资的计价以及投资收益等做详细的记录。

另外，企业应建立严格的记名登记制度。企业在投入股票或债券时，应在购入的当日将其登记于企业名下，切忌登记于经办人员名下，以防止冒名转移并借其他名义谋取私利的舞弊行为发生。

二、投资循环的控制测试程序

（一）了解投资业务的内部控制

注册会计师应通过询问被审计单位有关人员和查阅有关内部控制文件，了解被审计单位内部控制的情况，也可采用调查问卷形式，了解企业是否存在投资内部控制。一般而言，应了解的内部控制的内容如表 14 - 1 所示。

表 14－1 投资业务内部控制调查问卷表

被审计单位名称		编制人		编制日期		索引号
财务报表期间		复核人		复核日期		页次
调查问题		调查结果				备注
		是	否		不适用	
			较轻	较重		
1. 各项投资是否订立投资协议？						
2. 重大投资合同、协议是否经过企业主管领导批准？						
3. 投资签约、经办与审批职责是否分离？						
4. 有价证券实物保管与账务记录是否分离？						
5. 管理部门是否定期检查有价证券实物？						
6. 投资购买的有价证券是否均以企业名义登记？						
7. 长期股权投资存在减值现象的，是否按照规定计提减值准备？						
8. 投资的本息是否按照投资协议的约定回收？						
9. 投资的入账是否在取得和审核各种必要的凭证后进行？						

（二）测试投资业务的内部控制

注册会计师根据了解的投资业务活动、评价控制设计及其是否得到执行所获取的审计证据，实施进一步审计程序，即控制测试和实质性程序。测试投资控制运行有效性的工作包括：针对了解的被审计单位投资的控制活动，确定拟进行测试的内部控制，测试其运行的有效性，记录测试过程并形成内部控制测试结论。根据测试结论，确定对投资循环拟实施的实质性程序的性质、时间和范围。

在制造业企业或零售行业中，投资交易较少发生，注册会计师在了解相关内部控制之后，即对投资业务和期末余额进行实质性程序。

（三）评价投资业务的内部控制

注册会计师完成上述各步骤后，取得了有关内部控制是否健全、有效的证据，并在工作底稿中标明了内部控制的强弱，即可对内部控制进行评价，确定对投资内部控制的可信赖程度，进而确定实质性程序的性质和范围。

第四节　投资交易的实质性测试

投资交易的实质性测试是对投资过程及其会计处理过程进行审查，对投资交易是否发生、完整性及相关的估价等进行确认。

一、确认投资交易的发生

投资交易的发生，即测试登记入账的某些投资交易是否确实发生，注册会计师通过对抽取的投资业务追查，如核证相关投资账户、有关的原始凭证，索取相应的授权文件、投资合同以及被投资单位的出资证明、被投资单位开具的收据、汇款通知书、验资报告、银行对账单等，以确定对外投资是否真实。

二、确认投资交易的完整性

投资交易的完整性即审查是否所有应当记录的交易都已经被记录下来。对完整性进行审查时，应当检查一些基础性的凭证，再进一步追查是否有相应的会计记录。为验证投资交易的完整性，注册会计师通常通过检查年度内投资增减变动的原始凭证、投资合同或协议等，并与相应的明细账和总账核对，以测试已发生的投资业务是否均已登记入账。

三、确认投资交易的计价

投资交易的计价即对投资所涉及的计量和确认的准确性进行测试。为实现这一审计目标，注册会计师通常采用下列程序：

（1）将已入账的投资额与投资合同、出资证明、付款凭证中的金额进行核对。

（2）核算投资减值准备的计提是否合理、正确。

（3）复核债券投资溢（折）价的摊销和利息收入的计算。

（4）根据投资合同、出资证明等复核长期股权投资的核算方法是否合理，投资收益的计算是否合理、正确。

四、确认交易记录是否及时

注册会计师在进行估价实质性程序的同时，将记录投资业务增减原始凭证中的日期与相关投资账户进行比较,以确定投资业务的记录是否及时。如有重大差异,就可能存在截止期限上的错误,需要进行截止测试。

五、测试投资交易分类是否正确

注册会计师通常情况下可以在真实性测试、完整性测试和估价测试时,通过审查原始凭证、合同等资料和所记录账户来测试登记入账的投资业务的分类是否正确。通过审查投资合同并与记录该业务的账户核对,以确定被审计单位是否根据投资的意图分别正确计入"交易性金融资产""持有至到期投资""可供出售金融资产""长期股权投资"等账户。

六、测试投资业务是否已正确计入明细账并准确地汇总

为测试过账和汇总的准确性,注册会计师通常加计各相关投资明细账,追查过入各投资总账的数额,并与对应的明细账核对相符。

第五节　长期股权投资审计

投资循环涉及的主要账户有长期股权投资和《企业会计准则——金融工具》规范的交易性金融资产、可供出售的金融资产、持有至到期投资。长期股权投资往往关系到企业未来盈利及发展前景,核算复杂、涉及金额较大,固有风险相对较高,是会计核算中的一个难点,因此是注册会计师审计的重点。本节以长期股权投资为例,介绍长期股权投资账户余额的实质性程序。

一、长期股权投资审计的目标

长期股权投资是指企业持有的对其子公司、合营企业及联营企业的权益性投资以及企业持有的对被投资单位不具有控制、共同控制或重大影响,且在活跃市场中没有报价、公允价值不能可靠计量的权益性投资。

长期股权投资的审计目标一般包括:确定资产负债表中列示的长期股权投资是否存在;确定所有应当列示的长期股权投资是否均已列示;确定列示的长期股权投资是否由被审计单位拥有或控制;确定长期股权投资是否以恰当的金额包括在财务报表中,与之相关的计价调整是否已恰当记录;确定长期股权投资是否已按照企业会计准则的规定在财务报表中做出恰当列报。

二、长期股权投资的实质性程序

(一)获取或编制长期股权投资明细表

获取或编制长期股权投资明细表,复核加计正确,并与总账数和明细账合计数核对相符。

本程序是注册会计师用来确定被审计单位长期股权投资的重要审计工作底稿,在具体测试时应注意长期股权投资明细表、总账、明细账核对是否相符,并结合长期股权投资减值准备科目与报表数核对是否相符。同时,也应了解证券存放地点,为实际清点有价证券做好准备。

(二)分析性复核

注册会计师可以通过分析投资收益占利润总额的比例,判断被审计单位盈利能力的稳定性;通过长期股权投资的结构分析,判断长期股权投资的安全性,并要求被审计单位估计潜在的长期股权投资损失;将重大投资项目与以前年度进行比较,分析是否存在异常变动。

(三)审查长期股权投资的核算方法

确定长期股权投资是否存在,并归被审计单位所有;根据管理层的意图和能力,确定其分类、核算方法是否正确。

分析被审计单位管理层的意图和能力,检查有关原始凭证,验证长期股权投资分类的正确性(分为对子公司、联营企业、合营企业和其他企业的投资四类),是否不包括应由金融工具确认和计量准则核算的长期股权投资。

根据有关合同和文件,确认长期股权投资的持股比例和时间,长期股权投资核算方法是否正确。审查长期股权投资是否根据不同情况分别采用成本法或权益法核算:

1. 审查采用成本法核算的恰当性。成本法适用的情况有两种:①投资企业能够对被投资单位实施控制的长期股权投资;②投资企业对被投资单位不具有共同控制或重大影响,并且在活跃市场中没有报价、公允价值不能可靠计量的长期股权投资。

控制,是指有权决定一个企业的财务状况和经营政策,并能据以从该企业的经营活动中获取利益。投资企业能够对被投资单位实施控制的,被投资单位为其子公司,投资企业应将子公司纳入合并财务报表的范围。投资企业对子公司的长期股权投资应当采用成本法核算,编制合并财务报表时,应当按照权益法进行调整。

2. 审查采用权益法核算的恰当性。投资企业对被投资单位具有共同控制或重大影响的长期股权投资,即对合营企业投资及联营企业投资,应当采用权益法核算。

重大影响,是指投资方对被投资方的财务和经营政策有参与决策的权利,但并不能够控制或者与其他方一起控制这些政策的制定。实务中,较为常见的重大影响体现为在被投资单位的董事会或类似权力机构中派有代表，通过在被投资单位财务和经营决策制定过程中的发言权实施重大影响。投资方直接或通过子公司间接持有被投资单位20%以上但低于50%的表决权股份时，一般认为对被投资单位具有重大影响，除非有明确的证据表明该种情况下不能参与被投资单位的生产经营决策，不形成重大影响。在确定能够对被投资单位实施重大影响时，一方面应考虑投资方直接或间接持有被投资单位的表决权股份，同时要考虑投资方及其他方持有的当期可执行潜在表决权在假定转换为对被投资单位股权后产生的影响，如被投资单位发行的当期可转换的认股权证、股份期权及可转换公司债券等的影响。

注册会计师通过了解企业和被投资企业历次出资、股权转让、股东资金来源情况，核查是否投资企业和被投资企业属于同一控制，所持股权比例、委派董事和高管人员情况，依据实质重于形式原则，确认企业长期股权投资后续核算选择成本法/权益法是否合理。

(四)审查长期股权投资的初始计量是否正确

长期股权取得时，应按初始投资成本入账。注册会计师应审查长期股权投资初始投资成本的合规性，即长期股权投资的入账价值是否符合企业会计准则以及投资合同、协议的规定，会计处理是否正确。对于重大投资项目，应查阅董事会决议，并取证。具体测试时注册会计师应检查：

1. 企业合并形成的长期股权投资，是否按照下列规定确定其初始投资成本：

(1)同一控制下的企业合并中，合并方以支付现金、转让非现金资产或承担债务的方式作为合并对价的，应当在合并日按取得被合并方所有者权益账面价值的份额作为长期股权投资的初始投资成本，长期股权投资的初始投资成本与支付的现金、转让的非现金资产及所承担债务账面价值之间的差额，应当调整资本公积(资本溢价或股本溢价)；资本公积(资本溢价或股本溢价)不足冲减的，应依次借记“盈余公积”“利润分配——未分配利润”科目。合并方发生的审计、法律服务、评估咨询等中介费用以及其他相关管理费用，应当于发生时计入当期损益(管理费用)。

(2)合并方以发行权益性证券作为合并对价的，应当在合并日按照取得被合并方所有者权益账面价值的份额作为长期股权投资的初始投资成本，按照发行股份的面值总额作为股本，长期股权投资初始投资成本与所发行股份面值总额之间的差额，应当调整资本公积；资本公积不足冲减的，调整留存收益。

(3)对于非同一控制下合并形成的长期股权投资，购买方应当按照确定的企业合并成本(包括购买方付出的资产、发生或承担的债务、发行的权益性证券的公允价值之和)作为长期股权投资的初始投资成本。审查时应注意，被审计单位在购买日是否按企业合并成本(不含自被投资单位收取的现金股利或利润)，借记“长期股权投资”科目,按享有被投资单位已宣告但尚未发放的现金股利或利润,借记“应收股利”科目,按支付合并对价的账面价值,贷记或借记有关资产、负债科目,按其差额,贷记“营业外收入”“投资收益”等科目,或借记“营业外支出”“投资收益”等科目;发行的直接相关费用,借记“管理费用”科目,贷记“银行存款”等科目。

2. 除企业合并形成的长期股权投资以外,其他方式取得的长期股权投资,是否按照下列规定确定其初始投资成本:

(1)对于支付现金取得的长期股权投资,应当按照实际支付的购买价款作为长期股权投资的初始投资成本,包括与取得长期股权投资直接相关的费用、税金及其他必要支出。

(2)以发行权益性证券方式取得的长期股权投资,其成本为所发行权益性证券的公允价值,但不包括已宣告但尚未发放的股利,发行权益性证券支付给有关证券承销机构等的手续费、佣金等与权益性证券发行直接相关的费用,不构成长期股权投资的成本,该部分费用应从权益性证券溢价发行的收入中扣除,不足冲减的,应冲减盈余公积和未分配利润。

(3)投资者投入的长期股权投资,以投资合同或协议约定的价值为初始投资成本,但合同或协议约定不公允的除外。

(4)通过非货币性资产交换取得的长期股权投资,其初始投资成本应当按照《企业会计准则第 7 号——非货币性资产交换》确定。

(5)通过债务重组取得的长期股权投资,其初始投资成本应按照《企业会计准则第 12 号——债务重组》确定。

(五)审查长期股权投资的后续会计处理是否正确

1. 采用成本法核算的长期股权投资,除追加或收回投资外,长期股权投资的账面价值一般应保持不变。追加或收回投资应当调整长期股权投资的成本。

除取得投资时实际支付的价款或对价中包含的已宣告但尚未发放的现金股利或利润外,投资企业应当按照享有的被投资单位宣告分派的利润或现金股利,确认投资收益,不管有关利润分配是属于对取得投资前还是取得投资后被投资单位实现净利润的分配。具体做法是:应按被投资单位宣告发放的现金股利或利润中属于本企业的部分,借记“应收股利”科目,贷记“投资收益”科目。

2. 采用权益法核算的长期股权投资,审计人员应当分别下列情况进行检查:

(1)长期股权投资的初始投资成本大于投资时应享有被投资单位可辨认净资产公允价值的份额的,不调整长期股权投资的初始投资成本;初始投资成本小于投资时应享有被投资单位可辨认净资产公允价值份额的,按其差额调整增加长期股权投资的账面价值,并确认当期营业外收入。即检查被审计单位是否按其差额,借记“长期股权投资

(投资成本)”科目,贷记“营业外收入”科目。

(2)资产负债表日,被审计单位是否根据被投资单位实现的净利润或经调整的净利润计算应享有的份额,调整长期股权投资的账面价值,并确认为当期投资损益。即借记“长期股权投资——损益调整”科目,贷记“投资收益”科目。

被投资单位发生亏损,被审计单位是否根据应分担的亏损额,借记“投资收益”科目,贷记“长期股权投资——损益调整”科目。除投资方负有承担额外损失义务外,投资方确认被投资方发生的净亏损,应当以长期股权投资的账面价值减记至零为限,投资企业附有承担额外损失义务的除外。

(3)取得现金股利利润。按照权益法核算的长期股权投资,投资企业自被投资单位取得的现金股利或利润,应抵减长期股权投资的账面价值。注册会计师应当注意,在被投资单位宣告分派利润或现金股利时,被审计单位按照应分得的部分,是否借记“应收股利”科目,贷记“长期股权投资(损益调整)”科目;收到被投资单位发放的股票股利,是否不进行账务处理,但在备查簿中进行登记。

(4)发生亏损的被投资单位以后实现净利润的,企业计算应享有的份额,如有未确认投资损失的,首先应弥补未确认的投资损失;弥补损失后仍有余额的,借记“长期股权投资(损益调整)”科目,贷记“投资收益”科目。

(5)被投资单位确认的其他综合收益及其变动,投资企业应当按照归属于本企业的部分,相应调整长期股权投资的账面价值,同时增加或减少其他综合收益。

(6)检查投资单位除净损益、其他综合收益以及利润分配以外所有者权益的其他变动,被审计单位是否按照归属于本企业的部分,调整长期股权投资的账面价值,计入所有者权益。被投资单位除净损益以外所有者权益的其他变动,在持股比例不变的情况下,投资企业按持股比例计算应享有的份额,借记“长期股权投资(其他权益变动)”科目,贷记“资本公积(其他资本公积)”科目。

3. 对于成本法和权益法相互转换的,检查其投资成本的确定是否正确。被审计单位如果根据长期股权投资准则将长期股权投资从成本法转为权益法核算时,应检查其是否按转换时该项长期股权投资的账面价值作为权益法核算的初始投资成本。初始投资成本小于占被投资单位可辨认净资产公允价值份额的差额,是否借记“长期股权投资(投资成本)”科目,贷记“营业外收入”科目。

长期股权投资自权益法改按成本法核算的,除构成企业合并的以外,应检查其是否按终止采用权益法时投资的账面价值作为成本法核算的初始投资成本。

(六)确定长期股权投资增减变动的记录是否完整

1. 检查本期增加的长期股权投资,追查至原始凭证及相关的文件或决议以及被投资单位验资报告或财务资料等,确认长期股权投资是否符合投资合同、协议规定,会计处理是否正确。

2. 检查本期减少的长期股权投资,追查至原始凭证,确认长期股权投资的处理是否有合理的理由及授权批准手续,会计处理是否正确。

(七)期末检查长期股权投资是否减值

期末对长期股权投资进行逐项检查,以确定长期股权投资是否已经发生减值。

1. 核对长期股权投资减值准备本期与以前年度计提方法是否一致,如有差异,查明政策调整的原因,并确定政策变动对本期损益的影响,提请被审计单位做适当披露。

2. 对长期股权投资进行逐项检查,根据本投资单位经营政策、法律环境、市场需求、行业及盈利能力等的各种变化判断长期股权投资是否存在减值迹象。当长期股权投资可收回金额低于账面价值时,应将可收回金额低于账面价值的差额作为长期股权投资减值准备予以计提,并应与被审计单位已计提数相核对,如有差异,查明原因。

3. 将本期减值准备计提金额与利润表资产减值损失中的相应数字进行核对。

(八)检查长期股权投资的质押担保情况

结合银行借款等的检查,了解长期股权投资是否存在质押、担保情况;如有,应详细记录,并提请被审计单位进行充分披露。

(九)核查转移资金能力受限情况

与被审计单位人员讨论确定是否存在被投资单位由于所在国家和地区及其他方面的影响,其向被审计单位转移资金的能力受到限制的情况。如存在,则应详细记录受限情况,并提请被审计单位充分披露。

(十)检查长期股权投资的列报是否恰当

对于长期股权投资的列报应包括:

1. 子公司、合营企业和联营企业清单,包括企业名称、注册地、业务性质、投资企业的持股比例和表决权比例。

2. 各类投资的期末账面余额和年初账面余额。

3. 被投资单位向投资企业转移资金的能力受到严格限制的情况。

4. 当期累计未确认的投资损失金额。

本章小结

本章首先从投资循环的业务特点出发,介绍了投资循环的主要业务活动和凭证、可能存在的错误与舞弊、循环应有的内部控制及控制测试。结合投资循环审计过程,在了解该循环内部控制的基础上,进行控制测试并据以确定本循环交易和账户实质性测试程序的性质、时间和范围。本章以长期股权投资为例阐述了投资循环交易和账户余额常见的实质性程序。

本章关键词汇

投资循环内部控制	Internal controls over investment cycle
投资循环控制测试程序	Test of controls over investment cycle
投资循环交易的实质性程序	Detailed test over investment - cycle transactions
长期股权投资初始计量	Initial measurement over long - term share investment
成本法	Cost method
权益法	Equity method
初始计量	Initial measurement
后续计量	Subsequent measurement
金融资产	Financial asset

思考与练习题

1. 投资循环的业务特征是什么?

2. 投资循环的关键控制点和控制措施有哪些?

3. 长期股权投资可能的错误和舞弊有哪些?

4. 四通公司2022年度财务报表净利润为1 800万元,审计师李浩审计四通公司2022年度会计报表时发现:

(1)E公司系四通公司于2021年1月1日在国外投资设立的联营公司,其2022年度会计报表反映有净利润3 600万元。四通公司占E公司45%的股权比例,对其财务和经营政策具有重大影响,故在2022年度会计报表中采用权益法确认了该项投资收益1 620万元。E公司2022年度会计报表未经任何审计师审计。

(2)四通公司拥有K公司一项长期股权投资,账面价值500万元,持股比例30%。2022年12月31日,四通公司与Y公司签署投资转让协议,拟以450万元的价格转让该项长期股权投资，已收到价款300万元，但尚未办理产权过户手续。四通公司以该项长期股权投资正在转让之中为由，不再计提减值准备。

(3)四通公司2022年7月1日以资金1 500万元投资于M公司，拥有30%股份。12月31日四通公司根据M公司的报表(净利润750万元，所有者权益为2 250万元，免交所得税)确认了225万元的投资收益。审计师审计时发现M公司经审计报表为净利润－750万元，所有者权益为750万元。

(4)四通公司于2022年9月1日和H公司签订并实施了金额为5 000万元、期限为3个月的委托理财协议，该协议规定H公司负责股票投资运作，四通公司可随时核查。2022年12月1日，四通公司对上述委托理财协议办理了展期手续，并于同日收到H公司汇来的标明用途为投资收益的3 000万元款项，四通公司据此确认投资收益3 000万元。

(5)四通公司对I公司长期股权投资(无市价)为5 000万元，I公司在2022年8月已经进入清算程序。在编制2022年度会计报表时，四通公司对该项长期股权投资计提了1 000万元的减值准备。

请回答：

①针对事项(1)，审计师应当考虑发表什么意见类型？为什么？

②针对事项(2)，审计师下一步应采取什么措施？

③针对事项(3)，判断四通公司已经确认的投资收益能否确认，若尚不能确认，请列出调整分录。

④针对事项(4)，判断四通公司已经确认的投资收益能否确认，若尚不能确认，请指出审计师应进一步实施哪些审计程序？

⑤针对事项(5)，讨论四通公司对此长期股权计提的减值准备是否适当，为什么？

思政小课堂

海南矿业是一家以铁矿石采选及销售为主业的股份制企业，于2014年12月9日在上海证券交易所上市。2018年12月9日，海南矿业收到海南证监局的监管警示函：由于海南矿业未及时披露持有的中广核股权会计核算方法变更以及处置可供出售金融资产产生的投资收益对当期报表的影响，对其出具警示函并计入资本市场诚信数据库。

投资收益的确认与计量主要由《企业会计准则第2号——长期股权投资》(CAS2)和《企业会计准则第22号——金融工具确认及计量》(CAS22)进行规范。海南矿业

2017 年投资收益总额远高于其他年份,主要是长期股权投资转换为金融资产及处置可供出售金融资产所致,二者合计高达 9 639.2 万元,占当年投资收益总额的 65.7%。若扣除处置金融资产和长期股权投资所形成的不具有可重复性的投资收益,其净利润连续三年均为负数,难逃被 ST 的命运。另外,之所以 2017 年金融处置损益出现巨额增加也可能与新 CAS22 出台并于 2019 年实施有关,因为按照新 CAS22,处置可供出售的权益性金融资产将不允许将其处置价差及累计公允价值变动部分计入当期投资收益,于是趁机将“储存”在金融资产中的利润提前释放。海南矿业通过长期股权投资的会计核算方法变更以及处置可供出售金融资产产生的投资收益进行盈余管理,实现了扭亏为盈。

要求:请结合企业会计准则和注册会计师的职业道德探讨海南矿业受到警示的原因。

第十五章

终结审计与审计报告

本章导读

终结审计与审计报告是审计工作的最后一个阶段。审计人员在按照审计业务循环完成各财务报表项目的审计测试和一些特殊项目的审计工作后,需要汇总审计测试结果并进行更具综合性的审计工作,如评价审计过程中的重大发现、评价审计过程中发现的错报、关注期后事项对财务报表的影响、复核审计工作底稿和财务报表等。最终评价审计结果,在与被审计单位沟通以后,获取管理层声明,确定审计报告的意见类型和措辞,编制审计报告。本章就以上问题进行讨论。

本章属重点章节,建议安排 4 课时。

第一节　编制审计报告前的工作

在审计外勤工作结束前,注册会计师应取得被审计单位管理层和律师的书面声明。

一、取得被审计单位管理层书面声明和律师声明书

（一）取得被审计单位管理层书面声明

1. 管理层书面声明的含义与作用。管理层书面声明，是管理层向注册会计师通过的书面陈述，用以确认某些事项或支持其他审计证据。其中不包括财务报表及其认定，以及支持性账簿和相关记录。

管理层书面声明是在审计过程中，注册会计师与管理层就财务报表审计的相关重大事项不断沟通形成的。管理层书面声明具有两方面的作用：一是明确管理层认可财务报表的责任；二是提供具有补充作用的审计证据。

2. 管理层书面声明可作为审计证据。

（1）特殊情形时可以将管理层书面声明作为审计证据。如某些对于财务报表具有重大影响的事项（如涉及管理层的判断、意图以及仅限于管理层知悉的事实等事项），除存在实施询问程序获得的审计证据外，不存在其他充分、适当的审计证据。此种情况下，注册会计师应就仅对财务报表具有重大影响的事项询问管理层，并取得管理层对询问结果签字确认的书面声明。

（2）向管理层获取书面声明的主要事项，其中包括管理层认可的其设计和实施内部控制以防止、发现并纠正错报的责任，管理层认为注册会计师在审计过程中发现的未更正错报且对财务报表整体影响不大，未更正错报应附概要说明。

（3）收集证据支持管理层的书面声明。管理层声明是一种内部证据，本身不构成充分、适当的审计证据，不能作为发表审计意见的基础。所以，当管理层书面声明的事项对财务报表具有重大影响时，注册会计师应当实施以下审计程序：从被审计单位内部或外部获取可佐证的证据；评价书面声明是否合理并与获取的其他审计证据、声明一致；考虑做出声明的人员是否知悉所声明的事项。

（4）管理层的书面声明不能代替其他审计证据。注册会计师如果不能获取对财务报表具有或可能具有重大影响的事项的充分、适当的审计证据，而这些证据是预期可以获取的，即使已收到管理层就这些事项做出的书面声明，注册会计师仍应将其视为审计范围受到限制。若管理层的书面声明与其他审计证据相矛盾，注册会计师就要调查这种情况，获得充分、适当的审计证据，验证书面声明或其他审计证据的恰当性。若书面声明是不恰当的，就应该考虑管理层其他书面声明的可靠性。

3. 管理层书面声明的形式、要素及内容。

（1）书面声明的形式，包括：书面声明书；注册会计师对书面声明的理解并经管理层确认的函；董事会及类似机构的相关会议纪要或已签署的财务报表副本。

（2）书面声明书的基本要素，一般包括：标题（书面声明书）；收件人（受委托单位及

签署审计报告的注册会计师)；声明内容(签字的注册会计师列出各项声明)；签章(被审计单位及其财务主要负责人签署)；日期(通常与审计报告日期相近或一致)。

(3)书面声明书的主要内容。

财务报表方面：管理层认可其对财务报表编制的责任；管理层认可其设计、实施和维护内部控制以防止、发现并纠正错报的责任；管理层认为注册会计师在审计过程中发现的未更正错报，且对财务报表整体不具有重大影响。

信息的完整性方面：所有财务信息和其他数据的可获性；所有股东和董事会会议记录的完整性和可获得性；就违反法规行为事项，被审计单位与监管机构沟通的书面文件的可获得性；与未记录交易相关的资料的可获得性；涉及管理层及对内部控制具有重大影响的雇员舞弊行为或舞弊嫌疑信息的可获得性。

确认、计量和列报方面：对资产或负债的确认或列报具有重大影响的计划意图；关联方交易，以及涉及关联方的应收或应付款项；需要在财务报表中披露的违反法规的行为；需要确认或披露的或有事项，对财务报表具有重大影响的承诺事项和需要偿付的担保等；对财务报表具有重大影响的合同的遵守情况；对财务报表具有重大影响的重大不确定性事项；被审计单位对资产的拥有或控制情况，以及抵押、质押或留置资产；持续经营假设的合理性；需要调整或披露的期后事项。注册会计师可根据事项的复杂程度和重要性，将其全部事项列入管理层书面声明书中，或就某个事项向管理层获取专项书面声明。

4. 管理层拒绝提供声明书的措施。如管理层拒绝提供注册会计师认为必要的声明，注册会计师应当将其视为审计范围受到限制，出具保留意见或无法表示意见的审计报告。此时，注册会计师应当评价审计过程中获取的管理层其他声明的可靠性，并考虑管理层拒绝提供声明是否可能对审计报告产生其他影响。

(二)取得律师声明书

1. 律师声明书的含义及作用。注册会计师没有能力对从管理层获取的被审计单位期后事项和或有事项等相关信息进行法律上的判断，通常会通过向被审计单位的法律顾问或律师进行函证，并取得律师声明书来证实这些信息是否完整可靠。被审计单位的法律顾问或律师对函证的答复就是律师声明书。一般来说，律师声明书可以提供有力的证据，帮助注册会计师合理确认有关的期后事项和或有事项，在一定程度上减少注册会计师对上述事项出错或误解的可能性。但不能直接根据律师的声明书形成审计意见。

2. 律师询证函和询证函复函。注册会计师通常会要求被审计单位向其法律顾问或律师寄发审计询证函。询证函的内容应包括被审计单位对与该律师业务相关的期后事项、或有事项等情况的叙述和评价。律师复函时应声明被审计单位有关期后事项和或有事项等的叙述是否完备，并对管理层对有关期后事项、或有事项等情况的说明做出相应的评价。

有个别被审计单位的律师出于保密或其他目的，拒绝提供询证函所列事项内容的相关信息，注册会计师就要根据律师的职业条件、职业背景、职业信誉考虑律师声明书的合理性，并重新考虑审计意见的类型和措辞。

二、编制时间差异调整表及试算平衡表

注册会计师从计划阶段进入实施阶段，完成了报表项目审计和业务循环审计内部控制测试和实质性测试工作，同时也完成了对特殊项目的审计程序后，审计小组成员开始初步确定并汇总审计差异。所谓审计差异，是指注册会计师针对在审计过程中发现的被审计单位会计处理方法与有关企业会计准则、国家法规不一致的地方所总结出的意见。经过汇总出来的审计差异应当提请被审计单位进行必要的调整及披露，以使会计信息能够客观、真实地反映被审计单位的财务状况、经营成果和现金流动信息。注册会计师编制时间差异调整表及试算平衡表的过程，也是初步确定并汇总双方意见分歧并由注册会计师提出调整建议的过程。

（一）编制时间差异调整表

按照是否需要调整账户记录，注册会计师可以把审计差异分为核算误差及重分类误差两种。所谓核算误差，是指因企业对经营业务进行了不正确的会计核算而引起的误差。依据审计基本原则来衡量核算误差，又可以将这些误差划分为建议调整的不符事项和不建议调整的不符事项（即未调整不符事项）。所谓重分类误差，是指因企业未按有关会计准则及制度编制会计报表引起的误差。

为了进一步帮助审计项目负责人系统、综合地判断和分析各类误差的性质，无论是建议调整和不建议调整的不符事项，还是重分类误差，都需要注册会计师将这三类误差分别汇总到调整分录汇总表、重分类汇总表和未调整不符事项汇总表当中。三张汇总表的参考格式如表 15－1、表 15－2 和表 15－3 所示。

表 15－1　　调整分录汇总表

<table>
<tr><td colspan="3">客户 ________
项目 调整分录汇总表
会计期间 ________</td><td colspan="2">签名　　日期
编制人 ______　______
复核人 ______　______</td><td>索引号____
页次______</td></tr>
<tr><td rowspan="2">序号</td><td rowspan="2">调整内容及项目</td><td rowspan="2">索引号</td><td colspan="2">调整金额</td><td rowspan="2">影响利润＋（－）</td></tr>
<tr><td>借方</td><td>贷方</td></tr>
<tr><td></td><td></td><td></td><td></td><td></td><td></td></tr>
<tr><td></td><td></td><td></td><td></td><td></td><td></td></tr>
<tr><td></td><td></td><td></td><td></td><td></td><td></td></tr>
</table>

表 15－2　　重分类汇总表

<table>
<tr><td colspan="3">客户 ____________
项目 重分类汇总表
会计期间 ____________</td><td colspan="2">签名　　　　日期
编制人 ______　______
复核人 ______　______</td><td>索引号____
页次______</td></tr>
<tr><td rowspan="2">序号</td><td rowspan="2">重分类内容及重分类项目</td><td rowspan="2">索引号</td><td colspan="2">调整金额</td><td rowspan="2">备注</td></tr>
<tr><td>借方</td><td>贷方</td></tr>
<tr><td></td><td></td><td></td><td></td><td></td><td></td></tr>
<tr><td></td><td></td><td></td><td></td><td></td><td></td></tr>
<tr><td></td><td></td><td></td><td></td><td></td><td></td></tr>
</table>

表 15－3　　未调整不符事项汇总表

<table>
<tr><td colspan="3">客户 ____________
项目 未调整不符事项汇总表
会计期间 ____________</td><td colspan="2">签名　　　　日期
编制人 ______　______
复核人 ______　______</td><td>索引号____
页次______</td></tr>
<tr><td rowspan="2">序号</td><td rowspan="2">重分类内容及重分类项目</td><td rowspan="2">索引号</td><td colspan="2">未调整金额</td><td rowspan="2">备注</td></tr>
<tr><td>借方</td><td>贷方</td></tr>
<tr><td></td><td></td><td></td><td></td><td></td><td></td></tr>
<tr><td></td><td></td><td></td><td></td><td></td><td></td></tr>
<tr><td></td><td></td><td></td><td></td><td></td><td></td></tr>
<tr><td colspan="6">未预调整的影响：

项目　　　　金额　　　　百分比　　　　计划百分比
1. 净利润　　______　______　______
2. 净资产　　______　______　______
3. 资产总额　　______　______　______
4. 主营业务收入　　______　______　______
结论：</td></tr>
</table>

在研究和分析核算误差的时候，应当考虑审计重要性原则：

1. 对于单笔核算误差超过所涉及会计报表项目层次重要性水平的应当归属于建议调整的不符事项。

2. 对于单笔核算误差低于所涉及会计报表项目层次重要性水平，但性质重要的事项（即金额小但性质严重的事项），应当归属于建议调整的不符事项。例如：注册会计师没有预料到的股本变化，被审计单位涉及会计欺诈方面的违法行为，严重影响收益发展趋势的核算误差等，都属于建议调整的不符事项。

3. 对于单笔核算误差低于所涉及会计报表项目层次重要性水平，且性质也不严重的，属于未调整不符事项；但如果若干笔未调整不符事项汇总数超过了会计报表层次的重要性水平时，注册会计师应从中选择出几笔事项，转为建议调整的不符事项并直接过入调整分录汇总表，使未调整不符事项的汇总金额降至重要性水平之下。

（二）编制试算平衡表

试算平衡表是为了确定注册会计师已审数据与会计报表之间差距的表格。它是在被审计单位提供未审会计报表的基础上编制的，考虑了调整分录、重分类分录等内容。试算平衡表的基本格式如表 15－4 和表 15－5 所示。

表 15－4　　资产负债表试算平衡表工作底稿

客户＿＿＿＿＿＿＿＿　签名　　　日期

项目 资产负债表试算平衡表工作底稿　编制人＿＿＿＿　＿＿＿＿　索引号＿＿＿＿

会计期间＿＿＿＿＿＿＿＿　复核人＿＿＿＿　＿＿＿＿　页次＿＿＿＿

项目	审计前金额	调整金额		审定金额	重分类调整		报表反映数
	借方	借方	贷方	借方	借方	贷方	借方
流动资产：							
货币资金							
以公允价值计量且其变动计入当期损益的金融资产							
应收票据							
应收账款							
预付款项							
应收利息							
应收股利							
其他应收款							
存货							
划分为持有待售的资产							

续表

项目	审计前金额	调整金额		审定金额	重分类调整		报表反映数
	借方	借方	贷方	借方	借方	贷方	借方
一年内到期的非流动资产							
其他流动资产							
流动资产合计							
非流动资产:							
可供出售金融资产							
持有至到期投资							
长期应收款							
长期股权投资							
投资性房地产							
固定资产							
在建工程							
工程物资							
固定资产清理							
生产性生物资产							
油气资产							
无形资产							
开发支出							
商誉							
长期待摊费用							
递延所得税资产							
其他非流动资产							
非流动资产合计							
资产总计							

续表

项目	审计前金额 贷方	调整金额		审定金额 贷方	重分类调整		报表反映数 贷方
		借方	贷方		借方	贷方	
流动负债：							
短期借款							
以公允价值计量且其变动计入当期损益的金融负债							
应付票据							
应付账款							
预收款项							
应付职工薪酬							
应交税费							
应付利息							
应付股利							
其他应付款							
划分为持有待售的负债							
一年内到期的非流动负债							
其他流动负债							
流动负债合计							
非流动负债：							
长期借款							
应付债券							
长期应付款							
专项应付款							
预计负债							
递延所得税负债							
其他非流动负债							
非流动负债合计							

续表

项目	审计前金额 贷方	调整金额		审定金额 贷方	重分类调整		报表反映数 贷方
		借方	贷方		借方	贷方	
负债合计							
所有者权益(或股东权益):							
实收资本(或股本)							
资本公积							
减:库存股							
其他综合收益							
盈余公积							
未分配利润							
所有者权益(或股东权益)合计							
负债和所有者权益(或股东权益)总计							

表 15－5　　　　利润表试算平衡表工作底稿

客户＿＿＿＿＿＿＿＿　签名　　日期
项目 利润表试算平衡表工作底稿　编制人＿＿＿　＿＿＿＿　索引号＿＿＿＿
会计期间＿＿＿＿＿＿＿＿　复核人＿＿＿　＿＿＿＿　页次＿＿＿＿

项目	审计前金额	调整金额		审定金额
		借方	贷方	
一、营业收入				
减:营业成本				
营业税金及附加				
销售费用				
管理费用				
财务费用				
资产减值损失				

续表

项目	审计前金额	调整金额		审定金额
		借方	贷方	
加:公允价值变动损益(损失以"-"号填列)				
投资收益(损失以"-"号填列)				
其中:对联营企业和合营企业的投资收益				
二、营业利润(亏损以"-"号填列)				
加:营业外收入				
其中:非流动资产处置利得				
减:营业外支出				
其中:非流动资产处置损失				
三、利润总额(亏损总额以"-"号填列)				
减:所得税费用				
四、净利润(净亏损以"-"号填列)				
五、其他综合收益的税后净额				
(一)以后不能重分类进损益的其他综合收益				
(二)以后将重分类进损益的其他综合收益				
六、综合收益总额				
七、每股收益				
(一)基本每股收益				
(二)稀释每股收益				

三、与治理层和管理层的沟通

在执行财务报表审计业务过程中,注册会计师应当就与财务报表审计相关,且根据职业判断认为与治理层和管理层责任相关的重大事项,以适当的方式及时与之进行沟通。本节主要就审计完成阶段的沟通事项进行阐述。所谓治理层,是指对被审计单位战略方向以及管理层履行经营管理责任负有监督责任的人员或组织。其责任包括对财务报告过程的监督。所谓管理层,是指对被审计单位经营活动的执行负有管理责任的人员或组织。管理层负责编制财务报表，并受到治理层的监督。

（一）沟通的目的与形式

1. 沟通的目的。注册会计师与被审计单位治理层和管理层的沟通是独立审计工作中不可或缺的一部分，与审计的所有阶段相关，是贯穿于整个审计过程的一项重要工作。注册会计师在执行财务报表审计业务时，从接受委托前至出具审计报告后，在审计计划、审计实施和审计报告各个阶段都需要与被审计单位的治理层和管理层进行沟通。注册会计师不仅要及时与治理层、管理层进行明晰的沟通，还要提请治理层、管理层以同样的方式与注册会计师沟通，以建立有效并保持独立性和客观性的双向沟通关系。注册会计师与治理层、管理层沟通的主要目的在于：

（1）就审计范围和时间以及注册会计师、治理层和管理层各方在财务报表审计和沟通中的责任，取得相互了解。

（2）及时向治理层、管理层告知审计中发现的与治理层、管理层责任相关的事项。

（3）共享有助于注册会计师获取审计证据和治理层、管理层责任相关的事项。

2. 沟通的形式。注册会计师与被审计单位治理层和管理层沟通的形式有口头或书面、详细或简略、正式或非正式等。注册会计师在执行审计业务时，既可以采用书面沟通形式，也可以采用口头沟通形式。但对于审计工作中发现的某些重大问题及涉及注册会计师独立性的相关事项，注册会计师应当采取书面形式沟通。如果以口头形式沟通涉及治理层、管理层责任的事项，注册会计师应当确信沟通的事项已记录于讨论纪要或审计工作底稿。

有效的沟通形式不仅包括正式声明和书面报告等正式形式，也包括讨论等非正式的形式。如果就某一重大事项与治理层的某一成员以非正式方式进行讨论，注册会计师应当考虑在随后的正式沟通中概述该事项，以便治理层的其他成员得到完整对称的信息。注册会计师在确定采用何种沟通形式时，首先要考虑特定事项的重要程度，此外还应当考虑下列因素：

（1）管理层是否已就该事项与治理层沟通。

（2）被审计单位的规模、经营结构、控制环境和法律结构。

（3）如果执行的是特殊目的财务报表审计，注册会计师是否同时审计被审计单位的通用目的财务报表。

（4）法律法规的规定。

（5）治理层的期望，包括与注册会计师定期会面或沟通的安排。

（6）注册会计师与治理层保持联系和对话的数量。

（7）治理层的成员是否发生重大变化。

(二)沟通的对象

在审计过程中,注册会计师应当利用在了解被审计单位及其环境时获取的有关治理结构和治理过程的信息,确定与被审计单位治理结构中的哪些适当人员进行沟通。如果无法清楚地识别需要与哪些人员沟通,注册会计师应当与委托人商定。

1. 与治理层的下设组织或个人沟通。在决定与治理层某下设组织或个人沟通时,注册会计师应当考虑下列主要事项:

(1)下设组织、个人以及治理层整体各自的责任。

(2)拟沟通事项的性质。

(3)法律法规的规定。

(4)下设组织或个人是否有权对沟通的信息采取措施,以及是否能够提供注册会计师可能需要的进一步信息和解释。

(5)是否有必要将有关信息详尽或扼要地与治理层整体沟通。

如果被审计单位设有审计委员会或监事会,注册会计师应当着重与审计委员会或监事会沟通,但要考虑仅与审计委员会或监事会沟通是否足以履行其与治理层沟通的责任。在某些情况下,注册会计师可能还需要与治理层整体沟通。

如果被审计单位是某集团的组成部分,注册会计师应当根据不同的业务环境和沟通事项,确定与哪些适当人员沟通。适当人员除了包括该组成部分治理层外,可能还包括集团治理层。当集团治理层履行组成部分治理责任时,适当人员为集团治理层。

2. 与管理层沟通。在与治理层沟通特定事项前,注册会计师通常应先就财务报表审计的相关事项与管理层讨论,包括某些需要与治理层沟通的相关事项。但是,有关管理层的胜任能力和诚信问题等事项是不适合与管理层讨论的。

如果被审计单位设有内部审计职能,注册会计师可以在与治理层沟通特定事项前,先与内部审计人员讨论有关事项。如果管理层或内部审计人员的意见及拟采取的措施有助于治理层了解特定事项,注册会计师应当考虑将这些意见和措施包括在与治理层沟通的内容中。管理层就有关事项与治理层沟通,并不能减轻注册会计师就这些事项与治理层沟通的责任。

3. 治理层全部参与管理的情形。在治理层全部参与管理的情况下,注册会计师仍应考虑与负有管理责任人员的沟通能否向所有负有治理责任的人员充分传递应予沟通的内容。如果准则要求沟通的事项已与负有管理责任的人员沟通,且这些人同时有治理责任,注册会计师无须就这些事项再次与负有治理责任的相同人员沟通。对于应予沟通且仅与治理层的监督职能相关的事项,由于监督与管理没有分离,通常不要求注册会计师就这些事项予以沟通。

(三)沟通的事项

注册会计师应当直接与治理层沟通的事项主要包括:注册会计师的责任;计划的审计范围和时间;审计工作中发现的问题;注册会计师的独立性。此外,注册会计师还应当就要求和商定沟通的其他事项,以及相关补充事项与治理层进行沟通。

1. 审计工作中发现的问题。注册会计师应当就审计工作中发现的问题与治理层直接沟通下列事项:

(1)注册会计师对被审计单位处理质量的看法。注册会计师应当就选用的会计政策、做出的会计估计、财务报表的披露等重要会计处理的质量和可接受性与治理层沟通。如果注册会计师认为被审计单位某项重大的会计处理不恰当,应当向治理层说明理由,并在必要时提请更正。如果不恰当的会计处理未予更正,注册会计师应当考虑该事项对本期和未来期间财务报表的影响,以及对审计报告的影响,并将这种影响告知治理层。

(2)审计工作中遇到的重大困难。其中包括:管理层在提供审计所需信息时出现严重拖延;不合理地要求缩短完成审计工作的时间;为获取充分、适当的审计证据需要付出的努力远远超过预期;无法获取预期的证据;管理层对注册会计师施加的限制;管理层不愿按照注册会计师的要求对持续经营能力做出评估,或拒绝将评估期间延伸至资产负债表日的12个月。在某些情况下,上述困难可能构成对审计范围的限制,注册会计师应当出具保留意见或无法表示意见的审计报告。

(3)尚未更正的错报,除非注册会计师认为这些错报明显不重要。对于重大的已知错报,注册会计师应当要求管理层全部予以更正。如果错报未予更正,注册会计师应当就此与治理层沟通,并再次提请予以更正。对未更正的重大错报,注册会计师应当逐笔与治理层沟通。对未更正的大量小额错报,注册会计师可以向治理层提供列明这些错报的笔数和累计影响额的汇总表,而不必沟通每笔错报的细节。

注册会计师应当考虑与治理层讨论未能更正错报的原因及其影响,包括对未来财务报表可能产生的影响。为了降低发生误解的可能性,注册会计师可以要求治理层提供书面声明,说明已引起治理层注意的错报没有得到更正的原因,但获取该声明并不能减轻注册会计师对未更正错报的影响形成结论的责任。

(4)审计中发现的、根据职业判断认为重大且与治理层履行财务报告过程监督责任直接相关的其他事项。其中包括:已更正的、含有已审计财务报表的文件中的其他信息存在的对事实的重大错报或重大不一致。

如果被审计单位治理层并未全部参与管理,注册会计师还应与治理层直接沟通下列事项:

第一,根据职业判断认为需要提请治理层注意的管理层声明。一般来说,当出现下列情形时，注册会计师应当将管理层声明中的相关事项提请治理层注意：①除管理层声明之外的审计证据很少；②相关的会计处理可能会因被审计单位意图的不同而不同；③管理层对做出注册会计师要求的声明很勉强；④管理层声明与其他审计证据不符。在某些情况下，注册会计师应当向治理层提供完整的管理层声明副本。此时，注册会计师应当明确列示根据职业判断认为需要提请治理层关注的事项。

第二，已与管理层讨论或书面沟通的、审计中发现的重大事项。其主要包括：管理层已更正的错报；对管理层就会计或审计事项向其他专业人士进行咨询的关注。

2. 注册会计师的独立性。如果被审计单位是上市公司，注册会计师应当就独立性与治理层直接沟通下列内容：

(1)就审计项目组成人员、会计师事务所其他相关人员，以及会计师事务所按照法律法规和职业道德规范的规定保持了独立性做出声明。

(2)根据职业判断，注册会计师认为会计师事务所与被审计单位之间存在的可能影响独立性的所有关系和其他事项。其中包括：会计师事务所在财务报表涵盖期间为被审计单位和受被审计单位控制的组成部分提供审计、非审计范围的收费总额。

(3)为消除对独立性的威胁或将其降至可接受水平，已经采取的相关防护措施。

如果被审计单位是非上市公司，但可能涉及重大的公众利益，注册会计师应当考虑上述沟通事项是否适用。

如果出现了违反与注册会计师独立性有关的职业道德规范的情形，注册会计师应当尽早就该情形及已经或拟采取的补救措施与治理层直接沟通。

3. 要求和商定沟通的其他事项。要求和商定沟通的其他事项主要包括两类：一是法律法规和其他审计准则要求沟通的事项；二是与治理层商定沟通的事项，它可能与治理层对财务报告过程的监督责任相关，也可能与治理层的其他责任相关。

在某些情况下，注册会计师可能实施额外程序识别这些事项；在其他情况下，注册会计师可能仅就财务报表审计中注意到的事项进行沟通。

4. 补充事项。如果存在审计准则未做要求、但已引起注册会计师注意的事项，以及根据职业判断认为与治理层的责任关系重大、管理层或其他人员尚未与治理层有效沟通的事项，注册会计师应当将其作为补充事项与治理层沟通。

补充事项可能是注册会计师在财务报表审计中发现的，但与治理层对财务报告过程的监督并不直接相关的事项，也可能是通过审计以外的其他方式注意到的事项。除非法律法规或协议要求执行审计程序以确定是否发生了补充事项，注册会计师在与治理层沟通这些事项时，应当使其了解：

(1)识别补充事项只是审计的副产品，注册会计师除为形成审计意见实施必要程序外，没有实施额外程序以识别这些事项。

(2)没有专门实施程序以确定是否存在与已沟通事项性质相同的其他事项。

(3)除不适合与管理层讨论的事项外,已就补充事项与管理层进行讨论。

(四)沟通的时间和沟通过程的充分性

1. 沟通时间。注册会计师应当及时与治理层沟通。沟通的时间因沟通事项的重大程度和性质,以及治理层拟采取的措施等业务环境的不同而不同。因而,注册会计师应当根据具体业务环境确定适当的沟通时间。

(1)对于审计中遇到的重大困难,如果治理层能够协助注册会计师克服这些困难,或者这些困难可能导致出具保留意见或无法表示审计意见的审计报告,应尽快予以沟通。

(2)对于注册会计师注意到的内部控制设计或实施中的重大缺陷,应尽快与管理层或治理层沟通。

(3)对于审计中发现的与财务报表或审计报告相关的事项,包括注册会计师对被审计单位会计处理质量的看法,应该在最终完成财务报表前进行沟通。

(4)对于注册会计师的独立性,应在最终完成财务报表前或在对独立性威胁及其防护措施做出重大判断时进行沟通。

(5)如果同时审计特殊目的的财务报表或其他历史财务信息,沟通时间应与通用目的财务报表审计的沟通时间相协调。

在确定适当的沟通时间时,注册会计师应当考虑与沟通时间相关的其他因素。其中包括:被审计单位的规模、经营结构、控制环境和法律结构;其他法律法规要求的期限;治理层的期望,包括对注册会计师定期会面或沟通的安排;注册会计师识别出特定事项的时间。

2. 沟通过程的充分性。注册会计师应当评价其与治理层之间的双向沟通是否足以实现审计目标。如果注册会计师无法进行足够的沟通,就可能存在不能获取充分、适当审计证据的风险。在这种情况下,注册会计师应当考虑沟通不充分对评估重大错报风险的影响,并寻求与治理层讨论这种情况。如果这种情况得不到解决,注册会计师应当采取下列主要措施:

(1)根据审计范围受限的程度出具保留意见或无法表示意见的审计报告。

(2)就采取不同措施的后果征询法律意见。

(3)与治理结构中拥有更高权力的组织或人员沟通,或与监管机构等第三方沟通。

(4)解除业务约定。

四、审计工作复核

在审计业务完成阶段、签发审计报告之前一般由经验丰富具有专业知识的注册会计师对所有审计工作底稿进行认真复核。一般是由会计师事务所的主任会计师进行，以确保实施的审计程序和获取的审计证据充分恰当，审计结论客观公正。

（一）复核的意义

1. 实施对审计结果的最后质量控制。保证审计工作的高质量，在于形成审计意见的正确性。注册会计师在审计工作中将审计成果和审计过程中的各种情况已记录在审计工作底稿中，并据此形成审计意见。若形成的审计意见与审计底稿的某些部分存在矛盾，注册会计师的审计工作就失去了有效性。因此，对签发审计报告前的审计底稿进行复核，是对审计工作结果的最后质量控制，能够避免因对重大审计问题的遗留或对审计工作情况理解不透彻等情况，便于形成与审计工作结果相一致的意见。

2. 确保审计工作达到会计师事务所的工作标准要求。会计师事务所对开展各项审计工作都应有明确的标准。在会计师事务所内不同的注册会计师工作质量有很大不同。因此，必须由主任会计师严谨认真地复核，以保证审计工作质量的一致性，确保审计工作达到会计师事务所的工作标准要求。

3. 防止注册会计师因个人偏见产生的判断失误，降低审计风险。在执行审计的过程中，需要注册会计师对各种问题做出专业判断。注册会计师会在整个审计过程中保持客观性，但如有大量问题需要解决而又经过长时间的审计，就容易丧失正确的观察力和判断力，对一些问题做出不符合事实的审计结论。而主任会计师在签发审计报告前对审计工作底稿的全面复核，可防止注册会计师因个人偏见所产生的判断失误，降低审计风险，做出客观而符合逻辑的审计结论。

（二）审计工作底稿的整理和复核

注册会计师在外勤工作阶段所收集的审计工作底稿一般是不系统的、分散的，所以注册会计师在编制审计报告前，应根据审计计划中拟定的内容、范围和要求对其进行整理和复核。

1. 项目组成员对各自的审计工作底稿进行初步整理。主要检查是否已经完成了规定的审计任务，是否存在遗漏程序，找出审计过程中发现的问题，提出相应的处理意见。

2. 项目组内经验多的人员对经验少人员的工作进行复核。在复核时应当考虑：

（1）审计工作是否按照法律法规、职业道德规范和审计准则的规定要求执行。

（2）重大事项是否已提请治理层和管理层进一步考虑。

（3）相关事项是否已进行适当咨询，由此形成的结论是否得到记录和执行。

（4）是否需要修改已执行审计工作的性质、时间和范围。

（5）已执行的审计工作是否支持形成的结论，并已得到适当记录。

（6）获取的审计证据是否充分、适当。

(7)审计的目标是否实现。

为使重大事项在出具审计报告前能够得到圆满解决,项目负责人应当在审计过程的适当阶段及时实施复核。在出具审计报告前,项目负责人应当通过复核审计底稿、与项目组讨论等方式,确认获取的审计证据充分、适当,足以支持形成的审计结论和拟出具的审计报告。其复核的主要内容包括对关键领域所做的判断,尤其是执行审计业务过程中识别出的疑难问题或争议事项,特别风险,以及项目负责人认为重要的其他领域。项目负责人应当对复核的范围和时间予以适当记录。

(三)已审计财务报表的复核与分析

审计完成阶段对财务报表的最后审阅是非常必要的,因其与工作底稿的最后复核密切相关,有时还是交替进行的。尽管编制财务报表和提供相关信息是被审计单位的责任,但由于注册会计师具备非常扎实的会计专业知识与经验,往往会从业务上指导被审计单位如何编制规范的财务报表及其附注,但不是代替被审计单位做业务上的判断。

项目负责人或主任会计师应当在审计结束或临近结束时复核经审计的财务报表。复核人员应当运用分析程序对财务报表总体进行复核,以确定财务报表整体是否与其对被审计单位的理解一致,并要特别关注是否存在不正常的金额或关联方交易,同时分析所获取的审计证据是否恰当充分。

如果识别出以前未识别的重大错报风险,注册会计师应当重新考虑对全部或部分交易、账户余额、列报评估的风险是否恰当,在此基础上重新评价之前计划的审计程序是否充分,并考虑追加实施进一步审计程序。

在执行分析程序时,比较的一方是被审计单位经审计后的财务报表,另一方通常是注册会计师的预期结果、同行业有关资料或其他相关资料。

第二节　审计报告概述

一、审计报告的含义

审计报告是指注册会计师根据中国注册会计师审计准则的规定,在实施审计工作的基础上,对被审计单位财务报表发表审计意见的书面文件,包括标准审计报告和非标准审计报告。

(一)审计报告的特征

审计报告是注册会计师在完成审计工作后向委托人提交的最终产品,具有以下特征：

1. 注册会计师应当按照中国注册会计师审计准则(以下简称审计准则)的规定执行审计工作。审计准则是用以规范注册会计师执行审计业务的标准,包括一般原则与责任、风险评估与应对、审计证据、利用其他主体的工作、审计结论与报告以及特殊领域审计六个方面的内容,涵盖了注册会计师执行审计业务的整个过程和各个环节。

2. 注册会计师在实施审计工作的基础上才能出具审计报告。注册会计师应当实施风险评估程序,以此作为评估财务报表层次和认定层次重大错报风险的基础。风险评估程序本身并不足以为发表审计意见提供充分、适当的审计证据。注册会计师还应当实施进一步审计程序,包括实施控制测试(必要时或决定测试时)和实质性程序。注册会计师通过实施上述审计程序,获取充分、适当的审计证据,得出合理的审计结论,作为形成审计意见的基础。

3. 注册会计师通过对财务报表发表意见履行业务约定书约定的责任。财务报表审计的目标是注册会计师通过执行审计工作,对财务报表的合法性和公允性发表审计意见。因此,在实施审计工作的基础上,注册会计师需要对财务报表形成审计意见,并向委托人提交审计报告。

4. 注册会计师应当以书面形式出具审计报告。审计报告具有特定的要素和格式,注册会计师只有以书面形式出具报告,才能清楚表达对财务报表发表的意见。

(二)注册会计师对审计报告的责任

依据审计准则规定,注册会计师应当在审计报告中清楚地表达对财务报表的意见,并对出具的审计报告负责。

注册会计师应当根据由审计证据得出的结论,清楚表达对财务报表的意见。财务报表是指企业对财务状况、经营成果和现金流量的结构化表述,至少应当包括资产负债表、利润表、所有者(股东)权益变动表、现金流量表和附注。无论是出具标准审计报告还是非标准审计报告,注册会计师一旦在审计报告上签名并盖章,就表明对其出具的审计报告负责。

(三)审计报告与已审计财务报表的关系

审计报告是注册会计师对财务报表合法性和公允性发表审计意见的书面文件,因此,注册会计师应当将已审计的财务报表附于审计报告之后,以便于财务报表使用人正确理解和使用审计报告,并防止被审计单位替换、更改已审计的财务报表。

二、审计报告的种类

审计报告按其是否增加解释说明的事项,可分为标准审计报告和非标准审计报告。

标准审计报告,是指不含有说明段、强调事项段、其他事项段或其他任何修饰性用语的无保留意见的审计报告。包含其他报告责任段,但不含有强调事项段或其他事项段的无保留意见的审计报告也被视为标准审计报告。

非标准审计报告,是指带强调事项段或其他事项段的无保留意见的审计报告和非无保留意见的审计报告。

三、审计报告的要素

审计报告应当包括以下要素:

(1)标题。审计报告的标题应当统一规范为"审计报告"。

(2)收件人。审计报告的收件人是指注册会计师按照业务约定书的要求致送审计报告的对象,一般是指审计业务的委托人。审计报告应当载明收件人的全称。

注册会计师应当与委托人在业务约定书中约定致送审计报告的对象,以防止在此问题上发生分歧或审计报告被委托人滥用。针对整套通用财务报表出具的审计报告,审计报告的致送对象通常为被审计单位的全体股东或董事会。

(3)审计意见。审计报告的第一部分为审计意见段,包含审计意见,并以"审计意见"作为标题。审计意见段还应包括:被审计单位的名称,说明财务报表已经经过审计,构成整套财务报表的每一财务报表的名称、日期或涵盖的期间,提及财务报表附注。

(4)形成审计意见的基础。紧接在审计意见部分之后的是形成审计意见的基础部分,以"形成审计意见的基础"为标题。这部分内容应当说明注册会计师按照审计准则的规定执行了审计工作,声明履行了职业道德方面的责任等。

(5)管理层对财务报表的责任。这部分以"管理层对财务报表的责任"为标题,应当说明:按照使用的会计准则和相关会计制度的规定编制财务报表是管理层的责任。这种责任包括:

- 设计、实施和维护与财务报表编制相关的内部控制,以使财务报表不存在由于舞弊或错误而导致的重大错报;
- 按照适用的财务报告编制基础的规定编制财务报表;
- 评估持续经营假设是否适当。

(6)注册会计师对财务报表审计的责任。这部分以"注册会计师对财务报表审计的责任"为标题,应当包括下列内容:

- 注册会计师的目标;
- 说明合理保证是高水平的保证;
- 说明错报可能由于舞弊或错误导致;
- 说明执行审计工作过程中注册会计师运用职业判断并保持职业怀疑;
- 通过说明注册会计师在了解内部控制、评价持续经营假设的恰当性等方面的责任，对审计工作进行描述等。

(7)按照相关法律法规的要求报告的事项(如适用)。

(8)注册会计师的签名和盖章。由注册会计师在审计报告上签名并盖章，有利于明确法律责任。审计报告应当由两名具备相关业务资格的注册会计师签名盖章并经会计师事务所盖章方为有效。合伙会计师事务所出具的审计报告，应当由一名对审计项目负最终复核责任的合伙人和一名负责该项目的注册会计师签名盖章。有限责任会计师事务所出具的审计报告，应当由会计师事务所主任会计师或其授权的副主任会计师和一名负责该项目的注册会计师签名盖章。审计报告必须由负责审计项目的注册会计师本人签名盖章，未经授权，其他人不得代行签章，会计师事务所也不得指定他人签名盖章。

(9)会计师事务所的名称、地址及盖章。审计报告应当载明会计师事务所的名称和地址，并加盖会计师事务所公章。

(10)报告日期。审计报告应当注明报告日期。审计报告的日期不应早于注册会计师获取充分、适当的审计证据(包括管理层认可对财务报表的责任且已经批准财务报表的证据)，并在此基础上对财务报表形成审计意见的日期。

注册会计师在确定审计报告日期时，应当考虑：①应当实施的审计程序已经完成；②应当提请被审计单位调整的事项已经提出，被审计单位已经做出调整或拒绝做出调整；③管理层已经正式签署财务报表。

第三节 标准审计报告

标准审计报告，即标准无保留意见审计报告的简称，它是注册会计师对被审计单位财务报表发表的不带强调事项段或其他事项段的无保留意见审计报告。无保留意见是指当注册会计师认为财务报表在所有重大方面按照使用的财务报表编制基础编制并实现公允反映时发表的审计意见。

一、出具标准审计报告的条件

注册会计师出具标准无保留意见的审计报告，必须经注册会计师审计且认为被审计单位财务报表符合以下全部条件：①财务报表已经在所有重大方面按照适用的财务报告编制基础编制，公允反映了被审计单位的财务状况、经营成果和现金流量；②注册会计师已经按照中国注册会计师审计准则的规定计划和实施审计工作，在审计过程中未受到限制;③无必要在审计报告中增加强调事项段或其他事项段。

简言之,注册会计师出具无保留意见审计报告必须满足财务报表按照财务报告标准基础编制、注册会计师的审计范围未受到重大限制等条件。

二、对财务报表的合法性和公允性的评价

(一)评价财务报表的合法性

对财务报表合法性的评价,即评价财务报表是否在所有重大方面按照财务报告编制基础编制。评价时需要考虑:

1. 财务报表是否充分披露了选择和运用的重要会计政策。

2. 这些政策是否符合适用的财务报告编制基础,是否适合被审计单位的实际情况。

3. 管理层做出的会计估计是否合理。

4. 财务报表列报的信息是否具有相关性、可靠性、可比性和可理解性。

5. 财务报表是否显示充分披露,使财务报表预期使用者能够理解重大交易事项对财务报表所释放的信息的影响。

6. 财务报表使用术语是否适当。

(二)评价财务报表的公允性

在评价财务报表是否实现公允反映时,注册会计师应当考虑:

1. 财务报表的整体列报、结构和内容是否合理。

2. 财务报表及相关附注是否公允反映了相关交易和事项。

三、关键审计事项

根据《中国注册会计师审计准则第1504号——在审计报告中沟通关键审计事项》的规定,关键审计事项是指注册会计师根据职业判断认为对本期财务报表审计最为重要的事项。注册会计师可以从重大错报风险较高的领域或特别风险、与财务报表中涉及重大管理层判断的领域相关的重大审计判断以及本期重大交易或事项对审计的影响等方面考虑,以确定关键审计事项。

按照审计准则规定,注册会计师应当在审计报告中单设一部分并以“关键审计事项”为标题;当存在多项关键审计事项时,应使用恰当的子标题逐项描述关键审计事项。故在标准审计报告中,注册会计师需要依据职业判断确定关键审计事项,并在审计报告中进行沟通。

四、持续经营假设对标准审计报告的影响

注册会计师有责任评价管理层对被审计单位持续经营能力做出的评估,应就管理

层编制财务报表时运用持续经营假设的适当性获取审计证据并得出结论。如果注册会计师评价管理层运用持续经营假设是适当的,但存在重大不确定性,且财务报表对重大不确定性已做出充分披露,注册会计师应当发表无保留意见,并在审计报告中单设一部分,以“与持续经营相关的重大不确定性”为标题。

第四节 非标准审计报告

一、非标准审计报告的含义

非标准审计报告,是指标准审计报告以外的其他审计报告,包括带强调事项段或其他事项段的无保留意见的审计报告和非无保留意见的审计报告。

非无保留意见的审计报告包括三类:保留意见的审计报告、否定意见的审计报告和无法表示意见的审计报告。

二、审计报告的强调事项段和其他事项段

注册会计师在对财务报表形成审计意见后,如果根据职业判断认为有必要在审计报告中提醒财务报表使用者关注某类事项,则通过增加强调事项段或其他事项段,以提供补充信息。

(一)强调事项段的含义

审计报告的强调事项段是指审计报告中含有的一个段落,该段落提及已在财务报表中恰当列报或披露的事项,且根据注册会计师的职业判断,该事项对财务报表使用者理解财务报表至关重要。强调事项应当同时符合下列条件:

1. 可能对财务报表产生重大影响,但被审计单位进行了恰当的会计处理,且在财务报表中做出充分披露。

2. 根据职业判断认为对财务报表使用者理解财务报表至关重要。

3. 不影响注册会计师发表的审计意见。

4. 不会导致注册会计师发表非无保留意见。

5. 未被确定为在审计报告中沟通的关键审计事项。

强调事项段应单独作为一部分列于审计报告中,以包含“强调事项”的表述作为标题,并明确提及被强调事项以及相关披露的位置,以便在财务报表中能够找到该事项的详细描述。由于增加强调事项段是为了提醒财务报表使用者关注某些事项,并不影响

注册会计师的审计意见，为了使财务使用者明确这一点，注册会计师应当在强调事项段中指明该段内容仅用于提醒财务报表使用者关注，并不影响已发表的审计意见。

（二）其他事项段的含义

其他事项段是指审计报告中含有的一个段落，该段落提及未在财务报表中列报或披露的事项，且根据注册会计师的职业判断，该事项与财务报表使用者理解审计工作、注册会计师的责任或审计报告相关。其他事项应该同时符合下列条件：

1. 未在财务报表中列报或披露。

2. 根据职业判断认为与财务报表使用者理解审计工作、注册会计师的责任或审计报告相关。

3. 未被法律法规禁止。

4. 未被确定为在审计报告中沟通的关键审计事项。

其他事项段应为审计报告中独立的一部分。如果审计报告中包含其他事项段，注册会计师应以“其他事项”或其他适当表述作为标题。

（三）其他审计准则规定增加强调事项段或其他事项段的情形

《中国注册会计师审计准则第 1111 号——就审计业务约定条款达成一致意见》第十九条规定，如果相关部门要求采用的财务报告编制基础不可接受，注册会计师想承接该项审计业务需满足一定条件。条件之一是注册会计师需在审计报告中增加强调事项段，以提醒使用者关注额外披露。

《中国注册会计师审计准则第 1332 号——期后事项》第十五条第（二）项规定，出具新的或经修改的审计报告，在强调事项段或其他事项段中说明注册会计师对期后事项实施的审计程序仅限于财务报表相关附注所述的修改。第十九条规定，新的或经修改的审计报告应当增加强调事项段或其他事项段，提醒财务报表使用者注意财务报表附注中对修改原财务报表原因的详细说明，以及注册会计师出具的原审计报告。

《中国注册会计师审计准则第 1511 号——比较信息：对应数据和比较财务报表》第十六条规定，若上期财务报表已由前任注册会计师审计，且当注册会计师决定提及前任注册会计师对对应数据出具的审计报告时，注册会计师应在审计报告的其他事项段中说明上期财务报表已由前任注册会计师审计、前任注册会计师发表的审计意见类型和审计报告的日期；第十七条规定，若上期财务报表未经审计，注册会计师应当在审计报告的其他事项段中说明对应数据未经审计。第十九条规定，当结合本期审计对上期财务报表出具审计报告时，如果对上期财务报表发表的意见与以前发表的意见不同，注册会计师应当在其他事项段中披露导致不同意见的实质性原因。

《中国注册会计师审计准则第 1601 号——对按照特殊目的编制基础编制的财务报表审计的特殊考虑》第十五条规定，注册会计师对特殊目的财务报表出具的审计报告应当增加强调事项段,以提醒审计报告使用者关注财务报表按照特殊目的编制基础编制,因此财务报表可能不适用于其他目的。

三、非无保留意见的审计报告的出具

(一)影响出具非无保留意见审计报告的情形

当存在下列情形之一时,注册会计师应当出具非无保留意见的审计报告:

1. 根据获取的审计证据,得出财务报表整体存在重大错报的结论。

2. 审计范围受限制,导致注册会计师无法获取充分、适当的审计证据,不能得出财务报表整体不存在重大错报的结论。

审计范围可能受到下列两方面的限制:

一是客观环境造成的限制。例如,由于被审计单位存货的性质或位置特殊等原因导致注册会计师无法实施存货监盘等。在客观环境造成限制的情况下,注册会计师应当考虑是否可能实施替代审计程序,以获取充分、适当的审计证据。

二是管理层造成的限制。例如,管理层不允许注册会计师观察存货盘点,或者不允许对特定账户余额实施函证等。在管理层造成限制的情况下,注册会计师应当提请管理层放弃限制。如果管理层不配合,注册会计师应当考虑这一事项对风险评估的影响以及是否可能实施替代审计程序,以获取充分、适当的审计证据。

(二)保留意见审计报告的出具

如果认为财务报表整体是公允的,但还存在下列情形之一,注册会计师应当出具保留意见的审计报告:

1. 在获取充分、适当的审计证据后,注册会计师认为错报单独或汇总起来对财务报表影响重大,但不具有广泛性。

2. 因审计范围受到限制不能获取充分、适当的审计证据,虽然重大,但不具有广泛性,不至于出具无法表示意见的审计报告。

当出具保留意见的审计报告时,注册会计师应当在审计报告中对审计意见部分使用恰当标题,如"保留意见";对形成审计意见的基础部分使用恰当标题,如"形成保留意见的基础",并在该部分对导致发表保留意见的事项进行描述。当由于财务报表存在重大错报而发表保留意见时,注册会计师应在审计意见部分使用此类措辞:"注册会计师认为,除形成保留意见的基础部分所述事项产生的影响外,后附的财务报表在所有重大方面按照适用的财务报告编制基础的规定编制,公允反映了……"当由于无法获取充分、适当的审计证据而导致发表保留意见时,注册会计师应当在审计意见部分使用"除……可能产生的影响外"等术语。

应当指出的是,只有当注册会计师认为财务报表就其整体而言是公允的,但还存在对财务报表产生重大影响的情形，才能出具保留意见的审计报告。如果注册会计师认为所报告的情形对财务报表产生的影响极为严重，则应出具否定意见的审计报告或无法表示意见的审计报告。因此，保留意见的审计报告被视为注册会计师在不能出具无保留意见的审计报告情况下最不严厉的审计报告。

如果会计政策的选用、会计估计的做出或财务报表的披露不符合适用的会计准则和相关会计制度的规定，注册会计师在判断其影响是否重大时，应当考虑该影响所涉及的金额或性质并与确定的重要性水平进行比较。

注册会计师因审计范围受到限制而出具保留意见审计报告，取决于无法实施的审计程序对形成审计意见的重要性。注册会计师在判断重要性时，应当考虑有关事项潜在影响的性质和范围以及在财务报表中的程度。当注册会计师因审计范围受到限制而出具保留意见的审计报告时，意见段的措辞应当表明保留意见是针对审计范围对财务报表可能产生的影响而不是针对审计范围本身。

（三）否定意见审计报告的出具

在获取充分、适当的审计证据后，注册会计师如果认为错报单独或汇总起来对财务报表的影响重大且具有广泛性，即认为财务报表没有按照适用的会计准则和相关会计制度的规定编制，未能在所有重大方面公允反映被审计单位的财务状况、经营成果和现金流量，则应当出具否定意见的审计报告。

当出具否定意见的审计报告时，注册会计师应当在审计报告中对审计意见部分使用恰当标题，如“否定意见”；对形成审计意见的基础部分使用恰当标题，如“形成否定意见的基础”，并在该部分对导致发表否定意见的事项进行描述。注册会计师应当在审计意见部分使用此类措辞：“注册会计师认为，由于形成否定意见的基础部分所述事项的重要性，后附的财务报表没有在所有重大方面按照适用的财务报告编制基础的规定编制，未能公允反映……”

应当指出的是，只有当注册会计师认为财务报表存在重大错报会误导使用者，以致财务报表的编制不符合适用的会计准则和相关会计制度的规定，未能从整体上公允反映被审计单位的财务状况、经营成果和现金流量时，注册会计师才出具否定意见的审计报告。

（四）无法表示意见审计报告的出具

如果审计范围受到限制，注册会计师不能获取充分、适当的审计证据，认为未发现的错报（如存在）对财务报表可能产生的影响重大且具有广泛性，以至于发表保留意见不足以反映情况的严重性，注册会计师应当出具无法表示意见的审计报告。

当出具无法表示意见的审计报告时，注册会计师应当在审计报告中对审计意见部分使用恰当标题，如“无法表示意见”；对形成审计意见的基础部分使用恰当标题，如

“形成无法表示意见的基础”，并在该部分对导致发表无法表示意见的事项进行描述。

当出具无法表示意见的审计报告时，注册会计师在审计报告中对注册会计师责任进行表述时，仅包括：①注册会计师的责任是按照中国注册会计师审计准则的规定，对被审计单位财务报表执行审计工作，以出具审计报告；②由于形成无法表示意见的基础部分所述的事项，注册会计师无法获取充分、适当的审计证据以作为发表审计意见的基础；③关于注册会计师在独立性和职业道德方面的其他责任的声明。

只有当审计范围受到限制可能产生的影响非常重大和广泛，不能获取充分、适当的审计证据，以致无法确定财务报表的合法性与公允性时，注册会计师才应出具无法表示意见的审计报告。无法表示意见不同于否定意见，它通常仅仅适用于注册会计师不能获取充分、适当的审计证据。如果注册会计师发表否定意见，必须获得充分、适当的审计证据。无论是无法表示意见还是否定意见，都只有在非常严重的情形下采用。

（五）非无保留意见审计报告中的关键审计事项

导致非无保留意见的事项，就其性质而言都属于关键审计事项。然而，这些事项不得在审计报告的关键审计事项部分进行描述，关键审计事项不能代替这些事项。注册会计师应当按照适用的审计准则的规定报告这些事项，并在关键审计事项部分提及形成保留（否定）意见的基础部分。当对财务报表发表无法表示意见时，注册会计师不得在审计报告中包含关键审计事项部分。

（六）对确定非无保留意见的审计报告的类型进一步讨论

注册会计师在出具保留意见、否定意见和无法表示意见的审计报告时，要判断财务报表错报金额或因审计范围受到限制的影响是否重大，往往离不开重要性水平。在其他条件相同的情况下，重要性水平是考虑审计报告类型的重要依据。如果某项错报金额或审计范围受到限制对被审计单位财务报表并不重要，预计也不会对未来各期财务报表产生重要影响，注册会计师就可出具无保留意见审计报告。

根据《中国注册会计师审计准则第 1221 号——计划和执行审计工作时的重要性》的规定，重要性取决于在具体环境下对错报金额和性质的判断，如果一项错报单独或连同其他错报可能影响财务报表使用者依据财务报表做出经济决策，则该项错报是重大的。注册会计师对重要性水平的评估取决于被审计单位及其环境、财务报表项目的性质和自身的职业判断。重要性水平的判断基础通常包括资产总额、净资产、营业收入、净利润等。例如，注册会计师可以采用资产总额的 0.5% ~1%、净资产的 1%、营业收入的 0.5% ~1% 或净利润的 5% ~10% 等来确定重要性水平。验证重要性水平是否合适的方法是将其纳入财务指标体系的计算中，观察其对财务指标的影响。测试时，运用的财务指标既涉及资产负债表又涉及利润表和其他会计资料时更有效，如净资产收益率。

下面将错误金额或审计范围受到限制的影响与重要性水平进行比较，以判断出具审计报告的类型：

1. 错报金额或审计范围受到限制的影响不重要。被审计单位会计政策的选用、会计估计的做出或财务报表的披露不符合适用的会计准则和相关会计制度的规定，或因审计范围受到限制，无法获取充分、适当的审计证据，但所涉及金额不大，远远低于重要性水平，不至于影响财务报表使用者的决策，因而注册会计师认为该金额是不重要的，就可以出具无保留意见的审计报告。例如，被审计单位将购买的办公用品直接作为制造费用，因其金额很小，错报就不重要，可以出具无保留意见的审计报告。

2. 错报金额或审计范围受到限制的影响重要，但就财务报表整体而言是公允的。当被审计单位会计政策的选用、会计估计的做出或财务报表的披露不符合适用的会计准则和相关会计制度的规定，或因审计范围受到限制，无法获取充分、适当的审计证据，所涉及金额超过重要性水平，在某些方面影响财务报表使用者的决策，但对财务报表整体仍然是公允的，注册会计师可以出具保留意见的审计报告。例如，被审计单位在资产负债表日拥有的存货金额较大（超过重要性水平），已将其用作商业银行贷款抵押品，但没有在财务报表附注中进行披露。如果其他商业银行利用该财务报表进行贷款决策，因不了解存货已抵押就会受到一定影响。但这一错报并不影响现金、应收账款和其他财务报表项目以及整个财务报表，因此，注册会计师可以考虑出具保留意见的审计报告。

3. 错报金额重要或审计范围受到严重限制且影响广泛，财务报表整体公允性存在问题。当被审计单位会计政策的选用、会计估计的做出或财务报表的披露不符合适用的会计准则和相关会计制度的规定，或因审计范围受到限制，无法获取充分、适当的审计证据，金额超过重要性水平且影响广泛，将会全面影响财务报表使用者的决策，注册会计师应当出具否定意见或无法表示意见的审计报告。例如，被审计单位在资产负债表日拥有的存货金额很大，远远超过重要性水平。如果存货出现错报，对财务报表许多项目乃至整个财务报表都会产生影响。因此，注册会计师需要考虑存货错报对净资产、流动资产、营运资本、资产总额、销售成本、利润总额、所得税、税后净利润的综合影响。在判断综合影响时，必须考虑该项目对财务报表其他项目的影响程度，亦即牵扯性。一项重要的销售业务没有入账会影响应收账款、流动资产、资产总额、销售收入、所得税、利润总额、净利润、留存收益等，因此牵扯性很广。一项错报金额或审计范围受到限制所涉及的影响牵扯性越广，注册会计师出具否定意见或无法表示意见审计报告的可能性就越大。例如，注册会计师可能对现金与应收账款的分类不当出具保留意见的审计报告，而对相同金额的销售业务没有入账出具否定意见的审计报告。

错报金额或审计范围受到限制与审计报告类型的关系如表15－6所示。

表15－6　　审计意见决策表

审计意见类型 ＼ 对财务报表的影响程度 ＼ 导致非无保留意见的事项	重要	重要且广泛
错报金额	保留意见	否定意见
审计范围受到限制	保留意见	无法表示意见

另外，错报性质的不同对财务报表使用者的决策产生的影响也不一样，对注册会计师出具审计报告类型的影响也不一样。从性质上看，以下列举的错报通常认为是严重的：

（1）非法交易或舞弊。

（2）对当期影响不大，但对将来各期影响重大。

（3）具有心理效应（如小额利润相对于小额亏损、存款结余相对于透支）。

（4）根据合同责任判断影响重大（如违反合同某一条款导致银行收回贷款）。

（5）对国家有关法律、法规和规章影响重大（如商业银行的资本充足率、首次发行股票公司的净资产收益率指标）。

本章小结

终结审计与审计报告是审计工作的最后一个阶段。审计人员按照审计业务循环完成各财务报表项目的审计测试和一些特殊项目的审计工作后，需要汇总审计测试结果并进行更具综合性的审计工作。

在审计外勤工作结束前，注册会计师应取得被审计单位管理层和律师的书面声明，还需编制时间差异调整表及试算平衡表。

在执行财务报表审计业务过程中，注册会计师应当就与财务报表审计相关，且根据职业判断认为与治理层和管理层责任相关的重大事项，以适当的方式及时与之进行沟通。在审计业务完成阶段、签发审计报告之前，一般由经验丰富、具有专业知识的注册会计师对所有审计工作底稿进行认真复核。一般是由会计师事务所的主任会计师进行，以确保实施的审计程序和获取的审计证据充分恰当，审计结论客观公正。

审计报告是指注册会计师根据中国注册会计师审计准则的规定，在实施审计工作的基础上，对被审计单位财务报表发表审计意见的书面文件，包括标准审计报告和非标准审计报告。

本章关键词汇

管理层书面声明	Management representation
治理层	Those charged with governance
管理层	Management
审计报告	Audit report
标准审计报告	Standard audit report
标准无保留意见	Standard unqualified audit report
非标准审计报告	Non – standard audit report
带强调事项段的无保留意见	Standard audit opinion with an emphasis – of – matter paragraph
保留意见的审计报告	Qualified audit opinion
否定意见的审计报告	Adverse audit opinion
无法表示意见	Disclaimer

思考与练习题

1. 为什么注册会计师需要取得管理层书面声明？
2. 管理层书面声明的主要内容有哪些？
3. 如何编制时间差异调整表？
4. 与治理层、管理层的沟通目的、沟通形式、沟通对象、沟通事项分别是什么？
5. 为什么需要进行审计工作的复核？审计复核包括哪些工作？
6. 审计报告的类型有哪些？
7. 出具标准无保留意见的审计报告的条件是什么？

8. 出具各类非标准审计报告的条件分别是什么？

9.2013 年万福生科因涉嫌欺诈发行上市和资本市场信息披露违规等事项被证监会调查，成为创业板造假第一股。经证监会调查，万福生科于 2008～2012 年上半年，每年均存在销售收入的虚增和营业利润的虚增。证监会对万福生科做出了相应处罚。同时，为万福生科提供审计服务的中磊会计师事务所也遭到了证监会的处罚。

根据万福生科 2013 年财务造假案的相关资料分析：中磊会计师事务所对万福生科的财务报表出具了带强调事项的保留意见审计报告，中磊会计师事务所出具的审计报告是否合适？

10. 长城事务所接受了东野股份有限公司对其 2021 年度财务报表的审计委托，并于 2022 年 3 月 5 日派出以李、吴两位注册会计师为负责人的审计小组进行审计。该公司注册资本为 2 000 万元，期末未经审计的资产总额为 5 000 万元。长城所委派李和吴两位注册会计师执行东野公司的审计业务。他们在计划阶段确定的重要性水平为 90 万元，在完成阶段确定的重要性水平为 100 万元，并于 3 月 15 日完成了外勤审计工作。在复核工作底稿时，发现以下事项并提出相应的处理建议，但东野公司管理层于 2022 年 3 月 25 日正式答复李、吴两位注册会计师，拒绝接受他们的处理建议。

(1) 由于东野公司的一座建于 1990 年，原值 200 万元，预计使用年限 50 年，已提折旧 136 万元的办公大楼因不明原因出现裂缝，经专家鉴定后进行了及时的维修，并将预计使用年限改为 40 年，因此从 2021 年改变折旧率，并进行了必要的账务调整。但东野公司拒绝在 2021 年的报表中做任何披露。

(2) 东野公司称在国外一家联营企业有 65 万元的投资，当年取得投资收益 35 万元，这些金额已列入 2021 年的净收益中，但李、吴两位注册会计师未能取得联营企业经审计的财务报表及函证回函。此外，由于东野公司拒绝提供与此项投资相关的协议、合同及会计记录，李、吴也未能采取其他程序查明此项投资和投资收益的真实性。

(3) 东野公司全部存货总额为 2 500 万元，放置于临近单位仓库内。由于仓库倒塌，尚未清理完毕，不仅无法估计损失，也无法实施监盘程序。

(4) 由于东野公司的存货使用受到仓库倒塌的限制，正常业务受到严重影响，因而无力支付 2022 年 4 月 10 日即将到期的 100 万元债务，也没有预付下年度的 50 万元广告费。这些情况均已在财务报表附注中进行了充分、适当的披露。

(5)2021 年 10 月，东野公司被控侵犯琴江公司的专利权，琴江公司要求收取东野公司的专利费和罚款。2022 年 3 月 5 日，经庭外调解双方同意东野公司共赔偿 15 万元。东野公司拒绝就此调整 2021 年度财务报表。

要求：分别针对每种情况指出应出具的审计意见的类型，并简要说明理由。

思政小课堂

阅读下面文献并观看视频，谈谈你对注册会计师作为经济警察，在保障资本市场安全、保障会计信息质量方面作用的理解。

1. 人民日报人民论坛：做有职业道德的好建设者. http://opinion. people. com. cn/n1/2019/1030/c1003 －31427177. html.

2. 习近平谈思想道德建设：做人做事第一位的是崇德修身 . http://cpc. people. com. cn/n1/2020/0920/c164113 －31868102. html.

3. 请同学们搜索观看由中国注册会计师协会拍摄的行业宣传片《永动的脉搏——我是中国注册会计师》。